Bernard Robben, Heidi Schelhowe (Hg.)
Be-greifbare Interaktionen

Bernard Robben, Heidi Schelhowe (Hg.)

Be-greifbare Interaktionen

Der allgegenwärtige Computer: Touchscreens, Wearables, Tangibles und Ubiquitous Computing

[transcript]

Bibliografische Information der Deutschen Nationalbibliothek
Die Deutsche Nationalbibliothek verzeichnet diese Publikation in der Deutschen Nationalbibliografie; detaillierte bibliografische Daten sind im Internet über http://dnb.d-nb.de abrufbar.

Umschlaggestaltung: Kordula Röckenhaus, Bielefeld
Umschlagabbildung: © Andreas Wiegand
Lektorat & Satz: Bernard Robben
Druck: Majuskel Medienproduktion GmbH, Wetzlar
ISBN 978-3-8376-2005-4

Gedruckt auf alterungsbeständigem Papier mit chlorfrei gebleichtem Zellstoff.
Besuchen Sie uns im Internet: *http://www.transcript-verlag.de*
Bitte fordern Sie unser Gesamtverzeichnis und andere Broschüren an unter: *info@transcript-verlag.de*

Inhalt

Was heißt be-greifbare Interaktion?

BERNARD ROBBEN, HEIDI SCHELHOWE

> Niemand sieht tanzende Schatten in einer Höhle, wenn ein Feuer darin brennt. Der Qualm beißt in die Augen, er füllt den Raum; er nimmt ihnen den Atem. Sie müssen sich hinlegen, blind. Man kann nur tastend nach dem Ausgang suchen.
> MICHEL SERRES, DIE FÜNF SINNE, S. 11

Schon 1988 beschrieb Mark Weiser die Vision des allgegenwärtigen Computers als eine vollständige Integration von Computern in den Gegenständen des täglichen Lebens. „The most profound technologies are those that disappear. They weave themselves into the fabric of everyday life until they are indistinguishable from it." So lautete seine Prognose über den Computer des 21. Jahrhunderts, die er im populärwissenschaftliche Magazin Scientific American vom September 1991 veröffentlichte. Zwanzig Jahre später können wir feststellen, dass er Recht hatte. Seine Prognose von 1991 war gleichzeitig ein Gegenmodell zum Forschungsansatz der *Virtual Reality*. Dessen Anspruch war der Aufbau einer Computerwelt, in die die Menschen so eintauchen, dass sie die künstlich erzeugte Wirklichkeit von der stofflichen Welt nicht mehr zu unterscheiden vermögen. Mark Weisers Versprechen lautete demgegenüber, die Computer in die Welt der Menschen statt die Menschen in die Welt der Computer zu bringen. Konzepte der Virtual Reality sind heute keineswegs obsolet geworden, aber den eigentlichen Siegeszug scheint gegenwärtig das *Ubiquitous Computing* unter Benutzung unterschiedlicher Begrifflichkeiten anzutreten. Die Durchdringung des Alltags mit Digitaler[1] Technologie ist der Zug der Zeit.

---

1 Um anzuzeigen, dass Wortkombinationen wie „Digitale Technologien" oder „Digitale Medien" zu feststehenden Begriffen geworden sind, schreiben wir „Digital" in dieser

Mit dem Siegeszug des Personal Computers und des Internet verbreitete sich der Computer als Digitales Medium weltweit. Mit Smart Phones, Tablet PCs, Auto-Navigationssystemen und RFID-Technologien hat nun die Ära des allgegenwärtigen Computers begonnen. Wie verändert sich dadurch unser Umgang mit dem Computer? Gibt es neue Weisen der Mensch-Computer-Interaktion? Diese Fragen stellten wir uns im interdisziplinär zusammengesetzten Arbeitskreis der Gesellschaft für Informatik „Be-greifbare Interaktion in gemischten Wirklichkeiten". Die Neuartigkeit des Umgangs mit dem Digitalen Medium haben wir im Begriff der Be-Greifbaren Interaktion zu fassen versucht. Mit diesem Buch stellen wir unsere Diskussionen und unseren Fragehorizont vor.

Was bedeutet es, dass Digitale Technik unsichtbar wird? Beim Auftauchen des Computers als Medium war die These vom Schwinden der Sinne verbreitet (vgl. Kamper und Wolf 1994 und Virilio 1986). Die mit abstrakten logischen Zeichen operierende Maschine galt als verantwortlich für den Verlust eines unmittelbaren Umgangs mit den Menschen und mit den Dingen der Welt. Dagegen formierte sich in der Informatik schon früh eine Bewegung zur Rückgewinnung der Sinnlichkeit mit Ansätzen von *Tangible Computing* oder *Augmented Reality* (vgl. Wellner et al. 1993 und Bruns 1993). Seitdem hat sich ein Prozess der Mediatisierung durch das Digitale Medium vollzogen, der die Welt der Dinge grundlegend transformierte (Castells 2005 und McCullough 2004). Heute gilt für viele nicht mehr der Verlust von Sinnlichkeit als Problem, sondern im Gegenteil die Überschwemmung des Geistes mit algorithmisch generierten Produkten für die Sinne: den Bildern des Internets und den verführerischen Computerspielen. Wenn Computer in Alltagsgegenständen verschwinden, wenn „intelligente" Objekte die Umwelt bevölkern, wenn der gesamte Körper und seine Bewegungen in der Interaktion mit Computerprogrammen eingesetzt werden, stellen sich neue Herausforderungen. Verschwinden oder Unsichtbarkeit heißt nicht, dass die Geräte als solche versteckt würden oder physisch gar nicht mehr existierten, sondern dass sie so normal und im Gebrauch so eingeübt sind, dass sie und ihre algorithmische Basis der Aufmerksamkeit entgehen.

Die Frage der Benutzbarkeit wie aber auch der Ästhetik Digitaler Medien und der Mensch-Computer-Interfaces bleibt aber aktuell und stellt sich mit dem allgegenwärtigen Eindringen in die Alltagswelt neu. Über die Gebrauchstaug-

---

Publikation groß. Das Wort „Digital" ist dann nicht als Eigenschaftswort aufzufassen. Digitalisierung geht immer mit Computerisierung einher und verdrängt analoge Techniken nicht, sondern transformiert sie. Sehr viele Digitale Medien haben zum Beispiel einen auf analoger Technik beruhenden Bildschirm und umgekehrt werden analoge Medien inzwischen digital produziert oder über digitale Kanäle verbreitet.

lichkeit hinaus spielt für Designerinnen heute vielfach auch die Kategorie des emotionalen Erlebnisses des Mediums eine große Rolle, wie das paradigmatisch etwa an der Produktion und am Marketing des iPhones sichtbar wird. In der Designforschung hat sich deshalb der Ansatz des Experience Design etabliert. In eine ähnliche Richtung geht der Ansatz der be-greifbaren Interaktion. Wir erforschen, welche Rolle die Sinnlichkeit für die Mensch-Computer-Interaktion spielt. Anders ausgedrückt, erkunden wir die Ästhetik, die Aisthesis, das heißt, die Wahrnehmungsseite unterschiedlicher Digitaler Medien im Lebensalltag in vielen Dimensionen. Dabei tasten wir uns in immer weitere Bereiche und Größenordnungen. Der Tastsinn ist der Ausgangspunkt, aber die Perspektive ist weit und umfasst mehr als das Zeigen und Anfassen. Be-greifbare Interaktion löst grafische Benutzungsoberflächen nicht ab, sondern führt darüber hinaus neue Interaktionsmöglichkeiten ein. Das kann selbstverständlich Rückwirkungen auf die gängige Art der Computernutzung haben.

Wir plädieren dafür, einfache, aber durch lange Einübung wirksame Dualismen zu überwinden, wie den Dualismus zwischen dem angeblich abstrakten Sinn und den konkreten Sinnen. Im deutschen Wort begreifen drückt sich die Unmöglichkeit aus, Sinn und Sinne klar in eine kognitive und eine perzeptive Sphäre zu trennen. Begreifbarkeit bedeutet nicht, dass der Sinn buchstäblich einfach mit den Händen fassbar wäre. Begreifbarkeit bezeichnet vielmehr vielfältige Relationen zwischen Bedeuten und Erfassen, Fühlen und Erfahren, Denken und Wahrnehmen, die sich im medialen Raum verflechten. Um diese Dimensionen und ihre Beziehungen zu kennzeichnen, schreiben wir *be-greifen* mit einem Bindestrich.

Sich vom Konzept der be-greifbaren Interaktion mit den Digitalen Medien leiten zu lassen, heißt, den be-greifbaren und erfahrbaren Raum des Digitalen Mediums zu erforschen. Es geht um das Verhältnis der Sinne untereinander – jeweils in ihrem besonderen Bezug zum Digitalen Medium. Begreifbarkeit zu fordern, ist nicht identisch mit der romantischen Forderung, die Vormacht des Visuellen in der Domäne der Digitalen Medien zu bekämpfen und Sinnlichkeit durch Greifen zurückzugewinnen. Das hieße die Eigenschaften des Medialen und Semiotischen zu verkennen. Digitale Medien sind immer an materiell Stoffliches gebunden, aber nur durch die Loslösung, durch Differenz- und Formbildung erzeugen sie Information. Zu untersuchen sind die Beziehungen und Verflechtungen etwa zwischen den Fern- und Nahsinnen. Polarisierungen, die den Tastsinn als Alternative zum Gesichtsinn befördern wollen, führen zu unfruchtbaren Diskussionen, welche das Verständnis der besonderen Leistung des jeweiligen Sinns eher verstellen als erhellen. Körperlichkeit oder Leiblichkeit darf man sich *nicht* als *das* Andere des Geistigen vorstellen, stoffliche Materialität lässt sich *nicht* als *der* Gegensatz zu medialer Virtualität begreifen. Stattdessen verflechten Digitale Medien diese Kategorien unauflöslich in ihrem fortwährenden Prozessieren.

Ziel dieser Publikation ist, einen Überblick zu geben über die gegenwärtige Diskussion zur Rolle von physischer Gegenständlichkeit und der Bedeutung von Berührungs-, Tast- und Bewegungssinnen bei der Mensch-Computer-Interaktion. Möglichkeiten und Grenzen eines anderen Umgangs mit dem Computer als über Tastatur und Maus mit Windows, Icons, Menüs und Pointern werden ausgelotet. Dabei stellen wir theoretische Überlegungen und praktische Beispiele der Gestaltung und Wirkung von Digitalen Umgebungen vor. Geprägt sind diese Überlegungen vom Phänomen des Eindringens des allgegenwärtigen Computers in die Dinge des Alltags. Mit Begriffen wie *Tangible Interfaces, Greifbare Oberflächen* oder *Embodied Interaction* werden die Entwicklungen bezeichnet, bei denen virtuelle und physikalisch-stoffliche Realitäten sich in neuartiger Weise verbinden und vermischen. Es stellen sich neue Herausforderungen und Fragen an die Gestaltung und Aneignung von Informationstechnologie und Digitalen Medien. In verschiedenen Anwendungsbereichen der Lern-. Arbeits-, Spiel- und Lebenswelten entfalten sich neue Potenziale. Wir versuchen mit dieser Publikation beizutragen zum Verständnis dieses Gebietes und seiner Grundlagen. Es geht uns um eine theoretische Diskussion, die eingefahrene Polaritäten vermeidet, um technische und soziale Dimensionen wie auch um die Dokumentation von praktischen Beispielen, die das Themenfeld abstecken. Besonders wichtig war uns, dass nicht nur Informatiker und Informatikerinnen, sondern auch Designer und Künstlerinnen zu Wort kommen. Die Aufsätze des Bandes sind aufeinander bezogen und in Themenfelder gegliedert. Aber sie sind bewusst nicht vereinheitlicht und können sich dem Stand der Diskussion gemäß auch untereinander widersprechen.

Der erste Themenkomplex dreht sich um die Frage der *Inszenierung von Leiblichkeit*. Was heißt Leiblichkeit? Wie ist das Verhältnis von Hand und Kopf? In welcher Beziehung steht das Begreifen der Gegenstände im wörtlichen Sinne des Befühlens, Betastens und sinnlichen Erfahrens mit dem geistigen Erfassen und der intellektuellen Durchdringung von Sachverhalten? Die Erörterung dieser grundlegenden Fragestellungen wird kontrastiert mit Problemen der Gestaltung physikalischer und virtueller Welten im Designprozess und Fragen nach dem Spannungsverhältnis zwischen dem Greifbaren und dem Fernen beim Arbeiten und Lernen im Digitalen Netz. Bernard Robben untersucht die Bedeutung der Körperlichkeit für be-greifbare Interaktion in einer historischen Perspektive. Er behauptet eine Medialität des Körpers und eine Körperlichkeit des Mediums als prozesshafte Wechselbeziehung und untersucht die Vermittlungen, Verflechtungen und Übersetzungen zwischen dem Körper im mehrfachen Sinne von Leib und Medienkörper. Lessings Laokoon als wirksame Metapher für Raum- und Zeitmedien stellt er einen „elektronischen Laokoon" entgegen. Johann Habakuk Israel, Jörn Hurtienne und Katharina Weber behaupten, dass Designer entscheiden, ob sie ein System mehr auf be-greifbaren, das heißt für sie materiellen physischen Objekten, wie Dokumente, Werkzeuge, Kleidungsstücke basieren lassen oder auf virtuellen oder digitalen Objekten, die typischerweise am Bildschirm dargestellt werden. Für Designer entwickeln sie dafür eine PIBA-DIBA Klassifikation, des *Physical Is Better At* versus des *Digital Is Better At*, indem sie deren Besonderheiten und jeweiligen Vor- und Nachteile genau zu beschreiben versuchen. Der Informatiker Willi Bruns orientiert sich an der Theorie des Psychoanalytikers Wilfried Bion und versucht dessen Kategorien in sehr origineller Weise für die Analyse von Lernumgebungen fruchtbar zu machen, die physisch-stoffliche und virtuelle Elemente miteinander vermischen. Andrea Sick untersucht medienkünstlerische Operationen im Labor. Sie versteht das Be-greifen mit Walter Benjamin als Übersetzen.

Der zweite Themenkomplex *Touch the Screen: Be-greifbare Formen der Interaktion* stellt solchen eher theoretischen Erwägungen konkrete Formate des Be-greifbaren gegenüber: Multi-Touch-Interaktion, Eingabegeräte für Wearable Computing, Tangible Workspaces in Arbeitsumgebungen. In Bezug auf die Gestaltungsdimension „Material" wird eine Strukturierung be-greifbarer Benutzungsschnittstellen erörtert. In einem ganz wörtlichen Sinne ist für Tanja Döring, Axel Sylvester und Albrecht Schmidt die Materialperspektive von *Tangible User Interfaces* zentral. Sie untersuchen insbesondere exotische Interfaces wie Nebel und Seifenblasen. Eine Materialperspektive einzunehmen, heißt für sie aber nicht ausschließlich, stoffliche Materialeigenschaften zu untersuchen, sondern sie analysieren diese im Zusammenhang mit den damit einhergehenden kulturellen Materialkonnotationen und in Beziehung zu den verbundenen digitalen Daten. Sie stellen acht aufgrund ihres besonderen Materials ausgewählte Prototypen vor, von denen sie annehmen, dass sie zu vielfältigen und sensorisch reichhaltigen Informationsformen führen. Marc Herrlich, Benjamin Walther-Franks und Rainer Malaka demonstrieren Formen des Be-greifens mit Interaktiven Bildschirmen. Sie diskutieren die Vor- und Nachteile von indirekter Eingabe, etwa mit Hilfe der Maus, gegenüber dem direkten Kontakt mit virtuellen Schnittstellenelementen bei Touchscreens. Dabei kann der Übergang von einhändiger zu zweihändiger Bedienung neue Potenziale eröffnen. Beidhändige Objektmanipulation kann zum Beispiel so genutzt werden, dass die dominante Hand einen Referenzrahmen für die nicht dominante Hand schafft, etwa bei der Kontrolle einer Kamera. *Multi-Touch* Interaktion ermöglicht außerdem über das Zeigen hinaus ein Anfassen. Be-greifbare Interaktion wird somit um sinnliche Dimensionen der Haptik erweitert. Henning Lübbecke analysiert das Potenzial von be-greifbaren Interfaces für die Förderung von Barrierefreiheit von Informations- und Kommunikationssystemen. Anhand von zwei Beispielen (*Display Cubes* und *Marble Answering Machine*) zeigt er, dass *Tangible User Interfaces* die Komplexität von Schnittstellen potenziell verringern können.

Im dritten Themenkomplex *Herstellen und Bewerten: Prozesse im Design* geht es um unterschiedliche Vorgehensweisen und Entwurfsmethoden für be-greifbare Interaktionstechniken und um die Evaluation der Interaktion als notwendigen Teil der Gestaltung. Dennis Kranich, Kamila Anna Wajda und Anja Zeising stellen den sich immer mehr verbreitenden Ansatz des *Experience Design* vor. Bei der Gestaltung von Digitalen Produkten spielen neben der reinen Gebrauchstauglichkeit eine Reihe von anderen Faktoren wie Ästhetik, Emotion, das besondere Erlebnis oder gar der Spaß bei der Nutzung eine wichtige Rolle. Daraus wird ein Relationenmodell abgeleitet, das den Zusammenhang zwischen objektiven und subjektiven Produkteigenschaften darstellt. Jens Geelhaar analysiert die Gestaltung von be-greifbaren Mensch-Maschine-Schnittstellen aus der Sicht des Designers. Er betont, dass die Art der Einbettung der Interaktionsabläufe in menschliche Wahrnehmungs- und Handlungsabläufe eine zentrale Frage darstellt. Ob eine be-greifbare Schnittstelle vom Nutzer akzeptiert wird, hängt seiner Meinung nach auch an Lifestyle-Kriterien. Johannes Jüngst und Jasmin Link bewerten das Design von be-greifbarer Interaktion in der klassischen Domäne des Desktop-Computing, nämlich in der modernen Bürokommunikation. Sie erkennen dort Potenziale für eine De-Virtualisierung, indem traditionelle anfassbare Materialien in neuer Weise mit digitalen Prozessen gekoppelt werden. Sie sehen darin keine Umkehr oder Abwendung vom Mainstream der Digitalen Bürokommunikation, sondern eine Erweiterung durch das Arbeiten mit neuen Materialien, wie *Phidgets* (externe physische Bedienungs- und Anzeigeelemente), *Smart Filing Systems* (Aktenschränke mit digitaler Funktionalität) und *Business Table Nachrichtenkugeln* (Reale Kugeln als digitale Handles für Lieferscheine), was eine ganzheitlichere Einbeziehung des Menschen ermöglichen soll. Michael Lawo und Hendrik Witt evaluieren die be-greifbare Interaktion beim sogenannten *Wearable Computing*, also bei tragbaren Computersystemen. Sie betonen, dass mit dieser Technologie komplexe Aufgaben und Arbeitsgänge in kürzerer Zeit und mit geringerem Aufwand erledigt werden können. Dabei betonen sie, dass *Wearable Technologien* nicht selbsterklärend sind, sondern einen Schulungsaufwand erfordern.

Der vierte Themenkomplex *Lernen durch Be-greifen* widmet sich einem wichtigen Anwendungsbereich von be-greifbarer Interaktion, dem Bildungsbereich. In diesem Kontext formen be-greifbar gestaltete Digitale Medien ein Forschungsfeld, das eine Reihe von grundsätzlichen Fragen aufwirft: Wie kann man mit körper- und raumbezogenen interaktiven Medien lernen? Wie werden eLearning Szenarien be-greifbar gestaltet? Heidi Schelhowe schlägt hier ein *Interaktionsdesigns für reflexive Erfahrung* vor, das am Ansatz des Experience Design anknüpft. Dabei geht es ihr um die Frage, welche Rolle Digitale Medien als Gegenstand von Bildung selbst spielen. Ziel ist nicht nur, *Tangibles* als neue und innovative Werkzeuge für einen intuitiven und greifbaren Zugang im Rahmen gängiger Lernprozesse zu entwickeln, sondern darüber hinaus Medien der Doppelsinnigkeit des Greifens und Begreifens im Design zu realisieren. Neue Möglichkeiten der *Tangible Interfaces* sollen dafür genutzt werden, die verborgenen Prozesse der Berechenbarkeit wieder ans Licht zu holen. Nadine Dittert, Eva-Sophie Katterfeldt und Milena Reichelt stellen *TechKreativ – Tangible Interfaces* als konkrete Beispiele von Umgebungen für die Welt des Lernens vor. Be-greifbare Interfaces haben sie in vielen Workshops erprobt. Sie beschreiben das Konzept anschaulich und zeigen, dass man an solchen Tangibles etwas lernen kann. Da die Lernenden diese in den Workshops jeweils selbst konstruieren, lernen sie viel auch über die Technologie ihrer eigenen Lernmedien. Stefan Oppl und Christia Stary analysieren die be-greifbare Gestaltung von eLearning-Szenarien und beschäftigen sich damit insbesondere mit dem Problem der Konsistenz von Metaphern in be-greifbarer Interaktion. Thomas Winkler, Jörg Cassens und Michael Herczeg stellen eine komplexe Umgebung zum kooperativen Lernen mit plattformunabhängigen multimedialen Objekten und körper- und raumbezogenen Schnittstellen vor. Ihre These ist, dass sich durch die neuen technisch-medial vermittelten Verarbeitungsmodi von Wirklichkeit auch neuartige Modi der Konstruktion von Wissen ergeben und sich neue Formen von Lernprozessen abzeichnen. Diese skizzieren sie als Ansatz in den von ihnen entwickelten be-greifbaren Lernumgebungen.

Der abschließende fünfte Themenkomplex der *Erweiterung des be-greifbaren Raums* widmet sich übergreifenden theoretischen Problemen. Zentral ist hier eine theoretische Erfassung des Begriffs des Raums der Interaktion. Barbara Grüter analysiert den be-greifbaren Raum ausgehend vom Beispiel der Interaktion in mobilen Spielwelten. Sie unterscheidet den Absoluten Raum und den Topischen Raum und nimmt an, dass der absolute Raum, der Raum als Container, in dem sich alles abspielt und der unabhängig von den Objekten und Akteuren in ihm ist, auch der Perspektive des technischen Systems zugrunde liegt. Dagegen sieht sie den Topischen Raum mit der Dimension des Erlebens verknüpft, der sich im Gebrauch des technischen Systems ergibt. Sie untersucht beide Raumideen, ihr Verhältnis zueinander und ihren Übergang, der sich – so lautet ihre

These – durch das Navigationserlebnis herstellt. Karsten Weber fragt aus einer soziologischen Perspektive der Technikfolgenabschätzung nach der Unkontrollierbarkeit und den sozialen Konsequenzen von *Mixed-Reality* Technologien. Er weist dabei auf das Collingridge-Dilemma hin: Das Wissen über die Folgen einer neuen Technologie ist vor deren Innovation und in der frühen Implementierungsphase zu gering, um sinnvolle regulatorische Eingriffe zu ermöglichen. Aber einmal eingeführt, lassen sich die Effekt der neuen Technologie nicht mehr rückgängig machen. Bernard Robben geht bei der Analyse des Raums der be-greifbaren Interaktion vom Beispiel des Verkehrsraums der Autobahn in Beziehung zu Karten und digitalen Navigationsgeräten aus. Unter diesem Fokus skizziert er die Entwicklung von Raumvorstellungen, wie die Entstehung des abstrakten Raumbegriffs, Newtons Raumbegriff und den perspektivischen Raum, den geometrischen und den topologischen Raum, phänomenologische Raumtheorien sowie die Räumlichkeit des Computers als Medium. Er plädiert im Forschungsfeld der be-greifbaren Interaktion für einen dynamischen Raumbegriff, der eine Verknüpfung von mentalen Sphären mit der materiellen Ebene der gesellschaftlichen Praxis herstellt, der den Möglichkeitsraum digitaler Daten mit dem Wahrnehmungsraum programmierter Darstellungen in Beziehung setzt.

Ziel dieses Sammelbandes ist, einen Überblick und eine theoretische Fundierung zu geben für den Forschungsansatz der *be-greifbaren Interaktion*. Dieser möchte sich im Umkreis des *Ubiquitous Computing*, also des Eindringens Digitaler Technik in die Dinge des Alltags etablieren. Dazu bedarf es einer transdisziplinären Anstrengung, weil sich das Feld nur durch ein Beackern aus unterschiedlichen Richtungen bestellen lässt: Design und Forschung zur Benutzbarkeit von Mensch-Computer-Interfaces, Techniksoziologie und Technikphilosophie, Medientheorie und kulturwissenschaftliche Medienforschung, Softwaretechnik und Informatik. Wir hoffen, dass das Buch dazu seinen Beitrag leistet im tastenden Vorstoß beim Finden einer gemeinsamen Sprache. Der zu diesem Feld arbeitende Arbeitskreis der Gesellschaft für Informatik wird dazu weiter forschen, um dem Thema die Bedeutung zu verleihen, die ihm gebührt.

LITERATUR

Bruns, F. W. 1993: Zur Rückgewinnung von Sinnlichkeit – Eine neue Form des Umgangs mit Rechnern. Technische Rundschau Heft 29/30, S. 14-18

Castells, M. 2005: Die Internet-Galaxie: Internet, Wirtschaft und Gesellschaft. Wiesbaden: Verlag für Sozialwissenschaften

Kamper, D., Wulf Ch. 1984 (Hg.): Das Schwinden der Sinne. Frankfurt am Main: Suhrkamp Verlag (Original 1985: Les cinq sens. Philosophie des corps mêlés, Paris: Editions Grasset et Fasquelle)

McCullough, M. 2004: Digital Ground: Architecture, Pervasive Computing, and Environmental Knowing. Cambridge, Massachussetts und London, England: The MIT Press

Serres, M. 1998: Die fünf Sinne. Frankfurt am Main: Suhrkamp Verlag

Virilio, P. 1986: Ästhetik des Verschwindens. Berlin: Merve Verlag (Original 1980: Esthétique de la disparation, Paris: Editions Balland)

Wellner, P., Mackay, W., Gold, R. 1993: Computer-Augmented Environments: Back to the Real World. Communications of the ACM, 36, 7, 24ff

Hand und Kopf –
be-greifbar oder virtuell

Die Bedeutung der Körperlichkeit für be-greifbare Interaktion mit dem Computer

BERNARD ROBBEN

In der geschichtlichen Durchsetzung des Computers waren die großen mit ihm verbundenen Visionen *Künstliche Intelligenz* und *Virtual Reality* beide mit Phantasien der Loslösung des Geistes vom Körper verbunden. Allgemein gilt der Computer als Maschine, deren Bedienung logisches Verständnis erfordert. Die Sinne spricht er nicht an – außer einseitig den visuellen durch den Bildschirm. Die anderen Sinne verkümmern, so heißt es. In der Forschung zur Mensch-Computer Interaktion formierte sich eine Gegenbewegung, die das Greifbare und Fühlbare, die Körperlichkeit, in die Welt des mit logischen Zeichen operierenden Rechners zurückholen wollte (Ishii 1997, Rügge 1998).

Mein Plädoyer für be-greifbare Interaktion im Digitalen Medium ist in keiner Weise zu verstehen als die romantische Forderung nach der Rückgewinnung von Sinnlichkeit angesichts der ausschließlich mit logischen Zeichen operierenden Rechenmaschine. Denn erstens ist die Mediatisierung unserer Lebenswelt in der Zeichenwelt des überall gegenwärtigen Computers ein unumstößlicher Fakt geworden. Unsere Lebenswelt lässt sich nicht direkt mit Händen greifen, sondern nur vermittelt durch Zeichen be-greifen. Zweitens bringt der abstrakte Programmcode in seinem Prozessieren eine so reichhaltige Sinnenwelt von Bildern und virtuellen Realitäten hervor, dass ein Verschwinden der Sinne keinesfalls zu befürchten steht. Vielmehr ist die Vorstellung des Dualismus zwischen dem abstrakten Sinn und den konkreten Sinnen eine Chimäre.

Das deutsche Wort *begreifen* drückt mit seiner Doppelbedeutung die Unmöglichkeit einer klaren Trennung in eine kognitive und eine perzeptive Sphäre schön aus. Be-greifen mit einem Bindestrich zu schreiben ist keine Marotte, sondern es geht in mehrfachem Sinne um das Bindende der Vermittlung und Übersetzung. Im Zentrum meiner Überlegung zur Körperlichkeit steht weniger der biologische Körper als die geschichtlich gewordene Körperlichkeit. Körperlichkeit meint nicht nur den eigenen Körper. Denn mit ihrer eigenen, besonderen Form von Materialität und Körperlichkeit haben sich die Medien in ihn eingeschrieben. Wie dieses komplexe Verhältnis der Vermittlung und Übersetzung zwischen sich wandelnden Konfigurationen der Körperlichkeit das Design interaktiver be-greifbarer Medien formt, ist das Thema meines Beitrages.

Nach der Aufspürung des Mythos der Entkörperung im Digitalen und der Beschreibung der damit verbundenen Phantasien, entfalte ich ein spezifisches Verständnis von Körperlichkeit als leiblicher Vermittlung zwischen Digitalität und Materialität. Es geht mir hierbei nicht nur um ein Insistieren auf die Bedeutung von Körperlichkeit, sondern vielmehr um ein spezifisches Verständnis des Leiblichen, das einerseits die Medialität des Körpers, andererseits die Körperlichkeit des Mediums behauptet. Hierbei handelt es sich um eine prozesshafte Wechselbeziehung. So verstandene Körperlichkeit liegt nicht wesenhaft fest, sondern verändert sich im Laufe der Zeit. Deshalb wird die Geschichte des Körperlichen zum Thema. Daraus leite ich ein Konzept von Be-greifbarkeit ab, das sich nicht nur in der besonderen Fertigkeit der Hand zeigt, sondern auch viel umfassender in der Beziehung zwischen allen Sinnen. Diese Beziehung wird geprägt von der Verflechtung zwischen der Medialität des Körpers und der Körperlichkeit des Mediums im sich wandelnden Verhältnis zwischen Text-, Bild- und performativen Medien. Der Denker der Aufklärung Gottfried Ephraim Lessing hat diese intermedialen Relationen für die Moderne in seinem berühmten Laokoon-Aufsatz beschrieben (Lessing 1998). Um die geschichtliche Transformation und den wesentlichen Wandel im zugrunde liegenden Verhältnis bei Digitalen Medien verständlich zu machen, stelle ich, Lessings Laokoon Interpretation einen „elektronischen Laokoon" entgegen. Das besondere Konzept der Körperlichkeit als Vermittlung, Übersetzung und Transformation wird darin in seiner Bedeutung für das Feld der be-greifbaren Interaktion plastisch.

DER MYTHOS VON DER ENTKÖRPERUNG IN KÜNSTLICHER INTELLIGENZ UND VIRTUELLER REALITÄT

„Ob man ohne Körper denken kann", fragt der französische Philosoph Jean-François Lyotard 1987 auf einem Kolloquium zum Thema der Materialität der Kommunikation in Dubrovnik (Lyotard 1988). Entschieden beharrt er auf der Körperlichkeit des Denkens: „Das Denken läßt sich nicht vom raum-zeitlichen Körper absetzen." (Lyotard 1987, S. 829). Lyotard spielt damit auf das berühmte Imitationsspiel des britischen Mathematikers und Computer-Pioniers Alan Turings an, das folgendermaßen zu spielen ist:

Jemand sitzt allein in einem Raum, in dem nur zwei Computer-Bildschirme flimmern. Durch die Schirme hindurch versucht er mit zwei Wesen in einem anderen Raum zu kommunizieren. Abhängig von den verbalen Antworten am Bildschirm muss er entscheiden, ob es sich bei den Wesen um einen Menschen oder einen Computer handelt. Turing war davon überzeugt, dass Computer im Jahre 2000 in der Lage wären, diesen später nach ihm benannten Turing-Test zu bestehen. Das wäre ihm der Beweis, dass Maschinen – logische Zeichen prozessierend – denken können. Als erster hat der MIT-Forscher Joseph Weizenbaum ein Computer-System entworfen, das man als das Arrangement für einen Turing-Test begreifen kann, sein berühmtes Programm Eliza (Weizenbaum 1977 S. 14ff). Das Programm imitiert einen Psychiater und generiert Antwortsätze nach einem einfachen Algorithmus. Weizenbaum war später entsetzt, dass nicht nur seine Sekretärin, sondern auch Berufspsychologen sein Computersystem als menschlichen Partner ernst nahmen. Menschen bauen eine körperliche Beziehung zur Digitalen Maschine auf, obwohl diese weit davon entfernt ist, ernsthaft den Turing-Test zu bestehen. Turing selbst hatte vorausgesagt, dass algorithmische Systeme bis zu Milleniumswende dafür leistungsfähig genug sein würden. Obwohl viele Systeme kursieren, die sich Turings Herausforderung stellen, wie etwa der jährliche Wettbewerb des Loebner-Preises[1], ist in der ernsthaften Forschung klar, dass Turing mit seiner Voraussage falsch lag.

Aber die Möglichkeiten des aus der Maschine geborenen neuen Mediums (Schelhowe 1997) beflügelte die Phantasie. Berühmte Vertreter der Künstliche Intelligenz-Forschung wie Marvin Minsky und später Hans Moravec träumten davon, durch den Download all ihrer geistigen Anlagen auf den Computer unsterblich zu werden. Derartige Imaginationen formten einen typischen Plot für Science Fiction-Darstellungen, etwa im Roman „Do Androids Dream of Electric Sheep?“ von Philipp K. Dick, den Ridley Scott unter dem Titel „Blade Runner“ verfilmte, oder im Kultfilm „The Matrix“ von Larry and Andy Wachowski. Solche Vorstellungen wirken deshalb so faszinierend, weil sie eine uralte auf Pythagoras zurückgehende Frage neu thematisieren: „Was ist die Zahl, daß der Mensch sie zu begreifen vermag, und was ist der Mensch, wenn er eine Zahl zu begreifen vermag?“ (Kay 2004: S. 173) Auch Warren McCulloch stellte sich diese Frage als junger Student, die ihn nie mehr losließ. Seine Antwort fand er im mechanistischen Menschenbild des Aufklärers aus dem 18. Jahrhundert La Mettrie, der den Menschen schlicht als Maschine ansah (La Mettrie 2009). McCulloch wurde damit zu einem führenden Vertreter der Apologeten von Künstlicher Intelligenz:

---

1 http://en.wikipedia.org/wiki/Loebner_Prize

„The former revolution replaced muscles by engines and was limited by the law of the conservation of energy, or of mass-energy. The new revolution threatens us, the thinkers, with technological unemployment, for it will replace brains with machines limited by the law that entropy never decreases." (McCullough 1965, S. 72).

In dieser auf den berühmten Macy Konferenzen stürmisch diskutierten Sichtweise (vgl. Pias 2003 und Pias 2004) wird der Dualismus zwischen Körper und Geist aufgelöst und gleichzeitig verfestigt: Materielle Körper sind nur dafür da, als eine besondere Form von Computerhardware zu dienen für das universelle Computerprogramm. Dieses gilt als Geist. Ein solches Verständnis von Geist ist rein materiell, kommt ohne jede Metaphysik aus. Die prozessierende Materie der Rechenmaschine formt den so verstandenen Geist selbsttätig. In einer solchen Vorstellung kommt es nur auf die richtige Software an, die Hardware ist auswechselbar, mal Mensch mal Maschine.

Gegen derartig mechanistische Vorstellungen lief prominent der mit Heidegger argumentierende Philosoph Huber L. Dreyfus Sturm (Dreyfus 1985). Donna Haraway (Haraway 1997) und Catherine Hayles (Hayles 1999) formulierten eine grundsätzliche und neuartige feministische Auseinandersetzung Körper und Geschlecht in Digitalen Welten. Kritik kam auch aus den Reihen der Kognitionswissenschaften (Varela 1992, Agre 1997). Man fragte sich nicht mehr allein, wie das Denken im Kopf funktioniert, sondern wie Menschen ihre Aktivitäten in der Welt organisieren.

Die andere Phantasie der Loslösung von Körper und Geist funktioniert nach einem ähnlichen Muster: „Ich stand in einem ganz normalen mit Teppich ausgelegten Zimmer und hielt einen Griff, aber ich starrte auch in einen mikroskopischen Raum und bewegte mit meiner Hand zwei Moleküle. Den Menschen, die in früheren Jahrhunderten durch Leeuwenhoeks Mikroskop oder Galileis Fernrohr geblickt hatten, mochte es ähnlich ergangen sein. Ich hatte das Empfinden, durch ein Mikroskop für den Geist – nicht nur für die Augen – zu blicken." beschreibt Howard Rheingold sein Schlüsselerlebnis mit *Virtual Reality* als ein „Gefühl der Unwirklichkeit, vielleicht sogar des Schreckens" (Rheingold 1992: S. 14). Solche Faszination der *Virtual Reality*-Technologien speist sich aus der Vorstellung, Körper und Leib zu verlassen und sich als Geist im Datenraum des Cyberspace zu bewegen, losgelöst in der Matrix zu leben (Vgl. Waffender 1991). „Will the Real Body Please Stand Up?" hinterfragte Allucquere Rosanne Stone derartige Phantasien schon damals kritisch (Stone 1991, S. 81, vgl. auch Brook 1995)

Heute sind die Begeisterung und der Hype um Künstliche Intelligenz und Virtuelle Realität kaum noch nachzuvollziehen. Ihre große Versprechen – eine der menschlichen Intelligenz vergleichbaren künstlichen Intelligenz oder künstliche Welten, die man mit der realen Umwelt verwechselt – haben sie nicht eingelöst. Aber sie sind nicht wirkungslos geblieben: Computer spielen besser Schach als jeder Mensch, Roboter bohren nach Öl in mehreren tausend Metern Tiefe unter der Meeresoberfläche. Autos werden mit sehr realistischen 3D-Grafikprogrammen konstruiert. Deshalb lohnt es sich heute durchaus, sich die Faszination dieser Forschungsansätze noch einmal zu vergegenwärtigen. Denn in ihnen wird sichtbar, dass sich jenseits der überzogenen Versprechungen die Stellung unseres Leibes in der Welt im Zuge dieser Entwicklung grundlegend verändert hat. Wer die Bedeutung von Körperlichkeit in diesem Kontext verstehen will, muss den *Shift* vergegenwärtigen, der sich hier vollzogen hat. Dem Mythos der Entkörperung in den Digitalen Medien lässt sich kein essentialisierender Körperbegriff entgegenstellen.

DIE MEDIALITÄT DES KÖRPERS

Mit der Entstehung des Internet hatte Jean Perry Barlow die These der Entkörperung durch Digitale Medien noch einmal auf die Spitze getrieben in seiner apodiktischen Unabhängigkeitserklärung des Cyberspace mit der These: „Der Cyberspace besteht aus Beziehungen, Transaktionen und dem Denken selbst, positioniert wie eine stehende Welle im Netz der Kommunikation. Unsere Welt ist überall und nirgends, und sie ist nicht dort, wo Körper leben." (Barlow 1996) George Lakoff und Mark Johnson versuchten das Gegenprogramm wissenschaftlich zu begründen: „The mind is inherently embodied. Thought is mostly unconscious. Abstract concepts are largely metaphorical." (Lakoff 1999, S. 3, vgl. dazu auch die kritischen Relativierungen von Stjernfelt 2006) Mit diesen apodiktischen Feststellungen beginnen sie ihr Grundlagenwerk zur Körperlichkeit des Geistes als eine Kampfansage gegen den logikzentrierten Teil der Kognitionswissenschaften und *Künstliche Intelligenz*-Forscher, ja sogar als Verdikt gegen die gesamte Tradition der westlichen Philosophie und Geisteswissenschaften. In wesentlichen Teilen der phänomenologischen Argumentation des französischen Philosophen Maurice Merleau-Ponty folgend[2] formulieren sie ihre

2 Sie beziehen sich insbesondere auf sein Frühwerk der Philosophie der Wahrnehmung (Merlau-Ponty 1966), aber auch auf sein unvollendet gebliebenes Spätwerk (Merlau-Ponty 1994). Merleau-Ponty gilt ihnen als philosophischer Kronzeuge ihres Ansatzes. Dagegen lehnen sie in ihrem kognitionswissenschaftlichen Ansatz ansonsten die philosophischen Grundannahmen der Phänomenologie, wie Edmund Husserl sie begründete, kategorisch ab, sehen darin nur einen weiteren Zweig der westeuropäischen vergeistigten Wissenschaftstradition.

Grundthese, dass das Gehirn das Denken nicht maschinenhaft nach logischen Sätzen, sondern durch seine leibliche Verankerung in der Welt unbewusst und in Metaphern produziert.

Körperlichkeit meint mehr und etwas Anderes als die biologische Fleischlichkeit unserer Existenz. Unser Leib ist als eine physische und lebendige Struktur aufzufassen, in der sich das Äußere und das Innere verflechten. Verkörperung ist nur zu verstehen als das komplexe Verhältnis zwischen der lebendigen empirischen Struktur des Körpers und dem Kontext oder Milieu der Mechanismen des Verstehens (Varela 1992, S. 10). Was damit gemeint ist, Körperlichkeit in seiner Doppelsinnigkeit als Verflechtung von außen und innen zu be-greifen, sei beispielhaft am Textverstehen erklärt. Um einen Text zu be-greifen, muss man ihn lesen. Das bedeutet, ihn sich dabei mit Augen und Händen einzuverleiben, eine Fähigkeit, die wir meist mühsam in der Schule erwerben und durch Übung perfektionieren (Vgl. Illich 1991). Selbst wenn wir schließlich einen Text mit den Augen überfliegen können, ohne jedes Wort laut zu buchstabieren, bleibt das Lesen eine Tätigkeit des ganzen Leibes und keine des abgehobenen Geistes allein.

Voraussetzung des Lesens ist eine weitere Form der Körperlichkeit, welche die Verflechtung von innen und außen vorantreibt, nämlich die äußere Verkörperung des Wortes im Text, der als Papyrusrolle, Zeitung oder Buch sich in unserem Verstehenskontext materialisiert (Vgl. auch Hart Nibbrig 1985, Daniels 2002, S. 63-75). Es gilt die Körperlichkeit der Medien und die Medialität des Leibes zu begreifen. In einem solchen Konzept der Körperlichkeit spielt der Begriff der Differenz eine Schlüsselrolle. Körperlichkeit besteht nicht in einem statischen Eins-Sein mit sich und seiner Umwelt, sondern ergibt sich erst in der raum-zeitlichen Entfaltung der Beziehungen zwischen dem Innen und dem Außen. Diese Logik der Differenz fasst binäre Oppositionen wie physikalisch-virtuell, analog-diskret, wirklich-scheinbar als sich gegenseitig vorwärts treibende Kräfte auf und nicht als sich gegenseitig ausschließende wesensmäßige Merkmale.

Paul Dourish beansprucht mit seiner im Umfeld der Mensch-Computer-Interaktionsforschung viel beachteten Studie „Where the action is" die Grundlegung des Konzepts körperlicher Interaktion zu legen. Er bietet seinen Leserinnen eine Kurzeinführung in Gedanken von Heidegger und Merleau-Ponty und definiert das Konzept knapp in zwei Merksätzen, erstens: „Embodiment is the property of our engagement with the world that allows us to make it meaningful." Daraus leitet er dann zweitens ab: „Embodied Interaction is the creation, manipulation, and sharing of meaning through engaged interaction." (Dourish 2001, S. 126) Körperlichkeit versteht er also auch als eine Relation, nämlich dem Verhältnis zwischen teilnehmendem Handeln in der äußeren Welt und der Erzeugung von Bedeutung in der Innenwelt des Leibes. Designer von be-greifbarer Interaktion haben den Raum für intentionales Eingreifen in einem spezifischen Kontext zu gestalten.

DIE KÖRPERLICHKEIT DES MEDIUMS

Dieses Konzept eines relationalen Verhältnisses zwischen Außen und Innen bleibt aber tendenziell statisch, weil es das Werden nicht berücksichtigt. Im oben angeführten Beispiel des Textverstehens ist die Prozesshaftigkeit und Reflexivität der Verflechtungen schon angedeutet. Textverstehen verändert sich mit der Form des Textes und formiert sich jeweils nach anderen Gesetzmäßigkeiten, wenn eine Papyrusrolle, ein Buch oder eine Website zu lesen sind (Vg. Illich 1991). Jay David Bolter und Richard Grusin erfassen dieses prozessierende Verhältnis mit dem Begriff der Re-Mediatisierung. Sie sprechen von einer doppelten Logik von „remediation“: „Our culture wants both to multiply its media and to erase all traces of mediation: ideally, it wants to erase its media in the very act of multiplying them.“ (Bolter 1999, S. 5). In den letzten zwei Dekaden des 20. Jahrhunderts erlebten wir solche Re-Mediatisierung besonders ausgeprägt, so Bolter und Grusin, in der Herausbildung der Digitalen Medien. Alte elektronische Medien und die Printmedien formten ihren Status neu in der Digitalen Kultur in einer Hypermedialität (Bolter 1999, S. 5). Re-Mediatisierung bedeutet immer auch eine Loslösung von der Materialität des Formats des alten Mediums. Statt auf Papier zu schreiben, ist im Digitalen Medium ein prozessierendes Verhältnis zwischen Programmcode und Digitalem Schriftbild zu gestalten. Mit der Entstehung von Digitaler Hypermedialität erfolgt keine Loslösung von Materialität und Körperlichkeit überhaupt, sondern eine Übersetzung und Vermittlung zu neuen Formen von Medialität.

Solche Prozesse der Re-Mediatisierung beginnen nicht erst mit der Einführung der Digitalen Medien. Pointiert hat Walter Benjamin den Sachverhalt in seinem berühmten Kunstwerkaufsatz auf den Punkt gebracht: „Innerhalb großer geschichtlicher Zeiträume verändert sich mit der gesamten Daseinsweise der menschlichen Kollektiva auch die Art und Weise ihrer Sinneswahrnehmung. Die Art und Weise, in der die menschliche Sinneswahrnehmung sich organisiert – das Medium, in dem sie erfolgt – ist nicht nur natürlich, sondern auch geschichtlich bedingt.“ (Benjamin 1991, S. 478)

Medien, wie Sprache, Schrift und Bild, sind mehr als bloße Mittel. Sicherlich ist die Sprache auch ein Instrument, um Gedanken auszudrücken. Aber die Sprache ist nicht in derselben Art ein Mittel wie der Hammer, mit dem man den Nagel in die Wand schlägt. Wir drücken uns nicht mit, sondern in der Sprache aus. Die

Sprache drückt nicht nur dem, was wir meinen, wenn wir etwas sagen, einen Stempel auf. Sie prägt auch die Art und Weise, wie wir überhaupt etwas meinen können. Nicht nur für die Sprache, sondern allgemein gilt: Medien prägen die Wahrnehmung. Dieser Zusammenhang entgeht uns leicht. Denn das Medium muss verschwinden, wenn es seine Funktion erfüllen soll, eine Botschaft zu vermitteln. Aber Designer des Digitalen Mediums müssen die Materialität des Mediums verstehen, welches etwas völlig Anderes oder jedenfalls viel mehr als seine physische Stofflichkeit ist. Die Körperlichkeit des Mediums Schrift etwa besteht nicht einfach in der Stofflichkeit von Tinte, Druckerschwärze oder Papier, sondern in ihrem gesellschaftlichen Verhältnis von Verlagen, Zeitungen, Druckhäusern, Vertriebswesen, von Schrifttyp, Buchform oder Papyrusrolle. Die Materialität des Mediums konfiguriert sich als ein Dispositiv unserer Sinne, als ein historisch gesellschaftliches Verhältnis.

DIE GESCHICHTLICHKEIT DER KÖRPERLICHKEIT

„Vor dem Ende, geht etwas zu Ende. In der allgemeinen Digitalisierung von Nachrichten und Kanälen verschwinden die Unterschiede zwischen einzelnen Medien. Nur noch als Oberflächeneffekt, wie er unterm schönen Namen Interface bei Konsumenten ankommt, gibt es Ton und Bild, Stimme und Text. Blendwerk werden die Sinne und der Sinn."

So diagnostiziert (Kittler 1985, S. 7) die historischen Veränderungen der Körperlichkeit durch den Siegeszug der Digitalen Medien, die Art und Weise wie sie die menschliche Sinneswahrnehmung neu organisieren. Bei Kulturwissenschaftlern wie Jonathan Crary, Jean Baudrillard, Paul Virilio, William Mitchell (Crary 1990, Baudrillard 1978, Virilio 1986, Mitchell 1992) fällt die Diagnose ähnlich aus, während Mark Hansen ihr vehement widerspricht. Statt die Sinnlichkeit der Digitalen Medien als Oberflächenphänomene zu analysieren, fordert er, die vom Computer erzeugte interaktive Bildlichkeit in ihrem Zusammenwirken mit dem Körper konzeptionell neu zu erfassen: „The image [...] gives form to or *in-forms* information. In sum, the image can no longer be restricted to the level of surface appearance, but must be extended to encompass the entire process by which information is made perceivable through embodied experience." (Hansen 2004, S. 10). Hansens Analyse ist für das Forschungsfeld der be-greifbaren Interaktion in zweifacher Hinsicht wichtig. Erstens stimmt sie nicht ein in den Chor derer, die in der Mediatisierung im Zuge der Durchsetzung der Digitalen Medien das Verschwinden der materiellen Welt in einer körperlosen Zeichenwelt erkennen wollen, zweitens sieht sie die neue digital produzierte Bilderwelt nicht als Gegensatz, sondern als integralen Bestandteil von körperlicher Erfahrung.[3]

Hansen stellt in der Analyse der Digitalen Medien ihren sich geschichtlich wandelnden Bezug zur Körperlichkeit in den Fokus der Forschung (vgl. auch Hansen 2000 und Hansen 2006). Um sich einen Begriff von Körperlichkeit im Forschungsgebiet der be-greifbaren Interaktion zu erarbeiten, sind die Vermittlungen und Übersetzungen von Technik, Umwelt und Leib als ein sich ständig wandelnder Prozess zu erfassen. Erforderlich ist eine Beschäftigung mit der Geschichte der Sinne und ihren Beziehungen untereinander (Corbin 1984, Ackerman 1996, Serres 1998, Howes 2005).[4]

Die komplexe Geschichte einer so verstandenen Körperlichkeit (vgl. auch Elias 1976, Sennett 1995, Foucault 1983, Foucault 1989a und Foucault 1989b) kann im Rahmen dieses kurzen Aufsatzes natürlich nicht einmal in Ansätzen nachgezeichnet werden. Entscheidend für das Verständnis der Körperlichkeit im Forschungsfeld be-greifbarer Interaktion ist, überhaupt die Idee der *Geschichtlichkeit* dieses Körperkonzepts zu erfassen. Die vielleicht wichtigste Grundlagenstudie zur Evolution von Technik, Sprache und Kunst hat dazu André Leroi-Gourhan geschrieben, der den Zusammenhang von Hand und Wort für das Menschwerden beleuchtet (Leroi-Gourhan 1988). Wer sich enger bezogen auf das Forschungsfeld der Digitalen Medien mit dem Thema von Geschichtlichkeit und Wandel des Medienkörpers beschäftigen will, findet in McLuhan 1968 und 1984, Bolter 1999 und 2001, Hörisch 2001, Debray 2003, Robben 2006 viele Anregungen.

Für Designer be-greifbarer Interaktion im Raum der Digitalen Medien sind Studien zum Wandel von Körperlichkeit und veränderter Wahrnehmung im Umfeld der Kunst besonders interessant und vielfach praktisch anwendbar. Im Zwischenbereich von Kunst und Wissenschaft schreibt Barbara Maria Stafford. Sie beschreibt, dass sich im wörtlichen Sinne die Einsicht in den Körper im Laufe der Aufklärung verändert (Stafford 1991, vgl. auch Stafford 1998). Die junge Geschichte der Medienkunst beschreibt Frank Popper als eine Befreiung vom

3 Wegweisend für die Analyse der neuen Bildlichkeit ist im deutschsprachigen Raum das Kunsthistorische Jahrbuch für Bildkritik „Bildwelten des Wissens" herausgegeben von Horst Bredekamp, Matthias Bruhn und Gabriele Werner im Akademie Verlag Berlin.

4 Dazu gehört insbesondere eine intensive Auseinandersetzung mit aktuellen Forschungsergebnissen der Wahrnehmungspsychologie (Schönhammer 2009, Anderson 2007, Goldstein 1997), wie sie auch in einschlägigen Einführungen in die Medieninformatik behandelt werden (Butz 2009).

Technologischen hin zur Virtuellen Kunst (Popper 2007). Caroline Jones untersucht theoretisch umfassender das Sensorium von „embodied experience, technology, and contemporary art“ (Jones 2006). Anna Munster sieht die digitale Ästhetik hervorgehen aus den Faltungen und Entfaltungen barocker Wendungen der Beziehungen zwischen Körper und Technik (Munster 2006).

DIE BE-GREIFBARKEIT DER HAND

Im Feld des Interaktionsdesigns Digitaler Medien reicht die Zurückweisung der Vorstellung vom körperlosen Denken nicht aus, um komplexe hybride Umgebungen zu gestalten. Die Merkmale der Körperlichkeit im doppelten Sinne der Verflechtung von Leib und Medienkörper sind im Einzelnen zu beleuchten. Eine Sonderrolle spielt beim Be-greifen die Hand; sie ist gleichzeitig Sinnesorganen – des Greifens, Tastens und Fühlens – Handlungsorgan – des Ergreifens, Fassens und Manipulierens. Nicht nur im Handwerk, sondern auch in der Kunst – etwa beim Klavierspiel oder in der Bildhauerei – war Handfertigkeit kein körperliches Residuum wie die schreibende Hand des Geisteswissenschaftlers, sondern grundlegend.

Solche Erkenntnis ist nicht neu. Schon der Dichter der Weimarer Klassik Johann Gottfried Herder betonte, dass es der Hand bedarf, um etwas zu begreifen: „Denn alle Eigenschaften der Körper, was sind sie, als Beziehungen derselben auf unseren Körper, auf unser Gefühl? Was Undurchdringlichkeit, Härte, Weichheit, Glätte, Form, Gestalt, Rundheit sei? Davon kann mir so wenig mein Auge durch Licht als meine Seele durch selbständiges Denken einen leibhaften, lebendigen Begriff geben. Der Vogel, das Pferd, der Fisch hat ihn nicht; der Mensch hat ihn, weil er nebst seiner Vernunft auch die umfassende, tastende Hand hat. Und wo er sie nicht hat, wo kein Mittel war, daß er sich von einem Körper durch körperliches Gefühl überzeugte: da muß er schließen und raten und träumen und lügen und weiß eigentlich nicht recht. Je mehr er Körper als Körper nicht angaffte und beträumte, sondern erfaßte, hatte, besaß, desto lebendiger ist sein Gefühl, es ist, wie auch das Wort sagt, *Begriff* der Sache.“ (Herder 1969, S. 36) Dabei denkt der Dichter die Sphären der Sinne als sich ergänzende, aber doch untereinander getrennte Bereiche. Für den Maler dagegen ist die Arbeit des Sichtbar-Machens nicht von der formativen Tätigkeit der Hand zu trennen. Die Entwicklung des „Seh-Prozesses“ ist für ihn nicht abgelöst von der Arbeit am Material zu denken, wusste schon der Kunsttheoretiker Konrad Fiedler (Fiedler 1991). „Denn tatsächlich wird die entfaltete Anschauung ausschließlich im Produkt seiner Hand manifest.“ (Majetschak 1997, S. 17). Die Hand hat eine eminente Bedeutung für die Sinnbildung (vgl. auch MacKenzie 1994, Wilson 1998, Wehr 1999). „Hands are underrated. Eyes are in charge, mind gets all the study, and heads do all the talking. Hands type letters, push mice around, and grip steering wheels, so they not idle, just underemployed." (McCullough 1996, S. 1). Im Feld be-greifbarer Interaktion schafft die eingreifende Hand Bedeutung, weil durch sie die Mehrzahl der aktiven Eingaben beim prozessierenden Computer erfolgt. Dieses Lob der Hand und die Kritik an der Unterbewertung der Handarbeit – so berechtigt sie für sich genommen auch sind – bleiben zweifelhaft, wenn dabei nicht die *Vermittlung* von Auge und Hand in den Fokus rückt, wie Konrad Fiedler sie für die Malerei be-greifbar macht.

Seit Herders Zeiten hat sich an der Beziehung zwischen Tast- und Sehsinn durch die „Practiced Digital Hand" (McCullough 1996) viel verändert. Im Raum Digitaler Medien greift die Hand in den Bildschirm, manipuliert auf diese Weise Zeichenwelten, macht sie dem körperlichen Handeln durch Simulationsprozesse zugänglich. In diesem Feld geht es nicht um das einseitige Lob der Hand, sondern um die Vermittlung und Übersetzung zwischen den verschiedenen Sinnestätigkeiten, um Übertragung oder mit dem griechischen Fremdwort ausgedrückt um Metaphern.

Die Metaphernhaftigkeit des Vermittelns, Übersetzens und Transformierens

Der Duden 2001 für die sinn- und sachverwandten Wörter führt für den Begriff „Verstehen" folgenden Synonyme auf: „Verständnis haben für, fassen, erfassen, begreifen, einsehen, nachvollziehen, kapieren (salopp), auf den Trichter kommen (ugs.), etwas intus kriegen (salopp), mitbekommen (ugs.), mitkriegen (ugs.), schnallen (salopp), [geistig] folgen können, durchschauen, durchblicken, durchgucken (ugs.), schalten (ugs.), checken (ugs.), das habe ich gefressen / gelöffelt (salopp); auskennen (sich), einfühlen (sich), erkennen, vorstellen (sich etwas); [...] in den Kopf hineinbringen, etwas geht / will jemandem nicht in den Kopf, sich an den Kopf fassen / greifen". In dieser Aufzählung wird sehr sinnfällig, dass unsere Sprache das Verstehen in Metaphern und Metonymien aus allen Sinnesmodalitäten ausdrückt. Sie übersetzt und überspringt alle Bereiche, benutzt auch technische Ausdrücke wie das „Schalten" für diesen Vorgang.

Wie schon angesprochen begründen Lakoff/Johnson mit der Tatsache, dass Metaphern unser Alltagsleben durchziehen, ihre Theorie, dass das „Konzeptsystem, nach dem wir sowohl denken als auch handeln, [...] im Kern und grundsätzlich metaphorisch (ist)" (Lakoff 2000, S. 11).[5] Im Rahmen der Debatte um die Mensch-Computer-Interaktion spielen Metaphern eine herausragende Rolle.

5 Metapherntheoretisch ausgefeilter ist die Metaphorologie von Hans Blumenberg (Blumenberg 2001, Blumenberg 1998, vgl. auch Haverkamp 2009).

Besonders prominent sind die Schreibtisch- (Desktop-) und die Fenster- (Windows-)Metaphern. Zum einen verankern solche Metaphern in ihrer Bildlichkeit und Ähnlichkeitsbeziehung unseren alltäglichen Kontext im Bildschirm, zum anderen verlieren sie im alltäglichen Gebrauch sehr bald auch diese Bildlichkeit wieder. Man denkt nicht mehr wirklich an reale Ordner und Dateien, wenn man mit der Maus Icons auf dem Bildschirm bewegt. Trotzdem bleibt die räumliche Verankerung der Vorstellung beim Bewegen des Mauszeigers. Für das Design von „Tangible Interaction" gilt es diese Fähigkeit des Menschen zur Vermittlung und Übersetzung stets zu berücksichtigen, um nicht einem falschen romantischen Ideal angeblich natürlicher Interaktion hinterher zu jagen. Es geht um die Verankerung der Interaktion im Kontext, nicht um getreue Nachahmung des Verhaltens in der natürlichen Umgebung. Ganz im Gegenteil würde diese den flüssigen Gebrauch des Mediums schnell behindern. Denn das Medium steht in seiner Zeichenhaftigkeit immer für etwas Anderes. Das ist kein Nachteil, sondern gerade notwendig für das Verstehen einer Situation. Es geht um die richtige Über-Setzung. Genau das bedeutet Metaphorizität. Zu verstehen ist, wie sich Körper mit der Ausdrucksform von Darstellungen in verschiedenen Medien verflechten

DER ELEKTRONISCHE LAOKOON

Gotthold Ephraim Lessing hat 1766 in einer berühmten Schrift über die Grenzen der Malerei und Poesie genau diese Frage an der Laokoon-Gruppe untersucht. Lessing interpretiert beispielhaft dieses Kunstwerk der Antike, das in den Vatikanischen Museen zu besichtigen ist. Er beschreibt, wie der Künstler den „fruchtbaren Augenblick" gefunden hat, in dem eine ganze Geschichte, in diesem Fall die Geschichte des Priesters Laokoon und seinen Söhnen, in einem einzigen Augenblick zusammengefasst ist. Dabei entfaltet er semiotische Überlegungen, dass Malerei und Bildhauerei anderen Strukturen unterworfen sind als das Zeichensystem der Dichtung. Beide Künste machen sich – so Lessing – die Darstellung des Kairos, des günstigen und erfüllten Zeitpunktes, zur Aufgabe. Die bildende Kunst zeige ihn statisch als Augenblick, während die Dichtung ihn immer dynamisch als Ablauf von nacheinander stattfindenden Ereignissen schildere. Zeitlichkeit sei die zentrale Besonderheit der Literatur, die Töne diachron als Handlungen artikuliere. Der Raum dagegen sei die Domäne der Malerei, die Figuren und Farben synchron als Körper im Raume darstelle. Wegen ihres größeren Gegenstandsbereichs sei Dichtung den bildenden Künsten überlegen, denn in ihrer Abstraktheit könne sie auch das Hässliche darstellen, während die bildenden Künste auf Schönheit eingeschränkt seien. Die Darstellung im Kunstwerk ist keine objektive Wiedergabe einer vorgegebenen Wirklichkeit, „denn was wir in einem Kunstwerke schön finden, das findet nicht unser Auge, sondern unsere Einbildungskraft durch das Auge schön." (Lessing 1998, S. 53) Der Künstler muss den „fruchtbaren Augenblick" finden. Goethe schreibt dazu dreißig Jahre später: „Um die Intention des Laokoon recht zu fassen, stelle man sich in gehöriger Entfernung mit geschloßnen Augen davor; man öffne sie und schließe sie sogleich wieder, so wird man den ganzen Marmor in Bewegung sehen" (Goethe „Über Laokoon", zitiert nach Kurt Wölfes Erläuterungen in Lessing 1998, S. 229). Entscheidend für diesen Eindruck – so Goethe – sei die Bestimmung des „fruchtbaren Moments", den der Künstler zu wählen habe. Die Bewegungsillusion ergebe sich, wenn kein Teil des ganzen kurz vor und kurz nach diesem Moment sich in der gleichen Lage befinde.[6]

Abbildung 1: Laokoon-Gruppe, Quelle: http://en.wikipedia.org/wiki/File: Laocoon _Pio-Clementino_Inv1059-1064-1067.jpg

Die Körperlichkeit be-greifbarer Interaktion der prozessierenden Digitalen Medien ist eine andere als die des steinernen Laokoons. In der Bewegungsdarstellung hat sich das künstlerische Dispositiv der Körperlichkeit seit Lessing und Goethes Zeiten entscheidend verändert (Vgl. Franz 2007b). Der französische Physiologe Guillaume-Benjamin Duchenne experimentierte im 19. Jahrhundert damit, mimische Ausdrucksfiguren allein durch elektrophysiologische Reizungen der Gesichtsmuskeln zu erzeugen und versuchte dabei nachzuweisen, dass

6 Der im Einzelnen unterschiedlichen Beurteilung des Verhältnisses von Dichtung und bildenden Künsten von Lessing und Goethe kann an dieser Stelle nicht weiter nachgegangen werden.

Künstler Gesichtsmuskeln zum Ausdruck starker Leidenschaft in einer Stellung modellieren, die physiologisch unmöglich ist. Er ging dabei so weit, dass er alternative Vorschläge für die Darstellung des Laokoon-Kopfes machte. Zwar führten derartige technische Experimente mit der Darstellung ausdrucksstarker Mimik nicht umgehend zu einem entsprechenden Dispositiv kinetischer Skulpturen. Aber sie bahnten einen Weg zum Dispositiv der prozessierenden bewegten Medien. Inszenierungen technisch wiedergegebene Gesichtsmimik im frühen Film trugen dazu auf andere Weise bei. Die künstlerischen Versuche zu kinetischen Skulpturen mit elektrischen, kybernetischen und elektronischen Mitteln von Lázló Moholy-Nagy, Jean Tinguely, Nicolas Schoeffer und später Nam Yune Paik waren weitere künstlerische Etappen auf diesem Weg. Mit der Herausbildung der Digitalen Medien entfaltet es sich immer vielfältiger. Der damit einhergehende Wandel in der Verflechtung des Körpers mit der Materialität der Medien kann man sich exemplarisch verständlich machen, wenn man Paul Sermons Installation „Telematic Dreaming" als eine Art neuer Laokoon interpretiert, in dem sich die postmoderne Auflösung der von Lessing und Goethe beschriebenen Beziehungen zwischen Bild und Wort manifestiert.

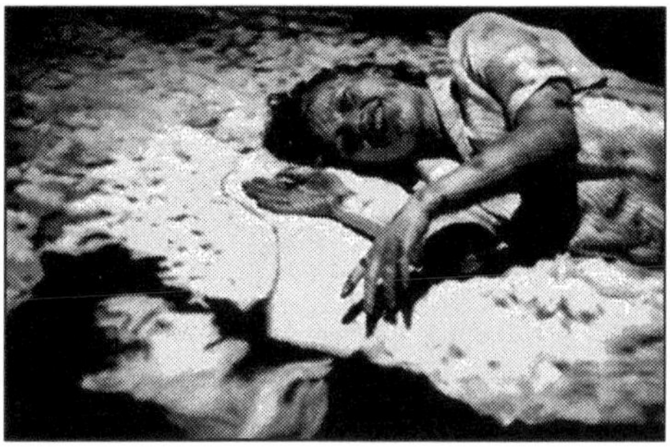

Abbildung 2: Paul Sermon – Telematic Dreaming, Quelle:http://www.virtualart.at/database/general/work/telematic-dreaming.html

„Telematic Dreaming" besteht aus einem jeweils identischen Aufbau an zwei beliebig weit voneinander entfernten, über das Internet verbundenen Orten: ein blaues Bett, ihm gegenüber ein großer Monitor, an beiden Seiten des Bettes jeweils ein kleiner Monitor. Eine Videokamera nimmt das Geschehen auf dem Bett auf und sendet die Bilder zu einem Videomischer, der die Bilder der beiden Orte übereinander lagert und jeweils auf die großen Monitore überträgt. Die Tänzerin Susan Kozel hat dies zu einer vierwöchigen Performance gestaltet.[7] Sie

7 http://art.net/~dtz/kozel.html (zuletzt aufgerufen: 17. 08. 2010)

legte sich jeden Tag auf ein Bett in Amsterdam. Mit ihrem Körper nahm sie leibliche Beziehungen mit einer anderen Person auf, die sich an einem völlig anderen physikalischen Ort, aber im gleichen Bildraum befand. Der „fruchtbare Augenblick" hat sich aufgelöst in intime und verstörende Momente der Virtualität von telematischen Berührungen. In der topologischen Nähe des Bildraums laden diese sich auch über physikalisch weite Entfernung hin emotional und erotisch auf. Ein derartiger „Elektronischer Laokoon" lässt sich nicht distanziert von außen betrachten. Goethes kurzes Blinzeln wird transformiert zum Blick auf den Bildschirm, in dem ein Augenblick an den anderen gereiht wird. Aber auch in der Raumzeitlichkeit dieser hybriden Form von Dichtung und Skulptur ist es wie beim antiken Laokoon nur die Einbildungskraft, welche die ausdrucksvollen Emotionen hervorruft.

Die Körperlichkeit be-greifbarer Interaktion ist eine andere als die des steinernen Laokoons. Der prozessierende Computer formt eine hybride Bildlichkeit, in der wir die Welt nicht distanziert wie durch ein Fenster als homogenen Raum betrachten, sondern eintauchend erfahren. Das Digitale Medium informiert die Lebenswelt derartig, dass die Umgebung zum mediatisierten Raum oder wie Lev Manovich sagt, zum *Augmented Space* wird (Manovich 2005). Der Medienkörper produziert in Echtzeit und vermittelt das Eintauchen oder die Immersion in leibliche Erfahrungen. Aber weder der Körper der Tänzerin im „Elektronischen Laokoon" noch die reale Welt verschwinden durch solche Mediatisierung. Susan Kozel hat ihre Erfahrung und andere Erfahrungen mit technologisch induzierten Performances ausführlich auf dem Hintergrund der phänomenologischen Theorie von Maurice Merleau-Ponty ausführlich reflektiert (Kozel 2007). Sie zeigt damit, dass die Immersion in den Elektronischen Laokoon nicht ein Festhängen im Datenraum des Netzes bedeutet, sondern neue Differenz-Erfahrungen ermöglicht. Diese entspringen nicht aus einem romantisch vorgestellten ganzheitlichen Wesen des Körpers, sondern sind nur zu verstehen in den Verflechtungen und Übersetzungen des Raumes der be-greifbaren Interaktion, der im abschließenden Aufsatz dieses Bandes genauer analysiert wird. Die Untersuchung von neuartigen Sensoren, die in der Lage sind Körperlichkeit und Materialität des Daseins numerisch für eine Konstellation des Digitalen Mediums zu erfassen, macht nur einen kleinen Teil des Design be-greifbarer Interaktion aus. Nötig ist ein umfassendes Design des Raums des interaktiven Digitalen Mediums.

RESÜMEE

Für die Gestaltung be-greifbarer Interaktion gilt es ein Paradoxon zu verstehen: Wir können die Welt nur be-greifen, wenn sie uns zum Zeichen wird. Ohne die Herausbildung von Semiotizität kommt körperliche Erfahrung nicht zustande.

Andererseits ist die materielle Körperlichkeit Voraussetzung für jeden Zeichenprozess. Es gilt, die Position des Dualismus zwischen dem abstrakten Sinn und den konkreten Sinnen zu überwinden. Im Forschungsfeld der be-greifbaren Interaktion ist das Bestehen auf der leiblichen Dimension in den Digitalen Medien nur ein erster Schritt. Zu untersuchen sind die Vermittlungen, Verflechtungen und Übersetzungen zwischen dem Körper im mehrfachen Sinne von Leib und Medienkörper. Es gilt ein Verständnis für den „elektronischen Laokoon" zu entwickeln. Dazu bedarf es der theoretischen Analyse, aber gleichzeitig oder vorgängig der praktischen Gestaltung von Digitalen Räumen, worin sich ja erst das Objekt der Analyse produziert. Die Körperlichkeit des elektronischen Laokoons zu verstehen, setzt voraus, seine prozessierenden Metamorphosen in der Produktion und Reflexion zu erfassen und zu be-greifen.

LITERATUR

Ackerman, D. 1996: A Natural History of the Senses. London: Phoenix Paperback

Agre, Ph. 1997: Computation and Human Experience. Cambridge: Cambridge University Press

Anderson, J. R. 2007: Kognitive Psychologie. Heidelberg, Berlin und Oxford: Spektrum Akademischer Verlag

Barlow, J. P 1996: A Declaration of the Independence of Cyberspace. http://w2.eff.org/Censorship/Internet_censorship_bills/barlow_0296.declaration, http://www.heise.de/tp/r4/artikel/1/1028/1.html (Deutsche Übersetzung) (5.8.2010)

Baudrillard, J. 1978: Agonie des Realen. Berlin: Merve Verlag

Baxmann, I., Frantz M. und W. Schäffner 2000: Das Laokoon Paradigma. Berlin: Akademic Verlag

Benjamin, W. 1991: Das Kunstwerk im Zeitalter seiner technischen Reproduzierbarkeit, Gesammelte Schriften, Band I,2. Frankfurt am Main: Suhrkamp Verlag

Blumenberg, H. 2001: Ästhetische und metaphorologische Schriften. Frankfurt am Main: Suhrkamp Verlag

Blumenberg, H. 1998: Paradigmen zu einer Metaphorologie. Frankfurt am Main: Suhrkamp Verlag

Bolter, J. D. 2001: Writing Space: Computers, Hypertext and the Remediation of Print. New York: Lawrence Erlbaum

Bolter, J. D., Grusin, R. 1999: Remediation – Understanding New Media. Cambridge, Massachusetts, London, England: The MIT Press

Brook, J. und I. A. Boal, Resisting the Virtual Life – The Culture and Politics of Information. San Francisco: City Lights Books

Butz, A., Hussmann, H., Malaka, R. (Hg.) 2009: Medieninformatik: Eine Einführung. München u.a.: Pearson Studium

Corbin, A. 1984: Pesthauch und Blütenduft – Eine Geschichte des Geruchs. Berlin: Wagenbach Verlag (Original 1982: Le Miasme et la Jonquille. L'odorat et l'imaginaire social XVIIe-XIXe siècles, Editions Aubier Montaigne Paris)

Coyne R. 1999: Technoromanticism – Digital Narrative, Holism, and the Romance of the Real. Cambridge, Massachusetts, London, England: The MIT Press

Coyne R. 1995: Designing Information Technology in the Postmodern Age. Cambridge, Massachusetts, London, England: The MIT Press

Crary, J. 1990: Techniques of the Observer – On Vision and Modernity in the 19th Century. Cambridge, Massachusetts, London, England: The MIT Press

Daniels, D. 2002: Kunst als Sendung – Von der Telegrafie zum Internet. München: Verlag C.H. Beck

Debray, R. 2003: Einführung in die Mediologie. Bern, Stuttgart und Wien: Haupt Verlag (Original 2000: Introduction à la Médiologie, Presses Universitaires de France Paris)

Dourish, P. 2001: Where the Action Is – The Foundations of Embodied Interaction. Cambridge, Massachusetts, London, England: The MIT Press

Dreyfus, H. L. 1985: Die Grenzen der künstlichen Intelligenz – Was Computer nicht können. Königstein/Taunus: Athenäum Verlag (Original 1972: What computers can't do – The Limits of Artificial Intellligence. New York: Harper & Row Publishers)

Duden 2001: Die sinn- und sachverwandten Wörter, Version 3.0, PC-Bibliothek, Mannheim: Bibliographisches Institut & F.A. Brockhaus AG

Elias, N. 1976: Über den Prozess der Zivilisation. Frankfurt am Main: Suhrkamp Verlag

Fiedler, K. 1991: Über den Ursprung der künstlerischen Tätigkeit, in: Boehm, G. und K. Stierle (Hg.): Konrad Fiedler – Schriften zur Kunst I. München: Wilhelm Fink Verlag

Foucault, M. 1974: Die Ordnung der Dinge. Frankfurt am Main: Suhrkamp Verlag (Original: 1966: Les mots et les choses – Une archéologie des sciences humaines, Paris)

Foucault, M. 1983: Der Wille zum Wissen. Sexualität und Wahrheit 1. Frankfurt am Main: Suhrkamp Verlag (Original: 1976: Histoire de la sexualité, La volonté de savoir, Paris)

Foucault, M. 1989a: Der Gebrauch der Lüste. Sexualität und Wahrheit 2, Suhrkamp Verlag Frankfurt am Main (Original: 1984: Histoire de la sexualité, L´usage des plaisirs, Paris)

Foucault, M. 1989b: Die Sorge um sich. Sexualität und Wahrheit 3. Frankfurt am Main: Suhrkamp Verlag (Original: 1984: Histoire de la sexualité, vol. 3. Le souci de soi, Paris)

Franz, M. u.a. (Hg.) 2007a: Electric Laokoon – Zeichen und Medien, von der Lochkarte zur Grammatologie. Berlin: Akademie Verlag

Franz, M. 2007b: Vom elektrifizierten Ausdruck zur elektrifizierten Statue, in: Franz, M. u.a. (Hg.) 2007a: Electric Laokoon – Zeichen und Medien, von der Lochkarte zur Grammatologie. Berlin: Akademie Verlag

Goldstein, E. B. 1997: Wahrnehmungspsychologie – Eine Einführung. Heidelberg, Berlin und Oxford: Spektrum Akademischer Verlag

Hansen, M. 2006: Bodies in Code – Interfaces with Digital Media. New York, London: Routledge

Hansen, M. 2004: New Philosophy for New Media. Cambridge, Massachusetts, London, England: The MIT Press

Hansen, M. 2000: Embodying Technesis – Technology beyond Writing. The University of Michigan Press

Haraway, D. 1997: Modest_Witness@Second_Millenium. FemaleMan©_Meets_OncoMouse™. New York und London: Routledge

Hart Nibbrig, Ch.L. 1985: Die Auferstehung des Körpers im Text. Frankfurt am Main: Suhrkamp

Haverkamp, A. und D. Mende (Hg.) 2009: Metaphorologie – Zur Praxis von Theorie, Frankfurt am Main: Suhrkamp Verlag

Hayles, K. 1999: How We Became Posthuman – Virtual Bodies in Cybernetics, Literature, and Informatics. Chicago & London: The University of Chicago Press

Herder, J. G. 1969: Plastik – Einige Wahrnehmungen über Form und Gestalt aus Pygmalions bildendem Träume. Köln Verlag Jakob Hegner

Howes, D. (Hg.) 2005: Empire of the Senses – The Sensual Culture Reader. Oxford: Berg

Hörisch, J. 2001: Der Sinn und die Sinnes – Eine Geschichte der Medien, Eichborn Verlag Frankfurt am Main

Illich, I. 1991: Im Weinberg des Textes – Als das Schriftbild der Moderne entstand. Frankfurt am Main: Luchterhand Verlag

Ishii, H. und B. Ullmer 1997: Tangible Bits: Towards Seamless Interfaces between People, Bits and Atoms, CHI 97 Electronic Publications: http://www.sigchi.org/ chi97/proceedings/paper/hi.htm

Johnson, M. 2007: The Meaning of the Body – Aesthetics of Human Understanding. Chicago & London: The University of Chicago Press

Jones, C.A. (Ed.) 2006: Sensorium – Embodied Experience, Technology, and Contemporary Art. Cambridge, Massachusetts: The MIT List Visual Arts Center und Cambridge, Massachusetts, London, England: The MIT Press

Kamper, D., Wulf, Ch. (Hg.) 1984: Das Schwinden der Sinne. Frankfurt am Main: Suhrkamp Verlag

Kay, L. 2004: Logische Neuronen und poetische Verkörperungen, in: Pias, C. 2004: Cybernetics – Kybernetik, The Macy Conferences 1946-53, Essays & Documents/, Essays & Dokumente: Berlin: Diaphanes Verlag

Kittler, F. 1995: Aufschreibsysteme 1800 · 1900. München: Wilhelm Fink Verlag (Dritte neu bearbeitete Auflage, Erste Auflage 1985)

Kittler, F. 1986, Grammophon, Film, Typewriter. Berlin: Brinkmann & Bose

Kozel, S. 2007; Closer –Performance, Technologies, Phenomenology. Cambridge, Massachusetts, London, England: The MIT Press

Kunst- und Ausstellungshalle der Bundesrepublik Deutschland (Hg.) 1998: Der Sinn der Sinne: Steidl Bonn

Lakoff, G., Johnson, M. 1999: Philosophy in the Flesh – The Embodied Mind and Its Challenge to Western Thought. New York: Basic Books

Lakoff, G., Johnson, M. 2000: Leben in Metaphern – Konstruktion und Gebrauch von Sprachbildern. Carl-Aurer-Systeme Verlag (Original 1980: Metaphors We Live By, The University of Chicago Press)

La Mettrie, J. O. de la 2009: Die Maschine Mensch. Hamburg: Meiner Verlag (Original 1747: L'homme machine)

Leroi-Gourhan, A. 1988: Hand und Wort – Die Evolution der Technik, Sprache und Kunst. Frankfurt am Main: Suhrkamp (Original1964: La geste et la parole, Bd. I: Technique et langage. Paris und 1965: Bd. II: La mémoire et les rhythmes, Paris: Editions Albin Michel)

Lessing, G. E. 1998: Laokoon – oder über die Grenzen der Malerei und Poesie. Frankfurt am Main: Insel Verlag

Lyotard, J. F. 1988: Ob man ohne Körper denken kann, in: Gumbrecht, H. U. und K. L. Pfeiffer, Materialität der Kommunikation. Frankfurt am Main: Suhrkamp Verlag

MacKenzie, Ch.L, Iberall, Th. 1994: The Grasping Hand: Amsterdam, London, New York und Tokyo: Elsevier Science

Majetschak, S. 1997: Arbeit an Sichtbarkeit, in: Majetschak (Hg.): Auge und Hand – Konrad Fieldlers Kunsttheorie im Kontext. München: Wilhelm Fink Verlag

Manovich, L. 2005: The Poetics of Augmented Space, in: Hartware MedienKunstVerein (Hg.): Verstreute Momente der Konzentration – Urbane und digitale Räume. Frankfurt am Main: Revolver Archiv für aktuelle Kunst

McCullough, M. 1996: Abstracting Craft – The Practiced Digital Hand. Cambridge, Massachusetts, London, England: The MIT Press

McCullough, W. 1965: Embodiment of Mind. Cambridge, MA: The MIT Press

McLuhan, M., Fiore, Q. 1984: Das Medium ist Massage. Frankfurt am Main, Berlin und Wien: Ullstein Verlag: (Original: The Medium is the Massage 1967)

McLuhan, M. 1968: Die Gutenberg-Galaxis – Das Ende des Buchzeitalters. Düsseldorf und Wien: Econ Verlag (Original 1962: The Gutenberg Galaxy. Toronto: Toronto Universiy Press,)

Merleau-Ponty, M 1966: Phänomenologie der Wahrnehmung. Berlin: de Gruyter (Original 1945: Phénoménologie de la Perception. Pari:s Gallimard)

Merleau-Ponty, M 1994: Das Sichtbare und das Unsichtbare. München: Wilhelm Fink Verlag (Original 1964: Le Visible et l'Invisible. Paris: Gallimard)

Mitchell, W. 1992: The Reconfigured Eye – Visual Truth in the Postphotographic Era. Cambridge, Massachusetts, London, England: The MIT Press

Moggridge, B. (Ed.) 2007: Designing Interactions. Cambridge, Massachusetts, London, England: The MIT Press

Munster, A. 2006: materializing new media – embodiment in information aesthetics. Hanover, New Hamshire: Dartmouth College Press

Pias, C. 2004: Cybernetics – Kybernetik, The Macy Conferences 1946-53, Essays & Documents/Essays & Dokumente. Berlin: Diaphanes Verlag

Pias, C. 2003: Cybernetics – Kybernetik, The Macy Conferences 1946-53, Transactions/Protokolle. Berlin: Diaphanes Verlag

Popper, F. 2007: From Technological to Virtual Art. Cambridge, Massachusetts, London, England: The MIT Press

Rheingold, H. 1992: Virtuelle Welten – Reisen im Cyberspace. Reinbek bei Hamburg: Rowohlt Verlag (Original 1991: Virtual Reality. New York: Summit Books/Simon& Shuster)
Robben, B. 2006: Der Computer als Medium. Bielefeld: transcript Verlag
Rügge, I., Robben, B., Hornecker, E. und F.W. Bruns (Hg.) 1998: Arbeiten und begreifen: Neue Mensch-Maschine-Schnittstellen. Münster: Lit Verlag
Schelhowe, H. 1997: Das Medium aus der Maschine : zur Metamorphose des Computers. Frankfurt am Main: Campus-Verlag
Schönhammer, R. 2009: Einführung in die Wahrnehmungspsychologie: Sinne, Körper, Bewegung. Wien Facultas UTB
Sennett, R. 1995: Fleisch und Stein – Der Körper und die Stadt in der westlichen Zivilisation. Berlin: Berlin Verlag (Original: Flesh and Stone 1994. New York: W.W. Norton & Company,)
Serres, M. 1998: Die fünf Sinne – Eine Philosophie der Gemenge und Gemische. Frankfurt am Main: Suhrkamp Verlag (Original 1985: Les cinq sens. Philosophie des corps mêlés. Paris: Editions Grasset et Fasquelle)
Stafford, B.M. 1991: Body Criticism – Imaging the Unseen in Enlightenment Art and Medicine. Cambridge, Massachusetts, London, England: The MIT Press
Stafford, B.M. 1998: Kunstvolle Wissenschaft – Aufklärung, Unterhaltung und der Niedergang der visuellen Bildung. Amsterdam und Dresden: Verlag der Kunst: (Original 1994: Artful Science – Enlightenment Entertainment and the Eclipse of Visual Education. MIT Press)
Stafford, B.M. 2007: Echo Objects – The Cognitive Work of Images. Chicago: The University of Chicago Press
Stjernfelt, F. 2006: The semiotic body – A semiotic concept of embodiment? In: Nöth, W. (Hg.): Semiotic Bodies, Aesthetic Embodiments and Cyberbodies, Intervalle 10, Schriften zur Kulturforschung der Universität Kassel. Kassel: kassel university press
Stone, A. R. 1991: Will the Real Body Please Stand Up?: Boundary Stories about Virtual Cultures, in: Benedikt, M. (Hg.): Cyberspace – First Steps. Cambridge, Massachusetts, London, England: The MIT Press
Varela,F, Thompson, E. und E, Rosch 1991: The Embodied Mind. Cognitive Science and Human Experience. Cambridge, Massachusetts, London, England: The MIT Press
Virilio, P. 1986: Ästhetik des Verschwindens. Berlin: Merve Verlag (Original 1980: Esthétique de la disparition. Paris: Editions Balland)
Waffender, M. (Hg.) 1991: Cyberspace – Ausflüge in virtuelle Wirklichkeiten. Reinbek bei Hamburg: Rowohlt Verlag
Wegenstein, B. 2006: Getting Under the Skin – The Body and Media Theory. Cambridge, Massachusetts, London, England: The MIT Press
Wehr, M., Weinmann, M. (Hg.) 1999: Die Hand – Werkzeug des Geistes. Heidelberg, Berlin: Spektrum Akademischer Verlag
Weizenbaum, J. 1977: Die Macht der Computer und die Ohnmacht der Vernunft. Frankfurt am Main: Suhrkamp Verlag, (Original 1976: Computer Power and Human Reason – From Judgement to Calculation, W.H. Freeman and Company)

White, M. 2006: The Body and the Screen – Theories of Internet Spectatorship. Cambridge, Massachusetts, London, England: The MIT Press

Wilson, F. R. 1998: The Hand – How Its Use Shapes the Brain, Language and Human Culture. New York: Pantheon Books

Wilson, S. 2002: Information Arts – Intersections of Art, Science, and Technology. Cambridge, Massachusetts, London, England: The MIT Press

Winograd, T. 1996: Bringing Design to Software. New York: ACM Press und Reading, Massachusetts et al.: Addison-Wesley

Winograd, T, Flores, F. 1989: Erkenntnis Maschinen Verstehen. Berlin: Rotbuch Verlag (Original 1986: Understanding Computers and Cognition, Ablex Publishing Corporation)

Be-greifbar oder Virtuell?

Der Designer entscheidet

JOHANN HABAKUK ISRAEL, JÖRN HURTIENNE, KATHARINA WEBER

Das Konzept be-greifbarer Benutzungsschnittstellen (engl. graspable user interfaces, Fitzmaurice 1996; tangible user interfaces, Ishii & Ullmer 1997) hat wesentliche Impulse für einen Schwenk von primär grafisch repräsentierten Benutzungsschnittstellen, die Interaktion lediglich mittels Tastatur und Computermaus erlauben, hin zu Benutzungsschnittstellen gesetzt, die haptische, inhärent räumliche, den Körper involvierende und bedeutungsreichere Interaktionstechniken implementieren (Hornecker & Buur 2006). Be-greifbare Schnittstellen unterstützen beispielsweise das Ausprobieren von Systemfunktionen (engl. trial and error), eignen sich zum iterativen Entwickeln von Lösungen, stimulieren den Anwender und unterstützen die Anwendung sensumotorischer Fertigkeiten (Sharlin et al. 2004). Be-greifbare Schnittstellen verbinden be-greifbare Interaktionselemente für den Benutzer mit digitalen Repräsentationen im System und sind somit inhärent hybride Benutzungsschnittstellen.

Jedoch sind auf be-greifbaren Schnittstellen basierte hybride Systeme in ihrer Gesamtfunktionalität und algorithmischen Mächtigkeit oft beschränkt. Vergleicht man herkömmliche auf grafischen Schnittstellen (engl. graphical user interface GUI) basierte Standardsoftware mit Systemen auf Basis be-greifbarer Schnittstellen, lässt sich häufig ein Vorteil der GUI-Lösungen hinsichtlich des Funktionsumfangs, der algorithmischen Mächtigkeit, der Möglichkeit zur Detailarbeit und der hohen Flexibilität erkennen. Eine auf die jeweilige Systemfunktion hin ausgewogene Kombination digitaler (d. h. virtueller, grafischer, simulierter) und physischer (d. h. be-greifbarer, mechanischer) Schnittstellenelemente wird daher häufig gewählt, um komplexe Systemfunktionen benutzergerecht anzubieten (vgl. mixed reality, augmented reality, tangible user interfaces, Milgram & Kishino, 1994; Ishii & Ullmer, 1997; Azuma et al., 2001).

In diesem Beitrag wird der Gestaltungsspielraum näher beleuchtet, der sich durch die *Kombination* von digital/virtuell und physisch/be-greifbar repräsentierten Schnittstellenelementen ergibt. Aufbauend auf bisherigen Arbeiten (Hurtienne et al. 2008; Israel & Hurtienne 2009; Israel et al. 2009a; Gjerlufsen & Olsen 2007) werden Funktions- und Eigenschaftskategorien von be-greifbaren und virtuellen Schnittstellenelementen dargestellt, auf der Suche nach deren spezifischen Vorteilen.

Ziel dieses Ansatzes ist es, eine *systematische Funktionsallokation* zwischen be-greifbaren und virtuellen Anteilen der Benutzungsschnittstellen zu erlauben. Dieser Ansatz soll Designer und Entwickler bei der Auswahl be-greifbarer und virtueller Schnittstellenelemente unterstützen und dadurch das derzeit häufig vorwiegend intuitiv geleitete Vorgehen durch ein explizites Werkzeug unterstützen. Ziel ist es jedoch nicht, einen starren Katalog zu entwickeln, der eindeutige Lösungen suggeriert. Die Designentscheidungen sollen und müssen letztlich beim Designer und Entwickler verbleiben. Damit diese Designentscheidungen („Funktionsallokationen") jedoch auf einer fundierten Grundlage erfolgen können, soll mit diesem Artikel das Verständnis einer strukturierten Analyse virtueller und be-greifbarer Schnittstellenelemente ausgebaut werden.

Zur systematischen Herangehensweise werden die Kategorien der von Hurtienne et al. (2008) eingeführten PIBA-DIBA-Liste (Physical is Better At – Digital is Better At) herangezogen und detailliert diskutiert. Im Ergebnis soll dadurch eine Darstellung entstehen, die Entwickler hybrider be-greifbar/virtueller Benutzungsschnittstellen im Entwurfsprozess unterstützt, indem sie deren Aufmerksamkeit auf wesentliche Gestaltungskriterien lenkt, ohne fixe Gestaltungsentscheidungen zu suggerieren. Im Fokus steht dabei stets die Frage: wie wirkt sich die Kombination virtueller und be-greifbarer Schnittstellenelemente auf die *Benutzung* des Systems aus.

GRUNDLAGEN

Was unterscheidet eigentlich be-greifbare Objekte, virtuelle Objekte, und digitale Systeme? Bevor wir deren Eigenschaften im Einzelnen betrachten, wollen wir zunächst die wichtigsten Begriffe festhalten (vgl. hierzu u. a. das Mixed Reality-Kontinuum bei Milgram & Kishino 1994; und Tangible User Interfaces bei Ishii & Ullmer 1997).

Be-greifbare Objekte stellen wir uns als materielle, physische Objekte, beispielsweise Dokumente, Werkzeuge, Einrichtungsgegenstände oder Kleidungsstücke vor, jedoch mit einem wichtigen Zusatz. Im Unterschied zu rein physischen Objekten werden be-greifbare Objekte von einem *digitalen System* erfasst und können zu dessen Steuerung verwendet werden. Ebenso ist denkbar, obwohl weniger verbreitet, dass das digitale System be-greifbare Objekte nutzt, um dem Benutzer den Systemzustand zu übermitteln.

Virtuelle Objekte verstehen wir als vom Benutzer wahrnehmbare Objekte, die in einem Computersystem gespeichert über eine elektronische Anzeige, typischerweise ein Bildschirm oder eine Projektion, dargestellt werden. Mit virtuellen Objekten interagiert der Benutzer nicht direkt, selbst wenn, wie beispielsweise bei berührungsempfindlichen Displays, dieser Eindruck entsteht, sondern immer vermittelt über ein Eingabegerät.

Digitale Systeme oder *Computersysteme* verfügen über einen elektronischen Prozessor (CPU), mit dessen Hilfe sie digitale Algorithmen ausführen und in hoher Geschwindigkeit Berechnungen durchführen können. Sie verfügen außerdem über einen digitalen Speicher, in dem *virtuelle Objekte* gespeichert werden. Diese können dem Benutzer über die elektronischen Anzeigen des Systems, wie beispielsweise Bildschirme oder haptische Ausgabegeräte, präsentiert werden. Digitale Systeme verfügen schließlich auch über Eingabegeräte und Sensoren, beispielsweise Tastaturen und Trackingsysteme, mit denen sie direkte Benutzerkommandos empfangen und die Umwelt wahrnehmen können.

Nach dieser kurzen begrifflichen Klärung kommen wir nun zum zentralen Stück dieses Beitrags, der PIBA-DIBA-Liste.

PHYSICAL IS BETTER AT – DIGITAL IS BETTER AT (PIBA-DIBA)

Die Idee der Funktionsallokation entlehnen wir einem klassischen Ansatz aus der Ergonomie. Ein frühes Problem, das mit der zunehmenden Automatisierung in der Industrie aufkam, beinhaltete die Frage, wie die Funktionen zwischen Mensch und Maschine aufgeteilt werden können, so dass ein effektives, effizientes, aber auch ein zufriedenstellendes und gesundheitsförderliches Arbeiten entstehen kann. Ein erstes orientierendes Hilfsmittel waren sogenannte MABA-MABA Listen (Men-Are-Better-At Machines-Are-Better-At, Fitts 1951), die aufzeigten welche Aufgaben von Menschen und welche Aufgaben von Maschinen besser übernommen werden können (z.B. induktive Urteilsprozesse versus Lösung einfacher arithmetischer Aufgaben mit großer Geschwindigkeit). MABA-MABA Listen kamen in die Kritik, da sich Menschen ja an die Arbeit mit Maschinen adaptieren und neue Verhaltensweisen lernen können, bzw. die Technik inzwischen weitaus fortgeschrittener ist als zu der Zeit, als diese Listen entstanden (vgl. Dekker & Woods 2002; Säfsten 2007). Als erste Bestandsaufnahme und als Hilfsmittel für Gestaltungsentscheidungen feierten die MABA-MABA Listen jedoch große Erfolge weil sie einfach verständlich waren und zu schnellen Ergebnissen führten (Säfsten 2007). Da sich der Vergleich der Eigenschaften von physischen/be-greifbaren und digitalen/virtuellen Objekten weniger komplex als zwischen Mensch und Maschine darstellen dürfte, übertragen wir hier das Prinzip der MABA-MABA Listen auf die Zuteilung von Funktionen zur physischen oder digitalen Seite der be-greifbaren Benutzungsschnittstelle.

Die Darstellung der Eigenschaften be-greifbarer und virtueller Schnittstellenelemente basiert auf einer Taxonomie des Philosophen Unger (2006), die von Gjerlufsen und Olsen (2007) auf den Bereich der Mensch-Maschine-Interaktion übertragen und von Hurtienne et al. (2008) erweitert wurde. In Ergänzung der ursprünglichen PIBA-DIBA-Liste (Hurtienne et al., 2008) werden im Folgenden bekannte und neue Kategorien zum ersten Mal ausführlicher diskutiert. Die Eigenschaftspaare (Kategorien) sind:

§1 Physische Materie – Binäre Substanz
(engl. physical matter – binary substance)

Diese Kategorie stellt die Eigenschaften be-greifbarer und virtueller Objekte vor, die diese aufgrund ihrer Substanz besitzen. Be-greifbare Objekte sind durch physische Materie repräsentiert und unterliegen physischen Naturgesetzen. Virtuelle Objekte haben dagegen eine binäre Grundlage und können von digitalen Prozessoren verarbeitet werden, sind jedoch nicht be-greifbar (berührbar) und unterliegen keinen Naturgesetzen.

§2 Räumliche Ausdehnung – Nichträumliche Ausdehnung
(engl. spatial extent – non-void extent)

Hier wird die räumliche Präsenz be-greifbarer Objekte in der „natürlichen" Umgebung des Benutzers im Vergleich zu virtuellen Objekten diskutiert, die letztlich nur aus unsichtbar kleinen Bits bestehen und eine physische Ausdehnung nur innerhalb digitaler Anzeigen beziehungsweise physischer Speichermedien haben.

§3 Räumliche Position – Allgegenwärtigkeit (engl. spatial position – ubiquitous)

Während be-greifbare Objekte sich immer an einem eindeutigen Ort befinden sind virtuelle Objekte mithilfe digitaler Netzwerke potentiell überall präsent.

§4 Räumliche Ortsbezogenheit – Referenzielle Ortsbezogenheit
(engl. spatial locality – referential locality)

Der Ort und Kontext und damit ein wichtiger Teil der Bedeutung eines be-greifbaren Objektes ergibt sich aus dessen räumlicher Position und Lage zu anderen Objekten und zur physischen Umgebung. Virtuelle Objekte sind dagegen häufig digital miteinander vernetzt, ihr Kontext und örtlicher Bezug ist daher vor allem durch Referenzen (Links) auf andere virtuelle Objekte bestimmt und weniger durch räumliche Koordinaten.

§5 Analoges Interaktionsalphabet – Digitales Interaktionsalphabet (engl. analogue interaction alphabet – digital interaction alphabet)

Die Manipulation be-greifbarer Objekte erzeugt kontinuierlich analoge Signale über deren Position, Verformung, Temperatur usw. Werden diese Signale vom Computersystem in rascher Abfolge verarbeitet, kann eine zeitlich enge und produktive Interaktion zwischen Benutzer und Computersystem entstehen (Echtzeit-Interaktion). Für die Bearbeitung virtueller Objekte, die vorrangig symbolisch repräsentiert sind, wie beispielsweise Texte oder Formulare, können herkömmliche diskrete Interaktionselemente wie Tastaturen dagegen schneller zum Ziel führen.

Im Folgenden werden diese Thesen ausführlicher diskutiert, wobei wir zunächst die Vorteile der Interaktion mit physischen/be-greifbaren Interaktionselementen herausstellen und danach auf die Vorteile der Interaktion mit digitalen/virtuellen Interaktionselementen eingehen.

PIBA – PHYSICAL IS BETTER AT

§P1 Physische Materie

(1) *Intrinsische mechanische Eigenschaften der be-greifbaren Objekte (z.B. Form) kann der Benutzer einfach wahrnehmen und* manipulieren.

Be-greifbare Interaktionselemente bieten alle Eigenschaften normaler physischer Objekte, die für die Interaktion mit virtuellen Objekten erst aufwändig konzipiert und simuliert werden müssten. Hinzu kommt, dass die Art und Weise der Interaktion mit virtuellen Objekten, ob per Multi-Touch oder per Mauseingabe o. a., „künstlich" vom Entwickler festgelegt werden muss. Bei der Verwendung von be-greifbaren Interaktionselementen ist dies kaum ein Problem. Diese sind ganz automatisch hart oder weich, verformbar oder starr, solide oder hohl. Behälter können zum Beispiel geöffnet und geschlossen werden. Die Art der Interaktion ist dem Benutzer in den meisten Fällen klar, da die Benutzer einfach auf die Affordanzen (Norman 1990 und 2004) der physischen Objekte reagieren können. Das Konzept der Affordanz stammt aus Gibsons Theorie der ökologischen Wahrnehmung (1979) und bezeichnet Handlungsmöglichkeiten, die in der Umwelt vorhanden, objektiv messbar und unabhängig von der Erfahrung oder der Kultur eines Individuums sind. Die Handlungsmöglichkeiten sind dabei abhängig von den Fähigkeiten des Benutzers. Das heißt, ein interaktives Objekt hat z.B. die Affordanz der „Greifbarkeit", wenn es nicht zu groß oder zu klein im Vergleich zur menschlichen Hand ist. Affordanzen in diesem Sinne erfordern kein Lernen vom Benutzer. Sie wirken direkt und Benutzer verstehen sofort wie sie ein Objekt manipulieren können.

Neben diesen *realen Affordanzen* unterscheidet Norman (Norman 2004) die *wahrgenommenen Affordanzen.* Diese sind abhängig von der Erfahrung, dem Wissen und der Kultur des Benutzers. Zum Beispiel ermöglicht ein virtuelles Objekt wie eine Symbolschaltfläche das Darauf-Klicken weil der Benutzer diese Operation erlernt hat, nicht aber weil sie sich ihm unmittelbar erschließt. Virtuelle Objekte haben keine realen, sondern wahrgenommene Affordanzen, die abhängig sind von der Vorerfahrung mit ähnlichen Dingen oder gelernten Konventionen (Norman 2004). Da virtuelle Objekte grundsätzlich vielerlei Möglichkeiten der Interaktion anbieten können (z.B. Reaktion auf Sprachbefehl, Drag-and-Drop per Maus oder Doppelklick) sind dem Benutzer die Affordanzen der Interaktion nie von vorne herein klar. Bei der Interaktion mit be-greifbaren Objekten kann der Benutzer dagegen universelle sensumotorische Automatismen einsetzen und die Benutzung kann daher viel schneller erfolgen.

Die Manipulation be-greifbarer Objekte ist über verschiedene Situationen hinweg konsistent. Kein neues Wissen muss erlernt werden, keine Unsicherheit über die Interaktion entsteht. Bei einem realen Schwamm zum Beispiel ist es einfach vorstellbar, wie er auszudrücken ist. Bei einem virtuellen Schwamm auf dem Bildschirm dagegen ist nicht ohne weiteres klar wie diese Interaktion, z.B. mit einer Maus, durchzuführen wäre.

(2) Be-greifbare Objekte können physisch und mental gleichzeitig ge- und begriffen werden.

Be-greifbare Objekte repräsentieren Daten und Benutzungsschnittstelle in ein und demselben Objekt. So wie die Seiten eines Buches, die gleichzeitig zum Blättern aber auch zur Abbildung der Texte genutzt werden, können be-greifbare Objekte gleichzeitig zur Manipulation als auch zur Repräsentation von Informationen dienen. So repräsentiert beispielsweise die Anordnung der Schachfiguren auf einem Schachcomputer einerseits den Zustand des Spieles, gleichzeitig bieten die Figuren aber auch die Möglichkeit, diesen Zustand zu ändern. Virtuelle Objekte können dagegen nur vermittelt über Interaktionsgeräte manipuliert werden, wobei die Abbildung der Manipulation des Interaktionsgerätes auf die Manipulation des virtuellen Objekts vom Computersystem vorgegeben wird und vom Benutzer erlernt werden muss. Be-greifbare Objekte erlauben daher einen aktiveren Zugriff auf Informationen als virtuelle Objekte und sollten daher auch besser geeignet sein, Erkenntnisse über den Aufbau des Gesamtsystems zu erlangen (vgl. Piaget 1969).

Über ihre haptischen Eigenschaften ermöglichen be-greifbare Objekte dem Benutzer, einen weiteren Sinneskanal für die Interaktion mit dem Computer zu nutzen. Die Informationen auf diesem Kanal können *redundant* sein zu Informationen auf anderen Kanälen. So konnten experimentalpsychologische Studien zeigen, dass Menschen Objekte besser lokalisieren und identifizieren können, wenn die Objekte multimodal, z.B. visuell und haptisch gleichzeitig, dargeboten werden, als wenn sie unimodal, also nur visuell oder nur haptisch, dargeboten werden (Schröger et al. 2008). Be-greifbare Objekte haben den Vorteil, mehrere Modalitäten gleichzeitig anzubieten – im Gegensatz zu virtuellen Objekten, deren visuelle Komponente die haptische weitaus überwiegt. Denkbar sind allerdings virtuelle Objekte, die mit speziellen Haptik-Simulatoren wie dem Phantom-Gerät (SensAble-Technologies-Inc. 2005) abgetastet werden können – aber auch dies geschieht bisher nur punktweise, vermittelt über einen Stift. Die sensorischen Reize bei be-greifbarer Interaktion scheinen nicht nur die haptische Wahrnehmung des Objektes selbst, sondern auch die propriozeptive Wahrnehmung zu betreffen (also die Wahrnehmung von Körperbewegung und -lage im Raum, Driver & Spence 1998). Beide Arten der Wahrnehmung stimmen bei der Manipulation be-greifbarer Objekte örtlich überein, sind aber häufig voneinander getrennt bei der Manipulation virtueller Objekte, z.B. bei Mausinteraktion (vgl. §P3.2).

Aber auch unimodal bei rein haptischer Interaktion (z.B. wenn der Blick woanders fokussiert ist), bieten sich Vorteile von be-greifbaren Objekten. Psychophysische Forschungen haben gezeigt, dass Menschen vertraute Objekte innerhalb von ein bis zwei Sekunden allein mithilfe des Tastsinnes korrekt identifizieren können (Klatzky et al. 1985). Dabei setzen Menschen sogenannte haptische Explorationsbewegungen ein, um Objekteigenschaften zu überprüfen und das Objekt zu identifizieren. Dazu gehören das Hin- und Herfahren mit dem Finger auf der Oberfläche, um die Textur zu erfassen; das Druck ausüben auf die Oberfläche um die Weichheit und Verformbarkeit zu ergründen; das Umfassen des Objektes um die Größe und Form zu ermitteln; sowie das Verfolgen von Konturen mit den Fingern, um die Form und feinere Details der Objekte zu erfassen (Lederman & Klatzky, 1987; 1990).

(3) Be-greifbare Objekte vermitteln unmittelbare passive haptische Rückmeldung.

Be-greifbare Objekte vermitteln dem Benutzer eine Art von Rückmeldung, die den Objekten intrinsisch ist. Das heißt, ihre Objekteigenschaften existieren per se und müssen nicht künstlich vom interaktiven System erzeugt werden. Die sensumotorischen Vorteile für Objektidentifikation, Aufmerksamkeit und kognitive Beanspruchung sind somit ohne weiteren Programmieraufwand permanent gegeben. Aktive Rückmeldung der Objekte, die sich in Lage- oder Temperaturveränderungen ausdrücken kann, sind dagegen mit Programmieraufwand verbunden, können aber wahrscheinlich ebenso einfach vom Benutzer kognitiv verarbeitet werden.

In einer Studie von Tuddenham et al. (2010) wurde be-greifbare mit Multi-Touch-Interaktion bei einer Tracking-Aufgabe verglichen. Genauer handelte es sich dabei um das gleichzeitige Tracking von mehreren virtuellen Objekten. Hierbei wurde festgestellt, dass die passive haptische Rückmeldung von be-greifbaren Interaktionselementen Handlungen unterstütze, die Benutzer mit beiden Händen ausführten, so dass sie zeitlich überlappten. Die Benutzer stützten z.B. ihre Finger der linken Hand auf einem be-greifbaren Interaktionselement ab, um es sofort zu benutzen, wenn die Interaktion der rechten Hand mit einem anderen Interaktionselement beendet war. Die passive haptische Rückmeldung ermöglichte hier also einen schnellen Wechsel zwischen Eingabeelementen, die zu einer schnelleren, aber auch flüssigeren und genaueren Aufgabenbearbeitung beitrug.

(4) Be-greifbare Objekte sind einzigartig / eindeutig.

Aufgrund ihrer physischen, materiellen Existenz (vgl. Bennett 2002) und eindeutigen spezifischen Lage (vgl. Dourish 2001) können Benutzer be-greifbaren Objekten eine Identität zuweisen. Be-greifbare Objekte sind dadurch voneinander unterscheidbar und können nicht, anders als virtuelle Objekte, an verschiedenen Orten gleichzeitig präsent sein (vgl. §D3). Durch die Eindeutigkeit ihres Ortes besteht auch Eindeutigkeit hinsichtlich der Verantwortlichkeit für ein Objekt. So ist beispielsweise Derjenige, auf dessen Schreibtisch ein be-greifbares Objekt oder Dokument liegt, dafür verantwortlich, mit diesem zu arbeiten. Da kein anderer über das Objekt verfügt, kann damit auch kein anderer arbeiten.

Durch die Eindeutigkeit kann Klarheit in Arbeitsabläufen entstehen, die mit digitalen Systemen möglicherweise verloren geht, wenn beispielsweise mehrere Personen gleichzeitig an einem Dokument arbeiten. Die Verantwortlichkeit für ein Objekt ist per se geregelt und der Status eines Projektes erhält eine eindeutige physische Repräsentation. Wird beispielsweise ein Dokument von einer Person zur anderen übergeben, ist dessen Bearbeitung nun völlig in der Verantwortung der empfangenden Person, solange, bis diese das Dokument weitergibt.

Die Flexibilität der Bearbeitung von virtuellen Objekten und Dokumenten, die digitale Systeme bieten, ist jedoch häufig gewünscht und in größeren Einrichtungen unverzichtbar. Computersysteme können die Identität virtueller Objekte geschickt an be-greifbare Objekte knüpfen (vgl. Holmquist et al. 1999) und somit für beide Eindeutigkeit und klarere Verantwortlichkeiten bewirken.

(5) Be-greifbare Objekte benötigen kein Betriebssystem.

Wenn be-greifbare Objekte im Rahmen einer hybriden Interaktionsumgebung eingesetzt werden, wird natürlich ein Betriebssystem benötigt, denn sonst kann die Kopplung zwischen be-greifbaren und virtuellen Inhalten nicht stattfinden. Die digitale Semantik der Objektmanipulation muss für virtuelle wie für be-greifbare Objekte gleichermaßen programmiert werden. Allerdings entfällt bei be-greifbaren Objekten die Simulation der physikalischen Bedingungen und Abhängigkeiten. Für die Manipulation be-greifbarer Objekte müssen daher keine neuen Betriebssystemkomponenten vorhanden sein bzw. programmiert werden, das Betriebssystem wird hier sozusagen durch die physische Realität gestellt und funktioniert entsprechend der Naturgesetze. Für die Manipulation virtueller Objekte müssten alle physischen Eigenschaften wie Gravitation oder das Verhalten der virtuellen Objekte bei Manipulation dagegen mit geplant und realisiert werden.

Diese relative Unabhängigkeit be-greifbarer Objekte von Betriebssystemkomponenten spart also einerseits Kosten, die für die Visualisierung und Simulation virtueller Komponenten anfallen würden; anderseits trägt sie zur Robustheit und Sichtbarkeit (situation awareness) des jeweiligen Systemzustandes bei.

(6) Be-greifbare Objekte sind robust gegenüber schwierigen Umweltbedingungen.

Üblicherweise sind elektronische Bausteine empfindlich gegenüber harschen Umweltbedingungen wie zum Beispiel starken Temperaturschwankungen, hoher Feuchtigkeit, Vibration oder Wind, besonders in Verbindung mit abrasiven Partikeln. Solche ungünstigen Bedingungen können im Freien und in Gebäuden herrschen, z.B. in Küche und Bad, in der Nähe von kleinen Kindern oder öffentlich zugänglichen Gebäuden wie Bahnhöfen, die anfällig für Vandalismus sind. Be-greifbare Interaktionselemente bieten hier robuste Möglichkeiten der Interaktion. Dies gilt insbesondere, wenn die Systeme unter extremen Bedingungen ausharren und nur gelegentlich digital „gelesen“ werden müssen.

§P2 Räumliche Ausdehnung

(1) Be-greifbare Objekte sind unmittelbar, das heißt ohne technische Ausrüstung, vom Benutzer wahrnehmbar.

Werden be-greifbare Objekte in der Benutzungsschnittstelle verwandt, können diese unmittelbar und permanent vom Benutzer wahrgenommen werden. Der Benutzer kann einfach und unmittelbar auf be-greifbare Objekte zugreifen und kann sie inspizieren und manipulieren. Bei virtuellen Objekten dagegen muss erst die Art und Weise der Interaktion mit ihnen ermittelt werden, z.B. ob mit ihnen direkt oder vermittelt interagiert werden kann, welches Eingabegerät zuständig ist, und ähnliches.

Die geringen technischen Anforderungen für die Benutzung be-greifbarer Objekte machen es einfach, auch Alltagsgegenstände wie Schlüssel, Geschirr oder Türen zu Bestandteilen der Benutzungsschnittstelle werden zu lassen. Dies macht den Gestaltungsraum für Computeranwendungen sehr groß und ist u. a. Bestandteil von Mark Weisers Vision des Ubiquitous Computing (1993). Die Funktion be-greifbarer Objekte in der Benutzungsschnittstelle wird in der Regel dennoch von digitalen Komponenten wie Trackingsystemen oder Sensoren abhängen, deren technische Realisierung aufwändig sein kann.

(2) Benutzer können ihre sensumotorischen Fähigkeiten auf die Manipulation be-greifbarer Objekte anwenden.

Sensumotorik ist das Zusammenspiel der Sinnessysteme mit den motorischen Systemen und meist ist damit die unmittelbare Steuerung und Kontrolle von Bewegungen aufgrund von Sinnesrückmeldungen gemeint. Be-greifbare Objekte erlauben es, eine größere Vielfalt menschlicher sensumotorischer Fähigkeiten einzusetzen als virtuelle Objekte. Sensumotorische Handlungskoordination fordert propriozeptive und kinästhetische Informationsverarbeitung. Kinästhetische Enkodierung von Information wiederum wirkt kognitiv entlastend (Wickens & Hollands 2000), da Informationen vom visuellen Arbeitsgedächtnis in das „kinästhetische" Arbeitsgedächtnis verschoben werden können. Be-greifbare Interaktion vergrößert damit die Gesamtkapazität des (bewussten) menschlichen Informationsverarbeitungssystems.

Die Manipulation be-greifbarer Objekte wird vom Menschen in den ersten Lebensmonaten erlernt und hat sich durch wiederholtes Training stark automatisiert. Die Zusammenhänge zwischen der Manipulation von Objekten und entsprechenden Sinnesrückmeldungen sind wohlbekannt und werden unbewusst verarbeitet. Interaktionssequenzen und das entsprechende Feedback können vom Gehirn schon im Voraus geplant und simuliert werden und dies macht die Objektmanipulation schnell, sicher und kognitiv wenig aufwändig. Die Manipulation virtueller Objekte dagegen unterscheidet sich häufig von der Manipulation von Objekten im realen Leben und muss erst erlernt werden. Obwohl es möglich ist, bei der Manipulation virtueller Objekte auf ein ähnliches Automatisierungsniveau durch Übung zu gelangen, benötigt das Training Zeit und ist ggf. nicht übertragbar auf andere digitale Systeme, wenn diese ein anderes Interaktionsparadigma verwirklichen.

Während be-greifbare Objekte also immer gemäß den physischen Gesetzmäßigkeiten manipuliert werden können – und es hierzu in der physischen Realität auch keine Alternative gibt, der Benutzer daher auch keine Sekunde zweifelt, wie ein be-greifbares Objekt zu manipulieren ist – besteht diese Stringenz (Invarianz) bei virtuellen Objekten nicht. Hier werden die Manipulationsmöglichkeiten vom Entwickler vorgegeben und können sich über die Zeit, wenn beispielsweise ein neues Betriebssystem oder Gerät erscheint, ändern.

Ein oft genannter Vorteil von be-greifbaren Schnittstellen ist die Möglichkeit beidhändiger Interaktion. Jüngste Studien konnten zeigen, dass Benutzer mit be-greifbaren Schnittstellen häufiger bimanuell interagieren als mit Multi-Touch-Oberflächen, selbst wenn diese zweihändige Interaktion unterstützen (Tuddenham et al. 2010). Die Studie von Tuddenham et al. (2010) zeigt auch, dass die Benutzer bei be-greifbaren Objekten eine größere Anzahl von Interaktionsstrategien benutzen als beim Manipulieren virtueller Objekte auf einem Multi-Touch-Tisch. Bei auftauchenden Problemen (z.B. Tracking-Problemen) wurden für be-greifbare Objekte natürlichere Interaktionsstrategien benutzt als für virtuelle Objekte. Um die Tracking-Aufgabe besser zu lösen, umfassten die Benutzer die be-greifbaren Objekte mit mehreren Fingern um die Kontrolle über das Objekt zu erhöhen, während sie dagegen bei virtuellen Objekten die Interaktion auf nur einen Finger reduzierten. Die Möglichkeit, be-greifbare Objekte mit der ganzen Hand zu manipulieren (z.B. im Präzisionsgriff, vgl. Napier 1956) und frei im Raum zu bewegen erlaubt dem Benutzer auch, entweder sehr fein oder raumgreifend zu agieren und dies in Anlehnung an vorhandene künstlerische oder artistische Fertigkeiten auf die Interaktion mit dem Computersystem zu übertragen.

§P3 Räumliche Position

(1) Extrinsische mechanische Eigenschaften be-greifbarer Objekte (z.B. Position, Ausrichtung) kann der Benutzer einfach manipulieren.

Hier gilt ähnliches wie bereits in §P1.1 gesagt. Be-greifbare Interaktionselemente schränken die Manipulation des Benutzers nicht ein, er kann sie genau wie normale Objekte benutzen. Er kann sie unterschiedlich ausrichten, ihre Position relativ zu anderen Objekten und zum Interaktionsraum verändern, ja er kann sogar Interaktionselemente ganz aus dem Interaktionsbereich entfernen, wo sie vielleicht ihre Funktion als direkter Mittler zur digitalen Welt verlieren, aber wo sie dennoch als Token eine kognitive oder soziale Funktion besitzen (z.B. als Erinnerer dienen, sich noch einmal in die Interaktion zu begeben). Auch bei der Manipulation der extrinsischen Eigenschaften (z.B. Lage und Ausrichtung) begreifbarer Objekte können sich Benutzer auf reale Affordanzen stützen, die unmittelbarer als die wahrgenommene Affordanzen virtueller Objekte vom Gehirn in Handlungen umgesetzt werden können.

(2) Bei der Interaktion mit be-greifbaren Objekten bilden Wahrnehmungs- und Handlungsraum eine Einheit und sind perfekt aufeinander abgestimmt.

Bei be-greifbaren Interaktionselementen bilden Handlungs- und Wahrnehmungsraum eine Einheit. Dies ist z.B. bei der Manipulation von virtuellen Objekten mit der Maus nicht der Fall. Hier bildet das vertikale Computerdisplay, auf das der Benutzer schaut, den Wahrnehmungsraum. Der Handlungsraum (umrissen durch das Mousepad) befindet sich meist rechts daneben auf einer horizontalen Fläche auf dem Schreibtisch. Zu dieser Trennung von Wahrnehmung und Handlung kommt noch ein zu erlernendes Verhältnis von Mauswegen zu Cursorwegen im Display. Be-greifbare Interaktion kennt diese räumlichen und größenskalierenden Übersetzungen zwischen Wahrnehmen und Handeln nicht und sollte damit eine natürlichere Interaktion ermöglichen.

Man könnte allerdings meinen, dass die Trennung von Wahrnehmen und Handeln mit dem Aufkommen von Multi-Touch-Oberflächen aufgehoben sei. Dies gilt aber nur beschränkt, denn auch hier erfolgt die Handlung auf der Display-Oberfläche, auch z.B. um Objekte zu manipulieren, die in tieferen Schichten einer 2½D-Darstellung präsentiert werden. Ein Beispiel dafür ist das „Family

Archive" (Kirk et al. 2010) mit dem z.B. digitale Fotos und virtuelle Repräsentationen von Erinnerungsgegenständen in virtuellen Kisten organisiert und gelagert werden können. Diese Kisten können im virtuellen Keller gelagert werden, an die Oberfläche geholt, geöffnet und ausgekippt werden. Dabei entstehen durch die Manipulation auf der 2D-Oberfläche eines Multi-Touch-Tischs Probleme bei der Manipulation der dreidimensional simulierten Kisten (Kirk et al. 2010). Ein Teil dieser Probleme kann erklärt werden durch die Trennung von Wahrnehmungs- und Handlungsraum, der bei einer physischen Interaktion mit physischen Fotos in physischen Kisten nicht aufgetreten wäre.

(3) Der globale Bezugsrahmen im physischen Raum ist der gleiche für alle Benutzer.

Der gemeinsame Bezugsrahmen in Wahrnehmung und Handlung für alle Benutzer ermöglicht es, die Benutzungsschnittstelle gemeinsam zu verwenden. Benutzer können be-greifbare Objekte einfach auswählen, auf sie zeigen, verstecken, von einer Person zur nächsten weiter geben, räumlich gruppieren und manipulieren. Diese Handlungen können von allen Beteiligten gesehen und beobachtet werden, was einem besseren Situationsbewusstsein in der Gruppe dient.

Eine wichtige Konsequenz dessen – in Verbindung mit dem vorherigen Prinzip §P3.2 – ist die unterschiedliche Art der Computersteuerung bei kollaborativer Arbeit. Traditionelle PC-basierte Schnittstellen erlauben es zwar, dass alle Beteiligten per Projektion die gleiche Darstellung sehen. Die Kontrolle über die Darstellung dagegen bleibt meist in der Hand desjenigen der den Computer vor sich hat. Die Steuerung des Geschehens an andere zu übergeben ist häufig eine schwierige Angelegenheit in technischer wie in sozialer Hinsicht und daraus ergeben sich Konsequenzen für die Gruppendynamik und Aufgabenlösung. Die Person am PC wird zum Flaschenhals der Informationsverarbeitung der Gruppe. Dementsprechend ist bei PC-basierter Gruppenarbeit das Gespräch häufiger mit der Interaktion und Abstimmung über die Steuerung des Interfaces befasst als bei be-greifbaren Benutzungsschnittstellen (vgl. Rogers et al. 2009). Empirische Daten belegen dass die Partizipation der Beteiligten bei einer Gruppenaufgabe gleichmäßiger verteilt ist, wenn eine be-greifbare Schnittstelle verwendet wird als wenn eine PC-basierte Schnittstelle oder ein Multi-Touch-Tisch zum Einsatz kommt. Die Verfügbarkeit von be-greifbaren Interaktionselementen ermöglicht es denjenigen Benutzern, die weniger verbal interagieren, physische Beiträge zur Aufgabenlösung zu erbringen, was nicht möglich ist bei einem klassischen PC-Layout der Interaktionselemente. Be-greifbare Benutzungsschnittstellen fördern auch die Anzahl von verbalen oder gestischen Einladungen an andere, bei der gemeinsamen Aufgabe ihren Teil beizutragen und verbessern somit die Zusammenarbeit in der Gruppe (Rogers et al. 2009).

(4) *Be-greifbare Objekte erlauben parallele räumliche Multiplexkontrolle, d. h. be-greifbare Objekte sind zur selben Zeit zugänglich.*

Bei räumlicher Multiplexkontrolle hat jede zu steuernde Funktion ein ihr zugeordnetes Interaktionselement mit einem zugewiesenen Ort (Fitzmaurice et al. 1995). Da bei be-greifbarer Interaktion mehrere Interaktionselemente und Berührungspunkte gleichzeitig verfügbar sind, wird beidhändige Interaktion möglich und Eingabehandlungen können gleichzeitig durch mehrere Benutzer erfolgen. Dies dient bei Mehr-Personen-Benutzung dazu, dass der aktuelle Systemzustand einfach erkennbar ist. Benutzer können leicht erkennen, wer sich in der Nähe welcher Interaktionselemente befindet und was dort geschieht. Bei der Ein-Personen-Benutzung erlaubt die räumliche Multiplexkontrolle ergänzende, überlappende oder integrierte Handlungen auszuführen. Räumliche Multiplexkontrolle erlaubt damit sehr heterogene Benutzungsstrategien, die an die jeweilige Situation und den jeweiligen Benutzer angepasst sind (Tuddenham et al. 2010). Empirische Ergebnisse zeigen, dass räumliche Multiplexkontrolle zeitlicher Multiplexkontrolle hinsichtlich Genauigkeit und Schnelligkeit der Objektmanipulation, sowie der subjektiven Bewertung von Komfort und Einfachheit der Benutzung überlegen ist (Fitzmaurice & Buxton 1997).

(5) *Be-greifbare Objekte sind inhärent dreidimensional. Der Aufwand, eine wahrnehmungskonforme dreidimensionale Darstellung zu erhalten, ist gering.*

Die inhärente Dreidimensionalität von be-greifbaren Benutzungsschnittstellen geht einher mit einer natürlichen dreidimensionalen Visualisierung des Systemzustandes. Mit be-greifbaren Benutzungsschnittstellen präsentieren sich sämtliche monokularen und binokularen Tiefenreize auf natürliche Weise, die in virtuellen Darstellungen entweder nicht vorhanden sind oder aufwändig simuliert werden müssten (vgl. Drascic & Milgram 1996; Milgram & Drascic 1997). Diese zusätzlichen Tiefeninformationen kann die menschliche Informationsverarbeitung nutzen, um be-greifbare Objekte schneller wahrzunehmen, zu kategorisieren und um ihre relative Position zu bestimmen.

Die durch Dreidimensionalität zusätzlich gewonnene Dimension kann von dem Gestalter benutzt werden, um zusätzliche Informationen zu kodieren: einerseits über die Ausdehnung eines Objektes in der Tiefe, andererseits über die Position des Objektes in der Tiefe. Durch die Nutzung der zusätzlichen Dimension kann eine höhere Integration verschiedener Informationen in einem Objekt erreicht werden oder lassen sich bestimme Daten wie Informationshierarchien in ein und demselben Raum gar erst darstellen. Die Bearbeitung von Aufgaben, die eine hohe Integration von Daten erfordert, geht dadurch mit verminderter kognitiver Beanspruchung und schnellerer Erfassung der dargestellten Information einher (proximity compatibility principle, Wickens & Carswell 1995). Dreidimensionale Repräsentationen sind insbesondere immer dann von Nutzen, wenn die Aufgabe räumliche Orientierung beinhaltet, wie z.B. in der medizinischen Diagnostik, bei der Analyse komplexer Molekülstrukturen, beim „Wandern" durch komplexe Informationsstrukturen vergleichbar einer Bibliothek und bei der Orientierung in Landschaften mit Höhenunterschieden. Ein wichtiger Wirkmechanismus dürfte dabei die Kompatibilität zwischen Realität, Anzeige und Bedienung sein, die das kognitive Mapping zwischen Systembenutzung und Effekten erleichtert. Aber auch Mappings zwischen be-greifbaren Interaktionselementen und abstrakten Domänen sind im 3D-Raum zahlreicher anwendbar. Solche physisch-abstrakten Mappings lassen sich zum Beispiel durch image-schematische Primär-Metaphern wie zum Beispiel: „The future is in front. – The past is behind, good is up – bad is down, oder more is right – less is left" beschreiben (Hurtienne 2009; Hurtienne et al. im Druck). Für einen ausführlicheren Vergleich von Vor- und Nachteilen von 3D- und 2D-Darstellungen siehe auch Krüger (2008).

§P4 Räumliche Ortsbezogenheit

(1) Physische Bedingungen tragen semantische Merkmale („natürliche physische Bedingungen").

In der physischen Welt hängen verschiedene physische Merkmale miteinander zusammen und tragen semantische Bedeutung. Verstaut man mehrere Objekte in einem Behälter, so ist die Erwartung, dass sie zusammen in diesem Behälter bleiben, also nicht von allein wieder heraus fallen können, aber auch vor äußeren Einwirkungen geschützt sind. Wenn der Behälter bewegt wird, bewegen sich diese Objekte mit usw. Will man ein Zimmer betreten, muss zuerst eine Tür geöffnet werden. Für die Menschen, die sich in dem Zimmer befinden, ist das Tür-Öffnen bereits ein Signal, dass jemand hereinkommt und sie werden – je nachdem ob ein Gast angekündigt ist oder nicht – mit verschiedenen Erwartungen zur Tür schauen. Obwohl eine Tür grundsätzlich auch virtuell simuliert werden kann oder durch einen abstrakteren Mechanismus wie die Eingabe eines Passwortes ersetzt werden kann, sind die semantischen Implikationen der physischen Tür im Virtuellen nicht automatisch an sie geknüpft und es ist fraglich, ob die semantischen Implikationen jemals in ein digitales System „hinein designt" werden können.

Ein weiteres Beispiel impliziter Semantik be-greifbarer Objekte sind Gebrauchs- und Abnutzungsspuren. Abrieb, Kratzer oder Verfärbungen können Zeichen für die Gebrauchshäufigkeit eines Objekts sein, so tragen in einem Raum diejenigen Objekte, die häufig berührt werden, wie Klinke, Schranktürgriff, Wecker oder das Buch neben dem Bett, typische Gebrauchsspuren und sind darüber als diejenigen erkennbar, die tatsächlich in Gebrauch sind.

Bei der Gestaltung von be-greifbaren Schnittstellen können die semantischen Aspekte physischer Bedingungen viel einfacher berücksichtigt werden oder bedürfen aufgrund ihrer Selbstverständlichkeit keiner expliziten Berücksichtigung durch den Designer.

(2) Benutzer können physische Objekte einfach anordnen um Bedeutung zu kodieren (z.B. ein Blatt in einen Ordner legen).

Die Bedeutung eines be-greifbaren Objekts ergibt sich auch aus dem Kontext seiner Umgebung und der räumlichen Relation zu anderen Objekten (Dourish 2001). Durch die Änderung von Objektanordnungen ergeben sich neue Konstellationen und semantische Bezüge. Beispielsweise kann ein Dokument in einem Ordner einsortiert und dadurch in den Kontext des Projektes gestellt werden, zu dem der Ordner angelegt wurde. Dinge, die im Büro auf dem Schreibtisch oder im Regal liegen, haben unterschiedliche Relevanz für die aktuelle Aufgabenbearbeitung. Auf Dinge auf dem Schreibtisch kann ich direkt zugreifen und sie ansehen. Um auf Dinge im Regal zuzugreifen, muss ich erst aufstehen und zum Regal hingehen. Der physische Ort und die damit erforderliche physische Aktion sind mit der Semantik der Objekte eng verknüpft. Auf dem Schreibtisch liegen Dokumente, die meiner unmittelbaren Aufmerksamkeit bedürfen. Das Regal beinhaltet Dokumente die archiviert sind und nur für einen gelegentlichen Zugriff bereit gehalten werden. Natürlich kommen Ortsveränderungen auch im virtuellen Raum vor. Häufig ist aber der verfügbare Display-Raum zu klein, um physische Aktionen mit semantischer Bedeutung zu versehen: die physische Aktion eines Mausklicks auf den Ordner der aktuell relevante Daten enthält ist der physischen Aktion eines Mausklicks auf einen anderen Ordner, der archivierte und nicht so relevante Daten enthält, sehr ähnlich und die physische Aktion selbst ist nicht mit der Bedeutung assoziiert.

Weiterhin erlauben be-greifbare Interaktionselemente einen viel größeren Aktionsraum bei semantischen Interaktionen mit anderen Objekten. Ein Objekt erhält sofort eine andere Bedeutung, wenn es an ein Schlüsselbund gehängt wird als wenn es mit anderen Objekten zusammen auf einem Tisch liegt. Seine Assoziation mit dem Schlüsselbund impliziert eine hohe persönliche Wichtigkeit, die Erfordernis ständiger Verfügbarkeit und eine hohe Mobilität. Virtuelle Objekte dagegen sind heute oft an eine spezifische Art der technischen Darstellung gebunden und können erst über verschiedene Schnittstellen oder Netzwerke transportiert werden. Und auch an einem anderen Ort benötigen sie ein Display um sichtbar zu werden. Virtuelle Objekte können aber in be-greifbaren Interfaces „physikalisiert“ werden, d. h. sie werden mit einem be-greifbaren Token assoziiert, welches dann z.B. an ein Schlüsselbund gehängt werden kann und im nächstfolgenden Kontakt mit der digitalen Welt das virtuelle Objekt auf einem Display aufruft. Auch jedes Mal wenn wir Dinge, die wir beim Aus-dem-Haus gehen nicht vergessen dürfen, direkt in den Weg zur Tür legen, oder wenn wir sie in eine Schublade tun um sie vor neugierigen Blicken der Kinder zu verstecken, oder wenn wir ein Objekt auf den Schreibtisch eines Mitarbeiters zur weiteren Bearbeitung legen, assoziieren wir Objekte und Orte mit Aufforderungen, Zielen, Erinnerungen, kurz mit jener Semantik, die im jeweiligen Nutzungskontext wichtig ist.

Hinzu kommt, dass physische Repräsentationen in hybriden Schnittstellen heterogenes Denken auf natürliche Weise unterstützen (Eng et al. 2009). Begreifbare Interaktionselemente können einfach mit Nicht-Interaktionselementen der realen Welt vermischt werden, z.B. Post-It Notes, Skizzen auf Papier, kleine Modelle und Prototypen. Damit erlauben be-greifbare Schnittstellen Ungenauigkeit und Zweideutigkeit sowie Struktur ohne Einengung („structure without stricture“), die für alltägliche Handlungen kennzeichnend sind.

Typische bestehende Anwendungen be-greifbarer Objekte zur Kodierung von Semantik nutzen physische Objekte (beispielsweise Token) die in Behältern (Containern) gruppiert werden können welche jeweils einen spezifischen Objektzustand repräsentieren (Ullmer et al. 2005). Da Benutzer be-greifbare Objekte schnell manipulieren können, sind sie in der Lage, räumlich kodierte Objektzustände ebenfalls schnell zu ändern.

§P5 Analoges Interaktionsalphabet

(3) Benutzer können mittels be-greifbarer Schnittstellen schnell große Mengen an analoger Information generieren, z.B. durch Körperbewegungen oder durch die Manipulation be-greifbarer Werkzeuge.

Analoge Interaktion die auf Gesten oder Manipulation von Objekten beruht, erzeugt eine hohe Datendichte. Eine simple Bewegung eines Objekts im Raum liefert z.B. kontinuierlich Daten zu der räumlichen Position, der Bewegungsrichtung, der Geschwindigkeit, der Beschleunigung und der relativen Lage des Objekts zu anderen Objekten. Damit wird die Bandbreite der Kommunikation zwischen Mensch und Computer erhöht. Natürlich stellt sich die Frage, ob all die Daten, die von Sensoren messbar sind, wirklich für eine erfolgreiche Interaktion benötigt werden. Unter dem Gesichtspunkt der Steuerung eines Computers kann es sich bei diesen hohen Datenmengen auch um extrem viel Rauschen handeln, aus dem das Signal mühsam herausgefiltert werden muss.

Die Auswertung eines kontinuierlichen Stroms analoger Daten ist dort nützlich wo analoge Steuerung erfolgt, z.B. für die Erzeugung von Klang und Musik (Wilde 2008), die Steuerung von Fahrzeugen, die Navigation in virtuellen Welten, das Skizzieren, Malen und Zeichnen (Israel et al. 2009b), aber auch für industrielle Prozesssteuerung, kurz bei jeder Anwendung bei der Parameter kontinuierlich verändert werden.

Der Vorteil analogen Inputs kommt auch überall dort zum Tragen, wo sich Interaktionen ohne Unterbrechung in analoges menschliches Verhalten einfügen sollen. Das Paradigma der Impliziten Interaktion (auch Perceptive User Interface bei Turk & Robertson 2000; Non-Command User Interface bei Nielsen 1993) ist durch passive Interaktion auf Benutzerseite gekennzeichnet. Das System „trackt" das normale Verhalten des Benutzers, erschließt seine Intentionen aus dem Handlungsstrom und reagiert darauf in geeigneter Weise. Analoge Interaktionsalphabete sind dabei nicht auf be-greifbare Interaktion beschränkt, haben aber hier mehr Sinn, da Objektmanipulation durch den Menschen inhärent analog erfolgt.

DIBA – DIGITAL IS BETTER AT

§D1 Binäre Substanz

(1) Visuelle Eigenschaften virtueller Objekte können vom digitalen System einfach und aufwandsarm verändert werden.

Virtuelle Objekte werden rechnerintern in der Regel symbolisch repräsentiert. Das heißt, die Eigenschaften eines Objekts werden über zusammengehörige Werte definiert, die im Speicher des Rechners abgelegt sind. Alle für den Benutzer sichtbaren Darstellungen und Informationen eines Objekts werden vom Computersystem beziehungsweise der Applikation anhand dieser im Speicher vorliegenden Daten erzeugt, indem ein Algorithmus die Daten ausliest und z.B. eine visuelle Repräsentation generiert. So kann ein Algorithmus eine grafische Repräsentation eines Objekts anhand von Farbwerten, der geometrischen Position und Größe und anhand grafischer Beschreibungen (z.B. Oberflächenmodelle, Objektprimitive, Kurvenbeschreibungen, DIN 199-1, 2002) erzeugen und an die Grafikkarte weiterleiten, die daraus im Grafikspeicher ein Bild generiert, das schließlich auf dem Bildschirm angezeigt wird.

Virtuelle Objekte können schnell verändert werden. Mit hoher Geschwindigkeit (die dem Systemtakt entspricht) wird die digitale Kette von der symbolischen Beschreibung eines Objekts im Speicher über die Anwendung eines generischen Algorithmus zur Erstellung der visuellen Objekt-Repräsentation hin zur Darstellung des Objekts auf dem Bildschirm durch das Computersystem abgearbeitet. Werden die symbolischen Objektbeschreibungen am Beginn der Kette geändert, werden diese Änderungen daher in der Regel ohne größere Verzögerungen am Bildschirm sichtbar.

Virtuelle Objektentwürfe können daher aufwandsarm, „im Handumdrehen" geändert werden, indem die zugrundeliegenden Parameter geändert werden. Hierfür stehen dem Benutzer typischer Weise Eingabefelder (symbolische Manipulation) oder Kontrollelemente zur Verfügung, die über eine Computermaus verändert werden können (direkt-manipulative Interaktion). Beispielsweise kann die Größe eines Objekts zig-fach skaliert, die Farbe variiert oder die räumliche Position innerhalb einer virtuellen Szene verändert werden. Die starke Bedeutung von Grafik- und Konstruktionsprogrammen (z.B. CAD-Software) ist zu einem wesentlichen Teil mit der Möglichkeit zur symbolischen Repräsentation und direkten Manipulation von Objektbeschreibungen zu erklären (Spur & Krause 1997).

Von diesen direkten Veränderungen müssen die indirekten Veränderungen an Objekten unterschieden werden, die zum Beispiel bei der Anzeige von Messwerten, der Anzeige von Datenbankinhalten oder durch das Einwirken von (virtuellen) Kräften auf Objekte entstehen, etwa in einem Computerspiel. Auch diese Veränderungen an virtuellen Objekten sind natürlich einfacher im Virtuellen als im Physischen darstellbar.

(2) Virtuelle Objekte können durch digitale Algorithmen einfach verarbeitet werden.

Die Anwendung digitaler Algorithmen ist – neben der Möglichkeit, umfangreiche Datenmengen zu speichern – eine der wesentlichen Vorteile digitaler Systeme. So können beispielsweise umfangreiche Datenmengen in Sekundenschnelle sortiert, Ähnlichkeiten in Mustern ermittelt oder Fehler in Produktentwürfen gefunden werden.

Um digitale Algorithmen anwenden zu können, müssen die Daten der zu verarbeitenden virtuellen Objekte digital im Speicher des Computersystems vorliegen, beispielsweise die Größe und Breite eines grafischen Elements oder die

Einträge einer Tabelle. Dies ist bei virtuellen Objekten per Definition gegeben. Be-greifbare Objekte müssen dagegen zunächst digitalisiert (z.B. eingescannt) werden, bevor sie digital verarbeitet werden können.

Virtuelle Objekte können daher ein reiches Eigenleben entwickeln, das von digitalen Algorithmen gesteuert wird. Beispielsweise können sich digitale Dokumente automatisch nach Ähnlichkeit oder Gebrauchshäufigkeit sortieren. Virtuelle Objekte in grafischen Szenen können sich entlang der Bewegungen des Benutzers aufbauen (vgl. Keefe et al. 2001; Israel et al. 2009b) oder flexibel verhalten (vgl. Völlinger et al. 2009). Digitale Fahrzeugmodelle können in Luftkanalsimulationen untersucht und das Ergebnis am Modell visualisiert werden (vgl. Spur & Krause 1997). Nicht zuletzt können digitale Avatare in einen Dialog mit dem Benutzer eintreten und ihn durch Spiele oder komplexe Nutzungsszenarien führen.

Ein weiterer Vorteil virtueller Objekte ist, dass nicht direkt aufgabenrelevante Interaktionen, wie zum Beispiel das Aufräumen oder Ordnen von Werkzeugen auf Knopfdruck geschehen kann; dies jedoch zusätzliche Zeit (und Disziplin) vom Benutzer be-greifbarer Objekte erfordert.

(3) Virtuelle Objekte können „aus dem Nichts" entstehen und als Kopien anderer virtueller Objekte erzeugt werden.

Um ein virtuelles Objekt zu erstellen ist es meist ausreichend, in den Speicher des Computersystems gültige Werte einzutragen, die dessen digitale Repräsentation enthalten. Hierzu können von Softwareentwicklern sogenannte Konstruktoren programmiert werden, die gültige Objekte sozusagen „aus dem Nichts" erzeugen. Ebenso einfach ist es, bereits existierende virtuelle Objekte zu kopieren, indem der sie repräsentierende Speicherbereich kopiert wird. Moderne CPUs können solche Speicherkopiervorgänge in der Regel mit sehr hoher Geschwindigkeit durchführen. Wird die Repräsentation eines virtuellen Objekts permanent in einer Datei gespeichert ist es darüber hinaus möglich, diese Datei später zur Erzeugung mehrere virtueller Objekte zu nutzen. Darüber hinaus können mit geringem Aufwand Objektvarianten angelegt werden, indem das Original kopiert und partiell variiert wird.

Benutzer digitaler Systeme können dadurch einfach Objektvarianten erstellen und Szenarien entwerfen, in denen Objekte aus existierenden Bibliotheken geladen oder mehrfach genutzt werden. So können sich in einer virtuellen 3D-Szene beispielsweise mehrere verschiedentlich angeordnete Stühle desselben Typs befinden. Obwohl alle Stühle von derselben Vorlage abstammen, können sich einige Stühle in Details wie Farbe, Größe oder Textur unterscheiden. In Zukunft werden jedoch auch be-greifbare Objekte leichter kopiert werden können, wenn Technologien wie 3D-Scanner und 3D-Drucker leistungsfähiger werden.

(4) Virtuelle Objekte können einfach gespeichert, in ihren Ursprungszustand versetzt, und gelöscht werden.

Da virtuelle Objekte vollständig durch ihre digitale Repräsentation im Speicher beschrieben werden, kann ihr Zustand mit geringem Aufwand „gespeichert“ werden, indem diese Repräsentation auf ein permanentes Speichermedium transferiert wird. Eine hierzu übliche Technik ist die der Serialisierung. Um ein Objekt wieder zu „laden“, müssen die Daten vom Speichermedium in den Arbeitsspeicher des Computers zurück kopiert werden.

Softwareobjekte können nur funktionieren, wenn sie über eine „gültige“ Repräsentation im Speicher verfügen, d. h. dass sie einen konsistenten Zustand haben. Entwickler von Softwareobjekten definieren daher häufig Standardwerte, die ein Objekt annimmt, sobald es erstellt (instanziiert) wird. Diese Daten werden dann entweder sofort oder im Laufe der Objektlebenszeit geändert. Um ein Objekt zu löschen reicht es aus, den durch das Objekt belegten Bereich im Arbeitsspeicher des Computersystems als frei zu deklarieren sowie alle Referenzen (s. §D4.1) auf das Objekt zu löschen.

Benutzer digitaler Systeme können daher mit virtuellen Objekten „experimentieren“ und verschiedene Varianten, die sie experimentell erstellt haben, sehr leicht speichern, verrufen oder löschen. Virtuelle Objekte erlauben viele Operationen, die für reale, be-greifbare Interaktion magisch erscheinen, aber sich als sehr zeitsparend und nützlich erwiesen haben. Hierzu gehört eine „Rückgängig“ (Undo) Funktion, die vergangene Systemzustände wieder herstellt. Dies ist mit realen Objekten oft nicht oder nur mit erheblichen Aufwand möglich – wie wahrscheinlich jeder weiß, dem schon einmal eine Glasvase auf dem Fußboden zerschellt ist. Erweitert man die Undo Funktion, verwandelt sie sich in eine History Funktion, mit der jeder beliebige vergangene Systemzustand wieder hergestellt werden kann. Dies ist mit be-greifbaren Objekten nur schwer realisierbar. Auch Löschen von virtuellen Objekten ist einfacher und schneller als die physische Zerstörung oder Entfernung be-greifbarer Objekte. Zudem kann das Speichern digitaler Systemzustände sicherer sein als das Speichern physischer Systemzustände. Obwohl physische Systemzustände permanent sichtbar sind, besteht auch ständig die Gefahr ihrer Veränderung durch unintendierte Manipulationen außerhalb der Interaktionszeit. Ein Windstoß kann z.B. kleine leichte Objekte vom Tisch fegen, während digitale Daten außerhalb der Interaktionszeit auf der Festplatte ruhen.

(5) Mit Hilfe virtueller Objekte können einfach Beschränkungen umgesetzt werden.

Entwickler von Softwareobjekten sind darauf bedacht, nur gültige, funktionierende Objektrepräsentationen zuzulassen. Um dies zu erreichen wird typischer Weise in jeder Funktion, die den Zustand des Objekts ändern könnte, überprüft, ob sich durch den Aufruf der Funktion ein ungültiger Zustand einstellen könnte. Beispielsweise könnte durch einen Funktionsaufruf verlangt werden, dass ein Objekt eine Größe annähme, die über eine vordefinierte Maximalgröße hinaus ginge. Sichere Software zeichnet sich dadurch aus, dass in solchen Fällen die Ausführung der Funktion und die Änderung des Objektzustands mit einer Fehlermeldung abgelehnt werden, anders als be-greifbare Objekte, die vom Benutzer zum Beispiel falsch einsortiert oder unter Umständen zerbrochen oder beschädigt werden können. Nutzer digitaler Systeme werden dadurch in der Erstellung von Varianten unterstützt, da sie sich darauf verlassen können, dass alle Objekte, die sie mit Hilfe digitaler Software entwickelt haben, den definierten Randbedingungen entsprechen. So werden die Eingaben in einem Online-Formular sofort geprüft und falls ungültig zurückgewiesen. Im Rahmen der parametrischen Konstruktion können beispielsweise Wertebereiche und Toleranzen für Bauteile angegeben werden, innerhalb derer mittels CAD-Programmen Bauteilvarianten konstruiert werden können (vgl. Braß 2005).

Ebenso ist vorstellbar, dass die Interaktion beschleunigt werden kann durch die Einführung von Beschränkungen bzw. die Verringerung von Freiheitsgraden, die Objekte in der physischen Welt hätten. Während Bewegungen in der physischen Welt grundsätzlich in allen räumlichen Dimensionen möglich sind, kann dies in der virtuellen Welt z.B. auf eine Dimension beschränkt werden. Dies erleichtert beispielsweise Steuerungs- und Navigationsaufgaben in Computerspielen. Beschränkungen können auch nützlich sein zum „Ordnung halten" auf der Benutzungsschnittstelle. Das Aufräumen der Werkzeuge (eine im Benutzersinn nicht produktive Arbeit) ist im physischen System Benutzersache und kann im digitalen System vom Computer übernommen werden.

(6) Mit Hilfe virtueller Objekte können Sachverhalte abstrahiert und auf das Wesentliche reduziert werden.

Zwar benötigen virtuelle Objekte einen bestimmten Satz Daten, um zu funktionieren (s. §D1.3). Auf der anderen Seite müssen virtuelle Objekte nicht in der Vollständigkeit beschrieben werden wie be-greifbare Objekte. Sie „funktionieren" bereits mit der kleinsten Menge notwendiger Daten, meist schon mit den Standardwerten, die von den Softwareentwicklern digitaler Systeme vordefiniert werden. Somit können Benutzer auch schon mit noch nicht vollständig beschriebenen Objekten arbeiten und bestimmte Eigenschaften dieser Objekte testen. In den Ingenieurswissenschaften haben virtuelle Produktmodelle daher beispielsweise eine herausragende Bedeutung, da sie es erlauben, Simulationen über das Produktverhalten bereits am virtuellen Prototypen durchzuführen (Spur & Krause 1997; Stark et al. 2009). Außerdem wird es möglich, Icons und abstrakte grafische Repräsentationen zur Kontrolle umfangreicher digitaler Funktionen zu nutzen. Dieses Black-Box-Prinzip erlaubt es, anders als bei be-greifbaren Objekten, einen komplexen „Apparat" hinter einer abstrakten Repräsentation – beispielsweise einem Button – zu verstecken, der von seinem Funktionsträger entkoppelt ist.

Bereits Norman (1990) verweist auf die Dualität der Gestaltung von Beschränkungen (constraints) und Affordanzen, um intuitive Benutzung zu ermöglichen. Be-greifbare Objekte besitzen vielerlei Eigenschaften (wie z.B. Textur, Größe, Farbe, Gewicht, Härte oder Position) und Affordanzen, die permanent vorhanden sind, und auf den Benutzer wirken, auch wenn sie in der gegebenen Situation nicht relevant sind. Bei virtuellen Objekten dagegen können irrelevante Eigenschaften einfach ignoriert werden bzw. die wahrgenommenen Affordanzen der Objekte beschränkt werden. O'Malley und Benford (2009) berichten, dass virtuelle Repräsentationen beim Erlernen mathematischer Inhalte förderlich sind. Hornecker und Dünser (2009) sehen darüber hinaus Schwierigkeiten beim Einsatz be-greifbarer Objekte für die Vermittlung von Spielkonzepten.

§D2 Nichträumliche Ausdehnung

(1) Virtuelle Objekte erzeugen nur geringe Wartungs- und Lagerkosten.

Digitale Datenträger (z.B. CDs, Bänder, Laufwerke, gespiegelte Festplatten, auch Online-Speicher) verursachen im Vergleich zu analogen Speichermedien (z.B. Bücher, Handschriften) – bezogen auf die Menge der gespeicherten Daten – weitaus geringere Lagerkosten. Zwar ist die Lebensdauer digitaler Speichermedien vergleichsweise kurz. In einem digitalen Konvertierungsvorgang können aber ungleich größere Mengen digitaler Daten kopiert und migriert werden als bei analogen Medien. Außerdem ist eine digitale Überprüfung der Korrektheit beispielsweise über Prüfsummen möglich. Viele Bibliotheken tragen diesem Umstand beispielsweise durch umfangreiche Digitalisierungsmaßnahmen Rechnung (auch wenn in diesem Umfeld der Mikrofiche nach wie vor für seine Langlebigkeit und Zuverlässigkeit geschätzt und eingesetzt wird).

Die Kosten für die Lagerung, Wartung und Pflege be-greifbare Objekte sind ungleich höher als die Kosten für die gleiche Anzahl virtueller Objekte. Verschleiß und Korrosion spielen ebenfalls eine Rolle.

Zum Teil wird der Kostenvorteil digitaler Datenträger jedoch durch die „Datensammelwut" zunichte gemacht, die mit der einfachen Möglichkeit zum digitalen Speichern eintritt. Zu viele Daten sammeln sich an, was wiederum höhere Kosten für Wartung und Lagerung bedeutet.

(2) Virtuelle grafische Objekte belegen/verbrauchen (fast) keinen physischen Platz. Geometrische große Objekte erzeugen keine höheren Kosten als geometrisch kleine Objekte.

Die Größe eines virtuellen Objekts hat keine Auswirkungen auf die Kosten der Objekterstellung, da für die rechnerinterne Speicherung und Verarbeitung der geometrischen Angaben großer oder kleiner Objekte der gleiche Speicherplatz und die gleiche Verarbeitungszeit benötigen werden. Virtuelle Objekte können daher immer gleich in Originalgröße entworfen werden. Es müssen auch keine Modelle unterschiedlicher Maßstäbe (z.B. physische Architekturentwürfe) mehr hergestellt werden, da virtuelle Modelle digital in Echtzeit skaliert werden können.

Darüber hinaus lassen sich auch physische und visuelle Objekteigenschaften nach Belieben ändern ohne hierdurch zusätzlichen Aufwand zu erzeugen. So ist es sehr einfach ein Objekt aus Styropor zu einem Objekt aus purem Gold werden zu lassen, dass sich, eine entsprechende Physik-Engine vorausgesetzt, auch entsprechend verhält. Be-greifbare Objekte dagegen sind schwieriger zu simulieren. Ein goldenerer Baustein kann nur schwer durch einen Styropor-Baustein simuliert werden. Ebenfalls bewirkt bei massiven Körpern eine Verdoppelung der Größe bereits eine Verachtfachung des Materialvolumens und damit der Materialkosten.

Virtuelle Objekte können auch unabhängig von ihrer Größe bearbeitet werden, beispielsweise können auch riesige Objekte per Antippen und Ziehen durch einen Finger bewegt werden. Ebenso vereinfacht sind Größenänderungen virtueller Objekte (z.B. durch einfache Zweifingergesten). Virtuelle Objekte sind in ihrer Größe nur beschränkt durch die Displaygröße (aber selbst dann kann es ausreichen, nur Ausschnitte von großen Objekten zu zeigen).

Ein gegenteiliges Bild ergibt sich, wenn Detailreichtum von Objekten als Kriterium herangezogen wird. Da jedes dazustellende Detail eines virtuellen Objekts einzeln repräsentiert werden muss, steigen der Speicherbedarf und die für die Verarbeitung benötigte Rechenleistung mit dem Detailreichtum an. Der Detailreichtum be-greifbarer Objekte ist dagegen kein Kostenfaktor. Eine Statue, verpackt in eine Holzkiste, verbraucht denselben Platz wie ein Betonklotz gleicher Abmaße.

(3) Das Verhalten virtueller Objekte unterliegt keinen physischen Beschränkungen.

Das Verhalten virtueller Objekte wird vollständig durch die Algorithmen definiert, die die Entwickler der Objekte programmiert haben. Entwickler sind häufig bestrebt, das physische Verhalten von Objekten auch für virtuelle Objekte nachzubilden, z.B. das Verhalten flexibler Objekte bei Krafteinwirkung (Völlinger et al. 2009). Systementwickler können jedoch auch gänzlich andere, physikalisch nicht plausible aber anwendungslogische Verhalten implementieren und damit Möglichkeiten eröffnen, z.B. das erwähnte Skalieren eines virtuellen Objekts um einen Faktor X in Echtzeit, die in der physischen Realität nicht möglich sind. Benutzer können dann mit solchen virtuellen Objekten experimentieren und Ideen und Konzepte visualisieren, die sich physisch nicht oder vorerst nur schwer realisieren lassen.

Im Virtuellen gelten auch bestimmte physische Beschränkungen nicht, die von der Aufgabe ablenken. Zum Beispiel beim Sortieren von Objekten in verschiedene Kategorien werden diese oft übereinander gestapelt. In der physischen Welt sind die erreichbare Höhe und die Stabilität solcher Stapel abhängig von der Menge der gestapelten Objekte, der Unterschiedlichkeit in ihrer Größe und Form, die bestimmen, wann ein Haufen der Gravitation nachgibt und in sich zusammenfällt. Im Virtuellen sind dagegen unendlich hohe Stapel erlaubt.

§ D3 Allgegenwärtigkeit

(4) Virtuelle Objekte können schnell und einfach an entfernte Orte gesendet werden (z.B. über digitale Netze).

Die digitale Repräsentation eines virtuellen Objekts über ein Netzwerk zu versenden ist technisch nicht wesentlich aufwändiger, als es auf einem Speichermedium abzulegen. Virtuelle Objekte und Objektvarianten können daher leicht zwischen verschiedenen Orten ausgetauscht werden. Bei hoher Netzwerkbandbreite können Objektmanipulationen in Echtzeit, d. h. ohne wahrnehmbare Verzögerung, an verschiedenen Orten gleichzeitig durchgeführt werden. Die einfache Verteilbarkeit virtueller Objekte ermöglicht daher auch die einfache Übertragbarkeit auf verschiedene Plattformen und Geräte. Daten können so einfach zwischen statischen Rechnern im Büro auf mobile Geräte übertragen werden, wo sie auf andere Weise dargestellt und manipuliert werden können (Maus vs. Multi-Touch) und flexibel in verschiedenen Situationen zugreifbar sind.

Der Ort eines virtuellen Objekts lässt sich daher kaum bestimmen, da ein und dasselbe Objekt an verschiedenen Orten gleichzeitig präsent sein kann. Es sind daher zusätzliche Kennzeichnungen nötig, um ein Objekt zu verorten bzw. zu identifizieren. Im World Wide Web wird dazu beispielsweise die URL (Unifed Ressource Locator) verwendet.

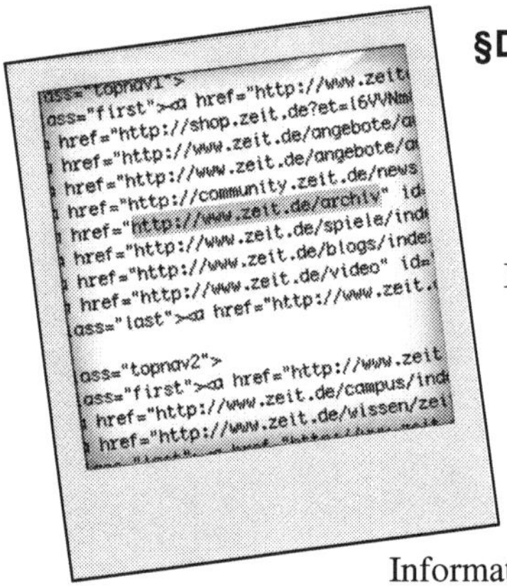

§D4 Referenzielle Ortsbezogenheit

(1) Mit virtuellen Objekten können komplexe hierarchische oder vernetzte Strukturen mit Hilfe digitaler Referenzen einfach gebildet werden.

Informationen beziehungsweise Objekte existieren nicht isoliert, sondern stehen in verschiedenen Sinnzusammenhängen zu anderen Informationen und Objekten. So kann beispielsweise ein Bauteil in verschiedenen Baugruppen verwendet werden, die wiederum in verschiedenen Produkten verbaut werden. Bei der physischen Informationsdarstellung ist man häufig gezwungen, nur einen Teil dieser Zusammenhänge darzustellen und auf andere, möglicherweise wichtige Relationen zu verzichten. So finden sich beispielsweise in Büchern Inhaltsverzeichnisse, Sach- und Personenregister. Viele im Inhalt eines Buches geschilderte Zusammenhänge, die evtl. keinen linearen Zusammenhang haben sondern in komplexen Beziehungsstrukturen stehen, können aus Platzgründen dagegen nicht dargestellt werden (z.B. alle Relationen der Begriffe des Sachregisters zueinander etc.) Diese Beschränkungen werden mit digitalen Strukturen aufgehoben, da – vorausgesetzt bestimmte Grundsätze der Datenhaltung werden eingehalten – beliebig viele Relationen zwischen Objekten gespeichert werden können, beispielsweise als Pointer (Zeiger) im Arbeitsspeicher oder als Relationen in Datenbanken.

Anders als bei physischen Medien müssen die Darstellungen der Relationen nicht vorbereitet werden, sondern können, beispielsweise über Datenbankabfragen, ad hoc zusammengestellt und visualisiert werden. Dadurch wird es möglich, Zusammenhänge zu entdecken, die zum Zeitpunkt der Erstellung der Referenzen noch nicht bekannt waren. Beispielsweise können in einem historischen Text, der über OCR-Verfahren digitalisiert wurde, bisher verborgene Zusammenhänge zwischen Ortsnamen und Schlagworten entdeckt werden.

Weiterhin wird es möglich, Redundanzen zu vermeiden, d. h. Daten nur einmal zu speichern und von verschiedenen Seiten auf diese Daten zu verweisen. Beispielsweise erlauben es die erwähnten CAD-Systeme, Bauteile und -gruppen nur einmal zu definieren und mehrfach im Produktentwurf zu platzieren. Wird das Original geändert, wirken sich die Änderungen automatisch auch auf die Referenzen aus.

Benutzer digitaler Systeme können dadurch mit Hilfe virtueller Objekte komplexe Informationsstrukturen aufbauen, die weit über die Linearität geschriebener Texte oder das Fassungsvermögen zwei- bzw. dreidimensionaler Darstellungen hinausgehen. Auch müssen Relationen nicht unmittelbar genutzt werden, sondern können „bei Bedarf" dargestellt werden.

§D5 Digitales Interaktionsalphabet

(1) Digitale Systeme ermöglichen die einfache Eingabe diskreter Zahlenwerte, Zeichen und Wörter.

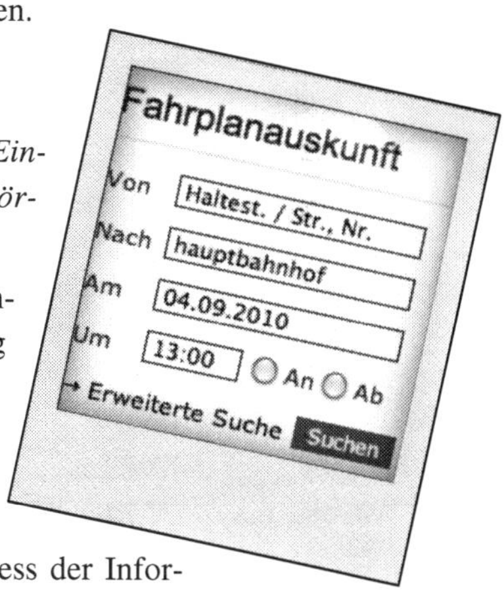

Bei der Erstellung formaler Texte, in der Korrespondenz mit Ämtern und Behörden oder bei der Nutzung von Onlinesystemen wie Online-Banking oder Fahrplanauskünften ist es oft erforderlich, Wörter, Zeichen und Symbolen zu schreiben beziehungsweise „einzugeben". Weitere Informationen wie beispielsweise zur Art des Informationsträgers oder zum Prozess der Informationserzeugung werden nicht benötigt und können sogar stören.

Digitale Systeme stellen weitreichende Möglichkeiten bereit, solche abstrahierten, leicht zu verarbeitenden symbolische Informationen zu erzeugen. Beispielsweise können über Tastaturen Texte eingegeben werden die von jedermann lesbar sind oder mittels grafischer Oberflächenelemente (z.B. Schieberegler) diskrete Werte eingestellt werden. Nachdem die Werte „eingegeben" und „gespeichert" wurden, spielt die Art der Entstehung keine Rolle mehr und die Informationen können ausgewertet und in verschiedenen Kontexten angewendet werden. Nutzt man dagegen be-greifbare Objekte zur Erfassung von Texten und Symbolen können sich störende implizite Informationen wie der Zustand des Papiers, der „Schwung" der Handschrift oder deren Lesbarkeit sowie Korrekturen und Durchstreichungen in den Vordergrund drängen und die Auswertung der „Nutzdaten" erschweren.

ZUSAMMENFASSUNG UND AUSBLICK

Tabelle 1 fasst noch einmal die einzelnen PIBA-DIBA-Thesen zusammen. Aus der Diskussion sollte ersichtlich geworden sein, dass es nicht eine beste Interaktionsform für die Gestaltung hybrider physisch-digitaler Benutzungsschnittstellen geben kann und dass be-greifbare und virtuelle Schnittstellenelemente ihre jeweiligen Vor- und Nachteile haben, die erst im spezifischen Nutzungskontext zum Tragen kommen.

Die Diskussion der Thesen zu PIBA und DIBA sollte dazu dienen, den Leser für die relativen Vor- und Nachteile der Interaktion mit physischen und virtuellen Objekten in be-greifbaren Schnittstellen zu sensibilisieren. Der nächste Schritt ist dann die Anwendung dieser Erkenntnisse bei der Gestaltung von be-greifbaren Benutzungsschnittstellen. Mit einer früheren Version der PIBA-DIBA-Liste haben Hurtienne et al. (2008) gezeigt, wie die Liste helfen kann, wichtige Gestaltungsentscheidungen bei der Funktionsallokation zu treffen. Gegenstand der Studie war ein Gestaltungskonzept für eine Software in der Kreditorenbuchhaltung eines Unternehmens (Abbildung 1). Ausgangspunkt war SAP R/3, eine Standardsoftwareumgebung. So wurde z.B. der Rechnungseingang als ein physischer Behälter dargestellt, der physische Bällchen enthält, die wiederum einzelne Rechnungen darstellen (§P1.2, §P3.4). Diese Bällchen konnten geöffnet wurden, und der mit ihnen verbundene Inhalt (die eigentliche Rechnung) erschien dann auf einem in den Tisch eingelassenen Display. Die Darstellung der symbolischen Information erfolgte in virtuellen Formularen. Warenbezeichnungen, Mengen und Preise wurden somit über eine virtuelle Darstellung manipuliert (§D5.1, §D1.1). Schließlich war der eigentliche Akt des Buchens der Rechnung wieder physisch implementiert. Das Rechnungs-Bällchen wurde nach der erfolgreichen Bearbeitung geschlossen, die virtuelle Darstellung der Rechnung verschwand vom Bildschirm und das Bällchen wurde in ein Buchungsloch gedrückt, was den Vorgang mit Nachdruck erledigte (§P1.1, §P1.3, §P2.2, §P4.2). Obwohl nicht sklavisch angewandt, verschaffte PIBA-DIBA einen gute Entscheidungsgrundlage für die Allokationen von Funktionen zu be-greifbaren und virtuellen Interaktionselementen. Die Nützlichkeit der Liste als Gestaltungswerkzeug bestand unter anderem auch darin, dass die Designer über die Funktionsallokation explizit nachdachten und die entsprechenden Gestaltungsentscheidungen dann auch besser rechtfertigen konnten.

Ein weiteres Einsatzgebiet der Liste besteht darin, vorhandene User Interfaces zu bewerten und auf ihr Verbesserungspotential zu überprüfen. So kann eine PIBA-DIBA-Analyse aufzeigen, warum in bestimmten Nutzungskontexten bestimmte Designlösungen besser sind als andere, indem die wesentlichen Designentscheidungen (Funktionsallokationen) zwischen be-greifbaren und virtuellen Schnittstellenelementen anhand der Liste geprüft und überdacht werden. Ein entsprechendes methodisches Vorgehen und mögliche Bewertungsschemata gilt es hier noch zu entwickeln.

Abildung 1: Be-greifbare Schnittstelle einer Kreditorenbuchhaltung

Uns ist bewusst, dass die PIBA-DIBA-Listen Work-in-Progress sind und sich daher an den Stand der Forschung und Technik anpassen müssen. So wird zum Beispiel der Übergang von der Standard-PC-Interaktion mittels Maus und Tastatur hin zur Interaktion mit Multi-Touch-Tischen den Vorsprung be-greifbarer Schnittstellen vor virtuellen Schnittstellen hinsichtlich Einheit von Wahrnehmungs- und Handlungsraum sowie direkter und beidhändiger Manipulation verringern (§P3.2, §P2.2, §P3.4) – aber wie wir hoffentlich gezeigt haben, nicht ganz aufheben. Be-greifbare Interaktion ist heute auch stark zentriert auf die Gestaltung von Input, also Steuerung des Computers, während Forschung zu be-greifbarem Output aufgrund der damit verbundenen technischen Schwierigkeiten noch in den Kinderschuhen steckt (vgl. aber Coelho & Maes 2008, Coffin 2008, Garbriel et al. 2008). Somit ist es möglich, dass die Liste in der Zukunft erweitert werden muss, um neue Erkenntnisse im Bereich be-greifbarer Output zu berücksichtigen.

Wir haben mit dieser Liste nicht zuletzt die Absicht verfolgt, be-greifbare Objekte zu de-mystifizieren und auf ihre Kerneigenschaften herunter zu brechen. Wir glauben, dass Designer be-greifbare Interaktion erst dann in alltägliche Gebrauchsgegenstände und Nutzungsszenarien integrieren, wenn ihre Vorteile und Nachteile klar und deutlich auf der Hand liegen. Dazu, und zur Anregung eigener physisch/digitaler Gedankenspiele, soll diese Arbeit ein Impuls sein.

Tabelle 1: PIBA-DIBA-Liste: Vorteile be-greifbarer und virtueller Interaktionselemente:

PIBA: Physicality Is Better at Vorteile be-greifbarer Interaktionselemente	**DIBA: Digitality Is Better at Vorteile virtueller Interaktionselemente**
§P1 Physikalische Materie	§D1 Binäre Substanz
§P1.1 Intrinsische mechanische Eigenschaften der be-greifbaren Objekte (z.B. Form) kann der Benutzer einfach wahrnehmen und manipulieren	§D1.1 Visuelle Eigenschaften virtueller Objekte können vom digitalen System einfach und aufwandsarm verändert werden
§P1.2 Be-greifbare Objekte können physisch und mental gleichzeitig ge- und begriffen werden	§D1.2 Virtuelle Objekte können durch digitale Algorithmen einfach verarbeitet werden
§P1.3 Be-greifbare Objekte vermitteln unmittelbare passive haptische Rückmeldung	§D1.3 Virtuelle Objekte können „aus dem Nichts" entstehen, als Kopien anderer virtueller Objekt erzeugt werden
§P1.4 Be-greifbare Objekte sind einzigartig / eindeutig	§D1.4 Virtuelle Objekte können einfach gespeichert, in ihren Ursprungszustand versetzt, und gelöscht werden
§P1.5 Be-greifbare Objekte benötigen kein Betriebssystem	§D1.5 Mit Hilfe virtueller Objekte können Beschränkungen einfach umgesetzt werden
§P1.6 Be-greifbare Objekte sind robust gegenüber schwierigen Umweltbedingungen	§D1.6 Mit Hilfe virtueller Objekte können Sachverhalte abstrahiert und auf das Wesentliche reduziert werden
§P2 Räumliche Ausdehnung	§D2 Nichträumliche Ausdehnung
§P2.1 Be-greifbare Objekte sind unmittelbar, d. h. ohne technische Ausrüstung, vom Benutzer wahrnehmbar	§D2.1 Virtuelle Objekte erzeugen nur geringe Wartungs- und Lagerkosten
§P2.2 Benutzer können ihre sensumotorischen Fähigkeiten auf die Manipulation be-greifbarer Objekte anwenden	§D2.2 Virtuelle grafische Objekte belegen/verbrauchen (fast) keinen physischen Platz. Geometrische große Objekte erzeugen keine höheren Kosten als geometrisch kleine Objekte
	§D2.3 Das Verhalten virtueller Objekte unterliegt keinen physischen Beschränkungen

§P3 Räumliche Position	§D3 Allgegenwärtigkeit
§P3.1 Extrinsische mechanische Eigenschaften be-greifbarer Objekte (z.B. Position, Ausrichtung) kann der Benutzer einfach manipulieren §P3.2 Bei der Interaktion mit be-greifbaren Objekten bilden Wahrnehmungs- und Handlungsraum eine Einheit und sind perfekt aufeinander abgestimmt §P3.3 Der globale Bezugsrahmen im physischen Raum ist der gleiche für alle Benutzer §P3.4 Be-greifbare Objekte erlauben parallele räumliche Multiplexkontrolle, d. h. be-greifbare Objekte sind zur selben Zeit zugänglich §P3.5 Be-greifbare Objekte sind inhärent dreidimensional. Der Aufwand, eine wahrnehmungskonforme dreidimensionale Darstellung zu erhalten, ist gering	§D3.1 Virtuelle Objekte können schnell und einfach an entfernte Orte gesendet werden (z.B. über digitale Netze)
§P4 Räumliche Ortsbezogenheit	**§D4 Referenzielle Ortsbezogenheit**
§P4.1 Physische Bedingungen tragen semantische Merkmale („natürliche physische Bedingungen“) §P4.2 Benutzer können physische Objekte einfach anordnen um Bedeutung zu kodieren (z.B. ein Blatt in einen Ordner legen)	§D4.1 Mit virtuellen Objekten können komplexe hierarchische oder vernetzte Strukturen mit Hilfe digitaler Referenzen einfach gebildet werden
§P5 Analoges Interaktionsalphabet	**§D5 Digitales Interaktionsalphabet**
§P5.1 Benutzer können mittels be-greifbarer Schnittstellen schnell große Mengen an analoger Information generieren, z.B. durch Körperbewegungen oder durch die Manipulation be-greifbarer Werkzeuge	§D5.1 Digitale Systeme ermöglichen die einfache Eingabe diskreter Zahlenwerte, Zeichen und Wörter

LITERATUR

Azuma, R., Baillot, Y., Behringer, R., Feiner, S., Julier, S. & MacIntyre, B. 2001: Recent Advances in Augmented Reality. Computer Graphics 21(6), S. 34-47

Bennett, B. 2002: Physical Objects, Identity and Vagueness. Tagungsband Eighth International Conference on Principles of Knowledge Representation and Reasoning (KR2002). Principles of Knowledge Representation and Reasoning. Toulouse, France: Morgan Kaufmann

Braß, E. 2005: Konstruieren mit CATIA V5. Methodik der parametrisch-assoziativen Flächenmodellierung. München: Hanser

Coelho, M. & Maes, P. 2008: Sprout I/O: A Texturally Rich Interfac. Schmidt, A., Gellersen, H., Hoven, E. v. d.et al. (Hg.) Tagungsband TEI'08 Second International Conference on Tangible and Embedded Interaction. Bonn: ACM Press, S. 221-222

Coffin, J. 2008: Robotany and Lichtung: a Contribution to Phenomenological Dialogue. Schmidt, A., Gellersen, H., Hoven, E. v. d.et al. (Hg.) Tagungsband TEI'08 Second International Conference on Tangible and Embedded Interaction. Bonn: ACM Press, S. 217-220

Dekker, S. & Woods, D. 2002: Maba-maba or abracadabra? Progress on Human–Automation Co-ordination. Cognition, Technology & Work 4(4), S. 240-244

DIN 199-1 2002: Technische Produktdokumentation - CAD-Modelle, Zeichnungen und Stücklisten - Teil 1: Begriffe. Berlin, Wien, Zürich: Beuth

Dourish, P. 2001: Where the Action Is: The Foundations of Embodied Interaction. Cambridge: MIT Press

Drascic, D. & Milgram, P. 1996: Perceptual Issues in Augmented Reality. SPIE Stereoscopic Displays and Applications VII, Virtual Reality Systems III 2653, S. 123–134

Driver, J. & Spence, C. 1998: Crossmodal attention. Current Opinion in Neurobiology 8, S. 245-253

Eng, N., Bracewell, R. & Clarkson, P. 2009: Concept Diagramming Software for Engineering Design Support: A Review and Synthesis of Studies. In: Tagungsband ASME 2009 International Design Engineering Technical Conferences & Computers and Information in Engineering Conference (IDETC/CIE 2009). San Diego, California, USA

Fitts, P. M. 1951: Human Engineering for an Effective Air-navigation and Traffic-control System. Columbus, OH: National Research Council, Division of Anthropology and Psychology, Committee on Aviation Psychology

Fitzmaurice, G. 1996: Graspable User Interfaces.Toronto: University of Toronto

Fitzmaurice, G. & Buxton, W. 1997: An Empirical Evaluation of Graspable User Interfaces: Towards Specialized, Space-Multiplexed Input. Tagungsband CHI. ACM Press, S. 43-50

Fitzmaurice, G., Ishii, H. & Buxton, W. 1995: Bricks: Laying the Foundations for Graspable User Interfaces. In: Tagungsband SIGCHI conference on Human factors in computing systems (CHI'95). Denver, Colorado, United States: ACM Press, S. 442–449

Gabriel, R., Sandsjö, J., Shahrokni, A. & Fjeld, M. 2008: BounceSlider: Actuated Sliders for Music Performance and Composition. In: Schmidt, A., Gellersen, H., Hoven, E. v. d.et al. (Hg.) Tagungsband TEI'08 Second International Conference on Tangible and Embedded Interaction. Bonn: ACM Press, S. 127-130

Gibson, J. J. 1979: The Ecological Approach to Visual Perception. Boston: Houghton Mifflin

Gjerlufsen, T. & Olsen, J. W. 2007: Physicality and Digitality: Parallelisms at a Materal Level. In: Ramduny-Ellis, D., Dix, A., Hare, J. & Gill, S. (Hg.) Tagungsband Physicality 2007. Lancester University: UWIC Press, S. 93-98

Holmquist, L. E., Redström, J. & Ljungstrand, P. 1999: Token-based access to digital information. In: Tagungsband 1st International Symposium on Handheld and Ubiquitous Computing. Karlsruhe, S. 234-245

Hornecker, E. & Buur, J. 2006: Getting a Grip on Tangible Interaction: A Framework on Physical Space and Social Interaction. In: Tagungsband CHI 2006. ACM Press, S. 437–446

Hornecker, E. & Dünser, A. 2009: Of Pages and Paddles: Children's Expectations and Mistaken Interactions with Physical-Digital Tools. Interacting with Computers 21(1-2), S. 95-107

Hurtienne, J. 2009: Image Schemas and Design for Intuitive Use. Exploring New Guidance for User Interface Design. Dissertation: Technische Universität Berlin

Hurtienne, J., Israel, J. H. & Weber, K. 2008: Cooking up Real World Business Applications Combining Physicality, Digitality, and Image Schemas. In: Schmidt, A., Gellersen, H., Hoven, E. v. d.et al. (Hg.) Tagungsband TEI'08 Second International Conference on Tangible and Embedded Interaction. Bonn: ACM Press, S. 239-246

Hurtienne, J., Stößel, C., Sturm, C., Maus, A., Rötting, M., Langdon, P. & Clarkson, P. J. (im Druck): Physical Gestures for Abstract Concepts. Inclusive Design with Primary Metaphors. Interacting with Computers

Ishii, H. & Ullmer, B. 1997: Tangible Bits: Towards Seamless Interfaces between People, Bits, and Atoms. In: Tagungsband CHI'97. Atlanta, Georgia, S. 234-241

Israel, J. H. & Hurtienne, J. 2009: Regarding the Physical/Digital Seam in Design for Intuitive Interaction. In: Kain, S., Struve, D. & Wandke, H. (Hg.) Tagungsband Workshop Exploring Design Criteria for Intuitive Use, Mensch und Computer 2009. Humboldt-Universität Berlin: Logos Verlag, S. 85-89.

Israel, J. H., Hurtienne, J., Pohlmeyer, A. E., Mohs, C., Kindsmüller, M. C. & Naumann, A. 2009a: On intuitive use, physicality and tangible user interfaces. Int. Journal Arts and Technology 2(4), S. 348-366

Israel, J. H., Wiese, E., Mateescu, M. & Stark, R. 2009b: Investigating Three-dimensional Sketching for Early Conceptual Design—Results from Expert Discussions and User Studies. Computers & Graphics 33(4), S. 462-473

Keefe, D. F., Acevedo Feliz, D., Moscovich, T., Laidlaw, D. H. & LaViola, J. 2001: CavePainting: A Fully Immersive 3D Artistic Medium and Interactive Experience. In: Tagungsband ACM Symposium on Interactive 3D Graphics (SI3D'01). ACM Press, S. 85-93

Kirk, D. S., Izadi, S., Sellen, A., Taylor, S., Banks, R. & Hilliges, O. 2010: Opening up the family archive. In: Tagungsband Conference on Computer supported cooperative work. Savannah, Georgia, USA, ACM Press, S. 261-270

Klatzky, R., Lederman, S. & Metzger, V. 1985: Identifying Objects by Touch: An „expert system" Perception and psychophysics 37(4), S. 299-302

Krüger, K. 2008: Nutzen und Grenzen von 3D-Anzeigen in Fahrzeugen. Dissertation: Humboldt-Universität Berlin

Lederman, S. J. & Klatzky, R. L. 1987: Hand movements: A window into haptic object recognition. Cognitive Psychology 19(3), S. 342-368

Lederman, S. J. & Klatzky, R. L. 1990: Haptic Classification of Common Objects: Knowledge-driven Exploration. Cognitive Psychology 22(4), S. 421-459

Manches, A., O'Malley, C. & Benford, S. 2009: Physical Manipulation: Evaluating the Potential for Tangible Designs. In: Tagungsband 3rd International Conference on Tangible and Embedded Interaction. Cambridge, United Kingdom, ACM Press, S. 77-84

Milgram, P. & Drascic, D. 1997: Perceptual Effects In Aligning Virtual And Real Objects In Augmented Reality Displays. In: Tagungsband 41st Annual Meeting of Human Factors & Ergonomics Society. Albuquerque, NM, USA, Human Factors and Ergonomics Society, S. 1239-1243

Milgram, P. & Kishino, F. 1994: A Taxonomy of Mixed Reality Visual Displays. IEICE Transactions on Information Systems E77-D(12)

Napier, J. 1956: The prehensile Movements of the human Hand. Journal of Bone and Joint Surgery 38-B(4), S. 902-913

Nielsen, J. 1993: Noncommand user interfaces. Communications of the ACM 36(4), S. 83-99

Norman, D. A. 1990: The Design of Everyday Things. New York: Currency/Doubleday

Norman, D. A. 2004: Affordances and Design. von http://www.jnd.org/dn.mss/affordances_and.html (19.06.2007)

Piaget, J. 1969: Das Erwachen der Intelligenz beim Kinde. Stuttgart: Klett

Rogers, Y., Lim, Y., Hazlewood, W. R. & Marshall, P. 2009: Equal Opportunities: Do Shareable Interfaces Promote More Group Participation Than Single User Displays? Human–Computer Interaction 24(1), S. 79

Säfsten, K., Winroth, M., & Stahre, J. 2007: The content and process of automation strategies. International Journal of Production Economics 110(1-2), S. 25-38

Schröger, E., Kaernbach, C. & Schönwiesner, M. 2008: Auditive Wahrnehmung und multisensorische Verarbeitung. In: Müsseler, J. (Hg.) Allgemeine Psychologie. Berlin / Heidelberg: Spektrum Akad. Verlag, S. 58-100

SensAble-Technologies-Inc. 2005: PHANTOM Haptic Devices. http://www.sensable.com/haptic-phantom-premium-6dof.htm (05.09.2008)

Sharlin, E., Watson, B., Kitamura, Y., Kishino, F. & Itoh, Y. 2004: On tangible user interfaces, humans and spatiality. Personal and Ubiquitous Computing 8(5), S. 338–346

Spur, G. & Krause, F.-L. 1997: Das virtuelle Produkt. München: hanser Verlag

Stark, R., Beckmann-Dobrev, B., Schulze, E.-E., Adenauer, J. & Israel, J. H. 2009: Smart Hybrid Prototyping zur multimodalen Erlebbarkeit virtueller Prototypen innerhalb der Produktentstehung. In: Tagungsband 8. Berliner Werkstatt Mensch-Maschine-Systeme BWMMS'09: Der Mensch im Mittelpunkt technischer Systeme. Berlin, VDI-Verlag, S. 437-443

Tuddenham, P., Kirk, D. & Izadi, S. 2010: Graspables Revisited: Multi-touch vs. Tangible Input for Tabletop Displays in Acquisition and Manipulation Tasks. In: Tagungsband 28th international conference on Human factors in computing systems. Atlanta, Georgia, USA: ACM Press, S. 2223-2232

Turk, M. & Robertson, G. G. 2000: Perceptual User Interfaces (introduction). Communications of the ACM 43(3), S. 32-34

Ullmer, B., Ishii, H. & Jacob, R. J. 2005: Token+constraint Systems for Tangible Interaction with Digital Information. ACM Transactions Computer-Human Interaction 12(1), S. 81–118

Unger, P. 2006: All The Power In The World. Aufl. 1. Oxford: Oxford University Press

Völlinger, U., Beckmann-Dobrev, B., Schäfer, J., Israel, J. H. & Stark, R. 2009: Intuitive Haptische Interfaces für die Deformationssimulation. In: Gausemeier, J. & Grafe, M. (Hg.) Tagungsband 8. Paderborner Workshop Augmen ted & Virtual Reality in der Produktentstehung. Paderborn: Heinz Nixdorf Institut, S. 189-203

Weiser, M. 1993: Some Computer Science Issues in Ubiquitous Computing. CACM 36(7), S. 74-83

Wickens, C. D. & Carswell, C. M. 1995: The Proximity Compatibility Principle: Its Psychological Foundation and Relevance to Display Design. Human Factors: The Journal of the Human Factors and Ergonomics Society 37, S. 473-494

Wilde, D. 2008: Using Sound to Encourage Physical Extension, Exploring Humour in Interface Design. International Journal of Performance Arts and Digital Media 4(1), S. 7-26

Das Greifbare und das Ferne

Ein Spannungsverhältnis zur Entwicklung des Lernens

WILLI BRUNS

Die hier vorgestellte *Mixed-Reality*-Lernumgebung DERIVE bietet Auszubildenden des Faches Mechatronik die Möglichkeit, gegenständliche, greifbare Objekte (Druckluftzylinder, Verbindungsschläuche, Ventile, Schalter) und abstrakte, zeichenhafte Objekte (Steuerungsprogramme, Schaltpläne, Ablaufdiagramme, Simulationen) in einem offenen Setting zu erfahren und kognitiv sowie emotional zu durchdringen. Ein solches offenes Setting erlaubt den Lernenden, sich das neue Gebiet auf einem für sie geeigneten Weg zu erschließen: als Einzel- oder Gruppenarbeit, vom Abstrakten zum Konkreten oder umgekehrt, aus der Nähe oder der Ferne. Diese Modi des Lernens, die später auch im Beruf des Industrie- oder Kraftfahrzeug-Mechatronikers als Modi des Arbeitens typisch sind, werden von einer Experimentierumgebung unterstützt, die als Verdopplung und Fortsetzung von Wirklichkeit, Original und Modell getrennt nebeneinander oder funktional gekoppelt zu nutzen ist.

Konzepte der *Mixed-Reality*-Lernumgebung werden in Bezug gesetzt zu einer Theorie des Denkens von Wilfred Bion, der von „Elementen" der Denkentwicklung spricht, was über kognitive Ansätze, wie etwa von Piaget, hinausgeht. Es wird gezeigt, wie die Verbindung realer und virtueller Komponenten technischer Systeme auf unterschiedlichen Abstraktions- und Kopplungsebenen einen Prozess unterstützen kann, den Bion als die Transformation von Vorkonzepten in Konzepte und formale logische Strukturen bezeichnet. Verschiedene Formen der Verbindung von Realität – computerintern und -extern, wirksam und vorgestellt, real und virtuell, energetisch und zeichenhaft, kognitiv und emotional – werden betrachtet.

EINFÜHRUNG

Dieser Beitrag ist als Versuch gedacht, zwei bisher wenig verbundene Erfahrungsbereiche miteinander in Berührung zu bringen, in der Hoffnung, daraus Anregungen für beide Seiten zu gewinnen. Es handelt sich um den Bereich Didaktik der Mechatronik und den Bereich der Entwicklung des Denkens durch emotionale Erfahrung. Zwei Tendenzen, die ich in meiner Tätigkeit als Pädagoge und Gestalter von Lernumgebungen erfahren habe, haben mich zu diesem Versuch gedrängt.

Erstens: das neue industrielle Tätigkeitsfeld Mechatronik verlangt von seinen Fachkräften ein hohes Maß an Vielperspektivität auf technische Systeme und deren Nutzer. Logik und Physik, konkret Gegenständliches und abstrakt Virtuelles, Steuerndes und Gesteuertes, Lokales und Entferntes, Zeichen und Algorithmen, Signalhaftes und Energetisches, Analoges und Digitales sind in Komponenten und Systemen strukturell und funktional zusammen zu sehen. Dabei durchläuft der Aneignungsprozess von intuitiv erahnten Zusammenhängen zu abstrakten formalen Strukturen einen vielschichtigen Transformationsprozess. Das Greifen der Objekte spielt für das Begreifen ihrer Struktur und ihres Verhaltens als Einzelkomponente, wie auch in größeren Systemzusammenhängen, eine nicht zu vernachlässigende Rolle. Eine zentrale These der Arbeit geht davon aus, dass nur das lokal Gegriffene und Begriffene auch in der Ferne handhabbar bleibt.

Zweitens: die Illusion, hoch komplexe automatisierungstechnische Systeme mit rein rational, objektivierenden, formalen und wissenschaftliche Distanz fördernden Mitteln angemessen konstruieren und handhaben zu können, ist seit den Arbeiten zum *subjektivierenden Arbeitshandeln* (vgl. Böhle 1988) einer breiteren Sicht gewichen, die das empathische Verhältnis Mensch-Maschine berücksichtigt. Piaget (1975) stellt mit seinen Arbeiten zur Symbolbildung und kognitiven Entwicklung von Kindern eine wichtige Quelle der Orientierung und Einsicht für alle Pädagogen dar. Eine noch früher ansetzende Untersuchung der Rolle von Emotionen und Traum liefern mir für den Umgang mit Maschinen und Systemen einen weiteren hilfreichen Beitrag. In diesem Zusammenhang ist es verlockend, die Theorie von Wilfried Bion über Lernen durch Erfahrung (Bion 1962/1990), Elemente der Psychoanalyse (Bion 1963/1992) und Transformationen (Bion 1965/1997), in der Modelle der seelischen Entwicklung des Menschen von Emotionen über abstrakte kognitive Strukturen bis hin zu wissenschaftlich deduktiven Systemen vorgestellt werden, als Steinbruch zu verwenden. Bions Arbeit beruht auf den Erfahrungen mit psychotischen, also schwer denkgestörten Patienten. Seine Ausführungen inklusive einer Notation zur Beschreibung der emotionalen und gedanklichen Prozesse richten sich an Psychoanalytiker. Sie sollen diesen helfen, einen „leeren Denkraum“ mit ihren eigenen praktischen Erfahrungen mit *dem Denken über das Denken* strukturieren und abstrahieren, und damit entfalten zu können (vgl. die Einführung der Bion Übersetzerin Erika Krejci in Bion 1990). Wenn Bion über Lernen durch emotionale Erfahrungen schreibt, hat er als Ausgangspunkt Objektbeziehungen nach Melanie Klein, also Beziehungen zwischen Lebewesen, die zur Liebe und zum Hass fähig sind. Bion erweitert diese Passionen um das Wissenwollen. Er unterscheidet zwischen der Bildung von Gedanken über Unbelebtes und Gedanken über Belebtes (vgl. Bion 1990, S. 15).

Wenn ich trotzdem diese Überlegungen auf die Lernsituation mit Unbelebtem anwende, so aus zweierlei Gründen. Erstens geht es auch bei dem noch näher zu beschreibenden pädagogischen Setting um Beziehungen zwischen Lernenden und Lehrenden, aber auch zu „unbelebten beseelten“[1] Objekten. Zweitens scheint mir der Ansatz von Bion, einen „Leeren Denkraum“ mit je eigenen praktischen Erfahrungen strukturiert zu entfalten besonders attraktiv auch für Pädagogen zu sein. Das Konzept des leeren Denkraumes geht von einer innigen Verflechtung von Gedanken und Denkapparat aus. Es ist also nicht erst der Denkapparat da, der dann Gedanken hervorbringt, sondern angeregt durch Emotionen bilden sich Gedanken und Apparat gleichzeitig aus. Ein vorher leerer Raum füllt sich.

Wenn ich pädagogisch erfahrenen und interessierten Lesern dieses Experiment des Füllens eines leeren Denkraumes zumute, so deshalb, weil ich selbst als Ingenieurwissenschaftler und Pädagoge aus der Beschäftigung mit Bions Arbeiten eine Sicht auf Lernprozesse gewonnen habe, die ich mir viel früher gewünscht hätte. So hoffe ich, dass einige Aspekte dieser Abhandlung den einen oder anderen Leser anregen mögen, sich intensiver mit Bion zu beschäftigen. Das Lesen dieses Beitrags verlangt eine Fähigkeit, die E. Krejci in ihrem Vorwort zu Bion als die ‚negative Fähigkeit‘ beschreibt, das heißt die Fähigkeit, Unsicherheit zu ertragen. Gedanken entstehen als Erstes, sagt Bion; das Denken der Gedanken ist etwas Zweites. Die Vorläufer der Gedanken aber sind emotionale Erfahrungen; ihre unbekannte Gestalt und Eigenschaft gilt es zu entdecken. Sind wir vorschnell mit Namen und Begriffen, mit Denkmodellen und Theorien zur Hand, so nehmen wir der unbekannten emotionalen Erfahrung die Möglichkeit, in uns Gestalt zu gewinnen“ (Bion 1990, S.13).

Dieser Beitrag beschreibt zunächst die Lernumgebung für Mechatronik, DERIVE, die bereits mehrfach im praktischen Unterricht eingesetzt wurde. An-

1 Animationen, Illusionserzeugende Visualisierungen und gesteuerte Abläufe der Elektromechanik als Projektionen von Entwicklern als „Beseelung“.

schließend werden einige Grundgedanken Bions dargestellt, abschließend Bezüge zwischen beiden Ansätzen hergestellt.

EINE *MIXED-REALITY*-LERNUMGEBUNG FÜR MECHATRONIK

Mechatronik ist ein neues Gebiet industrieller Praxis und ein neues Berufsbild, für das Qualifikationen durch Ausbildung oder Studium erworben werden. Es trägt der zunehmenden Durchdringung elektrischer, elektronischer, mechanischer und informatischer Techniken Rechnung. Besonders die mögliche Realisierung technischer Funktionen mit Hilfe unterschiedlicher Hard- und Software-Strukturen stellt an die Lernenden in diesem Fach besondere Anforderungen. Gefragt sind Fähigkeiten, in logischen und physikalischen Strukturen, als steuernde und gesteuerte Teile eines Gesamtprozesses, zu denken, in denen lineare Ursache-Wirkungs-Ketten sich auflösen und in einem geschlossenen Regelkreis zu betrachten sind. Die bisher übliche Logik in automatisierten Steuerungen, mit verifizierbaren Schlussfolgerungen und sequenziellem Ablauf, wird erweitert in Richtung einer Notation der konsistenten Voraussetzungen, Regeln und Zustände. Diese trifft in gemischten digital-analogen, logisch-physikalischen Hybridsystemen auf eine Ebene der Anwendungsprozesse und Benutzungsformen, die sich häufig einer Formalisierung entziehen. Um sich dieser Komplexität des Lernfeldes in angemessener Weise didaktisch zu nähern, werden Lernumgebungen entwickelt, die eine flexible, modular austauschbare Verknüpfung von Komponenten zu Systemen erlauben. Dabei existieren die Komponenten in unterschiedlich ausdifferenzierter Form sowohl im Realen (Computer extern) – elektromechanisch, als auch im Virtuellen (Computer intern) – logisch. Als eine Vervielfältigung von Wirklichkeit existiert jede Komponente als *Komplexteil* in verschiedenen Instanzen: realer Pneumatikzylinder für den industriellen Einsatz, didaktisch reduzierter und erweiterter Pneumatikzylinder als Lehr-/Lernmittel, Spielzeugzylinder für Technikbaukästen, Simulations- und Visualisierungssoftware für den spielerischen Umgang, Lernsoftware für den Technikunterricht, virtuelles Industriemodell zur Konstruktion und Optimierung komplexer Anlagen, wissenschaftliches Modell zur Untersuchung spezieller Forschungsfragen (vgl. Bruns 2003).

Anspruch unserer Forschungsarbeiten zur Entwicklung von Lernumgebungen der Mechatronik ist es, eine Systemarchitektur und eine Schnittstellentechnik zu entwickeln, die es erlauben, diese Vielfalt der Komponenten beliebig verteilt in Realität und Virtualität zu realisieren, und damit frei den situativen und persönlichen Lernanforderungen anzupassen. Unterstützt werden sowohl Vielperspektivität als auch eine Orientierung an den Vorerfahrungen und Förderung neuer Erfahrungsbildung potenzieller Nutzer (vgl. Müller 1998).

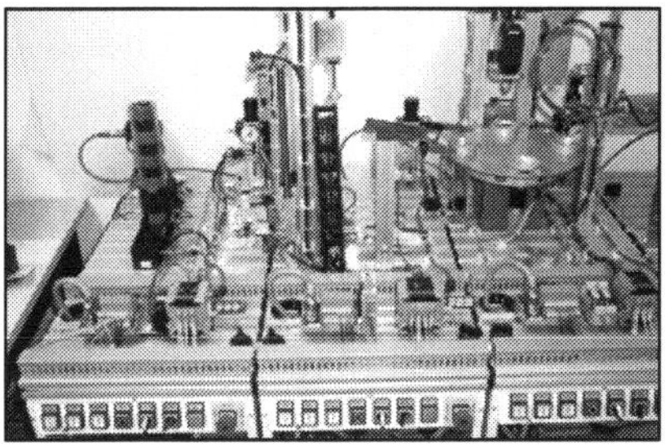

Abb. 1 : Modulare Produktionsanlage MPS

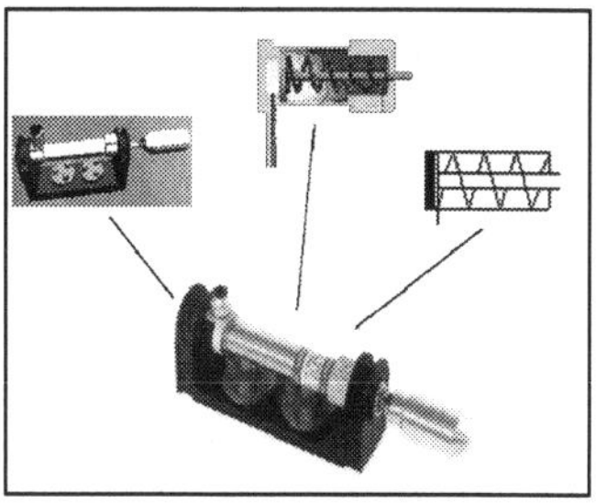

Abb. 2: Zylinder als Komplexes Objekt

Am Beispiel der Lernumgebung DERIVE (Distributed Real and Virtual Learning Environment for Mechatronics and Tele-Service) soll dieser Ansatz dargestellt werden. Gegenstand der Lernumgebung ist eine Modulare Produktionsanlage (MPS) mit Speicherprogrammierbarer Steuerung (SPS) und elektropneumatischen Wirkelementen zum Transport und zur Bearbeitung von Rohteilen zu Fertigprodukten (Abb. 1). Ziel der Lehr-/ Lerneinheit ist es, ein grundsätzliches Verständnis der Einzelkomponenten und deren Zusammenhänge in Systemen sowohl auf der Ebene der Steuerung, als auch auf der Ebene der gesteuerten Aktoren und Sensoren und der Ebene des Veränderungsprozesses des Rohteils zu erwerben. Dies Verständnis soll die Lernenden befähigen, konstruktiv neue Anwendungsfälle dieser Automatisierungstechnik zu realisieren und existierende Anlagen zu betreiben und zu optimieren (Diagnosetätigkeit).

Alle Elemente der Anlage liegen als komplexe Objekte (Abb. 2) vor, also als Realobjekte mit zugeordneten unterschiedlich abstrakten virtuellen Objekten (Simulationen, Visualisierungen, Dokumentationen, Hilfen).

Ein typisches Lernszenario soll die Arbeit in der Lernumgebung verdeutlichen. Für den Zylinder einer Presse soll eine Sicherheitsschaltung entwickelt werden (Abb. 3). Dabei handelt es sich um eine Schaltung, die die Benutzer zwingt, beide Hände zur Auslösung eines Prozesses zu benutzen, damit nicht eine Hand aus Versehen „unter die Räder" kommt.

Die Lernenden bekommen einen Baukasten mit elektro-pneumatischen Elementen, aus dem sie zunächst die erforderlichen Bausteine entnehmen und auf einem Modelliertisch platzieren. Sie kennen bereits die Wirkweise eines einfach wirkenden Pneumatikzylinders. Bei Betätigung eines Druckschalters, der einerseits an eine Druckluftquelle, andererseits an den Pneumatikzylinder angeschlossen ist, fährt der Zylinder aus. Sie erkennen schnell, dass sie eine logische UND-Verknüpfung realisieren sollen, also zwei Druckschalter so mit dem Zylinder verbinden müssen, dass er nur bei gleichzeitiger Betätigung beider Schalter ausfährt und beim Loslassen bereits eines Schalters wieder einfährt.

Abb. 3: Sicherheits-Schaltung einer Presse

Von außen unterscheidet sich die UND-Komponente nur durch ein aufgedrucktes Symbol von der ODER-Komponente. Das Merken und Verwenden dieser Symbole wird erleichtert durch das Verständnis der Abstraktion, die das Symbol gegenüber dem Realprozess darstellt. In die reale Metallkomponente können sie nicht blicken. Es gibt aber zu jeder realen Komponente eine Vielfalt virtueller Repräsentationen, also das Komplexteil. Sie nehmen aus dem virtuellen Baukasten das entsprechende Teil und platzieren es auf dem virtuellen Modelliertisch. Zunächst sehen sie ein anschauliches Objekt, das große äußerliche Ähnlichkeit mit dem Realobjekt hat und von allen Seiten im 3D-Raum zu betrachten ist, wie es im Real-Raum von allen Seiten zu betasten ist. Im Virtuellen können sie nun ein aufgeschnittenes Inneres der Komponente sehen und eine Animation betrachten, die die Luftströmung und Ventilbewegung bei unterschiedlichen Druckverhältnissen an den drei Anschlüssen zeigt. Sie können daraus leicht folgern, wie sie ihr reales UND mit zwei Schaltern an zwei Druckluftquellen anzuschließen haben und das reale Verhalten überprüfen können. Sie hören ein lautes Zischen der entweichenden Luft an dem noch offenen Anschluss bei gleichzeitiger Betätigung der Schalter. Nun verbinden sie den offenen Ausgang der UND-Komponente mit dem Pneumatikzylinder und sehen, wie dieser in der besagten Situation ausfährt, hören seinen Knall beim Erreichen der Endposition und können auch die Kraft spüren, die der Druck erzeugt. So entwickeln sie ein Gespür für das Hören und Fühlen einer funktionierenden Anlage. Sie können ein Abbild dieser Anlage im Virtuellen erstellen, indem sie mit virtuellen Schläuchen virtuelle Druckquellen, Schalter, UND-Komponente und Zylinder verbinden. Es existiert dann eine Verdopplung von Wirklichkeit.

Die Übereinstimmung von Modell und Wirklichkeit kann von den Lernenden leicht überprüft werden. Da die virtuelle Lernumgebung über einen Internetzugang benutzbar ist, kann dieses Modell nun auch von anderen Schülern betrachtet und verwendet werden. Als ein an der Wirklichkeit überprüftes Modell kann diese Schaltung nun in komplexeren Anwendungs-Szenarien benutzt werden. Filme über den praktischen Industrieeinsatz sowie Schaltungsmodelle aus einer Bibliothek erweitern den Erfahrungshorizont der Schüler. Dabei spielt für das gegenständliche und abstrakte Begreifen der Anlage eine von uns entwickelte Interface-Technik eine besondere Rolle.

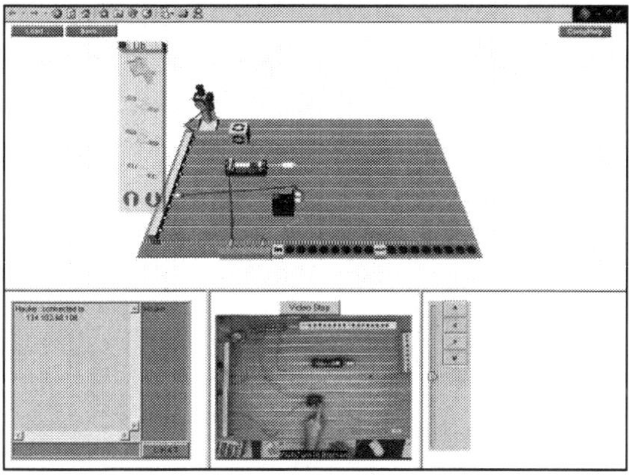

Abb. 4: Verteilte Mixed Reality

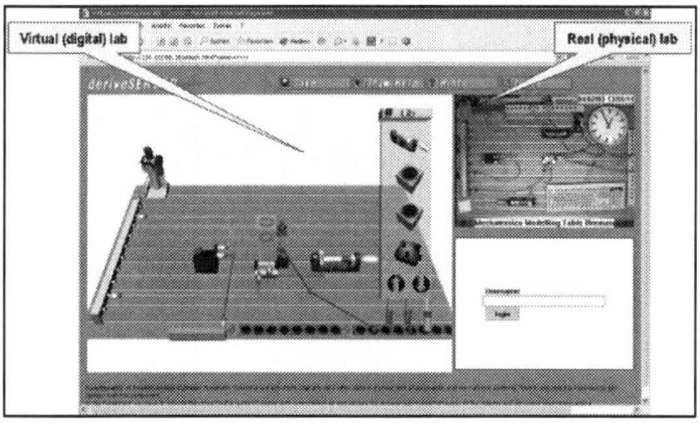

Abb. 5: Mixed-Reality-Tele-Lernumgebung für Mechatronik

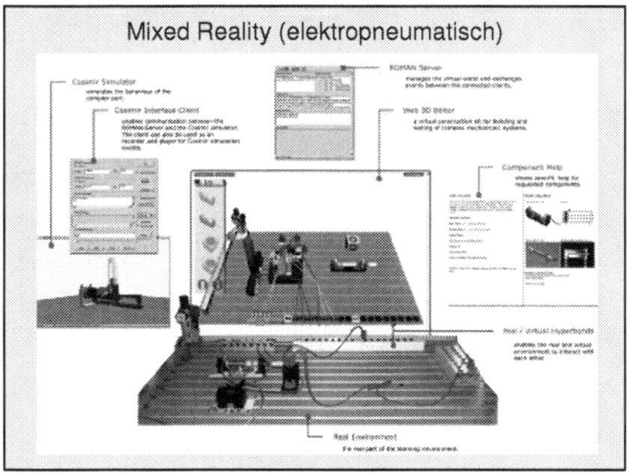

Abb. 6: Multiperspektivische Lernumgebung mit komplexen Objekten

Die Modell-Anlage kann nicht nur als Verdopplung einer Realanlage betrachtet werden, sondern auch als Fortsetzung. Es werden beliebige Mischungen von Realkomponenten mit Virtualkomponenten ermöglicht (Abb. 2). Dies wird durch eine Technik *Hyperbond* möglich, die physikalische Phänomene in logische übersetzt und umgekehrt.

Damit kann nun eine Schülergruppe einen Teil einer größeren Anlage am Ort X aufbauen, diese über Hyperbond-Verbindungen mit einem virtuellen Modell Y verbinden, welches wiederum über Hyperbonds mit einer Realanlage am Ort Z verbunden ist. Die Wahrnehmung der entfernten Realität erfolgt über eine Videokamera und entspricht praktischer Fern- Instandsetzungsarbeit. Dieses einfache Szenario sollte nur zur Verdeutlichung des Konzeptes *Mixed Reality*-Lernumgebungen verwendet werden. Der Vorteil des Konzeptes zeigt sich erst in komplexeren Szenarien, bei denen nicht nur manuell betätigte Pneumatik-Komponenten eingesetzt werden, sondern elektro-pneumatische in Verbindung mit Sensoren, Aktuatoren und Computersteuerungen (SPS).

Die gegenseitige *Durchdringung* einer im Computer prozessierenden Modellwelt und einer äußeren stofflichen Realität erlaubt einen Perspektiv- und Handlungswechsel, der einen individuell bestimmten iterativen Prozess der Abstraktion vom konkret Greifbaren zum Fernen, Virtuellen unterstützt. Diese *Durchdringung* der realen und virtuellen Systemteile kann auf drei Ebenen erfolgen: mental (M), zeichenhaft (Z) oder energetisch (E).

Mentale Kopplung: Simulation und Realanlage sind vollkommen getrennt, Lernende stellen mental die Bezüge her. Sie erkennen Ähnlichkeiten und Differenzen, experimentieren im Realen und Virtuellen und gleichen Model und Wirklichkeit manuell an.

Zeichenhafte Kopplung: Die Computersteuerung (SPS) existiert real und virtuell, ebenso der elektropneumatische Prozess. Über Kreuz können nun reale und virtuelle Komponenten signaltechnisch verbunden werden. Der reale Steuerungscomputer nimmt also Eingangssignale aus einem simulierten Prozess auf, errechnet daraus Ausgangssignale, mit denen der simulierte Prozess gesteuert wird. In der anderen Variante wird die Steuerung simuliert und der reale Arbeitsprozess davon gesteuert.

Energetische Kopplung: Der energetische Prozess selbst, also die Druckluft-, Elektro- oder Mechanikbewegungen, werden geschnitten und wahlweise real oder virtuell implementiert. Da aus dem Computer heraus und in ihn hinein keine wirklichen Energieströme fließen können, werden über eine besondere Interfacetechnik Energiequellen und Energiesenken gesteuert, die aber dem Benutzer verborgen bleiben, sodass der Eindruck entsteht, Druckluft fließe wirklich durch das Internet – so der Titel unserer Präsentation für die National Science Foundation auf der Supercomputing Conference in Denver 2001.

Unser besonderer Forschungsbeitrag liegt in der Entwicklung der *energetischen* Kopplungen mit neuartigen Möglichkeiten. Das Prinzip soll an einem einfachen Beispiel erläutert werden.

Zwei Systeme A und B seien energetisch verbunden und passen sich über Ausgleichsprozesse gegenseitig an (zum Beispiel zwei elektrische Widerstände oder zwei Druckluftzylinder). Energie kann über die Verbindungen bidirektional übertragen werden. Die Systeme können zum Beispiel komplexe elektrische Schaltkreise, thermodynamische Maschinen, pneumatisch/ hydraulische Systeme oder andere mechanische Kraft/Bewegungs-Systeme sein. Stellvertretend für alle diese Systeme, und das ist als sinnvolle Abstraktion möglich, soll eine einfachste Systemkombination betrachtet werden.

A und B sollen nur aus je einem elektrischen Widerstand bestehen, der einerseits über eine Leitung an einem eigenen elektrischen Spannungspotenzial hängt, andererseits mit dem anderen Widerstand verbunden ist (Abb. 7). Welches Verhalten erwarten wir von dieser Struktur?

Abhängig von den Potenzialen und den beiden Widerständen RA und RB wird Strom durch die Verbindung fließen und es stellt sich eine mittlere Spannung zwischen den Systemen ein. Diese möchten wir kennen. Wenn wir RA und RB und die anliegenden Spannungen kennen, liefert uns das Ohmsche Gesetz einen guten Erwartungswert. Aber die Natur verhält sich, auch ohne die Widerstände und Potenziale zu kennen! Sie strebt nach Ausgleich.

Wenn wir nun das eine System durch einen Computer und ein Simulationsmodell für Widerstand und Spannungsquelle ersetzen und über ein Interface mit dem anderen, realen System verbinden, wie ist dieses Interface dann zu gestalten?

Zunächst scheint es ein Standardproblem eingebetteter Systeme zu sein: wir legen über einen Digital/Analog-Wandler die entsprechende mittlere Spannung an das offene Ende des realen Systems und sorgen über einen Verstärker dafür, dass genügend Strom fließen kann.

Das geht aber nur, wenn alle Eigenschaften des realen und virtuellen Systems bekannt sind, gewissermaßen die Systemperspektive über die Gesamtkonfiguration existiert und deshalb die mittlere Spannung vorher berechnet werden kann. Es soll aber die Möglichkeit der rein lokalen Operation existieren, ohne Kenntnis der angeschlossenen Systeme, real oder virtuell und deshalb das Interface sehr flexibel einsetzbar sein.

Die Gestalt eines derartigen Ultimativen Interfaces, *HyperBond-Interface*, kann theoretisch in vereinheitlichter Darstellung für eine Vielzahl von Energie-

Ausgleichsprozessen spezifiziert werden (Abb. 8). Die Theorie der *Bondgraphen*, liefert eine geeignete vereinheitlichte graphische Notation für kontinuierliche physikalische Prozesse. Die theoretische Durchdringung und der praktische Bau dieser Interfacetechnik für einige Anwendungsfälle erfolgte in einem DFG-Projekt (vgl. Bruns 2008 und Yoo 2008).

Das technische Prinzip ist einfach. Das Interface besteht aus einer Leistungsquelle und einer Leistungssenke, die über Sensoren und Aktoren so gesteuert werden, dass über die Schnittstelle hinweg die Kontinuität des lokalen Leistungsflusses (Spannung x Strom oder verallgemeinert Effort x Flow) gewährleistet ist. Dieses Prinzip gilt einheitlich für elektrische Kopplungen, Kraft-Kopplungen, Wärmekopplungen, Geruchskopplungen, usw.

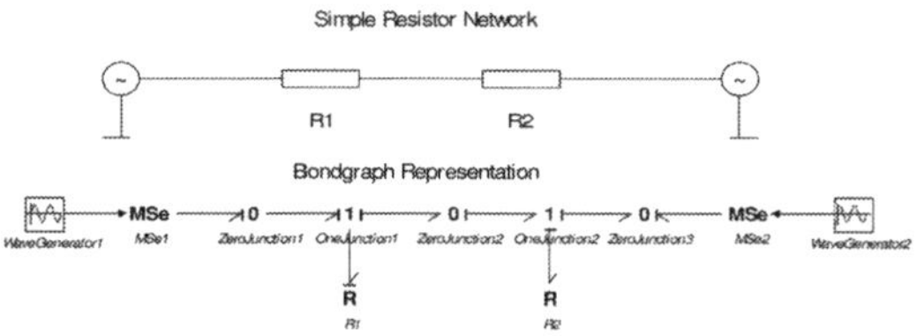

Abb. 7: Einfaches Widerstandsnetzwerk in unterschiedlichen Notationen

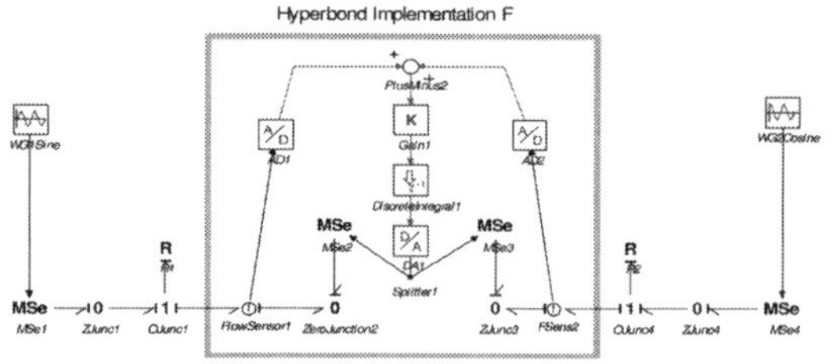

Abb. 8: Universelles Interface in Bondgraphen Darstellung

BION UND SEINE ELEMENTE DES DENKENS

Wilfred Bion, Mathematiker und Psychoanalytiker, Schüler von Melanie Klein, entwickelte eine Theorie des Denkens aus seinen Erfahrungen mit psychotischen Patienten, für die die frühkindliche Nahrungsaufnahme und Verdauung als anschauliches Erklärungsmodell benutzt wird. Emotionales Rohmaterial in Form bedrängender innerer und äußerer Eindrücke (Hunger, Kälte, Kontaktlosigkeit, etc.) trifft als unverdaute emotionale Erfahrung auf eine angeborene Erwartung (Prä-Konzeption) und wird über einen mehrstufigen Transformationsprozess in verdaute, zum Träumen geeignete Alpha-Elemente, Traumgedanken, bewusste Gedanken, Konzepte, formale und wissenschaftlich-deduktive Systeme gewandelt. Dieser Verdauungsprozess emotionaler Erfahrungen erfolgt unter kommunikativem Austausch mit sozialen und zugewandten Wesen. In der frühkindlichen Phase ist dies das „stillende Verstehen" (Beland 1988) der Mutter, deren Milch spendende Brust oder ihr Ersatz als erstes Teilobjekt einer guten, bei Anwesenheit, und bösen, bei Abwesenheit, inneren Qualität erlebt wird. Das abwesende Teilobjekt wird dabei nicht als fehlendes äußere erlebt sondern als ein böses, quälendes innerlich anwesendes, das es gilt auszustoßen und von dem zu bewahrenden und zu schützenden guten Teilobjekt abzuspalten. Bei diesem emotionalen Ausscheidungs- und Spaltungsprozess des bösen Teilobjekts hilft eine träumerisch einfühlende Mutter die quälenden Gefühle des Kindes wahr- und aufzunehmen und in einer Rückkopplung mit liebender Zuwendung dem Säugling als erträgliche und leichter verdauliche Emotion zurückzugeben. Durch diesen Prozess, der von Melanie Klein auf der Basis ihrer Arbeit mit Kleinkindern erhellt wurde (Modell der Objektbeziehungen und der Projektiven Identifizierung) entwickelt sich eine Fähigkeit der Differenzierung und Abstraktion im Denken: Innen und Außen, Teilobjekte und deren Integration zu Personen, Übergang vom Selbstbezug zur Zweier- (Mutter-Kind) und Dreierbeziehung (Vater-Mutter-Kind), Aushalten von Ambivalenz (gute und böse Eigenschaften situativ in einer Person vorhanden zu erkennen und auszuhalten) werden gebildet. Bion beschreibt diesen Transformationsprozess von Emotionen und Gedanken mit einem „Raster" (Grid), das in der horizontalen Achse Verwendungen und Experimente mit Emotionen und Gedanken einer Abstraktionsstufe und in der vertikalen Achse Stufen des Wachstums mit zunehmender Abstraktion und Differenzierung beschreibt. Denken und Denkapparat, hier als untrennbare Einheit gesehen, entwickeln sich in einem iterativen Auf und Ab, Vor und Zurück in diesem Raster.

Wird dieser Prozess der Transformationen gestört, so entstehen ein Stau unverdauter Beta-Elemente, eine mangelhafte Entwicklung des Denkapparates und damit eine Störung der seelisch-geistigen Entwicklung des Menschen. In therapeutischen Sitzungen kann versucht werden, diesen Stau von unverdauten, traumatischen Erfahrungen in einer nachholenden Beziehung zwischen Patient und Analytiker abzubauen und in traumfähige Gedanken aufzulösen.

Bion führt in *Lernen durch Erfahrung* eine wichtige Persönlichkeitsfunktion des Lernenden ein, die Alpha-Funktion. Ihre Faktoren sind Aufmerksamkeit und Abstraktion. Ihr Zweck ist die Umwandlung von Sinneseindrücken, wie akustische Muster, Geruchsmuster, visuelle Bilder, Druckmuster u.a. in Alpha-Elemente, die sich zu unbewusstem Wachdenken, bewusstem Denken, Speicherung, Erinnerung, Traumgedanken eignen. Dabei ist Aufmerksamkeit im Sinne Freuds „... eine besondere Funktion, welche die Außenwelt periodisch abzusuchen hatte, damit die Daten derselben im vorhinein bekannt wären, wenn sich ein unaufschiebbares inneres Bedürfnis einstellte" (Freud 1911, S. 232). Abstraktion ist der Vorgang, der aus Worten als Ding-an-sich Worte als Namen für Dinge entstehen lässt.

Emotionen stehen im Mittelpunkt des seelisch-geistigen Wachstums. Dabei hebt Bion drei Emotionsarten als besonders wichtig hervor: Hass, Liebe und Wissenwollen (H, L und K).

In *Elemente der Psychoanalyes* führt Bion als Gegenstand der Behandlung das psychoanalytische Objekt ein, so wie sich die Mathematik mit mathematischen Objekten, die Geometrie mit geometrischen Objekt beschäftigt. Das psychoanalytische Objekt hat eine Ausdehnung in drei Dimensionen

- im Bereich der Sinne,
- im Bereich der Mythen,
- im Bereich der Passionen, L, H, K

Teile dieses Objektes, Partialobjekte, sind die psychoanalytischen Elemente, die als Funktionen der Persönlichkeit anzusehen sind. Dabei verwendet Bion den Funktionsbegriff bewusst in seiner Doppeldeutung: Funktion *sein*, von etwas, indem es abhängig von Einflussfaktoren ist und Funktion *haben*, indem es Ziele und Zwecke hat. Zwei Elemente werden näher untersucht (vgl. Bion 1963, S. 84, Haas 1997, S. 154):

I. die dynamische Beziehung zwischen Behälter und Gehalt, als grundlegendes Prinzip einer projektiven Identifizierung, (C-C Container-Contained Model). Hierzu gehört die Fähigkeit, einen Zusammenhang zu bilden. Sie ist Initiation und intersubjektive Erfahrung,

II. der konstruktiv-destruktive Übergang zwischen einer paranoid-schizoiden, spaltenden und einer depressiven, aufbauenden, zusammenschauenden Position, Ps <-> D Model, ausgelöst durch eine ausgewählte Tatsache (selected fact), die einen neuen Zusammenhang aufscheinen lässt. Sie ist Mediation durch intrapsychische Objektbeziehungen.

Ergebnis dieser Prozesse ist die Fähigkeit zur Symbolisierung der Verbundenheit in der Abwesenheit des Objektes, sodass Abwesenheit *gedacht* werden kann.

Für technisch-naturwissenschaftliche Objekte wird im Allgemeinen eine Ausdehnung im Bereich der Sinne, reproduzierbare Messbarkeit der Phänomene und mindestens schwache Kausalität als Zusammenhang von Ist-Zustand und Zukunft angenommen. Mit Einschränkungen erleben wir Determinismus und Sicherheit. Die beiden anderen oben genannten Dimensionen (Mythen, Passionen) werden als nicht objektiv im wissenschaftlich-technischen Diskurs vermieden, spielen aber bei Bion in *Transformationen* eine besondere Rolle.

Ausdehnung im Bereich der Mythen wird als ein phylogenetisches Erbe der Menschheit angesehen, das die unbewusste Erwartungshaltung, Prä-Konzeption, jedes Menschen prägt und damit Einfluss auf die Verarbeitung und Transformation von Wahrnehmungen hat. Hierbei kann von universellen Mythen, wie dem Ödipus-Mythos, dem Turmbau zu Babel, dem Garten Eden als weit zurückliegende Konfliktsituationen, aber auch von individuellen Mythen, dem Hören, Sagen und Erleben der Kindheit des Individuums ausgegangen werden.

Ausdehnung im Bereich der Passionen äußert sich als Liebe, Hass, Wissen(wollen). Dass Bion das Wissenwollen oder Kennenlernen (K), auf einer Ebene mit Liebe und Hass einführt, hängt mit seiner Einschätzung dessen Wichtigkeit bei psychotischen Patienten zusammen. Wissen hat seinen Ursprung in primitiven emotionalen Erfahrungen mit Abwesenheit und Unsicherheit. Eine als Unlust empfundene Erfahrung kann entweder den Versuch in Gang setzen, die Unlust zu meiden oder sie zu verändern, je nach der persönlichen Fähigkeit, Versagung zu ertragen. Veränderung wird versucht, indem eine Beziehung angestrebt wird in der ein Stück Wissen gewonnen werden kann. Die Meidung von Unlust wird dagegen so versucht, dass ein Stück Wissen, das vermeintlich von Unlust frei ist, im Besitz ist (vgl. Bion 1990, S. 97). Zwei Strategien des Wissenwollens werden also unterschieden:

1. K als Vermeidungsstrategie. Haben, besitzen und festhalten von Wissen gibt Sicherheit in einer Zustandsorientierung.
2. K als Veränderungsstrategie. Werden, fördern der Entwicklung, aufwerfen von neuen Fragen, mehr wissen wollen, verlangt das Aushalten von Unsicherheit in einer Prozessorientierung

Bion geht es um eine Wissensaktivität. „Das Wissen/K fragt demnach mehr nach dem ‚Was?' und will das Wesen von etwas begreifen (intuitives Verstandesdenken), anstatt mit Hilfe der Frage ‚Warum?' der begründenden Notwendigkeit nachzugehen (diskursives Vernunftdenken). Es ist ein Lernen durch emotionale Erfahrung und meint weniger ein rationales Fakten- als ein gefühlsmäßiges Verstehen-Lernen der eigenen wie der fremden Innerlichkeit" (Haas 1997, S. 151).

Spätestens hier drängt sich die Relevanz der Bionschen Arbeit für Pädagogen auf. Wovon hängt dieses Wissenwollen ab? Wie konstant sind diese Strategien bei Lernenden? Wie können Einstellungen, als Persönlichkeitsfaktoren der Alpha-Funktion verändert werden?

Ausgangspunkt jeder emotionalen Erfahrung ist O, das Ding-an-sich, die unerkennbare letzte Realität. Sie ist Sinn wie Wahnsinn gemeinsam. Durch eine Vorgehensweise der Spaltung, Isolierung bestimmter Facetten eines Gegenstandes, Wechsel der Blickrichtung, Experimentieren mit Variationen und neuen Zusammensetzungen entwickelt der Mensch Denkvermögen. Dabei werden Muster aus dem allgemeinen und eigenen Schatz der Mythen als hilfreiche Orientierungen verwendet. Liebe und Hass zu den vermittelnden und beteiligten Akteuren, wie zu den mit Erfahrung besetzten und helfenden unbelebten Übergangsobjekten (vgl. Winnicot 1971) spielen dabei eine wichtige Rolle.

Das Raster (Grid)

Das Raster (Abb. 9; vgl. Bion 1990, S. 46ff) mit den Dimensionen Wachstum und Verwendung von Gedanken ist von Bion gedacht als Hilfsmittel zur Erhöhung des Auflösungsvermögens des wahrnehmenden Bewusstseins, ähnlich dem Mikroskop für das Auge. (Bion 1990, S. 15).

Das Raster

	Definitorische Hypothesen 1	ψ 2	Notation 3	Aufmerksamkeit 4	Forschung 5	Handeln 6	...n
A Beta-Elemente	A_1	A_2				A_6	
B Alpha-Elemente	B_1	B_2	B_3	B_4	B_5	B_6	... Bn
C Traumgedanken, Träume, Mythen	C_1	C_2	C_3	C_4	C_5	C_6	... Cn
D Prä-Konzeption	D_1	D_2	D_3	D_4	D_5	D_6	... Dn
E Konzeption	E_1	E_2	E_3	E_4	E_5	E_6	... En
F Konzept	F_1	F_2	F_3	F_4	F_5	F_6	... Fn
G Wissenschaftliches deduktives System		G_2					
H Algebraisches Kalkül							

Abb. 9: Das Grid (Bion 1990)

Im Wachstum unterscheidet Bion folgende Stufen:

1. Beta-Elemente, als früheste Ursprünge von Gedanken, Qualitäten sowohl unbelebter wie belebter Objekte. „Gedanken sind Dinge und Dinge sind Gedanken; und sie besitzen Persönlichkeit.“

2. Alpha-Elemente, Produkte der Bearbeitung von Sinnesdaten durch die „Alpha-Funktion", die die Bildung und den Gebrauch von Traumgedanken möglich machen
3. Traumgedanken
4. Prä-Konzeption, als Erwartungshaltung. Ihre Paarung mit der Realisierung bringt die Konzeption hervor
5. Konzeption, als eine Konstellation der Variablen als Konstanten, die Erwartung und Realisierung zusammenbringen
6. Konzept, Erweiterung der Konzeption auf eine Vielfalt konsistenter Konstellationen mit dem Ziel die Wahrheit zu erhellen oder auszudrücken
7. Wissenschaftlich deduktives System, repräsentiert durch ein algebraisches Kalkül

Im Gebrauch wird unterschieden:
1. Definitionen, die eine nicht kritisierbaren Feststellung äußern
2. Aussagen, die die Angst des Analytikers (Lehrers) verleugnen oder mindern
3. Aussagen, die gegenwärtige oder vergangene Realisierungen repräsentieren, im Sinne einer merkbaren Notation
4. Aussagen, die ein wissenschaftliches deduktives System in Umgangssprache repräsentieren, Aufmerksamkeit wecken und helfen Gelöstheit anzunehmen
5. Theorien, die verwendet wird, um das Unbekannte zu ergründen
6. Handlungen, als Übergang vom Denken zu sprachlichen oder haptischen Formulierungen, als Operation

Skelton (vgl. Skelton 1995) zieht Parallelen zwischen der Model Theorie als Zweig moderner Logik und der Psychoanalyse. Logik beschreibt nicht länger gültige Schlussfolgerungen, sondern die Konsistenz des Glaubens. Dies entspricht dem Vorgehen des Analytikers auf der Suche nach der Auflösung von Widersprüchen im Fühlen und Denken des Patienten. Die Erzeugung von Modellen ist verbunden mit der integrativen Tendenz der depressiven Aktivität, während die Auflösung oder Zerstörung von Modellen mit der paranoid-schizoiden Aktivität zusammenhängt. Menschliche Entwicklung ist ein kontinuierlicher Prozess der Oszillation zwischen der Erzeugung und Zerstörung von Modellen der inneren und äußeren Welt. Nach Bion hat das Baby eine angeborene Präkonzeption der Brust, die bei Hunger durch Anwesenheit oder Abwesenheit der nährenden Brust oder Flasche befriedigt wird oder unbefriedigt bleibt. Dies führt zu einer positiven oder negativen *Realisierung*. Das Baby hat bei Anwesenheit der Nahrungsquelle keine Probleme, bei dessen Fehlen nimmt es jedoch dessen Abwesenheit ganz konkret als schmerzliches Objekt in sich auf. Auf diese Weise entsteht die Idee als Substitut für das reale Ding. Frustrierende Abwesenheit lässt Gedanken entstehen, die dann durch einen dafür wachsenden

Denkapparat gedacht werden können. Oft aber können bestimmte Erfahrungen nicht verdaut werden, die ‚Idee einer Abwesenheit' kann sich nicht bilden. Ein furchtbares Gefühl von Abwesenheit dominiert den Geist des Kindes. Eine nicht stattfindende Symbolbildung führt zu einer unverdaulichen Erfahrung, die weiter „aktiv" bleibt. Wir alle haben diese Erlebnis unverdaulicher Erfahrung gehabt: beim Verlust einer geliebten Person, einer verletzenden Bemerkung.

Aus dieser hier extrem verkürzten Darstellung der Arbeiten von Bion leite ich einen doppelten Anspruch ab:

1. Eine Theorie des Denkens mit dem Schwerpunkt Lernen durch emotionale Erfahrung muss, auch wenn sie zunächst für psychoanalytische Anwendungen auf Extremfälle, die psychotischen Patienten, entwickelt wurde, auch für allgemeine Lernprozesse, also die allgemeine Pädagogik etwas leisten können.
2. Eine pädagogische Praxis, die sich mit der Bedeutung von Kopf, Herz und Hand beschäftigt, braucht bessere theoretische Ansätze zur Rolle von Emotionen im Lernprozess.

Während Piaget seinen Schwerpunkt auf kognitive Entwicklungen legte, kann von Bion behauptet werden, dass er eine Theorie der Entwicklung von Gedanken *und* Emotionen entwickelt hat (vgl. Haas 1981).

SYSTEMATISIERUNG VON *MIXED REALITY* AUS DER PERSPEKTIVE DES GRIDS VON BION.

Der Umgang mit unserer Lernumgebung erlaubt ein Greifen der konkret anwesenden gegenständlichen Objekte und die Erfahrung mit Energiequellen, der Wirkung treibender Kräfte in ihrer Dynamik und ihren Gleichgewichtszuständen, der Logik von Abläufen, dem Verhältnis von Struktur und Verhalten, dem doppelsinnigen Funktionsbegriff. Hier entwickelt sich bei einem erfolgreichen Lernprozess eine Verinnerlichung der Objekte und Funktionen auf einem ganz konkreten Niveau (Abb. 10 und Abb. 11).

Wir können also von äußeren, anwesenden und inneren, gedanklichen Objekten sprechen. Diese Erfahrung kann durch eine sukzessive Abspaltung und Verlagerung gefährlicher Objekte in die virtuelle Welt bereichert werden. Wir sprechen dann von einer „Augmented Reality". Der Hauptfokus der Handlung und des Verstehens liegt in der Realität, virtuelle Objekte werden aber in ihren Möglichkeiten des gefahrlosen Experimentierens und des multiperspektivischen Betrachtens genutzt um das Gesamtsystem in einer spielerischen Form zu erkunden. Auf diese Weise können verstandesmäßig begriffene Strukturen und Funktionen Schritt für Schritt in die Virtualität übertragen und dort verifiziert werden.

Sie können dann in anderen technischen Zusammenhängen und von anderen Nutzern auf ihre Angemessenheit hin validiert werden.

Abb. 10: Verteilte Mixed Reality Lernumgebung im Realen und Virtuellen mit Hilfe von Hyper-Bonds

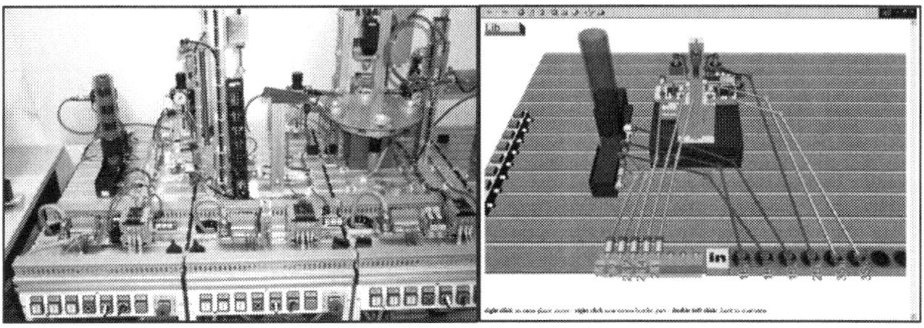

Abb. 11: Verteilstation einer modularen Produktionsanlage im Virtuellen und Realen

Der Allgemeinen Modelltheorie (vgl. Stachowiak 1973) folgend gibt es keine wahren oder falschen Modelle der Realität, sondern nur Modelle für bestimmte Nutzer und bestimmte Zwecke. Die Äußerung eines gedanklichen Modells in einer formalen Struktur schafft die Voraussetzung für eine Kommunikation unter Lernenden auf einer abstrakten Ebene.

Gleichzeitig erlaubt die Lernumgebung eine umgekehrte Vorgehensweise: Komplexe virtuelle Systeme, die in ihrer Abstraktion viele Facetten und Unwägbarkeiten der Realität vernachlässigt haben, können sukzessive in die Realität verlagert werden, bleiben aber mit dem virtuellen Systemteil verbunden. Dadurch bleibt der Gesamtfunktionszusammenhang erhalten und das Verhalten entspricht weiterhin dem Ausgangssystem, oder es zeigen sich Differenzen, die zu neuer Lerntätigkeit führen. Diese als „Augmented Virtuality“ bezeichnete Vorgehensweise unterstützt den Hauptfokus auf das virtuelle System, indem es konkrete Abspaltungen als Bereicherung und Verständnisvertiefung erlaubt.

Vielleicht könnte man diese Abspaltung von Teilen eines Systems in eine andere Welt (Realität, Virtualität), wie bei Bion als einen Prozess der Verdauung interpretieren. Und zwar sowohl für einen Intra-Personellen Prozess der Verlagerung vom Konkreten zum Abstrakten, als auch für einen Inter-Personellen Prozess des Austausch mit anderen Lernenden und Lehrenden (Abb. 10). Bion versteht den Prozess der Denkentwicklung als einen, der auf tiefem persönlichen Niveau stattfindet: auf dem Niveau von Traumprozessen. So sind es unbewusste Vorgänge, verbunden mit unserer persönlichen Pathologie und Geschichte, die uns mehr von dem einen als von dem anderen Gegenstand und Problem angezogen werden lassen. Ausgewählte Tatsachen, die der Analytiker oder Lehrer anbietet, sind es, die uns eine radikal neue Perspektive ermöglichen und uns ermöglichen unseren Weg aus der Verwirrung und Inkonsistenz herauszuträumen (‚dream our way out') (vgl. Skelton 1995, S. 395).

Man kann die virtuelle Repräsentanz technischer Objekte zusammen mit der Hyperbond Technik als eine neue Form der Zusammenhangbildung sehen, vergleichbar dem Prozess der Verlagerung unverdauter Objekte in einen bewahrenden Container. Das Container-Contained Modell Bions findet sich also sowohl wieder in der Beziehung zwischen den kooperierenden Lernende und Lehrenden, als auch zwischen den realen und virtuellen Welten.

Können wir auch H, L, K in dem Verhalten der Schüler erkennen? H und L sind Emotionen, die vermutlich nicht anders als in Kleingruppen orientierter Laborarbeit auftreten, also zwischen den kooperierenden Schülern und dem Lehrer. Bezüglich K, Kennenlernen, lassen sich jedoch Unterschiede feststellen. Übliche Laborarbeit beginnt mit Vermutungen, Theses, und kommt über Experimente und deren kreativer Betrachtung zur Formulierung gesetzmäßiger Zusammenhänge, die überprüfbar sind. Es ist nicht das Wesen von Laborarbeit und das übliche Setting verführt auch nicht dazu, spielerisch weiter zu suchen. Der Differenz zwischen gefundenem Gesetz und empirischen Daten steht eine sperrige, oft aufwändige Versuchs-Apparatur gegenüber, die eher ein K als Vermeidung fördert. Das Haben von Wissen ist attraktiver, als das Entwickeln von Wissen.

Anders bei einer *Mixed Reality*-Laborumgebung. Die relativ leichte Änderbarkeit sowohl der Komponenten als auch der Konstellation im Virtuellen (Abb. 10) verführt dazu, eine gefundene Lösung spielerischen weiter zu entwickeln, zu variieren und umzukehren. Die Lernumgebung regt zum Weitersuchen, zum Wissenwollen an. Der sofort erfahrbare Bezug zwischen Strukturänderung und Verhaltensänderung ähnelt dem bei der reinen Simulation, hat aber in der MR-Umgebung noch die anregende Wirkung, dass bestimmte reale Systemteile, wie von Geisterhand (beseelt) ihr Verhalten ganz konkret greif- und begreifbar verändern. Meine These ist, dass die *Mixed Reality*-Umgebung neben einer deutlichen Differenziertheit von K auch deren Entwicklung fördert: K als Veränderung.

Abb. 12: Sperrige, bedrängende Realität und geordnete, sichere Virtualität

Das Grid erlaubt einige Spekulationen über den Ablauf möglicher Lernprozesse. In verschiedenen Teilprojekten zur Evaluation unserer Lernumgebung beobachteten wir Zweier-Gruppen von Schülern in ihrem Umgang mit der Anlage direkte und über Videoaufzeichnung (Grund 1999). Eigentliches Ziel der lernpsychologischen Forschung war die Untersuchung der Frage, welchen Vorteil die neue *Mixed Reality*-Umgebung im Vergleich zu den üblichen Unterrichtsformen Frontalunterricht und Laborarbeit mit getrennter Realanlage und Simulation hat. Es wurden messbare Unterschiede im Lernerfolg bezüglich theoretischer Durchdringung des Faches einerseits und praktischer Kompetenz im Konstruktiven und Fehlerdiagnostischen andererseits gesucht. Für die Fragestellung hier interessiert eher das nicht-messbare unterschiedliche Verhalten der Lernenden. Welche Emotionen und Transformationen lassen sich bei aller Vorsicht und Distanz des Beobachters erahnen? Wir stellten häufiger fest, dass in den Zweiergruppen eine Rollenteilung stattfand. Die Mutigen legten mit den realen Objekten relativ ungehemmt los, die Ängstlichen blieben zunächst auf Distanz (Abb. 13, Abb. 14 und Abb. 15).

Abb. 13: Beobachten und Handeln

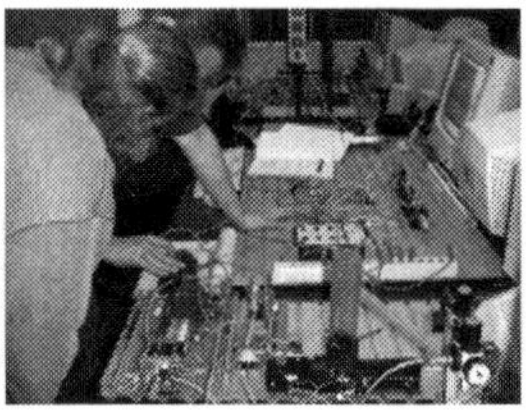

Abb. 14: Handeln und Beobachten

Abb. 15: Gemeinsames Handeln

Welche Emotionen in Form unverdauter Beta-Elemente mögen die Schüler eines Mechatronik-Kurses mitbringen? Sie sollen lernen mit hohem Luftdruck, elektrischen Spannungen, Kräften, die sie verletzen können oder das System beschädigen, umzugehen. Welche Ängste, Abwehr, Zuneigung und Neugier zeigen sie im Umgang mit den Objekten, dem Partner und dem Lehrer? Abhängig von ihrer Vorerfahrung treten unterschiedliche Verhaltensmuster auf. Einige gehen relativ angstfrei mit großer Neugier und Experimentierfreudigkeit haptisch direkt mit den Realkomponenten: Energiequelle, Verbindungen, Energieflüssen um. Andere bleiben in einer distanzierten, nachdenklichen Position der haptisch passiven Beobachtung. Sie geben Ratschläge, Handlungsanweisungen, stellen Fragen. In dem Maße, in dem sich gefährliche Realität in gefahrlose abstrakte Virtualität verlagert, fassen sie Mut und greifen selbst ein (Abb. 13).

Man könnte meinen, sie verdauen über zwei Wege: den Weg der Identifikation mit den mutigen Aktionen des Partners und der Projektion des Realobjekts in die Virtualität.

Beta-Elemente werden in der Wachstumsdimension transformiert in nicht mehr bedrohliche Alpha-Elemente, die sich zum Träumen eignen. Träumen die Schüler in den Nächten nach ihrer halb- oder ganztägigen Benutzung der Lernumgebung? Ich kann nur spekulieren. Aus Selbsterfahrung weiß ich, dass dies bei einem intensiven Lernprozess möglich und nötig ist. Konstruktive Lösungen und Erkenntnisse kommen im Schlaf. Es entsteht eine Konzeption, die sich im weiteren Gebrauch zu einem Konzept und damit zu einer umfangreichen Handlungskompetenz entwickelt. Zwar bietet der Lehrer Theorien an, die den Zusammenhang von Energieniveaudifferenz, Leitungen, Energieflüssen, Energieverlusten und gewünschter Arbeit beschreiben, aber jeder Schüler hat seine eigenen mentalen Modelle über Ausgleichsprozesse, die nun angepasst, korrigiert oder verworfen werden. In der experimentellen Möglichkeit, die theoretischen Modellvorstellungen im virtuellen zu testen im Sinne einer Verifikation, also der logischen Richtigkeit, und dann in der Realität zu validieren, also im Sinne der Angemessenheit, entwickelt sich eine Sicherheit für das theoretische Verständnis. Mit Hilfe des Lehrers werden neuartige formale Mittel auf ihre konkrete

Anwendbarkeit in den vorliegenden Spezialfällen geprüft. Dadurch entwickelt sich bei den Schülern im Idealfall ein wissenschaftlich deduktives System, das die Äquivalenz unterschiedlicher mathematischer Notationen zeigt: verschiedene SPS-Sprachen, Schaltpläne, Petrinetze, Bondgraphen.

Jede dieser Abstraktionsstufen, von Beta-Elementen zum wissenschaftlichen System wird durch Gebrauchsphasen erlebt und erschlossen. Die Definition einer Aufgabenstellung gilt zunächst als Einstieg, die Angst des Lehrers ist als seine emotionale Beteiligung wahrnehmbar, vergangene und gegenwärtige Sorgen und Ängste werden benannt und gemerkt, umgangssprachlich werden Zusammenhänge als kausal oder konsistent formuliert und überprüft. Bereits bekannte Theorien werden zu Rate gezogen, verworfen, korrigiert oder erweitert. Dabei wird jeweils in iterativem Vorgehen ein Probehandeln in sprachlichen oder haptischen Operationen durchgeführt (Abb. 16 und Abb. 17).

Abb. 16: Epistemisches Greifen

Bei diesem Modellbildungsprozess kann m. E. erlebt werden, was Skelton als die integrative Tendenz der depressiven Aktivität und das Zusammenbrechen von Modellen in der paranoid-schizoiden Aktivität (s.o.) hervorhebt.

In den verschiedenen oben als E, Z, M bezeichneten Kopplungsarten der Objekte (energetisch, zeichenhaft, mental) können wir einen Bezug wieder finden, der Ähnlichkeit mit Bions Stufen der Abstraktion hat: die unmittelbare Erfahrung der Realität beruht auf der Versorgungssituation, Nahrung wird physisch, energetisch aufgenommen und verdaut. Aus An- und Abwesenheit des realen Objekts entwickelt sich ein Symbol- und Zeichensystem, das auch über die Abwesenheit des Physischen hinweg das Denken ermöglicht. In unserer erweiterten Lernumgebung werden über Zeichen vermittelt entfernte reale Objekte gesteuert

(Teleoperating, Abb. 4). Die höchste Stufe der Denkentwicklung wird erreicht, wenn zwischen den realen Anlagen und ihren Modellen keine direkten Kopplungen mehr nötig sind. Vorstellungs- und Denkvermögen sind dann so entwickelt, dass eine Anlagenkonstruktion, Optimierung und Fehlersuche auch ohne Anwesenheit realer oder virtueller Repräsentanzen erfolgen kann.

Abb. 17: Haptische Kommunikation

Kann man für das pädagogische Objekt ungebrochen die Dimensionen des psychoanalytischen Objektes übernehmen, also Ausdehnung in den Bereichen der Sinne, der Emotionen, der Mythen? Für die ersten beiden Dimensionen sehe ich eine deutliche Parallele, bei den Mythen fehlt mir die breitere empirische Basis. Ich vermute aber, dass man den Bezug herstellen kann. Für meinen eigenen Lernprozess kann ich diesen Bezug finden. Ich gebe also die offene Frage an die Leser weiter.

ZUSAMMENFASSUNG UND AUSBLICK

Die Arbeit versucht, Erfahrungen bei der Entwicklung einer Lernumgebung für Mechatronik in Bezug zu setzen zu der Theorie von Bion zur Entwicklung des Denkens und des Denkapparates. Dieser Versuch hat mit zwei Schwierigkeiten umzugehen. Erstens, verfügt der Autor nicht über die praktischen psychoanalytischen Erfahrungen, die Bion als Voraussetzung für das Verstehen seines Werkes verlangt. Zweitens stellt der Autor diese Bezüge her, nachdem seine Lehr- und Entwicklungstätigkeit in Mechatronik stattgefunden hat, also als Rückblick, ohne Möglichkeit, die hier formulierten Zusammenhänge zu schärfen und zu überprüfen.

Weitere Versuche der Zusammenschau von MR-Lernumgebungen und psychoanalytischen Theorien des Denkens könnten befruchtet werden durch eine pädagogische Empirie, die die hier aufgezeigten Zusammenhänge reflektierend aufgreift.

LITERATUR

Beland, H. 1988: Vorwort zu: Donald Meltzer, Traumleben. München und Wien: Verlag Internationale Psychoanalyse

Bion, W. R. 1962: Learning from Experience. London: Heinemann, Deutsche Übersetzung 1990: Lernen durch Erfahrung. Frankfurt am Main: Suhrkamp

Bion, W. R.: Elements of Psycho-Analysis. London: Heinemann, Deutsche Übersetzung 1992: Elemente der Psychoanalyse. Frankfurt am Main: Suhrkamp

Bion, W. R. 1965: Transformations. London: Heinemann, Deutsche Übersetzung 1997: Transformationen. Frankfurt am Main: Suhrkamp Verlag

Böhle, F., Milkau, B. 1988: Vom Handrad zum Bildschirm. Eine Untersuchung zur sinnlichen Erfahrung im Arbeitsprozess. Frankfurt am Main: Campus

Breretron, M., McGarry, B. (2000): An Observational Study of How Objects Support Engineering Design Thinking and Communication: Implications for the design of tangible media. In: CHI 2000 Conf. Proceedings, acm press, 217-224

Bruns, F. W. 1996: Grasping, Communicating, Understanding – Connecting Reality and Virtuality. In: AI & Society, 10: 6-14

Bruns, F. W. 2003: Lernen in Mixed Reality. In: ABWF (Ed.): Kompetenzentwicklung. Berlin: Waxmann, S.71-112

Bruns, F. W., Yoo, Y.-H., Kleiza, K. (2008): Einheitliches Konzept für die Verbindung digitaler und physikalischer Modelle mit Hyper-Bonds. DFG Abschlussbericht. artecLab paper 13, Universität Bremen

Freud, S. 1911: Formulierungen über die zwei Prinzipien des psychischen Geschehens, in: Gesammelte Werke VIII

Grund, S., Grote, G. 1999: Auswirkungen einer gegenständlich-virtuellen Lernumgebung auf Wissen und Problemlösen. Arbeit. In: Zeitschrift für Arbeitsforschung, Arbeitsgestaltung und Arbeitspolitik. Heft 3/1999. Wiesbaden: Westdeutscher Verlag, 312-317

Haas, J.-P. 1981: Bions Beitrag zu einer psychoanalytischen Theorie der Emotionen. Jahrbuch der Psychoanalyse, Bd. 38, S. 137-193

Klein, M. 1983: Das Seelenleben des Kleinkindes. Stuttgart: Klett-Cotta

Müller, D. 1998: Simulation und Erfahrung – Ein Beitrag zur Konzeption und Gestaltung rechnergestützter Simulatoren für die technische Bildung. Dissertation, Universität Bremen

Piaget, J. 1975: Nachahmung, Spiel und Traum. Gesammelte Werke 5, Stuttgart: Klett-Cotta

Robben, B. 2006: Der Computer als Medium – Eine transdisziplinäre Theorie. Bielefeld: transcript

Skelton, R. M. 1995: Bion's Use of Modern Logic. In: International Journal of Psychoanalysis 76, S. 389-397

Stachowiak, H. 1973: Allgemeine Modelltheorie. Wien: Springer

Winnicott, D. W. 1971: Playing and Reality, London, 1971, Deutsche Übersetzung 1993: Vom Spiel zur Kreativität, Stuttgart: Klett-Cotta

Yoo, Y.-H. 2007: Mixed Reality Design Using Unified Energy Interfaces. Aachen: Shaker Verlag

Übersetzen und Be-greifen

Medienkünstlerische Operationen im Labor

ANDREA SICK

ÜBERSETZUNG UND INTERAKTION

Übersetzen heißt vermitteln. Und Vermittlung ist Interaktion. Aber so fragt schon Walter Benjamin: „Gilt eine Übersetzung den Lesern die das Original nicht verstehen?" (Benjamin 1972, S. 11) Kann man auf Grund einer Übersetzung be-greifen?

Wird von einem nicht nur interlingualen Übersetzungsbegriff ausgegangen, werden damit intermediale Transformationen bezeichnet (vgl. Böhme, Rössel 2007). Diese Übersetzungstechniken – die Aufnahme, Wiedergabe und Übertragung – existieren dabei nicht unabhängig von den kulturellen Diskursen. Dies wurde u.a. von Walter Benjamin in seinem zu Beginn der 1920er Jahren geschriebenen Bahn brechenden Essay „Die Aufgabe des Übersetzers" artikuliert und damit auch der Binarismus von Original und Übersetzung der bisherigen Übersetzungstheorie in Frage gestellt. Von aktuellen Theoretikern wie Régis Debray mit seinem Ansatz der Transmission (auch Übermittlung, Überlieferung) wurde dieser Gedanke weitergeführt. Auch hier werden die genealogischen Apparaturen und nicht der Inhalt, also die Verfahren ins Zentrum gestellt. Zwischen Kommunikation und Übermittlung, die miteinander zu koordinieren sind, wird notwendig unterschieden (vgl. Debray 2003, S. 43).

Benjamins historischer Text zum Übersetzen liefert weitere Anhaltspunkte. Eine Übersetzung bezieht sich für ihn nicht auf den originalen Text, ihr Ziel ist nicht die Übermittlung von Bedeutung. Auch nicht die Kommunikation. Die Beziehung zwischen dem so genannten Original und der Übersetzung wird illustriert, indem Benjamin die Metapher der Tangente verwendet: Was hiernach für das Verhältnis von Übersetzung und Original an Bedeutung dem Sinn verbleibt, lässt sich in Folgendem Vergleich fassen: Übersetzung ist wie eine Tangente, die den Kreis (das Original) nur an einem einzigen Punkt berührt und danach ihrem eigenen Weg folgt (vgl. Benjamin 1972, S. 19). Das heißt aber auch, dass mit Übersetzung eine bestimmte Praxis bezeichnet werden kann, die auch als Voraussetzung für Interaktion und Interaktivität zu bezeichnen wäre, an denen der Sinn immer nur mit Flüchtigkeit anhaften kann (vgl. Benjamin 1972, S. 20).

Welche Konsequenzen ergeben sich aus der Frage nach der Form, den Praxen und den Verfahren? Benjamin artikuliert, wie das Gemeinte in der Übersetzung an die Art des Meinens, also die Praxis des Wortwörtlichen gebunden ist. Nur deshalb dient ihm Hölderlins Sophokles-Übersetzung des 19. Jahrhunderts als monströses Beispiel solcher Wörtlichkeit (vgl. Benjamin 1972, S. 17). „Wo der Text unmittelbar, ohne vermittelnden Sinn, in seiner Wörtlichkeit der wahren Sprache, der Wahrheit oder der Lehre angehört, ist er übersetzbar schlechthin." (Benjamin 1972, S. 21) Sieht die Übersetzung ab vom Meinen und Sinn, so kann sie sich zwischen der so genannten „Treue" und „Freiheit" einfinden.

Mit dem Begriff der Praxis rückt Benjamin eine Politik der Form in den Fokus. Die Filmemacherin und Autorin Hito Steyerl verdeutlicht dies: „Wenn Benjamins Konzept der Übersetzung uns eines sagen kann, ist es, dass Übersetzung immer noch hochpolitisch ist, wenn wir sie wortwörtlich auf die Praxis beziehen. Wir müssen aber unsere Aufmerksamkeit vom Inhalt auf ihre Form verlagern. Wir müssen den Fokus von den Sprachen der Herkunft auf die Sprachen der Praxis verlegen. Wir sollten aufhören, zu erwarten, dass sie uns etwas über Essenz erzählt, sondern über Veränderung." (Steyerl 2006)

Die Praxis des Übersetzens formuliert das Verhältnis von menschlicher Sprache und Dingsprache. Dieses Verhältnis bestimmt nicht vorrangig das, was wir als Erzählung beschreiben, sondern das, was wir hier als Interaktion (oder gar Interaktivität) zu bezeichnen suchen. Inwiefern können sich künstlerische Projekte in diesem Feld der Übersetzungs-Praxen ansiedeln und die Unmöglichkeit einer Trennung zwischen perzeptiver und kognitiver Sphäre verdeutlichen?

Denn Interaktivität sowie Interaktion bedürfen einer Übersetzungspraxis, die darstellt, in dem sie verwirklicht und nicht repräsentiert (vgl. Benjamin 1972, S. 12). Der Punkt, an dem sich „Tangente" und „Kreis" berühren, ist als Scharnier einer solchen Schnittstelle zu verstehen.

„Der Ansatz des mediologischen Geistes besteht nun darin, den Finger auf die Überschneidungen zwischen intellektuellem, materiellem und sozialem Leben zu legen und diese allzu gut geschmierten Scharniere zum Quietschen zu bringen." (Régis Debray zitiert nach Hartmann 2003)

Ich möchte diese Schnittstelle mit ihrem Scharnier hier als Ort des Begreifens im Sinne von Verstehen und Einsehen und aber auch immer Sinne von Berühren bezeichnen. Dieser Ort wäre insofern auch derjenige des Ergreifens- des Ergriffen seins. Er soll anhand von verschiedenen insbesondere aktuellen künstlerischen Beispielen eingekreist und umgangen werden.

ÜBERSETZUNGSPRAXEN IN DER KUNST: INTERAKTION UND INTERAKTIVITÄT

Historische Entwicklungen von Interaktivität und Kunst

Die Übersetzungspraxen und Verfahren, die hier in den Vordergrund gerückt werden, kreuzen sich mit der Idee, dass die Rezeption eines Kunstwerks die Partizipation des Betrachters erfordert. Dieser Gedanke entsteht nicht erst im 20. Jahrhundert. Aber Mitte des 20. Jahrhundert wird das „offene Kunstwerk" (vgl. Eco 1977) zum Programm und dem Betrachter wird eine konstitutive Rolle bei der ästhetischen Erfahrung zugeteilt. Der dynamische Prozess sowie die aktive Partizipation werden angestrebt, der Tod des Autors wird verkündet und eine verteilte Autorschaft eingeleitet.

In diesem Zusammenhang ist die berühmte Komposition von John Cage „4,33"" (1952) ein viel zitiertes Beispiel. Das Orchester verharrt in Stille und die Zuhörer hören nur die Geräusche des Publikums, des Aufführenden und der Umgebung. Ein anders zeitgleiches Projekt von John Cage, Landscape No. 4 (1951), setzt 12 Radios wie Musikinstrumente ein, welche jeweils abhängig von Zeit und Frequenz Töne ausgeben, die dann ein Konzert produzieren. Zahlreiche Beispiele von Nam June Paik, Allan Kapow, George Brecht, Valie Export und einigen mehr wären zu ergänzen. Allen gemeinsam sind die aktive Einbeziehung des Publikums sowie der damit verbundene Versuch, die Einweg-Struktur der analogen Massenmedien zu verändern. Dieter Daniels und Inke Arns sprechen von ästhetisch-sozialen Entgrenzungsideen der 1960er Jahre, die auch als Intermedia-Kunst zu bezeichnen wären (vgl. Arns, http://www.medienkunstnetz.de/themen/medienkunst_im_ueberblick/kommunikation/).

Diese so genannte Intermedia-Kunst mit ihrem massenmedienkritischen Gestus wird in den 1980er und 1990er Jahren von den auf jeweils einen Betrachter bezogenen Konzepten der Interaktivität abgelöst wie sie zum Beispiel Jeffrey Shaws „Legible City" (1988) oder Lynn Hershmans „Deep Contact" (1989-1990) oder auch Agnes Hegedüs „Between the Words" (1995) vorgestellt haben. In diesen Installationen wird der Betrachter zum exemplarischen Akteur, der dabei aber allein bleibt. Erst Ende der 1990er Jahre durch die Entwicklungen im Internet, die in umfangsreichen Maße die Auflösung sowie die verteilte Autorschaft mit sich bringen und die Anbindung an den realen Raum und den Kunstkontext nicht mehr als Vorraussetzung bereithalten, wird ein gemeinsames Agieren der Betrachter ermöglicht. Kommunikationsplattformen im Kunstkontext wie zum Beispiel „The Thing“ verändern die partizipativen Möglichkeiten. Telematische Räume werden entworfen. Zum Beispiel besteht Richard Krieches „Telematische Skulpturen“, 1993 zusammen mit Peter Gerwin Hoffmann realisiert, aus einer 24 Meter langen Eisenbahnschiene, die von einem 20 Meter langen Förderband quer durch den Ausstellungsraum läuft. Die langsame Bewegung des Bandes wird durch Telefonanrufe und später dann durch Datenströme (1995) ausgelöst. Ähnlich auch die Performances von dem australischen Künstler Sterlac, insbesondere mit seinem *Exoskeleton* (1997-2002), in dem sein Körper über Elektroden und Computer mit dem Internet verbunden und aus verschiedenen Orten von anderen Menschen durch Aktivierung des Stromflusses in Bewegung versetzt wird. Fließt schwacher Strom durch die Kabel, so bewegen sich die Gliedmaßen, und es besteht die Möglichkeit, dass die Auslösung von wirren und unkoordinierten Gesten Sterlacs Körper ins Straucheln bringt (vgl. http://web.stelarc.org/).[1] Einen ähnlichen kollaborativen Gestus hält schon das von Douglas Davis 1994 lancierte Projekt bereit: „The World's First Collaborative Sentence“, ein nicht enden wollender Satz, der von seinen Lesern immer weiter geschrieben wird.[2] Die partizipativen Möglichkeiten einer verteilten Autorschaft verdeutlicht sich auch mit Arbeiten wie dem gemeinschaftlichen Projekt von Ben Rubin und Marc Hansen „Listening Post“, welches auf der *Ars Electronica 2004* die Goldene Nica in der Kategorie *Interactive Art* gewonnen hat. Daten aus Chatrooms werden in Echtzeit statistisch ausgewertet und flimmern über unzählige Monitore, ein akustischer Klangteppich aus den gefilterten Worten wird für den Besucher der Ausstellung erzeugt. Insofern wird hier einer großen aber unbekannten unwissenden Gruppe von Chatroom-Besuchern die Teilnahme am Projekt ermöglicht. Die ausgewerteten Prozesse werden für das Publikum ästhetisch umgesetzt. Akteure des Projektes sind neben den Künstlern die aktiven Benutzer der Chatrooms. In ganz anderer Form beziehen sich die Preisträger der Goldenen Nica 2010 (Kategorie *Interactive Art)* auf das Para-

---

1 Vgl. Florian Rötzer, Der vernetzte Körper, http://www.heise.de/tp/r4/artikel/3/3012/2.html (30.12.2010); Technologie als Weiterführung des Körpers, Dominik Landwehr, Technologie als Weiterführung des Körpers, http://www.heise.de/tp/r4/artikel/2/ 2336/ 1.html (30.12.2010)
Stelac erhielt 2010 die Goldene Nica der *Ars Electronica* in der Kategorie *Hybrid Art* für sein Projekt *Ear on Arm.*

2 Der Satz war 1994 von Lehman College/CUNY Art Gallery in New York in Auftrag gegeben worden und war wohl das erste Netzkunstwerk, das je von einem Sammler gekauft wurde. Heute befindet es sich im Whitney Museum for American Art in New York, Inke Arns, S. 18 pdf

digma der Interaktion. Das Projekt *The EyeWriter* von Zach Lieberman, James Powderly, Evan Roth, Chris Sugrue, Tempt1, Theo Watson, welches sich als kollaboratives Forschungsprojekt versteht, ermöglicht eine Steuerung zwischen Augenbewegung und Zeichenapparat. Mit einer eigens für das Projekt entwickelten Software werden Graffitischreibern und Künstlern, die von *ALS* (*Amyotrophic Lateral Sclerosis*) betroffen sind, Zeichnen und kreative Techniken mit der Augenbewegung ermöglicht. Die Akteure sind hier Menschen, die auf Grund motorischer Einschränkungen nur begrenzt mit einem Apparat interagieren können. „Listening Post" und „The Eye Writer" gestalten jeweils die Interaktion mit einer ausgewählten Gruppe: den Besuchern von englischsprachigen Chatrooms einerseits und von *ALS* betroffene Künstler andererseits. Sie stellen das Projekt nicht wie zum Beispiel noch Douglas Davis den Benutzern des Internet zur Verfügung.

Deutlich wird, dass die sich zunächst sehr eindimensional zumeist auf einen Besucher bezogene und technologisch orientierte Interaktivität der frühen medienkünstlerischen Projekte der 1990er Jahre insbesondere seit 2000 wieder stärker sozial-ästhetische Aspekte mit einbezieht. Es zeigen sich interaktive Kommunikationsräume mit immer komplexer strukturiert werdenden Medienumgebungen, in denen vormals getrennte Medienformate nun verwachsen. Innerhalb der Kommunikationsräume erhält die Berührungsfläche von Raum und Körper, das Interface, besonderes Gewicht. Diese „Kontaktschwellen" – wie es Leggewie und Bieber (vgl. Leggewie und Bieber, 2004, S. 14) formulieren – oder die „Scharniere", an denen sich „Kreis" und „Tangente" treffen – wie es im vorherigen Abschnitt mit Walter Benjamin und auch Régis Debray formuliert wurde – regeln maßgeblich die Wahrnehmung von Interaktionen und damit auch Grenzen und Möglichkeiten zur Rekonfiguration gesellschaftlicher Kommunikation. Es liegt nahe Interaktivität auch im Kunstkontext als technisch-soziale Beziehung aufzufassen, deren transdisziplinärer Charakter so wie unscharfer Begriff (*boundary object*) ein komplexes Feld aus Interferenzen zu eröffnen vermag.

ANFASSEN UND ÜBERSETZEN: BEISPIELE

Hybridwelten. Interaktion im Raum

Eine Vielzahl von Relationen ist in der heutigen Hybridwelt – wie sie unter anderen auch Bruno Latour bezeichnet – vorstellbar, bestehend zum Beispiel aus Menschen, Sternen, Elektronen, Atomkraftwerken, Göttern und Märkten etc. (Sick 2006, S. 246). Die Übersetzungsprozesse zwischen virtuellen und realen Räumen, die ein Konglomerat aus sozio-technischen Bezügen in einer solchen Hybridwelt darstellen, lassen auch den Prozess hybrider Systeme in den Vordergrund treten. Allerdings ohne Hand anzulegen. Hier sollen drei Beispiele ein solches Verfahren verdeutlichen.

Rafael Lozano Hemmer konnte den so genannten virtuellen Raum wieder an den Stadtraum binden und dort sichtbar machen mit seiner Installation *Vectorial Elevation* 1999-2000 (http://www.lozano-hemmer.com/projects.php), bestehend aus einem dutzend in den Himmel gerichteten starken Scheinwerfer, die auf dem Hauptplatz von Mexico City installiert worden waren und über das Internet zu bestimmten Mustern ausgerichtet wurden. Ein erzeugtes Lichtmuster korrespondierte mit Bewegungen im Internet.

Ähnlich hat die Gruppe Blinkenlights des Chaos Computer Clubs mit der gleichnamigen Installation *Blinkenlights* agiert, welche im September 2001 am Haus des Lehrers in Berlin in Betrieb ging. Hinter den Fenstern der oberen acht Etagen des Gebäudes wurden Baustrahler auf selbstgebauten Holzständern installiert. Die Baustrahler wurden über je ein Relais von einem zentralen Computer ein- und ausgeschaltet. Damit fungierten die insgesamt 144 Lampen als riesiger Bildschirm (acht Etagen mit je 18 Fenstern). Um die Fenster wie große Pixel wirken zu lassen, wurden sie von innen mit Wandfarbe angestrichen. Mit der Software *BlinkenPaint* konnte jeder selbst Animationen am eigenen Computer erstellen und sie per E-Mail einsenden. Die Einsendungen wurden der Playlist hinzugefügt und ergänzten sich zu einem Programm, welches die ganze Nacht über abgespielt wurde. Mit Hilfe eines Mobiltelefons konnte man außerdem – alleine oder zu zweit – das Computerspiel *Pong* spielen.[3] (vgl. http://www.ccc.de/ updates/2008/blinkenlights-stereoscope)

Die Radiogruppe LIGNA[4] hat kollektive und öffentliche Praktiken entwickelt, die den Hörer einladen, Radio-Sendungen aktiv mitzugestalten und zu begleiten. In zahlreichen Städten haben sie unter dem Namen „Radioballett. Übungen im nichtbestimmungsgemäßen Verweilen" bekannt gewordene Aktionen öffentlichen Radiohörens veranstaltet, die auch eine Bewegungsformation im Stadtraum selbst erwirkten. (vgl. http://ligna.blogspot.com/2009/12/radio-ballet.html) Sie fordern die Hörer auf, die Passivität des häuslichen Rezipierens zu verlassen, um in einer „kollektiven Zerstreuung" öffentliche Räume durch Hören

3 Die Installation wurde am 23. Februar 2002 nach über fünf Monaten Laufzeit im Rahmen einer großen Abschlussparty abgeschaltet. Im Oktober 2002 wurde während der *Nuit Blanche* in Paris eine neue Variante namens *Arcade* installiert.

4 Die Gruppe LIGNA existiert seit 1997 und besteht aus den Medien- und Performancekünstlern Ole Frahm, Michael Hüners und Torsten Michaelsen. Unter anderem arbeiten sie im Freien Sender Kombinat (FSK), einem nichtkommerziellen Hamburger Radiosender.

und Bewegungen im Raum zu erkunden. Neuauflagen dieses Projektes wurden zum Beispiel September 2010 in Zusammenarbeit mit D21 Kunstraum Leipzig unter dem Titel „Radio Interpellation" durchgeführt. (vgl. http://www. d21-leipzig.de/2010/09/radio-interpellation-am-26-09/) Ein neueres Projekt der Gruppe lädt in Berlin mit dem Titel: „Verwisch die Spuren! Flanieren in Berlin. Ein mobiles Radioprojekt" zum gesteuerten Flanieren ein. Obwohl viele künstlerische Arbeiten der letzten Jahrzehnte an diese Traditionslinien des (situationistisch geprägten) Umherschweifens anknüpfen, formuliert LIGNA mit seiner Arbeit die Frage, ob die immer schon melancholische Figur des Flaneurs nicht an das Ende ihrer Tage gekommen ist. Der kontrollierte öffentliche Raum, das Hinterlassen digitaler Spuren machen die verdächtigen Bewegungen im Detail nachvollziehbar und deren Zwecklosigkeit (die Eigenheit des Umherschweifens) zur statistischen Größe, die eingerechnet wird, um auch für sie noch ein Warenangebot zusammenzustellen. Denn mit jedem Schritt wird nicht nur das Unbekannte und Unerwartete erforscht, sondern über den aktuellen Standpunkt ebenso gut informiert wie über die ihn umgebenden Räume und ihr Warenangebot. So deklariert LIGNA, die ursprüngliche urbane Erfahrung – in der Menge zu verschwinden und die Orientierung zu verlieren – ist unmöglich geworden (vgl. LIGNA, http://ligna.blogspot.com/search?updated-max=2010-08-02T06%3A22%3A00-07%3A00&max-results=1&reverse-paginate=true). Erst in der Lektüre der eigenen Spuren, die in der Hybridwelt erzeugt werden, wird die Voraussetzung geschaffen, in einer digital verschriftlichten Stadt den Flaneur wiederkehren zu lassen.

Pulsieren. Übermitteln im Labor

Steht nicht so sehr der Stadtraum als Bezugsrahmen im Fokus, gleicht der aktuelle Ausstellungskontext medienkünstlerischer Interventionen oft einem Labor, zu dem Gaston Bachelard in seinem Buch „Die Philosophie des Nein" die Wissenschaftler aufforderte: Erzählt uns was ihr denkt, nicht, wenn ihr das Labor verlasst, sondern während der Stunden, in denen ihr das gewöhnliche Leben hinter euch lasst und in das wissenschaftliche Leben eintaucht (vgl. Bachelard 1980, S. 27). Demnach findet die Hervorbringung von Wissen „weiterhin in unaufgeräumten Räumen statt; im Raum der Konfusion und der vorgefertigten, beharrlichen Meinungen, im Raum des Ausprobierens." (Rheinberger 2006, S. 47)

Mit vier Beispielen solcher Laborausstellungen soll dieser Prozess und die Möglichkeiten des Eintauchens in das, was Bachelard als wissenschaftliches Leben bezeichnet, erörtert werden.

„Hear and feel the actions of people around them, using technology to create a playful yet ominous experience", so die Einladung von Rafael Lozano Hemmer zu seiner Ausstellung in Manchester 2010 (Recorders, Rafael Lozano Hemmer 2010, http://www.manchestergalleries.org/whats-on/exhibitions/index.php?item ID=73). Der Künstler hat seit 2006 verschiedene Projekte realisiert, in denen der „Puls" des Menschen – der Herzschlag – in Lichteffekte übersetzt wurde. „Pulse-Room" ist eine interaktive Installation mit 100 Glühbirnen, die von der Decke jeweils an einem drei Meter langen Kabel hängen. Ein in dem Raum stehendes Gerät lädt dazu ein, die Hände um dieses zu legen. Die dort befindlichen Sensoren nehmen unverzüglich den Puls von der umfassenden Hand ab und alle Glühbirnen gehen zunächst durch diesen Impuls aus, um dann kurze Zeit später im Rhythmus des Herzens des Hand anlegenden Besuchers aufzuflammen. Der Rhythmus addiert sich zu den 99 anderen Rhythmen von 99 Besuchern. Notwendigerweise heißt das auch, wenn neue Herzrhythmen aufgenommen werden, verschwinden alte. Ein Prinzip, welches Hemmer bei zahlreichen seiner Installationen zur Anwendung bringt und mit dem des *memento mori* vergleicht. Die Installation wird begleitet durch Musik von Steve Reich, Conlon Nancarrow und Glenn Branca. In ähnlicher Form hat Hemmer zahlreiche weitere Puls-Projekte realisiert. Zuletzt *Pulse-Index* (2010). Hier werden neben den Herzschlägen auch die Fingerabdrücke bei dem Hand anlegen abgenommen. Innerhalb der Installation werden dann die Daten von 509 Besuchern schrittweise auf einem pulsierenden Plasmabildschirmen als Linien der Fingerkuppen visualisiert.

Die *Pulse*-Projekte laden durch ihre potentielle Möglichkeit eines Feedbacks zur Selbstregulation des Herzschlags ein, eine Methode die Rafael Lozano Hemmer in der Kardiologie in Mexico City kennen gelernt hat. Dort wurden Selbstregulationsmechanismen des Herzschlags untersucht.[5] Man kann sagen, dass die *Pulse*-Projekte durch die Sichtbarmachung eines Unsichtbaren die übersetzten organischen Vorgänge (den Herzschlag) beeinflussbar machen.

Ein weiteres Projekt solcher Herzschlagsprünge ist die mittlerweile sieben Jahre alte telepräsentische Installation *Mobile Feelings* von Christa Sommerer und Laurent Mignonneau. Die erste Projektpräsentation fand zeitgleich auf der *Ars Eelectronica 2003* und im Palais des Tokio in Paris statt. An diesen Orten wurden Benutzer mit speziellen *Mobile Feelings*-Telefonen ausgestattet, die organischen Formen ähnelten. Auf der *Ars Electronica* waren es zierkürbisähnliche Figuren. In dem dafür vorgesehenen Raum hingen zwei kugelige durchsichtige Sessel für zwei Besucher bereit, in die man sich hineinsetzen konnte, sobald man den Kürbis richtig in der Hand hielt. Fortan sprang der Herzschlag der einen Person – sei sie nun direkt nebenan im Sessel in Linz oder sei sie in Paris – auf

---

5 *Pulse Show*, Eonzelausstellung im Beall Center UC Irvine, 30. Sept. – 22. Jan. 2011; vgl. http://www.lozano-hemmer.com/pulse_index.php

den Kürbis der anderen Person über und ließ ihn im Herzrhythmus pulsieren. Die zwei zur Verfügung stehenden Minikürbisse enthielten also Biosensoren und Regler, die Herzschlag, Blutdruck und Leitfähigkeit der Haut, Schweiß und Geruch messen. Diese Daten können theoretisch an jegliche anonymen Benutzer gesendet werden, die diese höchst intimen Empfindungen wieder über Regler, Vibratoren, Ventilatoren, also mikro-elektro-mechanische und mikro-bioelektrochemische Systeme – mit denen jeder Kürbis ausgestattet ist – fühlen und wahrnehmen konnten. Alle *MobileFeelings*-Geträte kommunizierten über ein gewöhnliches Mobilfunknetz (vgl. Sick 2006, S. 258).

Der nicht wahrnehmbare Herzschlag wird übertragen und von einem fremden Gegenüber wahrnehmbar. Dies kann wiederum Auswirkungen auf den eigenen Herzschlag bzw. andere organische Funktionen haben. Somit wird auch hier ein Selbst-Kontrollsystem ermöglicht.

Eine ähnlich fundamental organische Funktion wie der Herzschlag ist der Schmerz. Diesen macht zum Beispiel *Painstation* wahrnehmbar.

Painstation wurde 2001 von Tilman Reiff und Volker Morawe, zwei Studenten der Kunsthochschule für Medien in Köln, als interaktives Kunstobjekt entwickelt. Später firmierten die beiden Kunststudenten unter dem Namen: *//////////fur//// art entertainment interfaces*. Inspiration für dieses Spiel erhielten sie durch das Kinderspiel „Folter-Mau-Mau“ und Entwicklungen moderner Computerspiele. Als Tischkonsole stehen sich bei dem Spiel die Kontrahenten Auge in Auge gegenüber. Basis des Duells ist das einfache Konsolenspiel der ersten Generation: *Pong*, auch Balkentennis genannt. Die rechte Hand des Spieles bedient einen Drehregler, mit dem der Spieler einen Balken, der als Spielschläger fungiert, auf und ab bewegt. Die linke Hand muss dabei so auf der so genannten *Pain-Execution-Unit* (PEU) platziert werden, dass ein elektrischer Kontakt geschlossen wird und das Spiel beginnen kann. In dem nun folgenden Ballwechsel sind beide Spieler bemüht durch feinmotorische Manipulation des Drehreglers ihren Balken so zu platzieren, dass der Ball einem Return beim Tennis gleich wieder in die gegnerische Hälfte geschmettert wird. Verfehlt ein Spieler den Ball wird das bestraft und ist schmerzhaft: Wenn der Ball eines der hinter dem Balken platzierten *Pain-Inflictor-Symbols* (PIS) berührt, malträtiert die PEU die linke Hand mit verschiedenen Schmerzarten: Hitze, Schlag, Stromstöße, unterschiedlicher Dauer und Folge (vgl. http://en.wikipedia.org/wiki/Painstation; Dermot McGrath, No Pain, No Game, in: Wired 03.07.2002 http://www.wired.com/gaming/gamingreviews/news/2002/03/50875)[6].

---

6 *Painstation* ähnelt dem 2001 *Biforce Controller* von Mad Catz. Der Controller besaß einige Kabel mit Elektroden, die an den Unterarmen befestigt wurden. Wird man nun

Der eigene Herzschlag sowie der eines Gegenübers ist oftmals nicht wahrnehmbar. Seine Wahrnehmbarkeit muss technisch erzeugt werden. Der im Spiel erlebte Schmerz ist nicht körperlich fühlbar, wird aber in *Painstation* auch körperlich hervorgebracht. Seine Sichtbar-, Fühlbar- und Übertragbarkeit muss im Kunstlabor – als welches ich den Ausstellungsraum bezeichne – nachvollziehbar sein. Ähnlich der Übersetzung, wie sie Walter Benjamin gekennzeichnet hat, macht dieser organisch-technisch erzeugte Übersetzungsprozess etwas Unsichtbares sichtbar, etwas nicht Spürbares spürbar und erfahrbar. Der Vorgang – der Schmerz oder auch der Herzschlag - wird hierfür von seinem Träger losgekoppelt und ist so übersetzbar, in eine Sprache, die die Übermittlung eines solchen Prozesses ermöglicht, zum Beispiel über das Mobilfunknetz.

Auf ähnliche Weise macht auch Paul DeMarinis in seiner Installation *A light Rain* von 2004 etwas konstitutiv Unsichtbares sichtbar und erforschbar: diese als immersiv geltende Installation erkundet die akustischen und optischen Eigenschaften von Wassertropfen. Schallschwingungen können den Zerfall eines Wasserstrahls beeinflussen und unterschiedliche visuelle Muster erzeugen. Die Tropfen, wenn sie auf eine räsonierende Fläche wie etwa einen Regenschirm fallen, erzeugen Melodien. Außerdem entstehen durch Sprühregen bei Sonnenschein primäre und sekundäre Regenbogen, die sich mit dem Besuchern und Besucherinnen mitbewegen (vgl. Paul DeMarinis 2010, S. 179).[7]

---

in einem Spiel getroffen, erhalten Sie einen leichten Stromstoß von bis zu 16 Milli-Ampere, was durchaus zu Muskelzuckungen führen kann. http://www.gamestar.de/hardware/specials/1950712/von_gehirnwellen_messung_bis_zum_elektroschock_p7.html, 29.12.2010

Ein weiteres ähnliches Beispiel ist die *3rd Space Vest*. In der per USB angeschlossenen Weste befinden sich Luftkammern, die durch einen Kompressor bei einem Treffer schnell aufgeblasen werden und so den Aufschlag simulieren – so soll man sofort spüren, wann und wo man getroffen worden ist. Die Anzahl der Spiele, die die *3rd Space Vest* unterstützen, ist noch gering. In den USA und in Frankreich wird diese Weste vertrieben, in Deutschland noch nicht.
http://tngames.com/products, 29.12.2010

7 In Kollaboration mit Rebecca Cummins; vgl. auch Paul LeMarinis *Gray Matter* 1995: Interaktiv elektrisch geladene Objekte, die Klänge und Tastempfindungen hervorrufen, wenn man sie mit der Hand berührt. Die Arbeit basiert auf den Erfindungen von Elisha Gay, dem Mann der fast als Erfinder des Telefons in die Geschichte eingegangen wäre und stattdessen die musikalische Badewanne erfand. (DeMarinis 2010, S. 145)

Sinneserfahrungen werden übersetzt. Und wo sie nicht wahrnehmbar sind, werden sie technisch hervor gebracht – als Licht, Frequenz, Hitze oder Strom. Auch wenn die Besucher oder Betrachter zur aktiven, aber begrenzten in einem jeweiligen Regelwerk festgelegten Partizipation aufgefordert werden, ermöglichen die Labore der hier beispielhaft vorgestellten künstlerischen Arbeiten ein selbstregulierendes Feedback, welches Körperprozesse kontrolliert, in Hybrideräumen wirksam wird und in der Übersetzung Grenzen als überschreitbar erscheinen lässt.

Das Unsägliche steht auf dem Spiel. Das Unaussprechliche – der Ausfall der Sprache – ist zum Beispiel im Schmerz indiziert und wird in dem Prozess der Übersetzung allererst dargestellt. Kunst wird hier zur Operation, die die Erfahrungen zu ermöglichen sucht, die als abhanden gekommen angenommen werden. Insofern zeigt sich hier der Ausstellungsraum als Möglichkeitsraum.

LITERATUR

Arns, I: Rezeption, Partizipation, Interaktion. Von der rezeptiven zur aktiven Partizipation. http://www.medienkunstnetz.de/themen/medienkunst_im_ueberblick/kommunikation/ (18.11.2010)

Bachelard, G. 1980: Die Philosophie des Nein, Versuch einer Philosophie des neuen wissenschaftlichen Geistes. Frankfurt am Main: Suhrkamp (Original 1940: La philosophe du non, Presses Universitaires de France)

Benjamin, W. 1972: Die Aufgabe des Übersetzers, in: Ders., Gesammelte Schriften Bd. IV/1. Frankfurt am Main: Suhrkamp, S. 9-21

Bieber, Ch., C. Leggewie 2004: Interaktivität. Ein transdisziplinärer Schlüsselbegriff. Frankfurt und New York: Campus

Blinkenlight, http://www.ccc.de/updates/2008/blinkenlights-stereoscope, (28.12. 2010)

Böhme, H., W. Rössel 2007: Übersetzung und Transformation. Berlin: de Gruyter

Buden, B. 2006: Kulturelle Übersetzung, Kulturrisse 0206, http://igkultur.at/igkultur/kulturrisse/1150793894/1150797107 (25.12.2010)

Debray, R. 2003: Einführung in die Mediologie, Facetten der Medienkultur. Bern, Stuttgart, Wien: Hauptverlag. (Original 2000: Introduction à la médiologie, Presses Universitaires de France)

DeMarinis, P. 2010: Buried in Noise. Heidelberg und Berlin: Kehrer

Eco, U. 1977: Das offene Kunstwerk, Frankfurt am Main: Suhrkamp

Hartmann, F. 2003: Was ist Mediologie, Rezension zu Régis Debrays Einführung in die Mediologie. http://homepage.univie.ac.at/ frank.hartmann/ reviews/debray.html (29.12.2010)

Interpellation. http://www.d21-leipzig.de/2010/09/radio-interpellation-am-26-09/ (28.12.2010)

LIGNA. http://ligna.blogspot.com/2009/12/radio-ballet.html (25.12.2010)

LIGNA September 2010: Verwisch die Spuren. http://ligna.blogspot.com/search?updated-max=2010-08-02T06%3A22%3A00-07%3A00&max-results=1&reverse-paginate=true (25.12.2010)

Lozano-Hemmer, R.: Recorders: http://www.manchestergalleries.org/whats-on/exhibitions/index.php?itemID=73 (20.12.2010)

Lozano-Hemmer, R.: Projects: http://www.lozano-hemmer.com/projects.php (28.12.2010)

McGrath, D., No Pain, No Game, in: Wired 03.07.2002: http://www.wired.com/gaming/gamingreviews/news/2002/03/50875 (20.12.2010)

Rheinberger, H.-J. 2006: Epistemologie des Konkreten, Studien zur Geschichte der modernen Biologie. Frankfurt am Main: Suhrkamp

Stelarc, http://web.stelarc.org/ (20.12.2010)

Steyerl, H. 2006: Die Sprache der Dinge. Walter Benjamin und die dokumentarische Form als Übersetzung. Kulturrisse 0206. http://igkultur.at/igkultur/ kulturrisse/1150793894/1150799609 (25.12.2010)

Sick, A. 2006: Orientierungen. Zwischen Medien, Technik und Diskursen. Bremen: thealit

Touch the Screen:
Be-greifbare Formen der Interaktion

Be-greifen „Beyond the Surface“

Eine Materialperspektive auf Tangible User Interfaces

TANJA DÖRING, AXEL SYLVESTER, ALBRECHT SCHMIDT

Wir leben in einer Zeit, in der Computertechnologie in alle Lebensbereiche vordringt. Die hiermit verbundene Vision des *Ubiquitous Computing* (Weiser 1991) beinhaltet, dass auch die Benutzungsschnittstellen für solche elektronischen Systeme auf vielfältige und neue Weise an uns Menschen angepasst und in unsere Umgebung integriert werden. Mark Weiser formulierte diese Vision so: „Machines that fit the human environment instead of forcing humans to enter theirs will make using a computer as refreshing as a walk in the woods.“ (Weiser 1991). Er betonte weiterhin:

> „We believe that people live through their practices and tacit knowledge so that the most powerful things are those that are effectively invisible in use.“ (Weiser 1994)

Die Vision des *Ubiquitous Computing* hat also, im Kontrast zu vorrangig technikgetriebenen Forschungsarbeiten, eine ganzheitliche *User Experience* im Fokus: die Bedienung von Computertechnologie soll vom Menschen, seinen Fähigkeiten, Sinnen und Bedürfnissen ausgehen (vgl. Abowd et al. 2002). Wenn dies gelingt, so werden User Interfaces als „unsichtbar“ und angenehm empfunden, so Weiser, d.h. die Benutzung von Computersystemen sollte ohne Mühe verständlich und möglich sein.

Was aber zählt zu einer „ganzheitlichen User Experience“? Im Vergleich zu Desktop PCs, den Computersystemen der 1990er Jahre, ist das Verstehen und Modellieren von Benutzungssituationen für Interaktionsdesigner komplexer geworden, weil ubiquitäre Systeme eingebettet sind in sich ändernde Umgebungen, in Abläufe oder in ein ganzes Netz verschiedener Computersysteme und weil sie gegebenenfalls nur nebenbei und mit Unterbrechungen erfolgen. Anwendungen ermöglichen neben expliziter Ein- und Ausgabe oft auch die implizite Eingabe, etwa durch Sensoren, so dass Informationen des Kontexts genutzt werden können. Vielerorts (wie etwa bei Smartphones) finden wir derzeit Kombinationen aus traditionellen, button- und tastaturbasierten Interfaces und neuartigen, gesten- und sensorbasierten Schnittstellen. In Zukunft werden physikalische Formen der Interaktion an Bedeutung zunehmen, was auch physikalische Objekte aller Art als Interaktionsgeräte mit einbezieht. Hier ist das Konzept der *Tangible User Interfaces* (TUIs) von Bedeutung. TUIs bieten einen, im doppelten Sinne des Wortes, be-greifbaren Ansatz, um mit ubiquitären Computersystemen zu interagieren, indem sie physikalische Objekte mit der digitalen Welt verbinden (vgl. Shaer und Hornecker 2010). Eine entscheidende Qualität von *Tangible User Interfaces*, die nicht zuletzt eine ganzheitliche *User Experience* mit ausmacht, liegt in der Materialität der Objekte, die für die Interaktion verwendet werden. Trotzdem wurde die Bedeutung von Materialqualitäten für *Tangible User Interfaces* bislang nicht grundlegend und systematisch untersucht und nur exemplarisch für *User Interfaces* genutzt. Zu solchen Beispielen zählen z.B. BodyMaps (Schiphorst et al. 2007), das Soap Bubble Interface (Sylvester et al. 2010) oder Granulatsynthese (Beckhaus et al. 2008). Alle drei Systeme realisieren tischbasierte und sensorisch reichhaltige Installationen, die jedoch durch unterschiedliche Materialien für die Interaktion jeweils andere Benutzererlebnisse hervorrufen. Für die Installation BodyMaps (Schiphorst et al. 2007) wurde eine Tischoberfläche mit weißem Seidensamt bespannt, auf dem das Bild einer liegenden Frau projiziert wird. Berührt der User die Samtoberfläche im Bereich des projizierten Frauenkörpers, bewegt sich der Körper abhängig vom Ort und der Art der Berührung, z.B. indem er sich auf die Seite rollt. Gekoppelt mit sich je nach Handbewegung änderndem Sound, liefert die Berührung des Seidensamts ein weiches und warmes taktiles Feedback, so dass eine intime Situation erzeugt wird. Das Soap Bubble Interface (Sylvester et al. 2010) nutzt die Position von Seifenblasen, die in einem mit gefärbter Flüssigkeit befüllten Becken schwimmen, für die Interaktion mit einem Computer zur Steuerung von Musik und einer Projektion. Seifenblasen haben eine lange Tradition als spielerischer Zeitvertreib, sie sind für ihre Zartheit und ihre vollkommene Form beliebt. Vor allem aber ihre Zerbrechlichkeit ist eine zentrale Eigenschaft; werden sie als Interfaceelement verwendet, so erhält das Interface einen ephemeren Charakter. Seifenblasen verleiten somit nicht nur zu spielerischer Interaktion, sondern auch zu behutsamer Vorsicht, damit sie nicht platzen, oder aber gezielter Zerstörung. Als Interaktionsformen sind – materialbedingt – vorsichtiges Berühren mit einem angefeuchteten Finger, Pusten oder Wedeln möglich. Auch ein verspieltes User

Interface, aber in seinem taktilen Angebot ganz anders geartet, bietet die Installation Granulatsynthese (Beckhaus et al. 2008): ein mit einer Schicht aus transparentem Vinylgranulat bedeckter interaktiver Tisch, der meditatives audiovisuelles Feedback erzeugt, wenn Benutzer Teile der Tischfläche vom Granulat befreien. Die Projektion visueller farbiger Wellen von unterhalb des Tisches erhält dabei durch die halbtransparente Schicht des Granulats eine Unschärfe und Tiefe. Passend zur Visualisierung ertönt gleichzeitig Musik, dessen Zusammenstellung, Lautstärke und Tonhöhe durch Größe, Form und Anzahl der Flächen beeinflusst wird. Die Schicht Granulat lädt, vergleichbar mit Sand im Sandkasten, zum Graben auf der Tischfläche ein und verleitet die Benutzer durch das angenehm empfundene taktile Feedback des körnigen Materials zu facettenreichen Gesten.

Die drei genannten Beispiele sollen nur einen Einblick geben, wie vielfältig Interaktion mit technischen Geräten gestaltet werden kann und welche Rolle Materialien hierzu zukommt. Da aber die technische Realisierung von TUI Prototypen immer noch aufwändig ist und keinerlei Anleitungen für die Auswahl von angemessenen Materialien für die Interaktion existieren, bleiben solche Beispiele explorative Einzelfälle. Materialwahl basiert – insbesondere in der Informatik – zumeist auf einfacher Verfügbarkeit und technischen Aspekten. Ein großes Potential von *Tangible User Interfaces* dürfte aber gerade in der systematischen Auswahl geeigneter Materialien für die Interaktion liegen. Dies stellt durchaus auch für die Informatik ein wichtiges Thema dar, da neben funktionalen Aspekten eines User Interface auch nicht-funktionale, qualitative Aspekte – wie etwa das verwendete Material – Teil von strukturierten Methoden und Werkzeugen für die Gestaltung von User Interfaces sein sollte. Die Wahl von geeigneten Materialien steht in engem Zusammenhang mit der Wahl entsprechender Sensoren und Aktuatoren. Außerdem können Materialien *Affordances* für bestimmte Interaktionsarten bieten. All dies sollte bei Spezifikationen und Implementationen von *Tangible User Interfaces* in strukturierter Form berücksichtigt werden, da es im Zuge der Zunahme allgegenwärtiger User Interfaces von Bedeutung sein wird, statt individueller Einzellösungen übertragbare Guidelines zu finden und zu etablieren. Natürlich sind neben Informatikern insbesondere auch Produkt- und Interaktionsdesigner mit der Gestaltung von Interfaces und damit auch der Materialauswahl beschäftigt. Die ist sinnvoll, und gerade vom Materialwissen im Produktdesign sollte zu lernen sein. Dennoch haben *Tangible User Interfaces* besondere Anforderungen, die gerade im Mapping des Materials zu digitalen Daten und Funktionen liegt: das Material verkörpert die Daten. Sensoren und Aktuatoren ermöglichen diese Verknüpfung. Hier ist deshalb auch die Informatik gefragt, über Materialaspekte für User Interfaces nachzudenken. Hierzu will dieses Buchkapitel einen Beitrag leisten und trägt Konzepte, verwandte Arbeiten, sowie Materialwissen aus verschiedenen Disziplinen zusammen, um auf dieser Basis einen strukturierten Ansatz zur analytischen Betrachtung von Materialaspekten bei *Tangible User Interfaces* vorzuschlagen.

Der folgende Abschnitt stellt zunächst grundlegende Konzepte zu *Tangible User Interfaces* vor. Danach erfolgt ein Überblick über bisherige Arbeiten zu Materialität als Thema im Rahmen von *Tangible User Interfaces.* Anschließend werden interdisziplinäre Materialdiskurse vorgestellt: Materialauswahl im Produktdesign sowie Material Culture und Materialikonographie als kulturwissenschaftliche Forschungsfelder. Darauf aufbauend wird ein materialzentrierter Strukturierungsansatz für Tangible User Interfaces vorgestellt, der im Anschluss diskutiert wird. Das Kapitel schließt ab mit einem Fazit und Ausblick.

GRUNDLEGENDE KONZEPTE

Das Framework der *Realitätsbasierten Interaktion* und das Konzept der *Embodied Interaction* liefern übergreifende Ansätze zum Verständnis der Bedeutung von Material in der Interaktion zwischen Mensch und Computer; beide werden hier deshalb kurz eingeführt.

Realitätsbasierte Interaktion

Jacob et al. (2008) gehen vom menschlichen vor-existierenden Wissen über die Welt aus und strukturieren den Bereich der *„Post-WIMP" User Interfaces* mittels eines Frameworks für „realitätsbasierte Interaktion". Sie argumentieren, dass Wissen und Erfahrungen, die Menschen aus der natürlichen (nicht-digitalen) Welt angesammelt haben, grundlegend zur Gestaltung von Interaktion mit Computern genutzt werden sollten:

> „Basing interaction on pre-existing real world knowledge and skills may reduce the mental effort required to operate a system because users already possess the skills needed" (Jacob et al. 2008, S. 2004).

Die vier zentralen Themen sind hierbei „naive Physik", „Körperwahrnehmung und Fähigkeiten", „Umgebungswahrnehmung und Fähigkeiten", sowie „Soziales Bewusstsein und Fähigkeiten". Da es jedoch nicht sinnvoll ist, alle Eigenschaften eines User Interface realen Vorbildern nachzubilden, sondern die Macht des Computers auch gerade darin liegt, die Limitierungen der realen Welt zu überwinden (z.B. indem er viele Aufgaben effizienter bearbeiten kann, digitale Artefakte leicht verändert werden können, mehrere Aufgaben zeitgleich bearbeitet werden oder eine große Anzahl an verschiedenen Werkzeugen parallel zur Verfügung gestellt werden können) ist eine Abwägung zwischen rein realitätsbasierter Interfacegestaltung und Integration computerbasierter Features die zentrale

Designaufgabe: im Kompromiss zwischen physikalischen und digitalen Extremen liegt die Herausforderung. Nun befinden sich *Tangible User Interfaces* genau im Spektrum der realitätsbasierten Interaktion, ihr Potential besteht in ihrem starken Bezug auf die Gesetzmäßigkeiten der realen Welt, unseren Erfahrungen und Fähigkeiten mit ihr umzugehen einerseits und der gleichzeitigen Integration in digitale Welten und den Leistungsumfang des Computers andererseits. Das Besondere, das Neue und Entscheidende für die Interfacegestaltung ist der erste Teil, der realitätsbasierte Anteil, jener, der die physikalische Be-greifbarkeit bedeutungsvoll für die Mensch-Computer-Interaktion nutzt, um etwa den mentalen Aufwand des Nutzers gering zu halten, Gruppensituationen gerecht zu werden oder *User Experiences* und Sinneserfahrungen vielfältiger und reichhaltiger zu gestalten. Hier kommt den verwendeten Materialien eine entscheidende Rolle zu.

Embodied Interaction

Während sich die Mensch-Computer-Interaktion lange Zeit vorrangig mit der Gestaltung von Hardware und Software als von der restlichen Umgebung seiner Nutzer weitestgehend getrennte Artefakte beschäftigt hat, rückt mit dem Ansatz der be-greifbaren Interaktion die Interaktion zwischen Menschen und Computern viel stärker in die materielle und soziale Umgebung der Nutzer. Diese neue Qualität der Situiertheit von Interaktionsformen mit Computern in unsere alltägliche Umgebung macht eine Reihe von neuen Eigenschaften für die Interaktions- und Interfacegestaltung erforderlich, die viel stärker auf unser Wissen und unsere Erfahrungen mit der Welt, in der wir leben, basieren. Paul Dourish (2001) prägte für dieses neue Feld der Mensch-Computer-Interaktion, basierend auf *Tangible Computing* und *Social Computing*, den Begriff *Embodied Interaction.* Er erörterte seine philosophischen Grundlagen in der Phänomenologie, die im Gegensatz zur kartesianischen Denkweise nicht zwischen Verstand und Körper bzw. Sinneswahrnehmung trennt, sondern davon ausgeht, dass die Sinneswahrnehmung, und damit unsere Körperlichkeit, den Verstand erst prägt und somit unsere Situiertheit in der Welt als Grundlage aller Aktionen bzw. alles Wissens definiert. Für die Interaktionsgestaltung zwischen Mensch und Computer bildet diese Perspektive einen Grundpfeiler für neue Interaktionsformen, bei denen der Materialität der verwendeten Artefakte und unserer Perzeption dieser ein neuer, hoher Stellenwert zukommt.

MATERIALITÄT ALS THEMA IM RAHMEN VON TANGIBLE USER INTERFACES

Im Publikationskontext von *Tangible User Interfaces* sind vor allem in jüngerer Zeit einige Arbeiten veröffentlicht worden, die sich mit Materialaspekten von TUIs befassen. Neben einer Vielzahl explorativer Arbeiten zur Verwendung unkonventioneller Materialien sind hier vor allem zwei Schwerpunkte von Bedeutung: erste Ansätze zur Strukturierung von Materialqualitäten digitaler Artefakte und die Betrachtung von Computern als Materialien im Interaktionsdesign.

Um Materialqualitäten digitaler Artefakte besser verstehen und gestalten zu können, haben Jung und Stolterman (2011) den *Material Probe* Ansatz entwickelt: im Rahmen eines Workshops werden potentielle Benutzer digitaler Artefakte zu ihrer Perzeption von Materialqualitäten befragt. Zunächst werden Sie nach Gegenständen mit besonders angenehmen oder unangenehmen Materialeigenschaften sowie nach Erlebnissen mit diesen Objekten gefragt. Als nächstes werden ihnen verschiedene Materialproben gegeben, aus denen sie angenehme sowie unangenehme auswählen und dieses erklären sollen. Im dritten Schritt schließlich erfolgt die Übertragung der Ergebnisse auf die User Interfaces digitaler Artefakte. Der Ansatz erhebt nicht den Anspruch, aus subjektiven Materialwahrnehmungen universelle Design Guidelines zu entwickeln, bildet aber einen Schritt in die Richtung, Materialqualitäten beim Design digitaler Artefakte strukturiert in den Fokus zu nehmen. Auch Shiphorst et al. (2007) argumentieren für die stärkere Berücksichtigung nicht-funktionaler Eigenschaften von User Interfaces und stellen ein Modell taktiler Ästhetik vor. Hierfür schlagen sie vier Themen vor, die sowohl zur Evaluation als auch für zukünftige Designstrategien angewendet werden können. Das erste Thema ist „Embodiment", wobei das „In-der-Welt-Sein" sowie die gesamte Bandbreite menschlicher Wahrnehmungen den Ausgangspunkt für die Interaktionsgestaltung bildet (vgl. Dourish 2001). Materialität wird als weiteres Thema genannt. Ähnlich wie in traditionellem Kunsthandwerk wird die Ästhetik einer Interaktion stark durch das verwendete Material beeinflusst. Dabei kommen nicht allein den optische Erscheinungen von Materialien, sondern vor allem auch ihren taktilen Attributen eine entscheidende Rolle zu. Der dritte Bereich behandelt das sensorische Mapping, wobei einer Eingabe durch Berührung verschiedene visuelle und akustische Formen der Ausgabe zugeordnet werden, um synästhetische haptische Sinneseindrucke zu simulieren. Viertes und letztes Thema des Modells ist eine „Semantik der Zärtlichkeit" (Semantics of Caress). Im Rahmen dieses Themas untersuchen die Autoren, wie die Bedeutung von Berührungen angewendet werden kann auf taktile Interaktion. Sie unterscheiden z.B. 12 verschiedene Arten, eine Touch Oberfläche zu berühren. Diese qualitativen Unterschiede in der Berührungsgeste sollten von Systemen erkannt und berücksichtigt werden. Weniger umfassend, aber dennoch die Perzeption von Materialeigenschaften als Grundlage für Interaktionsgestaltung in den Fokus nehmend, haben Kierkels und van den Hoven (2008) die haptische Wahrnehmung von Artefakten unterschiedlicher Härtegrade bei Kindern untersucht. Sie wollten herausfinden, wie Kinder das Betasten der Artefakte empfinden, mit dem Ziel, die Ergebnisse z.B. für das Design von *Tangible User Interfaces* für hybride Spiele zu verwenden. Für die Studie entwarfen sie vier formidentische Objekte mit unterschiedlichen Härtegraden. Kinder im Alter von 10 bis 13 Jahren wurden aufgefordert, diese hinter einem Sichtschutz zu betasten, jedem dieser 4 Objekte ein Adjektiv aus 20 Gegensatzpaaren zuzuordnen (z.B. aktiv, inaktiv; abenteuerlich, ängstlich) und sie in ihrem Härtegrad zu sortieren. Zu den Ergebnissen der Studie zählte, dass die Kinder die Ordnung der vier Härtegrade leicht erkannten. Von den 20 Adjektivpaaren gab es bei 15 klare Trends, welches Adjektiv eines Gegensatzpaars zu einem weichen Gegenstand passt und welches zu einem harten. Die Liste der 15 Adjektivpaare liefert damit einen Startpunkt, um Interfaceelementen durch ihren Härtegrad mit bestimmten Attributen in Verbindung zu bringen, sollte aber, je nach Anwendungskontext, erweitert und verfeinert werden.

Ein weiteres Thema, dem in jüngerer Zeit Aufmerksamkeit gewidmet wurde, ist die Betrachtung von digitalen Artefakten als Materialien neben den herkömmlichen Designmaterialien und damit einhergehend auch die Schaffung umfassender Materialbegriffe für das Interaktionsdesign. Robles und Wiberg (2010) sprechen zum Beispiel von einem „Material Turn" im Interaktionsdesign, den sie in der Weiterentwicklung digitaler Materialien und der damit einhergehenden Veränderung unserer Wahrnehmung des Verhältnisses zwischen Physikalischem und Digitalem begründet sehen. Sie schlagen den Begriff „Textur" als geeignetes Wort vor, um neue Materialeigenschaften zu bezeichnen, die aus Relationen zwischen Oberflächen, Strukturen und Formen entstehen. Vallgårda und Redström (2007) sehen auch Computer und Elektronikbauteile als Material und entwickeln auf dieser Basis den Begriff „Computational Composite". Ein *Computational Composite* ist zusammengesetzt aus Computertechnologie bzw. Elektronikkomponenten und anderen Materialien, wie etwa traditionellen Designmaterialien. Indem der Computer als Material aufgefasst wird, werden auch seine Eigenschaften ähnlich wie bei herkömmlichen Materialien beschrieben: seine Struktur besteht auf physikalischer Ebene etwa aus CPU, Speicher und Bussystem, als seine Oberfläche lässt sich die Schnittstelle zu Strömen diskreter Spannungspegel verstehen (die bei Eingabe beeinflusst und Ausgabe interpretiert werden) und zu den Eigenschaften zählt die Durchführung abstrakter Berechnungen. Um den Computer also als Material sinnvoll nutzen zu können, muss er kombiniert werden mit anderen Materialien, etwa solchen, die dehnbare, optische oder akustische Eigenschaften haben; so entsteht ein *Computational Composite*. Ähnlich wie bei anderen Kompositen entsteht damit ein neues, zusammengesetztes Material, mit neuen Eigenschaften, zu denen insbesondere gehört, dass durch die Eigenschaft der Berechnungen in Kombination mit den zusätzlichen und veränderbaren Materialien, ein Material entsteht, das verschiedene Zustände haben kann (etwa Farben, Formen oder Positionen), die sich über kontrollierte Transitionen herbeiführen lassen. Solche Kombinationen von "low-tech" und "high-tech" Materialien, wie auch die Verwendung von neuen, veränderlichen und sogenannten „intelligenten“ Materialien (vgl. Coelho et al. 2009) finden sich in vielen weiteren aktuellen Arbeiten. Insbesondere der Forschungsschwerpunkt der *Organic User Interfaces* (Holman und Vertegaal 2008), der sich formveränderbare, nicht-planare digitale Artefakte, deren Oberflächen gleichzeitig sowohl Eingabe als auch Ausgabefunktionalitäten besitzen, zum Ziel gesetzt hat, basiert auf der beschriebenen Kombination von Materialien. Für eine Betrachtung von Technik als Designmaterial setzen sich auch Sundström et al. (2011) ein und beschäftigen sich vor allem mit dem interdisziplinären Designprozess digitaler Artefakte. Sie argumentieren, dass technische Realisierungen oft nicht Teil der frühen Designphase sind, sondern erst nachträglich, und zumeist bei bereits definierten Interaktionsszenarios behandelt werden. Besser wäre es, wenn das „digitale Material“ als zentrales Material im Interaktionsdesign auch schon im Rahmen erster Designüberlegungen mit einbezogen und seine dynamischen Eigenschaften für alle Beteiligten erfahrbar gemacht werden würde. Sie demonstrieren dies am Beispiel von Bluetooth, RFID und Sensoren und integrieren die digitalen Materialien in spielerische Ansätze zum Explorieren der jeweiligen Eigenschaften (sogenannte „Inspirational Bits“).

Über die vorgestellten unterschiedlichen Ansätze, Material im Kontext begreifbarer Interaktion zu thematisieren, hinaus halten wir es für sinnvoll, einen umfassenden materialzentrierten Strukturierungsansatz für *Tangible User Interfaces* zu entwickeln, der von Materialien und ihren Eigenschaften und Konnotationen als Grundlage der Interaktionsgestaltung ausgeht. Dabei geht es nicht um spezielle Anwendungen oder Kontexte, sondern vielmehr sollen allgemeine Kriterien entwickelt werden, die grundsätzlich geeignet sind, die Rolle von Materialien für bestimmte *Tangible User Interfaces* zu analysieren und zu diskutieren. Da die Informatik bisher über kein Materialwissen verfügt, werden wir zunächst Materialdiskurse anderer Disziplinen, darunter im Produktdesign und in den Kulturwissenschaften, näher betrachten.

INTERDISZIPLINÄRE MATERIALDISKURSE

Derzeit finden in vielen trans- und interdisziplinären Kontexten Diskurse über die Bedeutung und den Wert von Materialien statt. Von den Potentialen neuer und intelligenter Materialien, die in Ingenieurswissenschaften und Materialwissenschaften entwickelt werden, über ein „assoziatives Materialgedächtnis“ (Wachs 2008), welches in Architektur und Design Anwendung findet, bis hin zum gegenwärtigen Einsatz von traditionell kunstfremden Materialien als Bedeutungsträger in der Kunst (Wagner 2002) oder dem Ausrufen eines *Material Turn* als Teil einer kulturellen Wende in den Kulturwissenschaften (Bennett und Joyce 2010) stellen Materialität und Dingkultur in jüngerer Zeit fortlaufend lebendige Themen dar. In diesem Zusammenhang bilden *Tangible User Interfaces* ein weiteres Forschungsfeld, welches von der Bedeutung und den Potenzialen von Materialität ausgeht – und für die Interaktion zwischen Menschen und Computern einsetzt. Daher ist es für ein grundlegendes Verständnis des Gebiets der be-greifbaren Interaktion vielversprechend, es im Kontext von Materialdiskussionen verschiedener Disziplinen zu untersuchen und zu diskutieren. An dieser Stelle beginnen wir mit Erkenntnissen über Materialauswahl im Produktdesign sowie mit kulturwissenschaftlichen Forschungsfeldern, die Material als Bedeutungsträger analysieren.

Zunächst aber einige Anmerkungen zum Begriff „Material“: wie Vallgårda und Redström (2007) dargelegt haben, hängt es von der Perspektive und den verwendeten fachlichen Kontexten ab, was unter Material verstanden wird. Im Allgemeinen kann dies vom puren Substrat über zusammengesetzte Verbundstoffe (Komposite) bis hin zu ganzen Artefakten, die aus einer Reihe verschiedener Bestandteile bestehen, reichen. In der Gegenwartskunst werden sowohl einzelne Materialien als Material (in konkreten historischen Kontexten) betrachtet (wie etwa Holz, Papier, Plexiglas oder Wasser), als auch – seit den Werken Marcel Duchamps und Kurt Schwitters – ganze Artefakte, die aus mehreren Materialien zusammengesetzt sein können (vgl. Wagner 2002). Material Culture versteht unter Materialien vor allem Objekte, wobei ein Schwerpunkt auf der Interpretation von Gegenständen der Alltagskultur liegt (vgl. Prown 1982). Basierend auf diesen Ansätzen verstehen wir im Folgenden sowohl reine Materialien als auch Artefakte, die aus verschiedenen Materialien zusammengesetzt sind als „Material“ zur Gestaltung be-greifbarer Interaktion.

Materialien und Design: Materialauswahl im Produktdesign

Die Auswahl von Materialien im Produktdesign ist komplex. Ashby und Johnson (2002), beide aus den ingenieurwissenschaftlichen Materialwissenschaften stammend, haben sich dieses Problems angenommen, weil sie realisierten, dass es bis Dato keinerlei strukturierte Abhandlungen hierzu gab. Zwar gab es durchaus Leitfäden, mit Hilfe derer man aufgrund von technischen Eigenschaften Materialien auswählen konnte, jedoch spielen bei der Materialauswahl im Produktdesign viele weitere Aspekte eine Rolle, qualitative wie quantitative, subjektive wie objektive. Die Autoren schlagen vier Informationsdimensionen von Materialien vor: (1) die Ingenieursdimension, (2) die Nutzungsdimension, (3) die Umweltdimension und (4) die Wahrnehmungsdimension. Alle diese gilt es zu berücksichtigen und abzuwägen, wenn Materialien für Produkte ausgewählt werden.

Die Ingenieursdimension bezieht sich auf die technischen Eigenschaften eines Materials und basiert auf seinen atomaren und elektronischen Strukturen, also z.B. Dichte, Festigkeit, elektrische und Wärmeleitfähigkeit, optische Transparenz. Diese Materialcharakteristika können in der Regel in Handbüchern und Tabellen nachgeschlagen werden und sind Teil von materialwissenschaftlichen Klassifikationen, die für jedes Material ein sogenanntes „technisches Profil" beschreiben. Trotz solcher Klassifikationen ist ein gleichzeitiger Vergleich mehrerer Eigenschaften verschiedener Materialien komplex. Für diesen Fall hat Ashby eine Visualisierung in Form von Abstandskarten entwickelt, so genannten Multidimensional Scaling (MDS) Maps. Die Nutzungsdimension behandelt Aspekte der Ergonomie und Gebrauchstauglichkeit eines Produktes. Hierzu zählt, die körperlichen und kognitiven Fähigkeiten des Menschen sowie den Nutzungskontext einzubeziehen. So sollten etwa Geräte ohne Ermüdungserscheinungen zu bedienen sein und Eingabe- wie Ausgabemechanismen verständlich sein. Zur Nutzungsdimension gehören auch Überlegungen wie etwa, dass Produkte nicht zu laut, zu heiß oder zu hell sein sollten. Der nächste Aspekt, die Umweltdimension, behandelt das Thema der Nachhaltigkeit; ein Thema, das gegenwärtig an Bedeutung zunimmt. Hier spielen Überlegungen eine Rolle, wie lange etwa die angestrebte Lebenszeit eines Produktes geplant ist, welcher Energieverbrauch sowohl in der Herstellung aber auch beim Gebrauch nötig ist, oder ob sich Materialien nach der Produktlebenszeit recyceln lassen. Die vierte Dimension gilt der Wahrnehmung von Produkten. Ästhetische Attribute von Produkten beziehen sich auf unsere Sinneswahrnehmungen, also Sehen, Fühlen, Hören, Riechen und Schmecken. Einem Produkt lassen sich in Bezug auf jeden Sinn verschiedene Attribute zuweisen, so etwa für die taktile Wahrnehmung „warm", „kalt", „weich", „hart", „flexible" und „steif". Diese Attribute können nur Annäherungen sein, unterscheiden sich natürlich auch von Subjekt zu Subjekt, lassen sich doch aber bis zu einem gewissen Grad verallgemeinern und bieten immerhin ein Vokabular für grundlegende perzeptive Qualitäten. So wird z.B. Transparenz als Teil visueller Wahrnehmung gemeinhin unterteilt in vier Stufen: opak, transluzent, transparent und klar. Über die Attribute der Wahrnehmung einzelner Sinne hinaus haften Materialien weitergehende qualitative Aspekte an, die Ashby und Johnson mit „Charakter" oder „Persönlichkeit" von Materialien beschreiben. So gelten etwa Dinge aus Holz gemeinhin als wertvoller, wenn sie älter sind. In Bezug auf Produkte wurde in Studien ein „Vokabular der Perzeption" entwickelt, das aus einer Liste von Attributpaaren mit gegensätzlichen Bedeutungen besteht (Beispiele hieraus sind etwa „aggressiv – passiv", „billig – teuer" oder „klassisch – modisch".). Die Studien belegen, dass, zumindest innerhalb bestimmter soziokultureller Gruppen, eines oder mehrere der gleichen Wörter von 80% der Studienteilnehmer für ein Produkt gewählt werden. Somit bietet ein solches Vokabular einen Ansatz, die Wahrnehmung von Produkten zu beschreiben und zu verstehen. Kann es nun auch so ein Vokabular für Materialien geben, bevor sie für ein Produkt verwendet werden? Ashby und Johnson stellen diese Frage auch, und weisen darauf hin, dass die Form und der Stil eines Produkts, sein Benutzungskontext, die Zeit und die Kultur, in der es verwendet wird, zu seiner Wahrnehmung beiträgt. Materialien werden im Rahmen eines Produktes auf eine bestimmte Art eingesetzt und wirken entsprechend. Es ist die Herausforderung des Produktdesigners, die Materialqualitäten für ein Produkt zu nutzen.

Im Auswahlprozess von Materialien für die Produktgestaltung sollten die vier vorgestellten Materialdimensionen berücksichtigt werden. Ashby und Johnson betten sie ein in einen strukturellen Ansatz, der auf Klassifikationen beruht und verschiedene Zugänge der Suche und Recherche (etwa über Attribute, Assoziationen, Analogien oder Inspirationen) erlaubt.

Kulturwissenschaftliche Forschungsfelder: Material Culture und Materialikonographie

Im Gegensatz zum praktisch orientierten Ansatz Ashbys und Johnsons, den Prozess der Materialauswahl zu unterstützen, gibt es auch viele Forschungsfelder, die sich aus analytischer Perspektive mit Material befassen. Wie vielen Publikationen, Zeitschriften und Tagungen zu entnehmen ist, hat die Beschäftigung mit der „Welt der Dinge" in kulturwissenschaftlichen Forschungsfeldern in den letzten Jahren stark zugenommen (Düllo 2011). Materialität, so Düllo (2011), werde als Thema viel umfassender und im interdisziplinären Sinn gefasst. Er selbst stellt eine Reihe von Forschungsschwerpunkten vor, die von der „Ding-Forschung", über Konsumkultur, Lernen mit Dingen und *Objets Trouvés* in Kunst und Alltagsleben bis hin zu kulturwissenschaftlicher Design- und Gestaltungsprüfung reichen. Als Forschungsgebiet findet sich *Material Culture* in verschiedenen Fächern, darunter Ethnologie, Soziologie, Geschichte, Kunstgeschichte und Archäologie. Sein Fokus liegt in der Analyse und Interpretation der Bedeutung von Dingen für den Menschen. Es wird etwa Fragen nachgegangen, wie bestimmte Dinge den Menschen beeinflussen, wie sie wahrgenommen werden oder welche Bedeutung Artefakten – Objekte, die von Menschen gemacht oder verändert wurden – als eine Quelle zum Verständnis von Kultur in historischen Zusammenhängen zukommt. Frühe Überlegungen zu einem Forschungsfeld der *Material Culture* stammen u.a. von Jules David Prown (1982), der aus kunsthistorischer Sicht die Bedeutung von Artefakten als Quellenmaterial betont, mit dem Ziel, Informationen, die in Objekte kodiert sind, zu interpretieren. Er schlägt einen dreistufigen methodischen Ansatz vor, der aus der Beschreibung eines Objektes (interne Indizien, formale Analyse), einer Ableitung (die Beziehung zwischen Objekt und Empfänger nachvollziehen und verstehen) und der Formulierung einer Vermutung (Hypothesen über die Wahrnehmenden des Objektes mit externen Belegen validieren) besteht. Prown betont die Wichtigkeit, Objektqualitäten mit allen Sinnen wahrzunehmen, falls Objekte nicht erreichbar sind, zur Not auch emphatisch (Prown 1982). Dieser Ansatz spiegelt nur eine von vielen hermeneutischen Herangehensweisen wider. Ein heute sehr bedeutender Forschungsstrang der *Material Culture* widmet sich der Konsumkultur und den Bedeutungen, die Konsumgüter für Menschen haben (Miller 1991). Auch für Designdisziplinen hat sich hier ein Feld herausgebildet, das die Rolle von Design-Artefakten für Menschen untersucht und diese mit Designprozessen verbindet: die Design Anthropologie (Clarke 2011).

Innerhalb der Kunstwissenschaft ist die Betrachtung von Material als Bedeutungsträger in Kunstwerken ein relativ junges Phänomen, das insbesondere in den 1960iger Jahren mit der Sprengung des traditionellen Kanons verwendeter Materialien begann (Wagner 2002). Während über Jahrhunderte nur eine relativ begrenzte Anzahl von Materialien in der Kunst verwendet wurde, deren erste Bedingung oft war, dass sie „ewig" halten sollten, erhielten plötzlich Materialien aller Art Einzug in die Kunst, darunter auch günstige und „arme" Materialien, wie etwa Kohle, Fell, Stroh und Wachs, ephemere Materialien wie Nahrung oder Pflanzen und industrielle Materialien wie Kunststoff oder Eisen. Bei solchen Kunstwerken wurden Materialien so eingesetzt, dass nicht ihre Form, sondern ihre spezifischen Eigenschaften und ihr geschichtlicher oder gegenwärtiger Nutzungskontext von zentraler Bedeutung waren. Dies steht ästhetischen Theorien entgegen, die jahrhundertelang sogar das Ideal der Überwindung des als „niedrig" betrachteten Materials durch Formgebung hatten; die Formanalyse war traditionell zentrales Untersuchungsinstrument der kunstwissenschaftlichen Interpretation. Um dieser neuen und zunehmenden Bedeutung von Materialien in der Kunst – die im übrigen auch „der Einebnung aller materialen Unterschiede in der Medialisierung des Alltags" widerspreche, so Wagner (Wager 2002, S. 9) – zu begegnen, wurden in der Kunstwissenschaft verschiedene materialanalytische Vorgehensweisen entwickelt, wie etwa die Materialikonologie durch Thomas Raff (1994) oder die Materialikonographie durch Monika Wagner (2002). Die Materialikonographie analysiert Verwendungen, Auswirkungen und Bedeutungen künstlerischer Materialien in historischen Kontexten. Dies beinhaltet das Sammeln, Konsolidieren und Interpretieren von Fakten über Materialeigenschaften, Techniken der Bearbeitung, Qualitäten der sensorischen Wahrnehmung und kulturelle Konnotationen des Materials. Zu den Forschungsergebnissen zählt auch ein Materiallexikon, das exemplarisch Materialien „von Abfall bis Zink" in künstlerischen Verwendungskontexten vorstellt und genauer untersucht (Wagner et al. 2010). Die Zusammenstellung stellt keinen umfassenden Band der Werkstoffkunde dar, sondern erläutert exemplarisch, wie Materialien als Bedeutungsträger in Kunstwerken verwendet werden, indem Eigenschaften und Geschichte des Nutzungskontexts der Materialien gezielt eingesetzt werden.

EIN MATERIALZENTRIERTER STRUKTURIERUNGSANSATZ FÜR TANGIBLE USER INTERFACES

Von den vorgestellten Auseinandersetzungen mit den Bedeutungen, die Materialien zukommen, wie etwa konstruktiv-praktisch behandelt im Produktdesign oder analytisch betrachtet in der *Material Culture* und der Materialikonographie, kann ein materialzentrierter Strukturierungsansatz für *Tangible User Interfaces* lernen. Die von Ashby und Johnson vorgestellten Informationsdimensionen finden auch bei Materialien für *Tangible User Interfaces* Anwendung. Und selbstverständlich sind auch *Tangible User Interfaces* mit ihren Materialien in kulturellen Kontexten ihrer Nutzer zu betrachten, wie es in kulturwissenschaftlicher Forschung geschieht. Neu und besonders ist nun die Herausforderung bei *Tangible User Interfaces*, Materielles und Digitales zu kombinieren. Was muss man bei der Auswahl eines Materials zur Interaktion mit Daten beachten?

Welche Dimensionen spielen eine Rolle? Wie könnte ein strukturierter Ansatz hierzu aussehen? Zunächst geht es um ein analytisches Framework, das sich zur Diskussion und detaillierten Betrachtung von Materialaspekten existierender (Tangible) User Interfaces verwenden lässt. Im Folgenden wird ein Ansatz vorgeschlagen.

Das materialzentrierte Framework geht von vier Ebenen aus, die bei der Gestaltung von User Interfaces aller Art von Bedeutung sind: der *Kontext* eines User Interface, die *Aufgabe*, für die es verwendet werden soll, die *Interaktion*, die im Rahmen des User Interface realisiert werden soll, sowie die eingesetzte *Technologie*, welche die Interaktionsformen ermöglicht. Da der Einsatz von Materialien für *Tangible User Interfaces* von besonderer Bedeutung ist, werden wir im Folgenden verwendete Materialien in Relation zu jeder der vier Ebenen betrachten: also z.B. wie ein Material zu Kontext, Aufgabe, Interaktion und Technologie passt und welche Zusammenhänge jeweils bestehen. Wie im vorausgegangenen Abschnitt erläutert, haben Materialien selber eine Reihe von Dimensionen, die alle von Bedeutung sind, wenn es darum geht, den Gesamteindruck und die Funktion von Material besser zu verstehen. Ashby und Johnson zufolge zählen hierzu die Ingenieursdimension, die Nutzungsdimension, die Umweltdimension und die Wahrnehmungsdimension. In Anbetracht der kulturwissenschaftlichen Materialforschung und da wir, wie erläutert, unter Material gegebenenfalls auch Artefakte verstehen, erscheint es sinnvoll, zusätzlich eine kulturelle Dimension hinzuzuziehen, die Bedeutungen des Materials im kulturellen Kontext einbezieht (bei Ashby und Johnson klingt dieser Aspekt als Komponente der Wahrnehmungsdimension als „Persönlichkeit" eines Materials an). Diese fünf Dimensionen von Material lassen sich nun in Beziehung setzen zu jeder der vier Ebenen (siehe Abbildung 1).

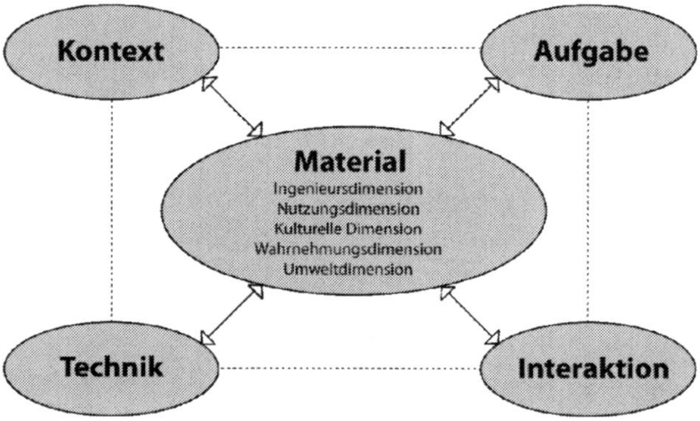

Abb. 1: Der materialzentrierte Strukturierungsansatz unterscheidet vier Ebenen von User Interfaces: Kontext, Aufgabe, Interaktion und Technik. Auf jeder Ebene sollten die verschiedenen Aspekte des verwendeten Materials passend und bedeutsam eingesetzt werden. Das Framework unterscheidet die Ingenieursdimension, die Nutzungsdimension, die Kulturelle Dimension, die Wahrnehmungsdimension und die Umweltdimension von Materialien.

Zum *Kontext* eines User Interface gehören z.B. die Umgebung und der Anwendungskontext wie auch die Art der Nutzer. Wird das Interface draußen oder drinnen benutzt, ist es mobil oder an einem festen Ort, wird es in der Freizeit oder am Arbeitsplatz benutzt? Die Bedingungen an User Interfaces für Arbeitsplätze können sehr unterschiedlich sein, vergleicht man etwa Büroarbeitsplätze mit Baustellen, Krankenhäusern oder Lagerhäusern. Entwirft man eingebettete Bedienschnittstellen für einen solchen Kontext, kommt auch den für das User Interface verwendeten Materialien eine entscheidende Bedeutung zu. Sie sollten zur Umgebung, zum Anwendungskontext und zu den Nutzern passen. Zentrale Fragen in Bezug auf den Kontext sind also, wie geeignet die technischen Materialeigenschaften für die Anforderungen des Kontexts sind (Ingenieursdimension) oder wie gut die Materialien mit ihren kulturellen Konnotationen und Gebrauchsformen zum Kontext und seinen Nutzern passen (kulturelle Dimension).

In der Regel werden User Interfaces für Anwendungen entwickelt, damit mit ihnen bestimmte *Aufgaben* durchgeführt werden können. Solche Aufgaben können sehr unterschiedlich sein, von komplexen Prozesssteuerrungen über kreative Schreib- oder Entwurfsarbeit bis hin zum Spielen eines Spiels oder einfachen Befehlen, wie etwa Licht anschalten. Dabei kann eine Aufgabe z.B. von mehreren Benutzern oder einem einzelnen Benutzer bearbeitet werden und sie kann häufig oder selten auszuführen sein. Auch in Bezug auf die Aufgaben eines User Interface ist es entscheidend, welche Materialien für die Benutzungsschnittstelle gewählt werden. So wäre es wünschenswert, wenn die Materialien den Charakteristika der Aufgaben entsprechen. Zu Fragen zur Ebene der Aufgabe zählen etwa, ob die Materialien den Anforderungen an die Gebrauchstauglichkeit des User Interface für die Aufgabe entsprechen (Nutzungsdimension) oder welche kulturelle (ggf. traditionelle) Bedeutung die Materialien zur Bewältigung der Aufgabe haben (kulturelle Dimension)?

Die *Interaktion* zwischen Menschen und Computern steht im Zentrum der Betrachtung, wenn wir uns Gedanken über *Tangible User Interfaces* und ubiquitäre Benutzungsschnittstellen machen. In der Regel besteht die Interaktion aus Eingabe- und Ausgabemöglichkeiten, die oft verschiedene Geräte und Modalitäten einschließen. Gerade die be-greifbare Interaktion legt bei der Interaktionsgestaltung Wert auf Materialität, insbesondere auf Materialien, die für eine Interaktion passen, die möglichst nahtlos und bedeutungsvoll mit digitalen Daten verknüpft werden können. Die Bedeutung von Formfaktoren als *Affordances* für eine Interaktion ist viel diskutiert worden (vgl. Baskinger und Gross 2010), ähnlich kann auch die Beschaffenheit eines Materials bestimmte Interaktionen begünstigen und andere unmöglich machen. So sind also die geforderte Präzision, die gewünschte Auflösung oder passende Abbildungen zwischen Materialeigenschaften und verknüpften digitalen Daten zentrale Kriterien für die Materialwahl in Bezug auf die Interaktion. Zu wichtigen Fragen zählen also, welche Materialeigenschaften für die Eingabe und Ausgabe geeignet sind, indem sie die verknüpften digitalen Daten und Funktionen gut repräsentieren (Ingenieursdimension) und welche Sinnesmodalitäten bei der Eingabe und Ausgabe einbezogen werden sollen bzw. wie dies durch geeignete Materialien unterstützt werden kann (Wahrnehmungsdimension).

Tangible User Interfaces und auch andere Formen ubiquitärer Benutzungsschnittstellen benötigen *technische Komponenten*, um gewünschte Eingabe und Ausgabeformen zu realisieren. Hierzu zählen etwa verschiedene Arten von Sensoren (z.B. Kameras, elektromagnetische Trackingsysteme, RFID-Systeme), klassische Bedienelemente wie Knöpfe, Schiebe- oder Drehregler, Aktuatoren oder Projektoren bzw. Displays. Diese technischen Komponenten sollten möglichst gut mit den anderen Materialien der Schnittstelle integriert werden, so dass ein funktionsfähiges und ansprechendes User Interface entsteht. Hierfür müssen beide Teile in ihren Eigenschaften aufeinander abgestimmt ausgewählt bzw. konfiguriert werden. Zum einen erfordern verschiedene Materialien unterschiedliche Herangehensweisen und Erweiterungen durch Technik, zum anderen erlauben bestimmte technische Komponenten nicht die Kombination mit allen Materialien, so dass insbesondere diese Ebene des Frameworks wechselseitige Einflüsse enthält. Es stellen sich Fragen wie etwa, wie geeignet eine eingesetzte Technik ist, um die verwendeten Materialien mit ihren technischen Eigenschaften interaktiv zu machen, welche Vorteile und Nachteile sich im Vergleich zu anderen technischen Komponenten ergeben (Ingenieursdimension) oder welchem Umwelt- und Nachhaltigkeitsanspruch die verwendeten Technikkomponenten genügen (Umweltdimension).

DISKUSSION

Die vier Bereiche des Frameworks *Kontext*, *Aufgabe*, *Interaktion* und *Technik* machen deutlich, wie die Wahl eines Materials gleichermaßen von unterschiedlichen Aspekten eines User Interface abhängt als auch auf diese Auswirkungen hat. Das Framework dient zunächst einmal dazu, eine Materialperspektive auf *Tangible User Interfaces* überhaupt einzunehmen und darüber hinaus ein Hilfsmittel für eine strukturierte Diskussion von Materialaspekten für be-greifbare Benutzungsschnittstellen zu bieten. Es ist als analytisches Werkzeug gedacht, wobei es nicht im Einzelnen darum geht, alle Materialdimensionen auf allen vier Ebenen zu beantworten, sondern darum, zu diskutieren, welche Aspekte besondere Bedeutung haben für ein User Interface.

Zur Diskussion betrachten wir beispielhaft zwei physikalische User Interfaces: Eine Anwendung für Landschaftsarchitekten und eine digitale Wetterstation für die Wohnung. Illuminating Clay (Ishii et al. 2004) wurde als Prototyp für eine Planungsanwendung der Landschaftsarchitektur entwickelt und nutzt eine Fläche aus Modelliermasse zur Ein- und Ausgabe. Formt ein User die Modelliermasse zu einer Landschaft aus Bergen und Tälern, so kann diese durch eine Projektion von oben digital angereichert werden, etwa durch die Darstellung von Höhenlinien und die Simulation von Wasserläufen. Modelliermasse als Interfacematerial passt sehr gut zum *Kontext* der Landschaftsarchitektur, weil es zum einen für Experten eine Tradition als Material im Modellbau besitzt, darüber hinaus aber auch für Laien, die am Planungsprozess beteiligt werden wollen, leicht zugänglich und verständlich ist. Für die *Aufgabe* der gemeinsamen Landschaftsplanung ist es auch gut geeignet, da es mehreren Personen zugleich Zugriff erlaubt, als auch Simulationen und Informationen direkt integriert in einer Fläche erlaubt. Die *Interaktion* wie auch das Mapping auf Daten – geformte Berge entsprechen Höhen auch im Digitalmodell der Landschaft – sind direkt. Zu prüfen wäre, ob mit dem verwendeten Material die erforderliche Auflösung und Präzision der Interaktion möglich ist. Hier spielt auch die eingesetzte *Technik* eine Rolle: in diesem Fall ein Laserscanner, der von oben den Abstand zur Oberfläche des Modells abscannt. Vorteil dieser Umsetzung ist, dass neben der Modelliermasse auch andere Materialien – etwa Holzklötze, die Häuser darstellen – in das physikalische und digitale Modell miteinbezogen werden können. Ein Nachteil ist etwa, dass sowohl das Abscannen als auch die Projektion nicht richtig funktioniert, wenn Arme oder vorgebeugte Oberkörper über der Modellfläche sind.

Als zweites Beispiel betrachten wir eine digitale Wetterstation für die Privatwohnung. Sie ist zunächst kein *Tangible User Interface*, sondern ein Konsumgut mit Spezialfunktionen und physikalischem Interface in der Form von Buttons. Welche Materialqualitäten könnte es als TUI bieten? Zum Funktionsumfang von digitalen Wetterstationen zählt z.B. eine Wettervorhersage auf der Basis des gemessenen Luftdrucks. Übliche Geräte, wie das hier Gewählte, zeigen sie in der Form grafischer Symbole (Sonne, Wolke, Regen) auf einem Display an. Das gewählte Material für das Gerät ist zumeist Plastik, etwa in schwarzer oder silberner Farbe, und steht somit in keinem Zusammenhang mit dem persönlichen und häuslichen *Kontext* eines Wohnzimmers. Es stellt sich also die Frage, welche Materialien potentielle Benutzer gerne für so ein User Interface im häuslichen Kontext hätten. Auch für die *Aufgabe*, der Anzeige der Wettervorhersage, ist es in Bezug auf die Materialwahl nicht ausdrucksstark. Mit Wetter verbinden Menschen Sinneswahrnehmungen wie warm und kalt, hell und dunkel, trocken und feucht, windig und windstill. Hier stellt sich die Frage, wie solche Eigenschaften durch Material geeignet repräsentiert werden können und bis zu welchem Grad dies angemessen ist. Würden wir statt der Ausgabe über ein Display andere Materialien nehmen, wie könnten die Informationen dann physikalisch abgebildet werden (Interaktion)? Welche Auflösung brauchen wir zum Beispiel? Und vor allem, um welche *Technik*komponenten müsste das Gerät erweitert werden, um die Ausgabe in passender Auflösung über ausdrucksstärkere, sinnlichere Materialien zu erlauben?

Wie an diesen Überlegungen zu sehen ist, geht es zunächst nicht darum, unmittelbar Lösungen für Gestaltungsfragen von *Tangible User Interfaces* zu generieren, sondern strukturiert einzelne Bedeutungsebenen und Aspekte zu beleuchten. Für das Beispiel der Wetterstation existieren bereits funktional ähnliche, prototypische und technikzentrierte Umsetzungen (vgl. Hsu 2005). In weiteren Forschungsarbeiten ist es bedeutsam, die Übertragbarkeit solcher Beispiellösungen auf der Basis von strukturellen Ansätzen, wie des hier präsentierten, in den Fokus zu nehmen.

FAZIT UND AUSBLICK

Für eine ganzheitliche *User Experience* ubiquitärer Systeme spielt die Verwendung geeigneter Materialien bei der Interfacegestaltung eine wichtige Rolle. User Interfaces, die gute Beispiele darstellen für Ergebnisse eines materialzentrierten Interaktionsdesigns, sind in unserem Alltag bislang noch selten zu finden. In der Interfaceforschung gibt es eine Reihe exemplarischer Arbeiten, oft aus Designdisziplinen stammend, die Form und Materialien bewusst einbeziehen. Dennoch gibt es, gerade auch aus informatischer Sicht, den Bedarf Materialeigenschaften für User Interfaces besser zu verstehen und systematischer für die Interaktion zu nutzen. Material als eine Gestaltungsdimension von *Tangible User Interfaces* ist bisher nicht strukturiert betrachtet worden. Auf der Basis der phänomenologischen Sichtweise der *Embodied Interaction*, die unsere Sinneswahrnehmungen in den Vordergrund stellt, geht dieser Artikel der Frage nach, welche Erkenntnisse in ein materialzentriertes Gestaltungswissen einfließen könnten. So wurden Materialdiskurse aus Produktdesign und Kulturwissenschaften vorgestellt und einbezogen in ein materialzentrierten Strukturierungsansatz für *Tangible User Interfaces*. Der Ansatz betrachtet Kontext, Aufgabe, Interaktion und Technik von User Interfaces als vier Ebenen, die sich eigenen, um jeweils die Rolle fünf verschiedener Dimensionen des verwendeten Materials zu identifizieren und zu diskutieren. Er deckt nicht alle Aspekte, die Material hat, ab, sondern setzt Schwerpunkte. Mit dem vorgestellten Ansatz möchte der Artikel ein stärkeres Bewusstsein für verwendete Materialien und die Materialvielfalt bei User Interfaces herausbilden und zu einer Materialperspektive für *Tangible User Interfaces beitragen.* Zukünftig kann er als Ausgangspunkt für generative Designmethoden und Entwicklungswerkzeuge von *Tangible User Interfaces* dienen. Da aus den vorgestellten Aspekten und Beispielen deutlich wird, wie komplex die Auswahl von Materialien für User Interfaces notwendigerweise ist, kann es bei einer Materialperspektive nicht darum gehen, einen Katalog mit universell gültigen Lösungen zu entwickeln. Es ist aber an der Zeit, auch für Interfaces, die physikalische Ausprägungen haben, Entwurfsmuster zu finden – und geeignete Materialien für die Interaktion, traditionelle wie neue und intelligente, bilden hierbei einen wichtigen Aspekt.

LITERATUR

Abowd, G. D., Mynatt E.D., Rodden T. 2002: The Human Experience. In: IEEE Pervasive Computing 1, 1 (January 2002), S. 48-57

Beckhaus S., Schröder-Kroll R., Berghoff M. 2008: Back to the Sandbox - Playful Interaction with Granules Landscapes. In: Proceedings of TEI '08, S. 141-144

Bennett, T. und Joyce, P. (Hrsg.) 2010: Material Powers. Cultural Studies, History and the Material Turn. London: Routledge

Baskinger, M., Gross, M. 2010: Cover Story: Tangible Interaction = form + computing. interactions 17, 1 (Januar 2010), S. 6-11

Clarke, Alison J. (Hrsg.). 2011: Design Anthropology. Object Culture in the 21st Century. Wien u.a.: Springer

Coelho, M., Poupyrev, I., Sadi, S., Vertegaal, R., Berzowska, J., Buechley, L., Maes, P., Oxman, N. 2009: Programming Reality: From Transitive Materials to Organic User Interfaces. In: Proceedings of CHI '09 Extended Abstracts. New York: ACM, S. 4759-4762

Dourish, P. 2001: Where the Action Is: the Foundations of Embodied Interaction, Cambridge (MA): MIT Press

Düllo, T. 2011: Transformation als Kultur. Eine Kulturwissenschaft des Performativen und des Crossover. Bielefeld: transcript

Gaver, B. 2002: Provocative Awareness. In: Computer Supported Cooperative Work 11, 3 (Nov. 2002), S. 475-493

Holman, D., Vertegaal, R. 2008: Organic User Interfaces: Designing Computers in Any Way, Shape, or Form. In: *Communications of the ACM* 51, 6 (Juni 2008), S. 48-55

Hsu Y.-C. 2005: Tangible weather channel. In: Proceedings of Multimedia '05. New York: ACM, S. 1082-1083

Ishii, H., Ratti, C., Piper, B., Wang, Y., Biderman, A., Ben-Joseph E. 2004: Bringing Clay and Sand into Digital Design – a Continuous Tangible User Interfaces. In: BT Technology Journal 22, 4 (Oktober 2004), S. 287-299

Jacob, R. J., Girouard, A., Hirshfield, L. M., Horn, M. S., Shaer, O., Solovey, E. T., Zigelbaum, J. 2008: Reality-based interaction: a framework for post-WIMP interfaces. In: Proceeding of CHI '08. New York: ACM, S. 201-210

Jung, H., Stolterman, E. 2011: Material Probe: Exploring Materiality of Digital Artifacts. In: Proceedings of TEI'11. New York: ACM, S. 153-156

Kierkels, J., van den Hoven, E. 2008: Children's Haptic Experiences of Tangible Artifacts Varying in Hardness. In: *Proceedings* NordiCHI '08. New York: ACM, S. 221-228

Miller, D. 1991: Material Culture and Mass Consumption. Blackwell Publishers

Prown, J. D. 1982: Mind in Matter: An Introduction to Material Culture Theory and Method. In: Winterthur Portfolio, Vol. 17, No. 1, S. 1-19

Raff, T. 1994: Die Sprache der Materialien. Anleitung zu einer Ikonologie der Werkstoffe. Deutscher Kunstverlag

Robles, E., Wiberg, M. 2010: Texturing the "Material Turn" in Interaction Design. In: Proceedings of TEI '10. New York: ACM, S. 137-144

Schiphorst, T., Motamedi, N. 2007: Applying an Aesthetic Framework of Touch for Table Top Interaction, In: Tabletop 2007. IEEE, S. 71-74

Shaer, O., Hornecker, E. 2010: Tangible User Interfaces: Past, Present and Future Directions. In: Foundations and Trends in HCI (FnT in HCI) Vol. 3 Nr. 1-2, S. 1-138

Sundström, P., Taylor, A. S., Grufberg, K., Wirström, N., Solsona Belenguer, J., Lundén, M. 2011: Inspirational Bits. Towards a Shared Understanding of the Digital Material. In: Proceedings of CHI'11. New York: ACM

Sylvester, A., Döring, T., Schmidt, A. 2010: Liquids, Smoke, and Soap Bubbles – Reflections on Materials for Ephemeral User Interfaces. In: Proceedings of TEI'10, New York: ACM, S. 269-270

Vallgårda, A., Redström, J. 2007: Computational Composites. In Proceedings of CHI '07. New York: ACM, S. 513-522

Wachs, M.-E. 2008: Material Mind – Materialgedächtnis. Neue Materialien in Design, Kunst und Architektur. Hamburg: Verlag Dr. Kowac

Wagner, M. (Hrsg.) 2002: Das Material der Kunst. Eine andere Geschichte der Moderne. München: C.H. Beck

Wagner, M., Rübel, D., Hackenschmidt, S. (Hrsg.) 2010: Lexikon des künstlerischen Materials. Werkstoffe der modernen Kunst von Abfall bis Zinn. München C.H. Beck

Weiser, M. 1991: The Computer for the 21st Century. In: Scientific American, September, S. 94-104

Weiser, M. 1994: The World Is Not a Desktop. In: ACM Interactions, Vol.1, No.1, Januar, S. 7-8

Daten zum Anfassen

Be-greifen mit interaktiven Bildschirmen

MARC HERRLICH, BENJAMIN WALTHER-FRANKS, RAINER MALAKA

DATEN ZUM ANFASSEN

Interaktive Oberflächen trennen und vereinen die physikalische und die virtuelle Welt in besonderer Weise. Auf der einen Seite können Nutzer händische Eingabe verwenden, die auf der anderen Seite Objekte der digitalen Welt direkt beeinflusst. Somit stehen sie im Spektrum der be-greifbaren Interaktion an besonderer Stelle. Als Touchscreens sind interaktive, per Finger bedienbare Bildschirme, schon längst im Alltag angekommen und werden z.B. in Ticketautomaten oder ähnlichen öffentlichen Bedienterminals genutzt. Mit der aufkommenden Multi-Touch-Interaktion und mobilen Geräten erlauben interaktive Oberflächen komplexe Interaktionstechniken, die vom Nischendasein immer stärker in den Fokus des Interesses von Forschern und Anwendern gelangen. Wir werden im Folgenden aufzeigen, was interaktive Oberflächen auszeichnet und welche neuen Nutzungs- und Forschungsmöglichkeiten diese Interaktionsform bietet.

Indirekte und direkte Eingabe

Das Hauptmerkmal von interaktiven Bildschirmen ist der direkte Kontakt mit dem virtuellen Schnittstellenelement *(Direct Touch)*. Der Finger liegt direkt auf dem virtuellen Objekt und bleibt auch im Verlauf der ausgeführten Bewegung oder Geste relativ zum Objekt an der gleichen Stelle. Auch Längen- und Größenverhältnisse werden oft eins-zu-eins abgebildet. Dies bedeutet, dass die Bewegung eines Objektes, das mittels einer Touchgeste manipuliert wird, in Verlauf und Distanz der Bewegung des Fingers auf dem Bildschirm entspricht. Dies steht im Gegensatz zu der indirekten Interaktionsweise z.B. der Maus. Hier stimmen die Bewegungen von Maus bzw. Hand und manipuliertem Objekt im besten Fall qualitativ überein.

Die besondere Eigenschaft interaktiver Bildschirme ist somit die Aufhebung der künstlichen Trennung zwischen Eingabe- und Ausgabegerät, an die wir uns zwar sehr gewöhnt haben, welche aber lediglich der technischen Vereinfachung geschuldet ist. Diese Kongruenz von Eingabe- und Ausgaberaum verlangt weniger Abstraktion und erzeugt weniger mentale Last bei den Nutzern. Weiterhin ermöglicht sie eine physikalisch inspirierte Interaktionsweise, die aufbauend auf der lebenslangen körperlichen Erfahrung in der physischen Welt einen einfachen Zugang ohne große Lernanstrengungen erlaubt.

Trotz dieser Vorteile kann direkte Interaktion aber auch problematisch sein, z.B. auf großen Bildschirmen oder für bestimmte Operationen. Bei Bildschirmen mit großer Diagonale oder speziellem Formfaktor bzw. Orientierung kann eine direkte Interaktion für den Nutzer sehr unergonomisch sein. Daher sind *Touchscreens* nicht für alle Interaktionsaufgaben die optimalen Eingabegeräte und indirekte Interaktion kann unter Umständen durchaus vorteilhafter und effizienter sein. Es existieren Ansätze, direkte und indirekte Interaktion möglichst nahtlos miteinander zu verbinden. Forlines et al. beispielsweise zeigen, wie über ein spezielles Schnittstellenelement bzw. Mehrfingergesten ein Umschalten zwischen direkter und indirekter Interaktion für Stift- und Fingereingabe ermöglicht werden kann (Forlines et al. 2006).

Single-Point und Multi-Point

Single-Point Eingabe ist die zweidimensionale Steuerung eines Zeigers, durch indirekte Eingabegeräte wie die Maus oder durch direkte Eingabegeräte wie einen interaktiven Bildschirm, der mit einem Finger bedient wird. Der „einsame" Zeiger ist seit langem Standard in der Mensch-Computer Interaktion als Teil des *Windows-Icons-Menus-Pointer* (WIMP) Paradigmas, das immer noch das vorherrschende Bedienparadigma für grafische Benutzungsschnittstellen darstellt. Aktuelle technische Entwicklungen ermöglichen inzwischen eine robuste Erkennung mehrerer Fingereingaben auf interaktiven Bildschirmen und erweitern damit die *Single-Point* zur *Multi-Point* Eingabe.

Einhändige und zweihändige Bedienung

Multi-Point Eingabegeräte ermöglichen die gleichzeitige Steuerung von mehr als zwei Freiheitsgraden mit beiden Händen bzw. durch mehrere Benutzer. Multi-Touch-Interaktion mit Fingern und Händen hat viele Bezüge zu allgemeineren Gesteninteraktionen, die frei im Raum stattfinden. Im Bereich der Mensch-Maschine-Interaktion (MMI) wurden in den letzten Jahrzehnten bereits verschiedene Prototypen zur Interaktion mit Gesten untersucht. Balakrishnan und

Kurtenbach haben gezeigt, dass bei beidhändiger Interaktion mit zwei Mäusen sich eine dominante und nicht dominante Hand, z.B. für Kamerakontrolle und Objektmanipulation im virtuellen 3D Raum, gut ergänzen und sich damit eine erhöhte Parallelisierung und ein Effizienzgewinn ergibt (Balakrishnan & Kurtenbach 1999). Aus einem typisch seriellen Interaktionsmuster „bewege Kamera, bewege Objekt, bewege Kamera, ...“ wird ein natürlicheres, paralleles Interaktionsmuster, da diese Operationen teils gleichzeitig erfolgen. Weiterhin ergeben sich positive Nebeneffekte in einigen Anwendungsbereichen, da eine dynamischere Kamerakontrolle über den sog. *kinetic depth* Effekt ein wichtiger Tiefenhinweis für den Benutzer sein kann. Diese und andere Arbeiten fußen auf Forschungen von Guiard, der allgemein für beidhändige Objektmanipulation physikalischer Objekte zeigen konnte, dass dominante und nicht dominante Hand in asymmetrischer und bestimmter zeitlicher Abfolge bei der Interaktion zusammen wirken (Guiard 1987). Die nicht dominante Hand schafft einen Referenzrahmen für die Interaktion der dominanten Hand. Die Aufteilung der Kamerakontrolle und Objektmanipulation auf die nicht dominante bzw. dominante Hand ist eine Anwendung dieser Erkenntnis.

Forlines et al. konnten in einer weiteren Untersuchung außerdem beobachten, dass die beidhändige Interaktion mit einem *Touch Interface* einfacher fällt als z.B. mit zwei Mäusen, was auf die natürliche Propriozeption des Körpers zurückzuführen ist, also die Fähigkeit auch ohne visuelle Wahrnehmung über ein Gefühl für Position und Orientierung der Gliedmaßen zu verfügen (Forlines et al. 2007).

Allerdings ist der jeweilige Anwendungskontext stets zu beachten. Außerdem zeigte sich in verschiedenen Studien, dass einige der festgestellten Effekte keineswegs ohne weiteres von der Interaktion mit physikalischen Objekten auf virtuelle Objekte übertragbar sind. Sowohl Terrenghi et al. als auch North et al. konnten zeigen, dass viele Benutzer zunächst nur zaghaft von den erweiterten Möglichkeiten einer beidhändigen Bedienung auf einem interaktiven Bildschirm Gebrauch machten, obwohl nahezu alle Testpersonen bei physikalischen Objekten sofort beide Hände einsetzten (vgl. Terrenghi et al. 2007, North et al. 2009). Viele Probanden setzen ihre Finger eher „mausartig“ ein sobald sie mit der virtuellen Welt in Kontakt kommen. Diese Zurückhaltung ist vermutlich zu einem großen Teil der Vorprägung durch *WIMP* geschuldet. Bei vielen Expertennutzern bzw. nach etwas Eingewöhnung, ist jedoch sehr wohl beidhändige Interaktion zu beobachten und wird dann häufig bevorzugt.

Zeigen und Anfassen

Multi-Touch Interaktion ist aber keinesfalls lediglich auf *Multi-Point* Eingaben beschränkt. Je nach verwendeter Technologie ermöglichen interaktive Bildschirme nicht nur die Erkennung von Punktkontakten (Fingerspitzen), sondern von nahezu beliebigen Kontaktflächen. Dazu gehören insbesondere die ganze Hand bzw. Handteile wie die Handkante oder bestimmte Handgesten, z.B. die geballte Faust oder auch Teile des Arms. Von einem reinen Zeigen mit einem Finger (*Single-Point*), über das Greifen (*Multi-Point*) vervollständigt dies somit das Spektrum des virtuellen Anfassens auf interaktiven Bildschirm (*Multi-Touch*). Obwohl nicht Fokus dieses Artikels sei der Vollständigkeit halber noch erwähnt, dass einige *Multi-Touch* Eingabegeräte neben Fingereingaben auch spezielle Marker oder sogar beliebige Objekte erkennen können und somit auch in das Feld der *Graspable* oder *Tangible Interaction* vorstoßen.

Intuitivität versus Erlernbarkeit von be-greifbaren Interfaces

In den letzten Jahren hat der Begriff der „Intuitivität" seinen Weg in den allgemeinen Sprachgebrauch gefunden. Plötzlich wird erwartet, dass Geräte und Schnittstellen „intuitiv" benutzbar sind. Auch die Werbewirtschaft hat diesen Begriff für sich entdeckt. Dabei ist dieser Begriff entgegen seiner ursprünglichen Bedeutung häufig einfach synonym für „leicht benutzbar" verwendet. Viele Forscher aus dem Bereich der Mensch-Computer-Interaktion verstehen unter intuitiven Systemen Schnittstellen, die sich ohne oder mit sehr geringem Lernaufwand oder übermäßige kognitive Anstrengung verwenden lassen. Intuitivität in diesem Sinne kann aber kein absolutes Maß sein, sondern ist zu einem hohen Grad abhängig von der Vorerfahrung des jeweiligen (Inter)Akteurs.

In einer Auslegung wird diese Vorerfahrung auf den kleinsten gemeinsamen Nenner aller Menschen reduziert, d.h. das Erleben der Gesetzmäßigkeiten der physikalischen Welt, welches uns ein Leben lang begleitet. Hieraus hat sich die Forschungsrichtung der physikalisch inspirierten (*physics-based*) Schnittstellen entwickelt.

INTERAKTIVE BILDSCHIRME IM EINSATZ

Bevor wir genauer auf Aspekte der Interaktion mit Bildschirmen eingehen, wollen wir zuerst das Bild vervollständigen, indem wir auf die technischen Rahmenbedingungen eingehen, welche die Nutzererfahrung stark beeinflusst, typische Benutzungsszenarien skizzieren, sowie Anwendungsgebiete erläutern (Abbildung 1). Ziel ist es, dem Leser ein besseres Verständnis der Wechselwirkungen im Dreieck Technik-Kontext-Anwendung zu geben.

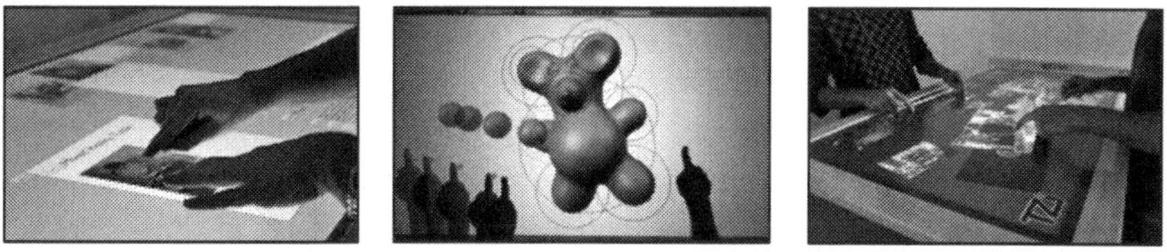

Abbildung 1: Anwendungsbeispiele: Seitenlayout, kollaboratives Spielen, performative Interaktion mit Fotos und Videos

Technologie interaktiver Bildschirme

Im Handel erhältliche *Touchscreens* funktionieren in der Regel mit elektrischer Eingabeerkennung. Sie haben spezielle Beschichtungen oder in den Bildschirm integrierte Sensoren, die ihre elektrischen Eigenschaften bei Berührung oder Druck verändern und so eine Erkennung ermöglichen. Diese Technologie wurde bisher hauptsächlich für kleine *Touchscreens* eingesetzt, erst in letzter Zeit sind Ingenieure hier in Größenbereiche von Desktop-Monitoren vorgestoßen. Allerdings ist hiermit nur punktuelle *Multi-Point* Erkennung von Fingern und Stiften bzw. von mit reflektierenden Kreisen präparierten Spezialobjekten möglich.

Große interaktive Bildschirme in Tisch- oder Wandgröße arbeiten meist mit kamerabasierter Eingabeerkennung. Das Prinzip ist hier, auf eine Projektionsscheibe einerseits mit einem Projektor das Ausgabebild zu werfen, andererseits im nichtsichtbaren Infrarotlichtspektrum mittels einer oder mehrerer hinter der Scheibe montierter Kameras die Objekte – vor allem Finger – auf und über der Scheibe zu filmen (Teichert et al. 2010). Diese Kamerabilder werden dann zur Laufzeit mittels Verfahren der Echtzeitbildbverarbeitung nach Mustern, z.B. *Blobs* von Fingerkontakten, analysiert. So ist im Prinzip eine beliebige Kontakterkennung über *Multi-Point* hinaus oder sogar die Erkennung von Objekten in geringem Abstand über der Oberfläche möglich (*hovering*).

Benutzungskontexte von interaktiven Bildschirmen

Wie bei allen Eingabegeräten, spielt der Benutzungskontext auch bei interaktiven Bildschirmen eine wichtige Rolle. Zudem haben die spezifischen Eigenschaften des Bildschirms einen großen Einfluss auf das Interface- bzw. Interaktionsdesign und die möglichen Einsatzszenarien.

Im mobilen Einsatz sollte die Bildschirmgröße für die Interaktion mit mindestens einer Hand ausreichen und die Bildschirmorientierung keine Rolle spielen bzw. dynamisch anpassbar sein. Im stationären Einsatz kommt es auf den spezifischen Anwendungsfall an, etwa Einzelnutzung gegenüber kollaborativer Verwendung. Ob die Ausrichtung horizontal, vertikal oder gekippt ist spielt ebenfalls eine wesentliche Rolle. Auf einem vertikalen Bildschirm sind zum Beispiel

„oben“ und „unten“ klar definiert. Es ist dagegen nur schwer möglich, Objekte oder die eigenen Hände darauf abzulegen. Zudem unterscheidet sich der typische Berührungswinkel der Finger oder Hand erheblich und eine Interaktion über längere Zeit ist äußerst kräftezehrend. Dagegen schafft ein horizontaler Bildschirm einen kollaborativen Interaktionsraum, z.B. in Form eines Interaktionstisches um den sich eine Benutzergruppe versammelt. Hier existiert allerdings kein klar definiertes „oben“ und „unten“ mehr, was die Interfacegestaltung vor große Herausforderungen stellt. Es ist kein Problem die Hände oder Objekte auf solch einem Tisch abzulegen, dafür sind verschiedene Bereiche des Bildschirmes aus ergonomischer Sicht unterschiedlich gut zu erreichen. Die Höhe der Interaktionsfläche hat großen Einfluss auf die Ergonomie und sehr kleine oder große Benutzer müssen ebenfalls einbezogen werden.

Beispiele für typische Konfigurationen für den kollaborativen Einsatz sind *Interactive Tabletops* (horizontal) und *Powerwalls* (vertikal). Im *Desktop* Bereich steht die Entwicklung noch sehr am Anfang, eventuell setzen sich hier leicht gekippte bzw. frei justierbare Systeme durch. *Interactive Tabletops* haben in den letzten Jahren bereits einige Beachtung erfahren und ihr Einsatz in kollaborativen Umgebungen wurde intensiv studiert. Kruger et al. haben beispielsweise die Rolle der Orientierung von einzelnen Interfaceelementen auf einem *Tabletop* untersucht und herausgefunden, dass Benutzer Objekte in sehr spezifischer Weise in einer kollaborativen Umgebung ausrichten und zur Strukturierung nutzen (Kruger et al. 2003). Scott et al. untersuchten Territorialitätsaspekte in kollaborativen Szenarien (Scott et al. 2004, S. 294-303). Es zeigte sich in ihren Untersuchungen, dass die Benutzer typischerweise verschiedene Bereiche unterscheiden und bei anderen Benutzern respektieren. So gibt es meist einen privaten Bereich, einen geteilten oder öffentlichen Bereich und eine Art Ablage.

2D und 3D Interaktion

Bei der Interaktion mit zweidimensionalen Inhalten erschließen sich viele der Vorteile von *Direct Touch* relativ unmittelbar. Letztlich ist hier eine direkte Abbildung gegeben, d.h. die räumliche Dimensionalität von Eingabe, Ausgabe und virtuellem Raum ist gleich. Auch wenn der virtuelle Raum drei Dimensionen aufweist, die Operationen aber alle nur in derselben Ebene parallel zur Bildschirmoberfläche stattfinden, sich auch nur in dieser Ebene auswirken und eine direkte Abbildung der Berührungen vorliegt, so handelt es sich im Kern um eine zweidimensionale Interaktion. Dennoch besteht hier Freiheit bei der Gestaltung der Interaktion und der Abbildung der zur Verfügung stehenden Freiheitsgrade.

Es stellt sich die Frage, ob sich die Vorteile von *Multi-Touch* Interaktion, die wir oben bereits kurz skizziert haben, auch auf den 3D Fall übertragen lassen, denn ohne Zweifel besteht erheblicher Bedarf an zugänglicheren, effektiveren und ausdrucksstärkeren Systemen für die Erstellung und den Umgang mit 3D Daten. Einige Studien lassen vermuten, dass ein vollständiges immersives 3D Eingabegerät beim heutigen Stand der Technik tatsächlich nicht immer einem 2D Eingabegerät vorzuziehen ist. Oft ist die 2D Interaktion trotz der notwendigen Abstraktion präziser, schneller oder einfach weniger anstrengend und erfordert in jedem Fall einen geringeren technischen Aufwand, welcher für viele Anwendungen maßgeblich ist (vgl. Bérard et al. 2009, Schöning et al. 2009). Gerade die fühlbare Begrenzung des interaktiven Bildschirms empfinden einige Benutzer als hilfreich und so stellen interaktive Oberflächen einen guten Kompromiss zwischen herkömmlichen Eingabegeräten und „echten" 3D Eingabegeräten aus der klassischen *Virtual Reality* (VR) bzw. *Mixed Reality* (MR) dar.

Obwohl Zugänglichkeit oder Intuitivität – wie auch immer man diese definieren möchte – sicherlich wünschenswerte Eigenschaften eines Interfaces sind, so müssen diese nicht immer im Fokus der Forschung stehen. Unbestreitbar bietet *Multi-Touch* mehr Freiheitsgrade und die Möglichkeit paralleler zu arbeiten als mit etablierten Interfaces bei deutlich geringerem Aufwand und weniger Instrumentierung der Benutzer als klassische VR bzw. MR Eingabegeräte. Schon daraus resultiert die Notwendigkeit, geeignete Abbildungen von 2D *Multi-Touch* Eingaben in den virtuellen 3D Raum zu erforschen.

Es existieren vielfältige Anwendungsbeispiele für *Multi-Touch* Interaktion mit 3D Daten. Diese reichen von 3D Visualisierungs- und Planungsanwendungen bis hin zu 3D Modellierung, Animation und Spielen (Walther-Franks 2010, Herrlich et al. 2010). Viele dieser Beispiele vereint, dass sie auf grundlegenden Operationen zur Kontrolle der virtuellen Kamera bzw. zur Manipulation der virtuellen Objekte aufbauen. Weiterhin existiert sicherlich eine Reihe von sehr spezifischen Operationen, für die sich ebenfalls eine sinnvolle und effektive *Multi-Touch* Steuerung kreieren lässt. In diesem Artikel fokussieren wir uns vollständig auf die fundamentalen Operationen Selektion/Auswahl, Translation, Rotation und Skalierung. Diese bilden die Grundlage für viele Systeme. Wir diskutieren im Detail verschiedene Lösungsansätze um *Multi-Touch* Eingaben sowohl in den 2D als auch in den 3D Raum abzubilden.

Interaktion auf den Grenzen zwischen physikalischem und digitalem Raum

Interaktive Oberflächen bringen das Dilemma mit sich, virtuelle Objekte zwar „anfassbar" aber nicht wirklich physisch greifbar zu machen. Auf der einen Seite ist die Eingabe ein sehr direktes Abbild der Interaktion mit physikalischen Objekten, d.h. der Art und Weise wie wir in der physikalischen Welt zeigen, greifen, drehen und schieben. Die eigentliche Manipulation der Inhalte geschieht jedoch rein digital und es ist schnell der Punkt erreicht, an dem ein Bruch mit der physikalischen Welt stattfindet oder sogar stattfinden muss. Die physikalische Welt kennt kein zerstörungsfreies *Zoomen* bzw. Vergrößern von Objekten, dennoch hat sich die *Pinch*-Geste (greifen mit Daumen und Zeigefinger wie beim zwicken – engl. *to pinch*) hier ohne Probleme als quasi Standard etabliert und wird von vielen Benutzern als „intuitiv" empfunden. Im Allgemeinen sollte sich ein Interfacedesigner nicht ohne Grund den Einschränkungen der physikalischen Welt unterwerfen und die erweiterten Möglichkeiten des Digitalen Mediums nutzen.

Liegt keine reine 2D Anwendung vor, endet die physikalische Vorlage von interaktiven Bildschirmen spätestens an der Oberfläche. Diese ist nicht verformbar und liefert nach dem aktuellen Stand der Technik auch keine gezielte fühlbare Reaktion. Unter der Oberfläche gelten Gesetze, welche Gestalter und Entwickler festlegen. Zwangsläufig tritt hier eine Differenz zwischen Eingabe und Ausgabe auf. Die Gratwanderung zwischen den Erwartungen an eine Eingabeform, die stark aus unserem menschlichen Potential der Beweglichkeit und Ausdrucksfähigkeit schöpft, einerseits und den unbeschränkten Möglichkeiten der digitalen Welt andererseits gilt es für Interaktionsgestalter für jede Anwendung aufs Neue zu beschreiten. In der jungen Forschungsdisziplin der interaktiven Oberflächen hat sich bereits die Einsicht durchgesetzt, dass oft der durchdachte Ausgleich zwischen physikalisch inspirierten und abstrakt digitalen Interaktionsmetaphern zum Ziel führt.

Abbildung von Eingabe- auf Ausgabeparameter

Dass die Bedienung mit mehreren Fingern, der ganzen Hand, oder sogar mehreren Händen völlig neue Eingabedimensionen erschließt, ist leicht vorstellbar. Doch was genau nützt diese neue Eingabefreiheit? Wie übertrage ich die physikalischen Handlungen auf die digitale Anzeige, wenn deutlich mehr als nur ein einziges Zeigen möglich ist? Was verändert ein Zeigefinger, Daumen, die Handfläche? In diesem Abschnitt wollen wir uns den vielen Eingabedimensionen der Berührung widmen und untersuchen, wie diese auf Anzeigeparameter übertragen werden können. Nicht nur Zeigen ist möglich, Finger, Gesten oder ganze Hände können auch Begrenzungen schaffen, als „Stempel" zur Interaktion dienen. Dadurch sind potentiell mehr Rückschlüsse auf Körpersprache, Nutzerkontext und -Intention möglich, die vom System berücksichtigt werden können. Wir zeigen den aktuellen Stand der Forschung in der Abbildung dieses Eingaberaums auf zwei- und dreidimensionale virtuelle Räume.

Dimensionen berührungsbasierter Eingabe

Die Berührung eines einzelnen Fingers hat eine zweidimensionale Position auf dem Bildschirm und wird normalerweise registriert, wenn ein Kontakt zwischen Finger und Bildschirmoberfläche hergestellt wird. Unterstützt die Hardware eine Tiefenerkennung, kann der Finger auch schon vor Berührungskontakt registriert werden. Die Erkennung solch „schwebender" Eingaben wird in der Literatur oft als *hovering* bezeichnet. Damit hat jeder Finger drei Freiheitsgrade innerhalb eines gewissen Abstandes zum Bildschirm. Wegen dieser beschränkten Abstandserfassung spricht man von 2,5D.

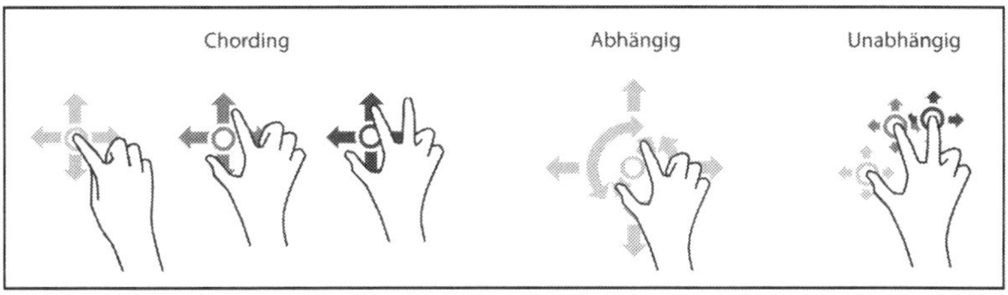

Abbildung 2: Verschiedene Ansätze zur Ausnutzung von Freiheitsgraden für Multi-Touch Eingaben. Links: Zeigermodi mittels Mehrfingergesten bzw. Chording: Zusätzliche Freiheitsgerade allein durch Anzahl/Griffmuster der Finger bestimmt. Mitte: Integrierte Mehrfingerinteraktion: Ausnutzung von relativer Position und Bewegung der Finger zueinander. Rechts: Unabhängige Mehrfingerinteraktion.

Werden mehrere Finger benutzt, kann dies auf viele Weisen die Dimensionalität der Eingabe erhöhen. Die Ansätze können in drei Kategorien aufgeteilt werden: Zeigermodi, das Ausnutzen von Fingerrelationen und unabhängige Mehrfingerkontrolle (Abbildung 2). Zeigermodi-Techniken werden dazu eingesetzt, die zweidimensionale Eingabe einer Hand zu vervielfältigen, indem mit Mehrfingergesten zwischen verschiedenen 2D-Modi gewechselt wird. Mehrfingergesten können die Kombination mehrerer Finger zu einem Zeiger sein, der je nach Anzahl der Finger einen anderen Modus bedient, oder durch zeitliche Abfolgen von Eingaben neben dem Hauptfinger codiert werden (sogenanntes *chording*, vgl. Matejka et al. 2009, S. 1073-1082). Jeder Modus erlaubt allerdings nur die Kontrolle von zwei Freiheitsgraden. Zweitens können die Relationen zwischen Fingern als weitere Freiheitsgrade erschlossen werden: Vielfach wird der Abstand zweier oder mehrerer Finger abgegriffen (Zwickbewegung oder *Pinch*), oder die Drehung (*Twist*) mehrerer Finger um ein Drehzentrum. Drittens sind unabhängige gleichzeitige Bewegungen einzelner Finger zwar möglich, aber durch die Physiologie der Hand beschränkt.

Über die reine Verarbeitung einer Fingerberührung als Punkt hinaus kann von einigen Geräten eine Fingereingabe auch als Umriss oder mit zusätzlichen Informationen über die Orientierung verarbeitet werden. So errechnen manche visuelle Erkenner die Haupttträgheitsachsen der Kontaktellipsen, um Aufschluss über die Orientierung des Fingers zu erlangen. Die Verarbeitung flächiger Berührung, die über Finger hinausgeht, erfordert eine komplette Neumodellierung von Eingabeereignissen. Diese können als diskrete Gesten (z.B. Faust, Handfläche, Handkante) bestimmte Befehle auslösen. Eine Verarbeitung mit mehr Realitätsbezug ist der Ansatz, durch Kräfteberechnung die Interaktion mit physikalischen Objekten auf Tischoberflächen zu simulieren (Cao et al. 2008). Dies könnte unterstützt werden durch die tatsächliche Messung von Kräften, z.B. Druck, wie es mit manchen Prototypen schon erforscht wurde (Rosenberg & Perlin 2009). Die Erfassung von Berührungsflächen geschweige denn Druckeingabe wird allerdings nicht von jeder Hardware unterstützt und ist im Gegensatz zur punktbasierten Eingabe noch weit von Standardisierung entfernt.

Eingabeabbildung auf den zweidimensionalen Raum

Zunächst liegt nahe, bei der Gestaltung von Abbildungen den zweidimensionalen Eingaberaum direkt auf einen zweidimensionalen Anzeigeraum zu beziehen. Dies ist ganz im Sinne der *Direct Touch* Interaktion, durch die interaktive Oberflächen so bestechen. Der große Vorteil dieser Konzeptionalisierung ist, dass, gerade auf horizontalen Oberflächen, hier stark auf die Vorerfahrung von Menschen aus der realen Welt zurückgegriffen werden kann. Allerdings kann diese Stärke gleichzeitig auch zur Schwäche werden, wenn sich Gestalter hier zu tief in das Korsett der physikalisch nachvollziehbaren Interaktion zwängen lassen und dadurch in konzeptionelle Sackgassen geraten.

Die häufigsten Manipulationen im realen wie virtuellen Raum sind starre, d.h. nicht verformende, Transformationen von Objekten wie Translation und Rotation. Auf *Multi-Touch Tabletops* wird hierzu typischerweise eine Abbildung eingesetzt, welche eine natürliche Translation und Rotation (angelehnt an die Translation und Rotation von physikalischen Objekten auf einer starren Oberfläche) und eine weniger natürliche Skalierung von Objekten erlaubt (Abbildung 3). Die gewünschte Transformation wird bestimmt, in dem die Positionsänderung der Kontaktpunkte relativ zum ursprünglich berührten Objektpunkt über der Zeit möglichst minimiert wird. Für die Translation leistet dies der Differenzvektor der Zentroiden der Kontaktpunkte zwischen den betrachteten Zeitschritten und für die uniforme Skalierung entsprechend die gemittelte Distanz eines jeden

Punktes zum Zentroiden. Für die Rotation muss ein geeignetes Minimierungsverfahren, z.B. *Least-Squares* angewandt werden. Für den Spezialfall der 2D Rotation existiert ein einfacher und effizienter Algorithmus basierend auf einer Singulärwertzerlegung (vgl. Moscovich & Hughes 2006). Diese affinen Transformationen integrieren Translation, Rotation und Skalierung, d.h. es ist möglich, eine, zwei, oder alle drei Operationen gleichzeitig auszuführen. Dadurch kann es allerdings auch zu ungewünschten Bewegungen kommen, wenn nur eine Teilmenge der drei Grundtransformationen ausgeführt werden soll, also beispielsweise nur rotiert aber nicht verschoben und skaliert werden soll. Eine bessere Trennung erlaubt z.B. eine Klassifikation der Eingabe in die am besten passende Geste aus einem Gestenkatalog, welche alle Kombination der Transformationen beinhaltet (Nacenta et al. 2009, S. 175-182).

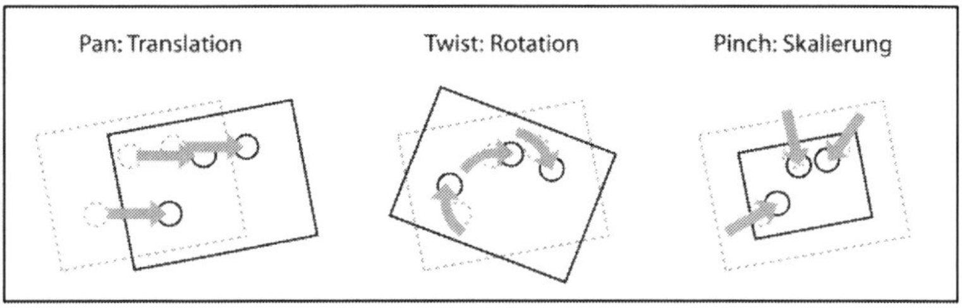

Abbildung 3: 2D Abbildung. Näherungsweise Berechnung der affinen 2D Transformationen anhand von alten (vor der letzten Interaktion, d.h. meist einer fest vorgegebenen Zeitdauer) und neuen (nach Abschluss der letzten Interaktion) Kontaktpunkten. Links: Translation (bestimmt durch Verschiebung des geometrischen Schwerpunkts). Mitte: Rotation (bestimmt durch näherungsweise Berechnung der Rotationsmatrix). Rechts: Skalierung (bestimmt z.B. durch Verhältnis der Abstände der alten und neuen Kontaktpunkte).

Eingabeabbildung auf den projizierten dreidimensionalen Raum

Während *Multi-Touch* Anwendungen, die auf zweidimensionalen Räumen operieren, schon den Einzug in kommerziell vertriebene Produkte erhalten haben, wenden sich Forscher vermehrt der berührungsbasierten Interaktion mit projizierten dreidimensionalen Räumen zu. Die Verheißung von Berührungseingabe für solche Anwendungen ist, die größeren Eingabefreiheitsgrade in die Interaktion in der dritten Dimension mit einzubeziehen. Für die Abbildung auf den dreidimensionalen Raum sind schon Mehrfingersteuerungen aus allen drei Kategorien erprobt.

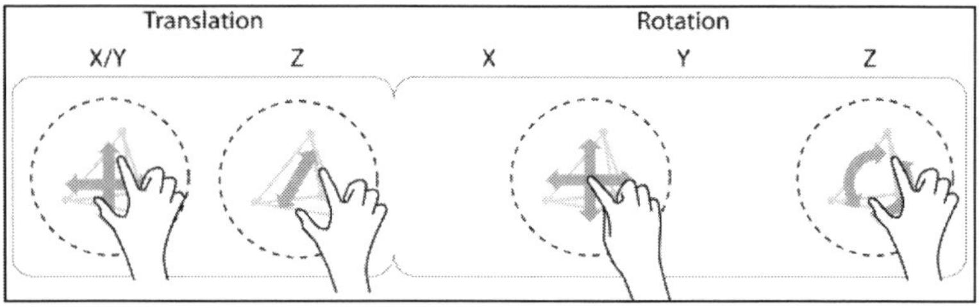

Abbildung 4: 3D Abbildung. Beispiel Turn&Roll Metapher: ein Finger für X-Y-Rotation, zwei oder mehr Finger für 3 DOF Translation und Z-Rotation.

Zeigermodi können dafür verwendet werden, die für Mausgeräte entwickelte Steuerung der virtuellen Kamera, welche die Sicht auf den 3D-Raum definiert, auf *Multi-Touch* Bildschirme zu übertragen, indem Multifingergesten zwischen den *Pan-Rotate-Zoom* Modi wechseln. Hauptsächlich unabhängige Mehrfingerkontrolle haben Forscher um Marc Hancock entwickelt. Hier definiert die Reihenfolge der Kontakte, welcher welchen Freiheitsgrad steuert (vgl. Hancock et al. 2007, S. 1147-1156, Hancock et al. 2009b, Hancock et al. 2009a). Diese Techniken untersuchten die Forscher hauptsächlich in Anwendungen, die eine geringe Tiefe mit meist fixierter Sichtkamera verwenden um Tisch-basierte 2,5D Anwendungen um eine dritte Raumdimension zu bereichern. Sie fanden, dass mit zunehmender Fingeranzahl die Steuerung unabhängiger Parameter deutlich schwieriger wird. Fingerrelationen zur Steuerung der dritten Dimension wurden schon erfolgreich getestet, wie die *Pinch*-Geste zur Bestimmung der Tiefe von Objekten. Zur freien Drehung im Raum ist eine Lösung eine Kombination aus der *Turntable*-Metapher zur Drehung um die X- und Y-Achse, welche zur Kamerasteuerung in mausbasierten 3D Anwendungen Einsatz findet, mit einer *Twist*-Geste zur Drehung um die Z-Achse (Abbildung 4). Die Vorteile dieser Techniken ist, dass sie wie im 2D-Vorbild zur integrierten, also nahezu gleichzeitigen Bewegung und Drehung im Raum, geeignet sind. Alternativ gibt es die Möglichkeit, die gleichen Verfahren der affinen Transformation, welche sich für den zweidimensionalen Fall durchgesetzt haben um eine Dimension zu erweitern. Allerdings sind hier die Gleichungssysteme durch die Eingaben unterdefiniert und die Entwickler müssen individuell Lösungen durch empirische Ermittlung schaffen, wofür aber noch keine robusten Ansätze existieren (Reisman et al. 2009)

Die Dissonanz zwischen zweidimensionalen Eingaberaum und dem dreidimensionalen Ausgaberaum führt unweigerlich zu Problemen. Hier müssen Entwickler die Divergenz zwischen Projektionszentrum und Fokus des Nutzers berücksichtigen, oder eine Orthogonalprojektion als Kompromiss in Betracht ziehen (Hancock et al. 2009c).

Zwischen physikalisch inspirierter Interaktion und Physiksimulation

Ob zwei- oder dreidimensional, Interaktionstechniken für berührungsempfindliche Anzeigen bewegen sich oft auf einem Spektrum zwischen lediglich physikalisch inspirierten Modellen und vollen Physiksimulationen. Am einen Ende dieses Spektrums befinden sich die oben beschriebenen Verfahren, welche mathematische Modelle nutzen, die zum Teil Prozesse der physikalischen Interaktion mit Objekten abbilden. Die 2D-Manipulation mittels affinen Transformationen wird zusätzlich oft angereichert durch virtuelle Trägheitskräfte, die ein Anschubsen von Objekten erlaubt, welche dann durch Reibung und Kollision beeinflusst werden, um den Eindruck der „realistischen" Bedienung zu verstärken. Am anderen Ende des Spektrums befinden sich Ansätze, bei denen auch die Transformationen selbst auf Modellen der Reibung basieren, um eine intuitivere Manipulation zu gewährleisten. Hierfür wurden schon für 2D Manipulation Algorithmen entwickelt, welche zum Beispiel eine Rotation eines Körpers bewirken wenn dieser exzentrisch verschoben wird (Kruger et al. 2003). Einen Schritt weiter gehen Ansätze, die virtuelle Druck-, Kollisions- und Reibungskräfte für Vollhandinteraktion mit zweidimensionalen Räumen auf interaktiven Bildschirmen einsetzen (Cao et al. 2008). Kräfte wie Kollisionen und Reibung im virtuellen dreidimensionalen Raum berechnen Physik-Engines oft für Computerspiele und Simulationen. In Kombination mit *Multi-Touch-Screens* nutzten Forscher diese für Interaktionstechniken zum Greifen, Aufheben und Ablegen von Objekten (vgl. Wilson 2009, Wilson et al. 2008, Hancock et al. 2009b).

ERWEITERUNG DER BE-GREIFLICHKEIT AUF INTERAKTIVEN BILDSCHIRMEN

Viele Forscher suchen angesichts der Beschränkungen der Interaktion mit *Touchscreens* auf die Fläche nach Erweiterungsmöglichkeiten. Aus den angrenzenden Feldern der *Graspable/Tangible Interaction* bzw. des *Physical Computing* gibt es Ansätze, den physikalischen Aspekt des Eingaberaums zu erweitern, während Andere interaktive Tische in VR Systeme integrieren und mit echten 3D-Anzeigen zu ergänzen suchen.

Interaktive Tische und *Tangibles*

Seit den ersten aufkommenden Prototypen wird der Kombination von horizontalen interaktiven Anzeigen mit physikalischen Objekten, welche die Interaktion mit dem Digitalen anreichern, besondere Aufmerksamkeit geschenkt. *Tangibles* sind im Kontext der Tischinteraktion oft physikalische Objekte mit verschiedenen Ausprägungen, zum Beispiel in Form von Pucks, die auf die projizierte Anzeige platziert werden. Diese Objekte, im Prinzip beliebiger Form, sind meist mit speziellen Markern versehen um ihre Position über kamerabasierte Erkenner zu registrieren. So bekommt der Eingaberaum eine weitere physikalische Komponente neben der Fingerberührung. Ein Beispiel wie Berührungserkennung und *Tangibles* sich gegenseitig bereichern können, ist der *reacTable*, ein System zur Live-Abmischung von Ton- und Musikeffekten (Jordà et al. 2007, S. 139-146).

Bisherige Studien über diese Erweiterung um das Physikalische sind sich einig darin, dass die Bedienung von physikalischen Mittlern grundlegende Unterschiede zu der weniger be-greifbaren Berührung von rein projizierten Anzeigelementen hat. Allerdings herrscht noch keine Einigkeit, für welche Manipulationen, Aufgaben oder Anwendungen welche Technik vorzuziehen ist. Zum Teil widersprechen sich Ergebnisse von Experimenten verschiedener Forscher. So fanden Tuddenham et al., dass in ihrem Versuch *Tangibles* besser für Selektion und Manipulationsaufgaben abschnitten als Eingabe über *Multi-Touch* (Tuddenham et al. 2010, S. 2223-2232). Hingegen fanden andere Forscher, dass interaktive Oberflächen eine bessere Verbindung zwischen Anzeige und Eingabe liefern, was sich positiv auf 2D Manipulation auswirkt. Sie konnten auch zeigen, dass *Tangibles* präzisere Kontrolle erlauben, die sich vor allem für indirekte Steuerung anbot (Hancock et al. 2009b).

Es zeichnet sich ab, dass der Gewinn der direkten, haptischen Erfahrung durch die Bedienung von physisch greifbaren Hilfsmitteln, den Tangibles, mit dem Preis der teilweisen Entkopplung von Eingabe und Anzeige, also der Verlust der die interaktiven Bildschirme so auszeichnenden *Direct-Touch* Interaktion, einher geht. Es bleibt also wieder dem Anwendungsentwickler beziehungsweise Interaktionsgestalter überlassen, diese Vor- und Nachteile abzuwiegen und aufgaben- oder anwendungsbezogen zu entscheiden.

Interaktive Screens mit 3D-Anzeige

Neben Erweiterungen des Eingaberaums gibt es auch Bemühungen, die Ausgabedimensionalität zu erhöhen. Dabei kommen Techniken aus der *Virtual-Reality* Forschung zum Einsatz um die 3D-Wahrnhmung über eine betrachtungswinkelabhängige Anzeige und/oder stereoskopische Anzeige zu realisieren. Den Techniken gemein ist, dass sie wie *Tangibles* zusätzliche Hardware benötigen in Form von am Kopf getragenen Anzeigen *(Head Mounted Display)* oder *Shutter*-Brillen, die beiden Augen leicht versetzte Bilder der Szene zeigen.

Werden in dieser Form eine volle 3D-Anzeige mit 2D-Eingabe kombiniert, kommt es zu erheblichen Dissonanzen zwischen Interaktionsraum und Wahrnehmungsraum. Eine Lösung stellt die Verwendung von dreidimensionalen Eingabeformen wie 3D-Handschuhen dar (Cutler et al. 1997), welche aber weitere komplexe Hardware benötigen, die *Touch*-Eingabe nicht einbeziehen, und so die Anzeige lediglich zu einem räumlichen Fixpunkt der Interaktion reduzieren. Insgesamt werden durch solche Erweiterungen die Flexibilität und der einfache Zugang, den interaktive Oberflächen bieten, stark geschwächt. Das sogenannte *walk up and use* Kriterium – also das Prinzip, ein Gerät ohne Vorbereitung und Hilfsmittel voll nutzen zu können – ist nicht mehr erfüllt.

HERAUSFORDERUNGEN UND TRENDS

Interaktive Oberflächen haben ein großes Potential sich neben etablierten Ein- und Ausgabeformen wie Maus, Tastatur, und Monitor einen Stammplatz zu sichern. Sie stellen einen sehr guten, wenn nicht sogar den besten Kompromiss zwischen der Flexibilität der digitalen Anzeige einerseits und der Natürlichkeit der händischen Eingabe andererseits dar. Möglicherweise sind sie sogar das Medium der Wahl, um Digitale Medien auch in der Massenanwendung begreifbarer zu machen.

Jedoch ist diese Interaktionsform gerade erst dabei sich zu etablieren. Brauchten schon *Single-Point* Interfaces Jahrzehnte zur Perfektion, so haben auch auf *Touchscreens* basierende Systeme, die *Multi-Point* und mehr können, noch einen weiten Weg vor sich. Wir fassen im Folgenden die Herausforderungen zusammen, denen Ingenieure, Entwickler und Gestalter interaktiver Oberflächen in Zukunft gegenüberstehen werden, und geben Prognosen für die zukünftigen Entwicklungen dieser jungen Technologie.

Herausforderungen

Forschung und Wirtschaft haben auf mehreren Ebenen noch zahlreiche Probleme zu lösen, von denen wir hier nur die wichtigsten anreißen. Zum einen herrscht auf der Hardwareebene noch Entwicklungsbedarf. Ingenieure suchen nach Lösungen, die zusätzlich zur *Multi-Point* Erkennung flächige Interaktion, Abstandsbestimmung und Objekterkennung mit kleinstmöglichem Formfaktor ermöglichen. Das ultimative Ziel ist hierbei die Erkennungsoptionen kamerabasierter Systeme mit den flachen Merkmalen elektronischer Sensoren zu vereinen. Erste Schritte in diese Richtung sind Raster mit kleinen, optischen Sensoren, wie sie prototypisch von Forschern von Microsoft Research schon entwickelt wurden (Hodges et al. 2007). Weiterhin wird die Ausrichtung von Ereignisarchitekturen auf parallele *Multi-Point* Eingabe Softwareentwickler beschäftigen. Interfacegestalter müssen grafische Nutzungsschnittstellen schaffen, die auf die gröbere Eingabe durch Finger und Hände eingestellt sind und die Verdeckungsproblematik berücksichtigen. Ersteres wurde bereits bei dem Betriebssystem Windows 7 berücksichtigt, und auf touchbasierten Produkten der Firma *Apple* wird beispielsweise die Lupenmetapher für Textselektion mit dem Finger schon erfolgreich eingesetzt. Vor den größten Herausforderungen steht aber sicherlich das Interaktionsdesign, zumal Entwicklungen in diesem Bereich wiederum Hardware-, Software- und Interfaceaspekte bestimmen. Hier gilt es einerseits, geeignete Abbildungsformen von Eingabe auf Ausgabe zu finden, aktuelle Überlegungen und Ansätze haben wir in diesem Artikel vorgestellt. Andererseits werden solide Leitfäden und *Best Practices* für den Grad der Anlehnung von digitaler Bedienung an Vorlagen in der physikalischen Welt gebraucht. Vor allem aber bieten interaktive Anzeigen für mehrere Nutzer eine völlig neue Nutzung von Computersystemen. Hier müssen Wege gefunden werden, soziale Umgangsregeln wie Territorialität zu unterstützen.

Zukunftstrends

In Zukunft werden Betriebssysteme für Arbeits- und Unterhaltungsmedien fließend sowohl *Single-Point* als auch *Multi-Point* Eingabe verarbeiten können. Dies führt zwangsläufig zu einer vollständigen Pluralisierung des *WIMP*-Paradigmas als *Windows, Icons, Menus, Pointer*s. Wie die Erweiterung von WIMP um flächige, nicht als Punkte modellierbare Eingaben aussieht, ist offen, hier ist eine Vorhersage schwierig. Möglicherweise wird sich zu *WIMP* ein Satz von Vollhandgesten gesellen, wie jetzt schon die *Pinch* und *Twist* Gesten. Bestimmte Anwendungen können zusätzlich auf die Möglichkeiten der flächigen Interaktion zurückgreifen. Der Oberbegriff der interaktiven Bildschirme wird in Zukunft in den Hintergrund treten, stattdessen kommt die Spezialisierung auf bestimmte Geräteklassen in den Vordergrund. Hier werden sich die bekannten und diskutierten Kategorien etablieren: Mobiltelefone, portable Geräte wie das *iPad*, Tisch-Systeme und großformatige Wandanzeigen. Zudem zollen wir der Erweiterung von *Desktop*-PCs um interaktive Anzeigen eine große Bedeutung. Hier erwarten wir, dass zusätzlich zu Maus und Tastatur für viele Aufgaben auch (beid-) händige Bedienung geläufig werden wird.

LITERATUR

Balakrishnan, R., Kurtenbach, G. 1999: Exploring bimanual camera control and object manipulation in 3d graphics interfaces. In: CHI '99: Proceedings of the SIGCHI conference on human factors in computing systems, S. 56–62. New York, NY, USA: ACM

Bérard, F., Ip, J., Benovoy, M., El-Shimy, D., Blum, J. R., Cooperstock, J. R. 2009: Did minority report get it wrong? Superiority of the mouse over 3d input devices in a 3d placement task. In: Human-Computer Interaction, INTERACT 2009, vol. 5727 of Lecture Notes in Computer Science, Chapter 45, S. 400–414. Berlin, Heidelberg: Springer

Cao, X., Wilson, A. D., Balakrishnan, R., Hinckley, K., Hudson, S. E. 2008: Shapetouch: Leveraging contact shape on interactive surfaces. In: 2008 IEEE International Workshop on Horizontal Interactive Human Computer Systems (TABLETOP), S. 129–136. IEEE

Cutler, L. D., Fröhlich, B., Hanrahan, P. 1997: Two-handed direct manipulation on the responsive workbench. In: SI3D '97: Proceedings of the 1997 symposium on Interactive 3D graphics, S. 107–114. New York, NY, USA: ACM

Forlines, C., Vogel, D., Balakrishnan, R. 2006: Hybridpointing: fluid switching between absolute and relative pointing with a direct input device. In: UIST '06: Proceedings of the 19th annual ACM symposium on User interface software and technology, S. 211–220. New York, NY, USA: ACM

Forlines, C., Wigdor, D., Shen, C., Balakrishnan, R. 2007: Direct-touch vs. mouse input for tabletop displays. In: CHI '07: Proceedings of the SIGCHI conference on Human factors in computing systems, S. 647–656. New York, NY, USA: ACM

Grossman, T., Wigdor, D. 2007: Going deeper: a taxonomy of 3d on the tabletop. In: 2007 IEEE International Workshop on Horizontal Interactive Human-Computer Systems, S. 137–144. IEEE

Guiard, Y. 1987: Asymmetric division of labor in human skilled bimanual action: the kinematic chain as a model. Journal of motor behavior, 19(4), S. 486–517

Hancock, M., Carpendale, S., Cockburn, A. 2007: Shallow-depth 3d interaction: design and evaluation of one-, two- and three-touch techniques. In: CHI '07: Proceedings of the SIGCHI conference on Human factors in computing systems, S. 1147–1156. New York, NY, USA: ACM

Hancock, M., Cate, T. T., Carpendale, S. 2009a: Sticky tools: Full 6dof force-based interaction for multi-touch tables. In: Proceedings of Interactive Tabletops and Surfaces 2009

Hancock, M., Hilliges, O., Collins, C., Baur, D., Carpendale, S. 2009b: Exploring tangible and direct touch interfaces for manipulating 2d and 3d information on a digital table. In: Proceedings of Interactive Tabletops and Surfaces 2009

Hancock, M., Nacenta, M., Gutwin, C., Carpendale, S. 2009c: The effects of changing projection geometry on the interpretation of 3d orientation on tabletops. In: Proceedings of Interactive Tabletops and Surfaces 2009

Herrlich, M., Walther-Franks, B., Weidner, D. 2010: Multi-Touch Gaming mit XNA. Making Games Magazin , 10 (6). Germany: IDG Entertainment Media GmbH

Hilliges, O., Izadi, S., Wilson, A. D., Hodges, S., Mendoza, A. G., Butz, A. 2009: Interactions in the air: adding further depth to interactive tabletops. In: UIST '09: Proceedings of the 22nd annual ACM symposium on User interface software and technology, S. 139–148. New York, NY, USA: ACM

Hodges, S., Izadi, S., Butler, A., Rrustemi, A., Buxton, B. 2007: Thinsight: versatile multi-touch sensing for thin form-factor displays. In UIST '07: Proceedings of the 20th annual ACM symposium on User interface software and technology, S. 259–268. New York, NY, USA: ACM

Jordà, S., Geiger, G., Alonso, M., Kaltenbrunner, M. 2007: The reactable: exploring the synergy between live music performance and tabletop tangible interfaces. In TEI '07: Proceedings of the 1st international conference on Tangible and embedded interaction, S. 139–146. New York, NY, USA: ACM

Kruger, R., Carpendale, S., Scott, S. D., Greenberg, S. 2003: How people use orientation on tables: comprehension, coordination and communication. In: GROUP '03: Proceedings of the 2003 international ACM SIGGROUP conference on Supporting group work, S. 369–378. New York, NY, USA: ACM

Matejka, J., Grossman, T., Lo, J., Fitzmaurice, G. 2009: The design and evaluation of multi-finger mouse emulation techniques. In: CHI '09: Proceedings of the 27th international conference on Human factors in computing systems, S. 1073–1082. New York, NY, USA: ACM

Milgram, P., Kishino, F. 1994: A taxonomy of mixed reality visual displays. IEICE Transactions on Information Systems, 77, 1321–1329

Moscovich, T., Hughes, J. F. 2006: Multi-finger cursor techniques. In: GI '06: Proceedings of Graphics Interface 2006, S. 1–7. Toronto, Ont., Canada, Canada: Canadian Information Processing Society

Nacenta, M. A., Baudisch, P., Benko, H., Wilson, A. 2009: Separability of spatial manipulations in multi-touch interfaces. In: GI '09: Proceedings of Graphics Interface 2009, S. 175–182. Toronto, Ont., Canada, Canada: Canadian Information Processing Society

North, C., Dwyer, T., Lee, B., Fisher, D., Isenberg, P., Robertson, G., and Inkpen, K. 2009: Understanding Multi-touch Manipulation for Surface Computing, volume 5727 of Lecture Notes in Computer Science, chapter 31, pages 236-249. Springer-Verlag, Berlin, Heidelberg

Reisman, J. L., Davidson, P. L., Han, J. Y. 2009: A screen-space formulation for 2d and 3d direct manipulation. In: UIST '09: Proceedings of the 22nd annual ACM symposium on User interface software and technology, S. 69–78. New York, NY, USA: ACM

Rosenberg, I., Perlin, K. 2009: The unmousepad: an interpolating multi-touch force-sensing input pad. In: SIGGRAPH '09: ACM SIGGRAPH 2009 papers, (S. 1–9). New York, NY, USA: ACM

Schöning, J., Steinicke, F., Krüger, A., Hinrichs, K., Valkov, D. 2009: Bimanual Interaction with Interscopic Multi-Touch Surfaces , vol. 5727 of Lecture Notes in Computer Science , chap. 8, (S. 40-53). Berlin, Heidelberg: Springer Berlin Heidelberg

Scott, S. D., Sheelagh, M., Carpendale, T., Inkpen, K. M. 2004: Territoriality in collaborative tabletop workspaces. In: CSCW '04: Proceedings of the 2004 ACM conference on Computer supported cooperative work, (S. 294–303). New York, NY, USA: ACM

Teichert, J., Herrlich, M., Walther-Franks, B., Schwarten, L., Feige, S., Krause, M., Malaka, R. 2010: Advancing Large Interactive Surfaces for Use in the Real World. Advances in Human-Computer Interaction , 2010 , 1-11.

Terrenghi, L., Kirk, D., Sellen, A., Izadi, S. 2007: Affordances for manipulation of physical versus digital media on interactive surfaces. In: CHI '07: Proceedings of the SIGCHI conference on Human factors in computing systems, (S. 1157–1166). New York, NY, USA: ACM

Tuddenham, P., Kirk, D., Izadi, S.: 2010: Graspables revisited: multi-touch vs. tangible input for tabletop displays in acquisition and manipulation tasks. In: CHI '10: Proceedings of the 28th international conference on Human factors in computing systems, S. 2223–2232). New York, NY, USA: ACM

Walther-Franks, B. 2010: Performance Animation of 3D Content on Multi-touch Interactive Surfaces. In: Proceedings of the ACM International Conference on Interactive Tabletops and Surfaces 2010 . ACM

Wilson, A. D. 2009: Simulating grasping behavior on an imaging interactive surface. In: Proceedings of Interactive Tabletops and Surfaces 2009

Wilson, A. D., Izadi, S., Hilliges, O., Mendoza, A. G., Kirk, D. 2008: Bringing physics to the surface. In: UIST '08: Proceedings of the 21st annual ACM symposium on User interface software and technology, (S. 67–76). New York, NY, USA: ACM

Tangible User Interfaces und Accessibility

HENNING LÜBBECKE

In diesem Artikel wird gezeigt, dass *Tangible User Interfaces* (TUI's) bzw. *Tangible Computing* einen sinnvollen Beitrag zur Förderung der Barrierefreiheit von Informations- und Kommunikationssystemen für Menschen mit kognitiven Einschränkungen bzw. geistigen Behinderungen leisten können. Zunächst wird erklärt was Barrierefreiheit bzw. *Accessibility* bedeutet und was die speziellen Anforderungen von Menschen mit kognitiven Einschränkungen bzw. geistigen Behinderungen sind.Anschließend wird gezeigt, wie durch die genuinen Eigenschaften von TUI's die speziellen Anforderungen von Menschen mit kognitiven Einschränkungen bzw. geistigen Behinderungen hinsichtlich der Zugänglichkeit zu Informations- und Kommunikationssystemen bedient werden. Hierzu werden zwei TUI's exemplarisch vorgestellt und an ihnen erläutert wie TUI's die speziellen Anforderungen von Menschen mit kognitiven Einschränkungen bzw. geistigen Behinderungen erfüllen.

WAS IST ACCESSIBILITY

Unter *Accessibility* versteht man den barrierefreien Zugang zu einer Sache, in diesem Kontext zu einer computerunterstützten Anwendung (vgl. Universität des Saarlandes Philosophische Fakultät Arbeitsbereich Usability Engineering [a]]. Die *Usability* oder Gebrauchstauglichkeit eines Produktes ist das Ausmaß in dem es von einem bestimmten Benutzer verwendet werden kann, um bestimmte Ziele in einem bestimmten Kontext effektiv, effizient und zufrieden stellend zu erreichen (vgl. Universität des Saarlandes Philosophische Fakultät Arbeitsbereich Usability Engineering [b]). Die Überschneidung von *Usability* und *Accessibility* ist offenkundig, eine Anwendung deren Inhalte sich nicht erschließen lassen ist Gebrauchsuntauglich. (vgl. Universität des Saarlandes Philosophische Fakultät Arbeitsbereich Usability Engineering [a])

Zugänglichkeit zu bieten, bedeutet Barrieren zu entfernen und so Menschen mit Behinderungen die Teilhabe am normalen Leben zu ermöglichen. Hierzu zählen auch Dienste, Anwendungen und Informationen. Wie in der *Usability* wird die *Accessibility* in Relation zu den Aufgabenanforderungen und Bedürfnissen des Benutzers definiert. Zum Beispiel sind graphische Benutzeroberflächen für blinde Benutzer nicht oder nur schwer zugänglich, aber für Taube zugänglich. Es wird zwischen direktem Zugang und Zugang durch zusätzliche assistive Technologien (z. B. Screenreader) unterschieden (vgl. Bergman, Johnson).

In der ISO-Norm TS 16071 ist *Accessibility* definiert als: „Usability of a product, service, enviroment or facility by people with the widest range of capabilities". Diese Definition lässt offen, inwiefern zwischen unterschiedlichen Ausprägungsgraden von *Accessibility* unterschieden werden kann und sollte (vgl. Engelien, Nguyen, Wünschmann 2004).

ANFORDERUNGEN

Aus der Sicht von Menschen mit kognitiven Einschränkungen bzw. geistigen Behinderungen ist es wünschenswert die kognitive Belastung bei der Entwicklung und Nutzung von Informationssystemen zu reduzieren. Dies ist die Voraussetzung schnell und akkurat zu arbeiten. Dazu sind erstens *Interfaces* erforderlich, die es erlauben Anfragen so zu spezifizieren, dass hierfür nur minimale kognitive Fähigkeiten erforderlich sind und zweitens Übersetzungsmechanismen, die Eingaben automatisch übersetzen.

Accessibility hat Grundsätzlich zwei Dimensionen. Die erste ist der physische Zugang zu Computern, Telefonen, Automaten etc. Die zweite Dimension sind die technischen und analytischen Fähigkeiten sowie das kontextuelle Verständnis, die Voraussetzung für das Finden von Informationen, ihre Überprüfung und effiziente Nutzung sind (NIDRR 2001) Es gilt hier auf die besonderen analytischen Fähigkeiten von Menschen mit kognitiven Einschränkungen bzw. geistigen Behinderungen Rücksicht zu nehmen.

Hierbei kann intuitive Interaktion, die den Lebens- und Erfahrungskontext der Benutzerinnen und Benutzer einbezieht hilfreich sein. Intuitive Interaktion kann die Effektivität, Effizienz und Befriedigung der Benutzung steigern. Die entscheidende Determinante der Intuitivität ist der Grad der Vertrautheit mit den Konzepten, Präsentationen und Interaktionen die vom System angeboten werden. Die optimale Nutzung der Wahrnehmungs- und Ausdrucksfähigkeiten und die Entwicklung stabiler Interaktionsmuster die einen einfachen Wissenstransfer unterstützen erhöhen die Intuitivität der Interaktion (vgl. Beinhauer 2003).

Konkret haben Menschen mit kognitiven Einschränkungen häufig Schwierigkeiten mit:

- komplexen, ungeordneten Oberflächen oder vielen unterschiedlichen Elementen,
- der Auswahl aus großen Mengen,
- Abläufen und Reihenfolgen,
- Doppelfunktionen von Bedienelementen.
- Textauszeichnungen, insbesondere Abkürzungen,
- dem Erkennen des Zusammenhangs zwischen Label und Element,
- zeitabhängigen Textantworten,
- komplexer oder anspruchsvoller Sprache,
- mehrschrittigen Bedienungsanleitungen,
- dem Schreiben und Lesen von Texten und Zahlen,
- der auditive Kombination von Klängen, Worten und Phrasen, dies kann zu Konfusion führen,
- Tonausgaben, sie können verwirren (vgl. Jiwani).

(vgl. Vanderheiden 1991, Jiwani 2001, Draffan 2002 und Brewer 2004)

GESTALTUNGSREGELN

Grundsätzlich sind beim Design von TUI's die allgemeinen Gestaltungsregeln für *Interfaces* zu beachten. Darüber hinaus sind einige Regeln bei der Gestaltung von *Interfaces*, die auch für Menschen mit kognitiven Einschränkungen und geistigen Behinderungen zugänglich sein sollen, zu beachten:

- die Präsentation der Inhalte soll in klaren Formaten und angemessener Terminologie erfolgen (vgl. SEDL),
- die Navigation soll einfach sein (vgl. Einfach für alle),
- die Belastung des Kurzzeitgedächtnisses sollte reduziert und duale Verarbeitung – wo immer es möglich – ist vermieden werden (vgl. Beacham),
- zur Erleichterung des Erinnerns sollten Gedächtnisstützen verwendet werden (vgl. Beacham).

TUI BESPIELE

Im Folgenden werden der Display Cube und die Marble Answering Machine als exemplarische TUI's beschrieben und an ihnen die Erfüllung der Anforderungen gezeigt.

DER DISPLAY CUBE

Der Display Cube ist ein Beispiel für ein experimentelles *User Interfaces* (vgl. Holleis, Kranz, Schmidt, Schmidt). Er ist vom EI-Lab der LMU München gebaut worden (vgl. Freund). Der Display Cube ist ein Computer, der in Form eines Würfels gebaut ist, mit einem Display auf jeder Seite und einem drahtlosen (*wi-*

reless) Netzwerkmodul. Accelerometer sind die Grundlage für diese einfache *User Interface*, sie registrieren Gesten und Bewegungen (vgl. Holleis et al und Freund).

Als Eingabe werden drehen und schütteln des Würfels durch die beiden Accelerometer innerhalb des Würfels erkannt (vgl. André et al). Auf den Displays können sechs Auswahlmöglichkeiten dargestellt werden. Die Auswahl erfolgt durch Drehen der gewünschten Option nach oben und einfaches Schütteln des Würfels. Die Übertragung der ausgewählten Option erfolgt durch das Netzwerkmodul zum Host, vom Host können neue Auswahloptionen über das Netzwerkmodul auf den Displays dargestellt werden. Es ist auch möglich, Anwendungen direkt auf dem Würfel zu implementieren, da er über einen eigenen Prozessor verfügt.

Bei Anwendungen, wie zum Beispiel einem Quiz, wird auf einer Seite die Frage dargestellt, auf den anderen fünf Seiten gibt es mögliche Antwortoptionen. Fragen und Antworten können aus Texten oder Bildern (Grafiken) bestehen. Die Auswahl erfolgt durch Drehen der richtigen Antwort nach oben und Schütteln (vgl. Holleis et al).

Abbildung 1: Der Display Cube (Holleis et al)

Die Marble Answering Machine

Durell Bishop's *Marble Answering Machine* entstand 1992 als studentische Designaufgabe und ist eine der ersten ausformulierten Visionen eines *Tangible User Interface* (vgl. Hornecker 2004). Der konzeptionelle Prototyp eines Anrufbeantworters untersucht Wege wie Computer vom Tisch genommen werden können und in Alltagsdinge der jeweiligen Zeit integriert werden können. Der

Anrufbeantworter instanziiert eingehende Anrufe mit Murmeln, die dann in beliebiger Reihenfolge ausgewählt und abgespielt werden können. Um eine Nachricht abzuhören nimmt der Benutzer eine Murmel und legt sie in eine spezielle Abspielkerbe. Um die Person, die die Nachricht hinterlassen hat, zurückzurufen, legt er die Murmel in eine Rückrufkerbe eines erweiterten (*augmented*) Telefons. Eine Nachricht kann gelöscht oder außerhalb der Maschine in einem Behälter gespeichert werden. In dieser Art kann der Benutzer Nachrichten für unterschiedliche Menschen kategorisieren und organisieren. (vgl. California College of the Arts)

WIE TUI'S DIE ANFORDERUNGEN ERFÜLLEN

Bei *Tangible Interaction* steht nicht die Schnittstelle (und ihre technische Gestaltung) im Vordergrund, sondern die Art und Weise der Interaktion wird als das zu Gestaltende betrachtet. Design als „Gestaltung eines Handlungsraumes" sowie als die „funktionsbestimmenden Handlungen selbst" zu sehen, ist eine Rückbesinnung auf das Vorgehen klassischer Produktgestaltung. Ein Kernprinzip von TUIs ist es, digitale Daten durch greifbare Objekte zu verkörpern. Sie ermöglichen so eine direkte Manipulation dieser Daten mit Hilfe der greifbaren Interaktionselemente. Durch die Form der direkten Manipulation kann die Interaktion unter Umständen vollständig ohne Sprache erfolgen.

Anfassbare, greifbare Gegenstände werden für die Interaktion mit digitalen Repräsentationen und Informationen verwendet. Die Schnittstelle soll nicht wie bisher zweidimensional und rein visuell sein, sondern dreidimensional und haptisch-taktil erfahrbar. Materielle Gegenstände, die räumlich konfigurierbar (also arrangierbar und beweglich) sind, dienen gleichzeitig zur Repräsentation und Steuerung digitaler Information. Beides sind zentrale Funktionen dieser realen Gegenstände (vgl. Hornecker 2004). Die Belastungen des Kurzzeitgedächtnisses werden minimiert, da die Schnittstelle zu jeder Zeit Auskunft über den jeweiligen Stand der Interaktion gibt. Die Gegenständlichkeit der Interaktionselemente lässt intuitives Ausprobieren zu und minimiert die Komplexität der Schnittstelle. Durch die Möglichkeit des Ausprobierens und die sinnliche Wahrnehmung können aufwendige Bedienungsanleitungen entfallen, der nächste Interaktionsschritt erschließt sich intuitiv. Materielle Objekte werden mit digitalen Repräsentationen gekoppelt und dienen als Eingabe- und Ausgabeschnittstelle. Durch den Verzicht auf Abstraktion wird die Komplexität der Schnittstelle verringert. Zeitabhängigkeiten entfallen. Bedienelemente benötigen keine Label, da sie ihre Funktion durch ihre Form offenbaren.

Modelle liefern „nicht nur dem Auge, sondern auch dem Tastsinn Informationen. Die meisten von uns finden es viel einfacher, ein Modell zu verstehen als eine Zeichnung". Modelle vermitteln „nicht sprachliche, sinnliche, qualitative Informationen (...) - Informationen für Auge, Tastsinn, Muskeln und Ohr" (vgl. Hornecker 2004).

DIE ANFORDERUNGSERFÜLLUNG IM EINZELNEN

Menschen mit kognitiven Einschränkungen haben häufig Schwierigkeiten mit komplexen, ungeordneten Oberflächen oder vielen unterschiedlichen Elementen. Der Display Cube mit seinen sechs Displayoberflächen ist nicht komplex und wohl geordnet. Die Anzahl der Elemente ist durch die sechs Displays ebenfalls eng begrenzt. Die Komplexität der Oberfläche ist allerdings abhängig von der implementierten Anwendung. So wird z. B. bei der Implementierung eines Quiz die Frage auf einem Display dargestellt und mögliche Antwortoptionen auf den fünf anderen. Bei einer solchen Implementierung ist zunächst zu entscheiden, welches Display die Frage darstellt und welche die Antworten.

Die *Marble Answering Machine* besitzt eine hohe Komplexität durch die zunächst unbeschränkte Anzahl von Murmeln, aber auch durch die zunächst unbeschränkte Anzahl von Behältern. Hinzu kommt die Funktionsvielfalt (abspielen, sortieren/zuordnen, speichern, löschen) und die Anzahl der Bedienelemente (Anrufbeantworter, Murmeln, Telefon, Behälter). Da die Behälter und Murmeln sich nicht zwingend in einer festen räumlichen Anordnung befinden kann die Oberfläche nicht als geordnet bezeichnet werden.

Die Auswahl aus großen Mengen beschränkt sich beim Display Cube auf maximal sechs Auswahlmöglichkeiten, während bei der *Marbel Answering Machine* theoretisch eine beliebig große Anzahl von Murmeln in beliebig vielen Behältern und der Maschine selbst zur Auswahl stehen können. Soll aus einer größeren Menge ausgewählt werden, so muss diese Menge für den Display Cube strukturiert und in Teilmengen gegliedert werden. Hierdurch wird zusätzliche Abstraktion und Komplexität erzeugt. Abläufe und Reihenfolge sind beim *Display Cube* anwendungsunabhängig immer gleich: Gewünschte Seite nach oben drehen und anschließend Würfel schütteln.

Anders ist es hingegen bei der *Marble Answering Machine*. Ist ein Anruf eingegangen, ist zu entscheiden soll er angehört, gespeichert oder gelöscht werden. Wird der Anruf angehört, ist anschließend erneut zwischen den drei Optionen zu entscheiden. Wird sich für Speichern entschieden, ist zu entscheiden, an welchem Ort oder in welchem Behälter der Anruf aufbewahrt werden soll. Anrufe können auch nach dem Speichern erneut angehört werden. Insgesamt gibt es keine festen Reihenfolgen und Abläufe. Lediglich das Löschen ist ein finaler Schritt, der den Ablauf beendet. Er ist der letzte Schritt in jeder „Reihenfolge".

Doppelfunktionen von Bedienelementen weisen weder der *Display Cube* noch die *Marble Answering Machine* auf. Textauszeichnungen, insbesondere Abkürzungen, weist *die Marble Answering Machine* nicht auf. Beim *Display Cube* ist dies von der jeweiligen Anwendung abhängig, da auf den *Displays* Textausgaben möglich sind. Da weder der *Display Cube* noch die *Marble Answering Machine* über Elemente mit Labeln verfügen, ist das Kriterium des Erkennens des Zusammenhangs zwischen Element und Label nicht relevant. Antworten bestehen weder bei der *Marble Answering Machine*, noch beim *Display Cube* aus Text und sind auch nicht zeitabhängig. Bei diesem Kriterium wird zum einen die Beherrschung der Schriftsprache bewertet, zum anderen auch die Geschwindigkeit, in der die Antwort erfolgen muss. Letzteres kann für TUI's wie dem *Display Cube* unter Umständen von Relevanz sein und ist bei der Gestaltung von Anwendungen entsprechend zu berücksichtigen. Anspruchsvolle oder komplexe Sprache wird bei der *Marble Answering Machine* nicht verwendet. Beim *Display Cube* ist dies wiederum von der jeweiligen Anwendung abhängig. Im Fall des *Display Cubes* ist keine wesentliche Bedienungsanleitung von Nöten. „Gewünschte Eingabe nach oben drehen und Würfel schütteln", darin erschöpft sich die Anleitung. Anders verhält es sich bei der *Marble Answering Machine*, sowohl die Anzahl der Komponenten (Murmeln, Anrufbeantworter, Aufbewahrungsbehälter, Telefon), als auch die Abstraktion (Murmeln repräsentieren Anrufe, etc.) und die möglichen Abläufe (Anruf abhören, speichern, löschen oder abhören) machen eine umfangreiche Bedienungsanleitung erforderlich.

Bei beiden hier betrachteten TUI's ist eine Schreibkompetenz nicht erforderlich, da schriftliche Eingaben nicht möglich sind. Lesekompetenz kann, in Abhängigkeit von der Anwendung, beim Display Cube erforderlich sein. Die auditive Kombination von Klängen, Worten und Phrasen spielt bei diesen beiden TUI's ebenso wenig eine Rolle, wie Tonausgaben.

FAZIT

An Hand der Beispiele des *Display Cubes* und der *Marble Answering Machine* wurde gezeigt, dass es mit TUI's möglich ist, die Komplexität eines *Interfaces* zu reduzieren. Das erforderliche Abstraktionsvermögen sowie die nötige Lese-, Schreib- und Sprachkompetenz kann auf ein Minimum reduziert werden. Dies nutzt der Zugänglichkeit von Informations- und Kommunikationssystemen für Menschen mit kognitiven Einschränkungen oder geistigen Behinderungen. Dieses höhere Maß an Zugänglichkeit wird im Wesentlichen durch die Gegenständlichkeit der TUI's und die Intuitivität ihrer Bedienung erreicht. Allerdings zeigt gerade das Beispiel der *Marbel Answering Machine* auch deutlich die Grenzen von TUI's hinsichtlich ihrer Zugänglichkeit für Menschen mit kognitiven Einschränkungen oder. geistigen Behinderungen. Das Abstraktionsniveau der *Marbel Answering Machine* macht sie für Menschen mit kognitiven Einschränkungen oder geistigen Behinderungen unzugänglich. Wer assoziiert schon einen Anruf mit einer Murmel? Beim *Display Cube* kann die gleichzeitige Darstellung von Frage und Antwortoptionen bei der Implementierung von Quiz-Anwendungen zu erheblichen Irritationen führen. Hinsichtlich der Lese- und Schreibkompetenz besteht bei ihm die Gefahr Unzugänglichkeit zu erzeugen. Insgesamt überwiegen die Vorteile von TUI's hinsichtlich der Zugänglichkeit eindeutig.

LITERATUR

André, E., Holleis, P., Kranz, M., Leichtenstern, K., Lösch, E.: A Tangible User Interface as Interaction and Presentation Device to a Social Learning Software, http://www.hcilab.org/documents/TangibleUISocialLearningSoftware.pdf, (29.04.2010)

Aniebonam, M.; Bada, A.; Owei, V.: Virtual Collaboratories for Users with Special Needs: Human-Computer Interaction (HCI) Framework to Support the Disabled, http://www.w3.org/WAI/RD/2003/03/owei.html, (30.06.08)

Beacham, N.: Dyslexia-friendly computerbased learning materials" In: Lawrie Phipps, Allan Sutherland, Jane Seale (Ed.): Access All Areas: disability, technology and learning, S. 73-77, http://eprints.soton.ac.uk/6181/01/AAA.pdf#page=33, (25.06.08)

Beinhauer, W.; Ziegler, J. 2003: Intuitive interaction in complex information spaces – Results and Exploitation of INVITE, In: German Ministry of Education and Research (Hrsg.): 2nd International Status Conference Human-Technology Interaction (German Ministry of Education and Research)

Bergman, E.; Johnson, E.: Towards Accessible Human-Computer Interaction, http://www.sun.com/accessibility/docs/access_hci.jsp, (13.05.09)

Brewer, J. 2004: How People with Disabilities use the Web. W3C Working Draft, http://www.w3.org/WAI/EO/Drafts/PWD-Use-Web/20041210, (18.12.2008)

California College of the Arts: Durell Bishop's Marble Answering Machine, http://design.cca.edu/graduate/uploads/pdf/marbleanswers.pdf , (24.06.10)

Draffan, E.A., 2002: Dyslexia and Technology. In: Phipps, L., A. Sutherland, J. Seale (Eds.): Access All Areas: disability, technology and learning, S. 24-28, http://eprints.soton.ac.uk/6181/01/AAA.pdf#page=33 (25.06.08)

Einfach für Alle: Lernbehinderung und Barrierefreiheit. http://www.einfach-fuer-alle.de/artikel/dyslexie/, (18.03.09 Dieser Artikel ist eine Übersetzung des englischen Originals A Dyslexic Perspective on e-Content Accessibility von Peter Rainger von der Sussex School of Education.

Engelien, H., Nguyen, T., Wünschmann, W. 2004: Accessibility und Usability – Herausforderungen an eine Virtual Community Engine im Projekt Nebus, in: Engelien, M., Meißner, K. (Hrsg.): Virtuelle Organisation und Neue Medien 2004 - Workshop GeNeMe2004 – Gemeinschaften in Neuen Medien – TU Dresden, 7. und 8. Oktober 2004, Lohmar: Eul Verlag, S. 139-150

Freund, S.: Gesture Cube – Interaction through Cubes, http://www. hcilab.org/documents/ProjectThesis007-GestureCubeInteractionThroughCubes-Stefan Freund.pdf, (29.06.10)

Holleis, P.; Kranz, M.; Schmidt, A.; Schmidt, D.: A Display Cube as a Tangible User Interface", http://www.hcilab.org/documents/KranzSchmidtHolleis Schmidt_ADisplayCubeAsATangibleUserInterface_UbiComp2005.pdf, (29. 04.2010)

Hornecker, E. 2004: Tangible User Interfaces als kooperationsunterstützendes Medium, http://elib.suub.uni-bremen.de/diss/docs/E-Diss907_E.pdf, (02.12. 09)

Jiwnani, K. 2001: Designing for users with Cognitive Disabilities, http:// www.otal.umd.edu/UUPractice/cognition/introduction (26.06.08)

NIDRR 2001: General Orientation to New Knowledge Utilization Fields of Informatics, Knowledge Management, and Information Technology http://www.ncddr.org/du/products/informatics/Informatics.pdf

SEDL (Southwest Educational Development Laboratory): Making Materials Useful for People with Cognitve Disabilities, www.ncddr.org/products/re searchexchange/v08n03/2_materials.html, (17.10.2008)

Universität des Saarlandes Philosophische Fakultät Arbeitsbereich Usability Engineering (a): Was bedeutet Accessibility, http://usability.is.uni-sb.de/ usability/access_primer.php, (03.02.09)

Universität des Saarlandes Philosophische Fakultät Arbeitsbereich Usability Engineering (b): Was bedeutet Usability, http://usability.is.uni-sb.de/ usability/usability.php, (03.02.09)

Vanderheiden, G.; Vanderheiden, K. 1991: Accessible Design of Consumer Products: Guidelines for the Design of Consumer Products to Increase Their Accessibility to People with Disabilities or Who are Aging, http://trace.wisc. edu/docs/consumer_product_guidelines/consumer.htm, (21.07.08)

Herstellen und Bewerten: Prozesse im Design

Digital Experience Design

DENNIS KRANNICH, ANJA ZEISIG, KAMILA WAJDA

Seit mehr als 30 Jahren beschäftigt sich die *Software-Ergonomie* mit der Analyse und Gestaltung von Computersystemen. In dieser Zeit haben sich Methoden, Gegenstandsbereich und Instrumente ständig weiter entwickelt. Doch die alleinige Berücksichtigung der Gebrauchstauglichkeit (*Usability*) erzeugt keine attraktiven Digitalen Produkte. Wohingegen das Benutzungserlebnis (*User Experience*) in vielen Bereichen seit Jahren eine entscheidende Rolle spielt – wie zum Beispiel in der Automobilindustrie oder dem klassischen Produktdesign (z. B. von Elektrogeräten) – bekommt diese Disziplin nun auch bei der Entwicklung Digitaler Produkte immer größere Aufmerksamkeit. Selbst die Standardisierung im Bereich *Usability* hat sich diesem Thema in der Entwicklung der DIN EN ISO 9241-210 angenommen. Folglich müssen sowohl bei der Gestaltung als auch bei der Entwicklung diese „neuen Aspekte" berücksichtigt werden. Dieses Kapitel zeigt auf, welche Bedeutung das *Digital Experience Design* im *HCI*-Kontext bekommen hat und haben wird, aus welchen Bestandteilen und Relationen es besteht und warum die Betrachtung klassischer *Usability*-Faktoren alleine nicht ausreicht. Es werden verschiedene Strömungen vorgestellt und diskutiert und daraus ein Relationsmodell für *Digital Experience Design* abgeleitet. Praktische Beispiele illustrieren die Bedeutung für *Tangible User Interfaces*.

NEUE MAGIE DIGITALER PRODUKTE

Digitale Produkte haben unseren Alltag längst durchdrungen und begleiten uns in vielen Situationen, sowohl im privaten als auch geschäftlichen Bereich. Dabei steht schon längst nicht mehr die reine Funktionalität, Effizienz oder die Unterstützung unserer Arbeit im Vordergrund. Unter anderem Hassenzahl, Forlizi & Batterbee und Zimmermann betonen, dass Effektivität und Effizienz keine Aussage über die Attraktivität des Produktes geben: „[...] performance- and task-oriented measures like effectiveness and efficiency could not actually predict or explain attractiveness and market success of these new products“ (Zimmermann 2008, S. 8). Ein sehr anschauliches Beispiel ist ein Computerspiel, das durch einfaches Betätigen des Start-Knopfes gewonnen werden kann. Aus (objektiver) Sicht der *Usability* sind alle vier Faktoren – Effektivität, Effizienz, Nutzerfreundlichkeit und Lernbarkeit – sehr hoch, da der Benutzer direkt an sein Ziel gekommen ist, dabei wenig Ressourcen benötigt hat und dadurch, dass er das Spiel gewonnen hat, sehr zufrieden ist. Auch die Lernbarkeit ist sehr hoch, da er gelernt hat, wie er gewinnen kann. Im Gegensatz dazu ist das Benutzungserlebnis (*Experience*) gleich Null.

Vielmehr wollen wir von den Digitalen Produkten angesprochen werden, sie erleben und von ihnen fasziniert werden. „Customers want products that dazzle their senses, touch their hearts and stimulate their minds.“ (Schmitt 1999, S. 22). So spielen bei der Gestaltung und Entwicklung Digitaler Produkte neben der (objektiven) Gebrauchstauglichkeit eine Reihe anderer (subjektiver) Faktoren eine wichtige Rolle, wie zum Beispiel Design, Emotion, Interaktion, Benutzungserlebnis, Kontext, Mobilität oder *Joy-of-use*. Die Entwicklung von beispielsweise Mobilen Systeme und deren Anwendungen (Apps) zeigt auf unterschiedlichen Ebenen (ästhetisch, psychologisch, sozial, etc.) einen deutlichen Wandel von performance- und aufgabenorientierten Systemen hin zu Erlebnissen mit und durch Mobile Systeme.

Für die Zukunft kann – insbesondere für Digitale Produkte – die Gebrauchstauglichkeit nicht länger entscheidendes Kriterium für die Qualität eines Produktes sein. Weitere Faktoren werden ein stärkeres Gewicht bekommen, wie das Benutzungserlebnis. Die Handlungen der Benutzer selbst werden an Bedeutung gewinnen. Die Hard- und Software-Interaktion, die Haptik und das Design werden die Akzeptanz zunehmend beeinflussen. Letztendlich werden die unterschiedlichen Differenzierungen zwischen *Interaction Design, Experience Design, Emotional Design* und *Usability Engineering* durch eine immer stärker werdende Überlappung aufgelöst und in einer neuen Form aufgehen. Doch welche Aspekte sind von entscheidender Bedeutung und müssen als Kriterien für das Design Digitaler Produkte gesehen werden? In einem weiteren Schritt bedarf es eines neuen Verständnisses zur Auswertung solcher Digitalen Produkte.

Dazu diskutieren wir den Wechsel der Anforderungen an Design und Auswertung von Digitalen Produkten. Nach einer Einführung der Begriffe Erleben, Erlebnis ordnen wir *Experience Design* in die *HCI* ein und geben einen Überblick zu existierenden *Experience Design* Modellen vor. Wir führen den Begriff *Digital Experience Design* (*DxD*) ein und stellen unser Modell vor, das erstmals das Digitale Produkt, den Benutzer, den Benutzungskontext und Aktivität als gleichwertige Grundelemente des Entwicklungs- und Nutzungsprozesses betrachtet. Nach der Vorstellung unserer Implikationen für die Auswertung solcher Produkte, geben wir mit der Installation *Der Schwarm* ein konkretes Beispiel.

USABILITY IM WANDEL

Human-Computer Interaction (*HCI*) „is a discipline concerned with the design, evaluation, and implementation of interactive computing systems for human use and with the study of major phenomena surrounding them.“ (Hewett 1992, S. 5) *HCI* beschäftigt sich mit der Harmonisierung und Verbesserung der Interaktion zwischen Mensch und Maschine, so dass die Arbeitsaufgaben von beiden (Mensch und Maschine) gleichermaßen effizient durch- und ausgeführt werden können. Ihre Bestrebung ist die Entwicklung neuer Designmethoden, das Experimentieren mit neuartiger Hardware, das *Prototyping* neuer Softwaresysteme, das Erforschen neuer Interaktionsparadigmen und die Entwicklung neuer Theorien und Vorgehensmodelle.

Die frühen Ansätze der Softwareentwicklung (aus den 80ern und 90ern) haben sich vorwiegend mit der Systemfunktionalität beschäftigt. Dabei lag der Fokus eher auf dem Computer als Instrument, als auf der Arbeitsaufgabe. Im Laufe der letzten Jahrzehnte hat sich diese Ansicht geändert (vgl. Kay 1990, S. 192ff.). Im Mittelpunkt der Entwicklung steht der Mensch mit seinen Arbeitsaufgaben und Tätigkeiten. Im Zuge dessen wurde auch die Lehre von der Arbeit (Ergonomie) um ein weiteres Qualitätsmerkmal – die Gebrauchstauglichkeit (*Usability*) – erweitert. Sarodnick und Brau beschreiben *Usability* als ein qualitatives Ziel, das durch die Ergonomie erreicht werden kann: „Usability ist keine eigenständige Disziplin wie Ergonomie, sondern eine Qualität eines technischen Systems. Sie ist ein Ziel der Gestaltung nach den Erkenntnissen der Ergonomie.“ (Sarodnick 2006, S. 17)

Doch im Gegensatz zur klassischen *Usability* steht beim *Experience Design* das zu gestaltende Erlebnis und nicht das Produkt im Vordergrund, wie im folgenden Zitat deutlich wird:

> „Usability is not everything. If usability engineers designed a nightclub, it would be clean, quiet, brightly lit, with lots of places to sit down, plenty of bartenders, menus written in 18-point sans-serif, and easy-to-find bathrooms. But nobody would be there. They would all be down the street at Coyote Ugly pouring beer on each other.“ (Spolsky 2002, S. 130)

Spolsky formuliert sehr deutlich, dass der Grad der *Usability* in Abhängigkeit zur Zielgruppe und deren Erwartungen steht. *Experience Design* sorgt dafür, dass die Benutzer ein Produkt mit den von ihnen gewünschten Anforderungen erhalten und *Usability* macht dieses benutzbar. Ähnlich wie *Interaction Design* reicht *Experience Design* weit über die *Usability* hinaus (vgl. Forlizzi 2004, S. 261) und befasst sich mit den Erlebnissen der Nutzer mit Produkten, Dienstleistungen und der Marke an sich und versucht anhand dessen die Wirkung der Marke und ihr generelles Empfinden zu verbessern. Die vielen unterschiedlichen Blickrichtungen und Interpretationen von *User Experience* haben die Betrachtung der Gesamtheit des Erlebnisses gemein, wie es Norman konstatiert hat:

„What's important is the entire experience, from when I first hear about the product, to purchasing it, to opening the box, to getting it running, to getting service, to maintaining it, to upgrading it." (Norman in Anderson 2000, S. 44)

Hassenzahl (Hassenzahl 2010) stellt die Sichtweise noch ausführlicher dar und benennt Emotion als den Kern.

„[...] experience emerges from the intertwined works of perception, action, motivation, emotion, and cognition in dialogue with the world (place, time, people, and objects). It is crucial to view experience as the consequence of the interplay of many different systems. [...] While many processes together produce experience, emotion is at its heart and has an accentuated position. One may go as far as saying that emotion is the very language of experience." (Hassenzahl 2010, S. 4)

Nach Hassenzahl et al. (Hassenzahl 2006) unterscheidet sich *User Experience* von *Usability* im Wesentlichen in den folgenden drei Faktoren:

Holistisch: Bei der *Usability* stehen aufgabenbezogene pragmatische Aspekte und das Absolvieren von Arbeitsaufgaben im Vordergrund. *User Experience* verfolgt einen holistischen Ansatz, inklusive nicht-aufgabenbezogenen hedonischen Aspekten der Produktnutzung und des Produktbesitzes, wie zum Beispiel Ästhetik, Stimulation oder Selbstausdruck.

Subjektiv: *Usability*-Evaluation beschäftigt sich mit dem objektiven Messen und beruht hauptsächlich auf Beobachtungen. Bei der *User Experience* steht das Subjektive im Vordergrund, wie wird ein Produkt benutzt und wie wird es von den Benutzern bewertet. Dabei spielt es keine Rolle wie gut ein Produkt objektiv beurteilt wird, sondern wie es wahrgenommen wird und welche Auswirkungen dies hat.

Positiv: Die *Usability*-Evaluation fokussiert auf Probleme, Nutzerzufriedenheit, Frustration oder Belastungen und wie dies behoben werden kann. Die *User Experience* betont positive Emotionen, die durch die Nutzung der Technologie oder des Produktes entstehen.

Im Zuge der Überarbeitung der DIN EN ISO 9241 („Ergonomie der Mensch-System-Interaktion"), die sich vorwiegend mit der Ergonomie bzw. *Usability* beschäftigt, findet durch die Ergänzung des Teils 210 („Prozess zur Gestaltung gebrauchstauglicher interaktiver Systeme") auch die *User Experience* stärkere Berücksichtigung und zeigt deren zunehmende Bedeutung. Dort wird sie wie folgt definiert: „A person's perceptions and responses that result from the use or anticipated use of a product, system or service" (DIN EN ISO 9241-210). In den Anmerkungen dieser Definition wird darauf hingewiesen, dass *Usability* bestimmte Aspekte der *User Experience* berücksichtigt: „usability criteria can be used to assess aspects of user experience". Doch auf die Relation zwischen *Usability* und *User Experience* wird nicht weiter eingegangen. Dennoch wird bei dieser Betrachtung deutlich, dass es sich hierbei um überlappende Konzepte handelt, wobei die *Usability* ausschließlich auf pragmatische Aspekte (z. B. das Produkt ist funktional und nützlich) fokussiert und die *User Experience* auf die Gefühle der Benutzer, die sowohl durch pragmatische, als auch hedonische Faktoren (z. B. visuelle Ästhetik oder ideeller Wert eines Produktes) ausgelöst werden.

DAS ERLEBEN DIGITALER PRODUKTE

Das *User Experience Design* (*UxD*) hat sich längst im Kontext der *HCI* etabliert (vgl. Arnowitz 2007, Gamez 2009) und kann als eine Art „Unterdisziplin" des *Experience Designs* verstanden werden. „[UxD] involves a product/service (or a system in general), whereas experience does not require it. Watching a sunset is an experience, not user experience." (Roto 2007) Es beschäftigt sich somit mit dem Verhalten eines Produktes und wie es von Menschen in der realen Welt benutzt werden kann. „Experience becomes User Experience by focussing on a particular mediator of experience – namely interactive products – and the according emerging experiences" (Hassenzahl 2010, S. 2) Ein Benutzungserlebnis entsteht durch die Interaktion mit einem Digitalen Produkt und wird durch das Medium selbst auf den Interakteur übertragen. Dabei geht es vor allem um die Beziehung zwischen Benutzer und der Anwendung (vgl. Dix 2003).

Der Begriff *User Experience* im Kontext der *HCI* lässt sich bereits 1974 in „User Experience with the CYBER graphics terminal" von Edwards und Kasik finden. Vereinzelt wird dieser Begriff in den 80er Jahren verwendet bis er in den 90er Jahren durch Don Norman durch seine Selbsternennung zum „User Experience Architect" bei Apple Computer Inc. wieder an Popularität gewinnt. Ende der 90er und Anfang 2000 wurden diverse Bücher veröffentlicht, deren Titel „User Experience" enthielt; inhaltlich beschäftigen sie sich jedoch ausschließlich mit der Gestaltung von Websites und weniger mit dem Benutzungserlebnis an sich. Mitte 2000 kamen Mobile Anwendungen und andere Digitale Medien hinzu.

Das englische Wort *Experience* ist mit dem deutschen Wort *Erlebnis* oder *Benutzungserlebnis* synonym verwendbar. Die beiden Begriffe (etwas) erleben und das Erlebnis werden in den Lexika wie folgt definiert:

erleben: 1.a. von etwas betroffen und beeindruckt werden; erfahren müssen oder können; mitmachen, durchmachen, b. auf sich wirken lassen; 2.a. als Reaktion der Außenwelt, als Folge seines Tuns an sich erfahren, b. (gehoben) eine bestimmte Feststellung in Bezug auf die eigene Person machen, sich als etwas empfinden; [...], (Quelle: Duden Online 2011, Suchbegriff „erleben")

Erlebnis: 1. allgemein das subjektive Gewahrwerden von inneren oder äußeren Zuständen (z. B. Wahrnehmen, Erinnern, Fantasieren usw.); nur in Selbstbeobachtung analysierbar (→ Phänomenologie). 2. stark gefühlsbetontes und unmittelbares Ergriffenwerden anlässlich eines Ereignisses oder einer Begegnung; wichtiger Begriff der → Lebensphilosophie (u. a. bei W. Dilthey). (Quelle: Wissen.de 2010, Suchbegriff „Erlebnis")

Bei den obigen Definitionen wird deutlich, dass wir etwas direkt/aktiv/bewusst oder indirekt/passiv/unbewusst erleben und es sich um ein stark gefühlsbetontes und unmittelbares subjektives Gewahrwerden handelt.

Unser Verständnis des *Erlebens* ist ein Strom aus Denken, Handeln, Fühlen und Bewerten von äußeren und inneren Einflüssen (z. B. Spaziergang, allgemeine Benutzung eines Computers oder Haushaltsarbeiten). Erleben kann als eine Art „innere Selbstreflexion" verstanden werden. Ein *Erlebnis* ist die Zusammensetzung eines solchen Stroms zu einer in sich geschlossenen und (persönlich) bedeutungsvollen Einheit. Erlebnisse geben Handlungen Bedeutung, sie werden erinnert, kommuniziert und wirken motivierend oder hemmend. Ein Erlebnis kann stets konkret benannt werden und hat sowohl einen Anfang als auch ein Ende (z. B. Konzert-/Kinobesuch, Recherche nach einer bestimmten Sache). Erlebnisse werden somit stark durch zeitabhängige Phänomene (Kontext) und sogar durch logisch inkompatible Faktoren geprägt. Sie können durch verschiedene Dinge beeinflusst werden, wie zum Beispiel durch Personen, Inhalte, Technologie oder Design.

Nach Norman (2004) erleben wir auf drei unterschiedlichen Ebenen: viszerale Ebene, Verhaltensebene und Reflexionsebene. Die viszerale Ebene bezieht sich auf erste Eindrücke des Produktes, sein Aussehen und seine Haptik. Die Verhaltensebene beschäftigt sich mit der Nutzung und den Erfahrungen mit einem Produkt. Dies schließt insbesondere dessen Funktion, Leistung und Gebrauchstauglichkeit ein. Die Reflexionsebene ist die Ebene, auf der schließlich die volle Wirkung der Gedanken und Emotionen erlebt werden. Sie beschäftigt sich mit der Kultur, sowie der Bedeutung der Benutzung. Dabei lassen sich die Merkmale eines Digitalen Produktes in Basismerkmale, Leistungsmerkmale und

Attraktivitätsmerkmale differenzieren (vgl. Kano 1984). Basismerkmale wie Funktionalität oder Effektivität werden vom Kunden erwartet. Werden diese Anforderungen nicht erfüllt, führt dies zwangsläufig zu Unzufriedenheit. Leistungsmerkmale wie Effizienz bestimmen den Anwendungsfluss. Wird dieser beispielsweise als langsam empfunden, sinkt die Nutzerzufriedenheit. Attraktivitätsmerkmale entscheiden über die „Gunst des Nutzers". Sie werden nicht erwartet, führen aber bei Gefallen zu einer erhöhten Zufriedenheit und können u. U. dazu führen, fehlende Leistungs- und Basismerkmale zu verzeihen. Für die Gestaltung und Bewertung Digitaler Produkte muss sich daher die aufgabenbezogene Sichtweise zu einer ganzheitlichen Nutzerperspektive wandeln.

Digitale Produkte werden „ganzheitlich" wahrgenommen, auf der objektiven als auch der subjektiven Empfindungsebene. Nach Jung (1996) gehört das Empfinden – neben dem Denken, Fühlen und der Intuition – zu einer der vier psychologischen Grundfunktionen. Es liegt daher nahe, diese beteiligten Ebenen (Produkt, Benutzer, Benutzungskontext und Aktivität) bei der Entwicklung Digitaler Produkte gleichermaßen in Betracht zu ziehen. *Experience* muss sich über den gesamten Systementwicklungsprozess entfalten und somit die Grenzen zwischen klassischem Software-Design und -Analyse aufbrechen. Dabei geht es vornehmlich um die Synthese aus abstrakten Modellen und handwerklichen Werkzeugen in Bezug auf Design (z. B. Haptik und Ästhetik), Entwicklung (z. B. *Rapid-Prototyping*), Evaluation und Analyse (z. B. Gebrauchstauglichkeit und Benutzungserlebnis) Digitaler Produkte.

MODELLE ZUR USER EXPERIENCE

Auch wenn die *User Experience* in den Bereich der *HCI* weit verbreitet und etabliert ist, existieren unterschiedliche Modelle, die sich mit der genauen Definition und Klassifizierung der einzelnen Bestandteile einer *User Experience* beschäftigen. Ein einheitliches Modell ist zunächst nicht zu erwarten. Im Folgenden sollen die wichtigsten Modelle[1] vorgestellt, gruppiert und diskutiert werden.

Unter dem Titel „The Elements of User Experience" beschäftigt sich Garrett (2002) mit einem Modell zur Erstellung von Informationssystemen. Der Prozess besteht aus fünf Phasen, von der Anforderungsdefinition bis zur visuellen Gestaltung. Dabei wird der Prozess stets aus zwei Perspektiven betrachtet: das Web als *Software Interface* und das Web als Hypertext System. Dennoch stellen die dargestellten Elemente keine Elemente der *User Experience* im eigentlichen Sinne dar, sondern lediglich Elemente des Web Designs. Sie eignen sich sicherlich für die Entwicklung qualitativ hochwertiger Websites, aber Interaktionsde-

1 Die hier vorgestellten Ansätze werden in der Literatur am häufigsten zitiert.

sign, Informationsarchitektur, Navigationsdesign oder Interfacedesign sind keine Elemente der *User Experience*, sondern Disziplinen, die zu einem bestimmten Erlebnis beitragen können. Eine *User Experience* wird durch Aspekte wie *Usability*, Attraktivität, Nützlichkeit, Unterhaltsamkeit, Freude oder Zufriedenheit hervorgerufen.

Derartige Elemente werden von Morville (2004) in seinem Wabenmodell vorgeschlagen. Auch diese Elemente stammen aus dem Kontext des Web Designs. Nach Morville (siehe Abbildung 1) muss ein Produkt einen bestimmten Nutzen erfüllen und entsprechend die Bedürfnisse der Benutzer ansprechen. Darüber hinaus muss es benutzbar sein, wobei *Usability* zwar erforderlich ist, aber nicht ausschlaggebend. Das Produkt muss begehrenswert sein. Dies kann durch eine ansprechende Gestaltung und andere Faktoren des *Emotional Designs* erreicht werden. Einzelne Objekte der Benutzungsoberfläche müssen für den Benutzer leicht zu finden und zugänglich sein. Informationen und Inhalte sowie die Gestaltung an sich müssen glaubwürdig und vertrauenswürdig sein. Im Zentrum der *User Experience* sieht Morville den Wert des Produktes. Dieses muss eine Nachricht klar und verständlich ausstrahlen oder zu einer Zufriedenheit der Kunden führen. Es stellt sich jedoch die Frage, ob ein Produkt benutzbar sein muss, wenn es überhaupt nicht nützlich ist. Des Weiteren kann ein Produkt, bei dem die Elemente der Benutzungsoberfläche nicht gefunden werden, auch nicht benutzt werden. Aus diesem Grund könnte das obige Modell von Morville simplifiziert werden, da der Begriff „benutzbar" die unteren drei Elemente (Auffindbarkeit, Zuverlässigkeit und Zugänglichkeit) im Grunde impliziert.

Abb. 1: Wabenmodell (nach Morville 2004).

Revang (2007) greift in seinem Modell (siehe Abbildung 2) das Wabenmodell von Morville auf und projiziert es auf den Entwicklungsprozess. Er nennt dieses Modell das „User Experience Wheel". Er identifiziert vier Phasen: Strategie, Konzeption, Entwicklung und Produktion. Das Modell startet im Inneren mit dem Ziel, das erreicht werden soll: Wert. Die *User Experience* ist eine Serie unterschiedlicher Phasen, die zu berücksichtigen sind – ähnlich wie die sechs Elemente des Wabenmodells nach Morville. Das Originalmodell von Revang bezieht in dem nächsten Ring 30 Faktoren bzw. Disziplinen, die in dem Prozess involviert sind, wie z. B. Reaktionszeit, Marketing, Benennung, Typographie, Navigation oder Sprachstil (diese wurden in der Abbildung 2 nicht aufgeführt). Das Modell startet in der ersten Strategie-Phase mit dem Faktor „Brand Management" und endet in der Markteinführung mit dem Faktor „Marketing". Interessant an diesem Modell ist der Bezug zum Entwicklungsprozess und die Annahme, dass die *User Experience* in allen vier Phasen berücksichtigt werden muss. Hierbei fokussiert der Autor jedoch ausschließlich auf die Entwicklung und nicht auf die spätere Nutzung des Produktes im Kontext. Dieser Aspekt wird in diesem Modell gänzlich vernachlässigt, ist jedoch ein entscheidender Punkt für die Bewertung der *User Experience*.

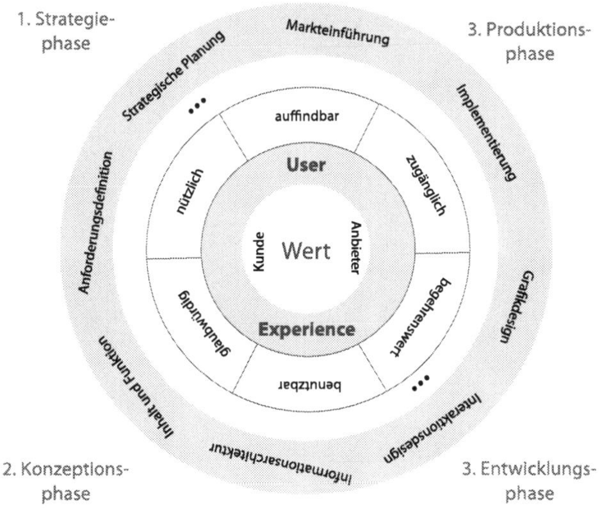

Abb. 2: The User Experience Wheel – vereinfachtes Modell in Anlehnung an Revang (2007).

Die Gemeinsamkeit dieser Modelle sind die verschiedenen Eigenschaften, die ein Produkt besitzen muss beziehungsweise, die ein Benutzungserlebnis ausmachen. In ähnlicher Weise wurde von Hassenzahl et al. (Hassenzahl 2003) ein entsprechendes Modell zur Messung der *User Experience* eines Produktes entwicktelt: AttrakDiff. Es besteht aus 28 bipolaren, siebenstufigen Elementen, die zu vier Skalen mit jeweils sieben Elementen zusammengefasst werden. Es werden die folgenden vier Qualitäten untersucht: Pragmatische Qualität, Hedonische Qualität - Stimulation, Hedonische Qualität - Identität und Attraktivität. Diese Eigenschaften stellen jedoch nur einen Teil dessen dar, was das Benutzungserleben ausmacht.

Eine etwas andere Ebene betrachten McCarthy und Wright (McCarthy 2004) in ihrem Modell (siehe Abbildung 3). In ihrem Ansatz setzt sich User Experience aus vier Strängen zusammen: Kompositorisch ist Beziehung der Elemente zueinander und wie sie ein kohärentes Ganzes bilden; Sensorisch beschreibt wie sich das Produkt anfühlt; Emotional bezeichnet die Reaktionen auf das Erlebte und welche Emotionen dabei geweckt werden; Räumlich/zeitlich bezieht sich auf den Ort und die Zeit, an dem das Erlebnis stattfindet.

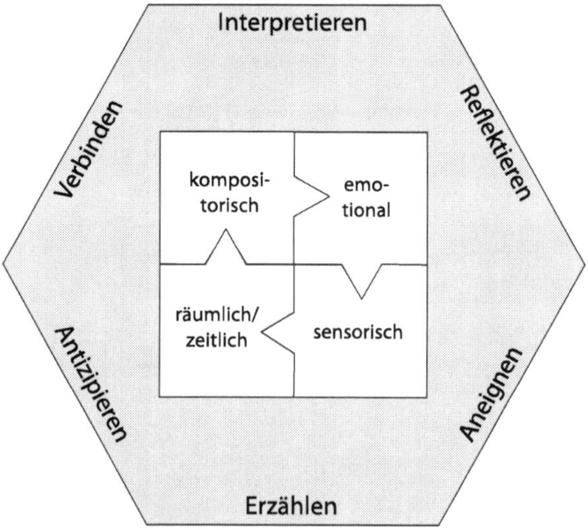

Abb. 3: Modell nach McCarthy und Wright (McCarthy 2004).

Der Benutzer bestimmt die Bedeutung des Erlebten auf sechs verschiedene Arten, dargestellt in den Ecken des Hexagons: Antizipieren vorhandener Information und Wissen, die der Benutzer vor der Benutzung hatte; Verbinden und Verknüpfen von gespeicherten Erlebnissen, in diesem Prozess findet die Bewertung des Erlebten statt. Das Interpretieren des Erlebten führt dazu, wie das Erlebnis sich weiter entwickelt, es findet statt, wenn der Benutzer sich den Sinnzusammenhang erschließt und versucht herauszufinden, was passiert; beim Reflektieren wird das bereits Erlebte evaluiert, das Ergebnis hat Auswirkungen darauf, ob und wie sich der Benutzer durch das Erlebnis verändert; Aneignung beschreibt den Prozess, in dem das Erlebte ein Teil des Benutzers wird; durch Erzählen wird in einem sozialen Prozess das Erlebte verbreitet. Dieser Ansatz formalisiert den subjektiven Charakter der *Experience* und konzentriert sich dabei auf das Zusammenspiel der einzelnen Elemente und das Endprodukt an sich.

Kort, Vermeeren und Fokker (Kort 2007) greifen Teile dieses Modells auf und erweitern es um Emotion und Design Elemente (siehe Abbildung 4). Aus ihrer Sicht interagiert ein Benutzer mit Elementen eines Produktes. Während des Verstehens beziehungsweise der Auseinandersetzung mit dem Produkt entsteht die *User Experience* und entwickelt sich kontinuierlich im Laufe der Zeit beziehungsweise der Benutzung. Für ein besseres Verständnis müssen daher Aspekte des Verstehens (Kognition) und Erlebens sowie die der Gestaltung betrachtet werden.

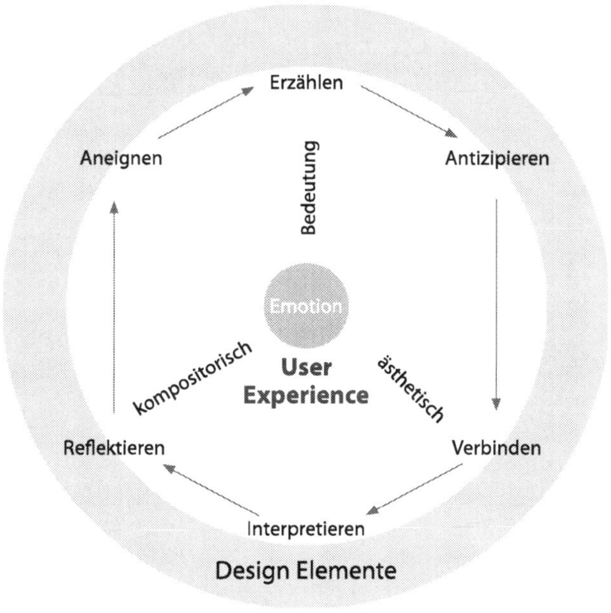

Abb. 4: Modell nach Kort, Vermeeren und Fokker (Kort 2007).

Der äußere Kreis unterscheidet die generellen Phasen in dem (nicht-linearen) Raum, die zu einer *User Experience* führen. Die drei *User Experience* Aspekte im Zentrum führen zur Emotion oder Gefühlen. Sie bestimmen, wie bestimmte Designelemente empfunden und erlebt werden (vgl. Kort 2007, S. 58ff.).

Im Vergleich zu den anderen Ansätzen, berücksichtigen diese beiden Modelle die Prozesse, die beim Erleben stattfinden. Diese beinhalten sowohl Aktivitäten vor, während und nach der Interaktion. Beide Modelle sehen die Emotion als ein zentrales Element des Benutzungserlebnisses. Doch in diesen Ansätzen werden sowohl der Benutzer, als auch der Benutzungskontext nicht berücksichtigt. Beide spielen jedoch eine entscheidende Rolle für unser Empfinden und die Interaktion mit dem Produkt.

RELATIONSMODELL FÜR DIGITAL EXPERIENCE DESIGN

Neben den vorgestellten Ansätzen, ist es jedoch nicht nur erforderlich die Meta-Ebenen zu betrachten, sondern auch die unmittelbaren Faktoren, die unsere Interaktion mit Digitalen Produkten prägen, denn das Gestalten einer *User Experience* beschäftigt sich im Wesentlichen mit Benutzern, deren Aktivitäten und dem Kontext, in dem die Interaktion stattfindet.

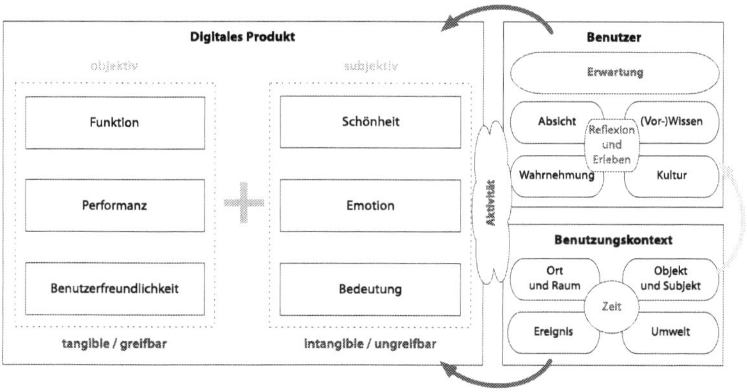

Abb. 5: DxD Relationsmodell – Zusammenhang zwischen objektiven und subjektiven Eigenschaften des Produktes, Benutzer, Benutzungskontext und Aktivität.

Wir verstehen *User Experience* daher als eine Symbiose dieser vier Grundelemente (siehe Abbildung 5). Aus diesem Grund erweitern wir den Begriff *Experience Design* um Digital zu *Digital Experience Design* (*DxD*), um auf die Verwendung eines Digitalen Produkts hinzuweisen. Die Benutzung von Digitalen

Produkten im Gegensatz zu analogen Produkten ist ausschlaggebend für die Rahmenbedingungen der Interaktion und erfährt von uns daher hohe Beachtung. Die *User Experience* eines Digitalen Produktes wird im Relationsmodell durch vier Grundelemente bestimmt und zugleich beeinflusst: die Eigenschaften des Produktes selbst, den Benutzer, die Aktivitäten und den Benutzungskontext. Das Digitale Produkt wiederum wird durch *tangible* und *intangible* Eigenschaften charakterisiert. Die Bewertung von Funktion, Performanz und Benutzerfreundlichkeit findet auf einer objektiven Ebene statt, wohingegen Schönheit, Emotion und Bedeutung subjektiv geprägt sind. In Anlehnung an Hassenzahl et al. (Hassenzahl 2003) können diese Eigenschaften auch als pragmatisch oder hedonisch bezeichnet werden.

Der Benutzer wird insbesondere von seinen Absichten (Zielen), seiner Wahrnehmung, seinem (Vor-)Wissen und seiner Kultur angetrieben. Dabei findet ständig eine (Selbst-) Reflexion beziehungsweise ein Erleben statt, bei der/dem sowohl das eigene Agieren, als auch das Erlebte bewertet und mit bisherigen Erlebnissen verglichen wird. Wesentlicher Faktor, der vom Benutzer ausgeht, sind seine Erwartungen an das Produkt. Diese können sich über die Zeit ändern. Er startet mit Erwartungen vor der Benutzung, die er durch Produktbeschreibungen, Abbildungen oder Berichte gebildet hat. Während der Benutzung können diese Erwartungen bestätigt oder nicht erfüllt werden und sich dadurch neue Erwartungen bilden. Nach der Benutzung festigt sich die erste Meinung und es entstehen neue Erwartungen für die zukünftige Nutzung oder zukünftige Produkte.

Der Benutzungskontext wird vor allem durch Orte und Räume, den darin befindlichen Objekten und Subjekten (Personen), stattfindenden Ereignissen sowie den Umwelteinflüssen (wie z. B. Licht- und Wetter) charakterisiert. Ein entscheidender Faktor, der den Benutzungskontext und die *Experience* im Allgemeinen beeinflusst, ist die Zeit. Von ihr hängen die Eigenschaften und Beschaffenheit des Benutzungskontextes sowie die Art der Aktivität ab, die sich sowohl im Laufe von Tagen, Monaten und Jahren ändern können. Dies betrifft auch die Anforderungen, die von den Benutzern gestellt werden. Aus diesem Grund gibt es keine statischen Messwerte einer *User Experience*, sondern es handelt sich um ein dynamisches Phänomen, das sich im Laufe der Zeit ändert und unsere zukünftigen Erlebnisse prägt. Der Benutzungskontext beeinflusst sowohl den Benutzer, als auch die Aktivität und das Digitale Produkt. So kann das Benutzungserleben beispielsweise durch ungünstige Lichtverhältnisse, die Reflexionen auf dem Bildschirm verursachen, getrübt, die Aktivität durch enge oder stark frequentierte Räumlichkeiten behindert und der Benutzer durch Passanten oder Objekte (z. B. Fahrzeuge im Straßenverkehr) abgelenkt werden. Eine Aktivität stellt die Verbindung zwischen dem Digitalen Produkt, dem Benutzer und dem Benutzungskontext her.

Aufgrund der Dynamik der vier Grundelemente ist die Evaluation und Analyse der *Experience* von Digitalen Produkten besonders herausfordernd. Ferner dürfen die Untersuchungen keine Momentaufnahmen darstellen, sondern müssen über einen längeren Zeitraum oder in höherer Frequenz stattfinden. Dabei spielt auch die Testgruppe eine entscheidende Rolle (stark wechselnd vs. konstant bleibend). Ein weiterer Aspekt – der jedoch in diesem Modell zunächst vernachlässigt wird – ist der Gemütszustand des Benutzers. Ist dieser gut gestimmt, wird sich dies auch auf die Bewertung des Produktes oder die Interaktion damit auswirken. Welche Herausforderungen und Möglichkeiten der Evaluation bestehen, wird im nächsten Abschnitt beschrieben.

EVALUATION DIGITALER EXPERIENCE

Das in diesem Beitrag vorgestellte Relationsmodell beschreibt konkret relevante Bereiche und deren ausschlaggebende Faktoren, die das Benutzungserleben beeinflussen. Für die Evaluation der *Usability* Digitaler Systeme sowie physischer Produkte existieren diverse bewehrte Methoden und Hilfsmittel. Obwohl *Design for Experience* in Industrie sowie akademischen Einrichtungen zunehmend an Bedeutung gewinnt, basieren die Entwicklungs- und Evaluationspraktiken häufig noch stark auf klassischen *Usability*-Methoden. Bei der Identifizierung von Evaluationsmethoden für *User Experience* ist zudem die bislang fehlende, allgemeingültige Definition von *User Experience* eines der Hauptprobleme (Väänänen-Vainio-Mattila 2008). Eine Definition dessen, was gemessen werden soll, ist die Basis für die Komposition der richtigen Vorgehensweise.

Betrachtet man nun die Evaluation von *User Experience* bei be-greifbarer Interaktion, erfordert diese über die beschriebenen Einflüsse hinaus unter anderem gleichzeitig die Berücksichtigung des Erlebens des Physischen sowie des Digitalen, somit der Körperlichkeit und Abstraktheit, und deren Zusammenwirken. Begreifbare Interaktion ist darüber hinaus geprägt durch konkrete physische Manipulation, die auch die Sinne mit einbezieht, kognitive Prozesse und die Umgebung bzw. den Kontext des Umgangs. Vielfach wird betont, dass Evaluationsmethoden empirische Aspekte enthalten, wiederholbar und vergleichbar sowie in iterativen Entwicklungsmethoden anwendbar sein müssen. Produkte sollen von frühen Prototypen bis hin zur Markeinführung in Bezug auf *User Experience* bewertbar sein. Diesbezüglich betonen existierende Ansätze (vgl. Zimmermann 2008, Hassenzahl 2010, Roto 2009) die Dringlichkeit *User Experience* Evaluation bereits in frühen Entwicklungsphasen durchzuführen. Dabei sollten vermehrt Rapid-Prototypen in den iterativen Entwicklungsprozess einbezogen werden, um so schneller aussagekräftige Ergebnisse zu erhalten. In diesem Zusammenhang wurde von Krannich ein toolbasiertes Vorgehensmodell zum *Rapid-Prototyping* und *Usability-Testing* entwickelt, das auch für das Explorieren der *User Experience* eingesetzt werden könnte (vgl. Krannich 2010). Mit derartigen Ansätzen könnte auch der Zusammenhang aus Physikalität und Realismus bei Digitalen Produkten erforscht werden.

Bisherige Evaluationsmethoden und Hilfsmittel zur Erfassung von *User Experience* sind zum großen Teil noch unausgereift (Obrist 2009), insbesondere bei be-greifbarer Interaktion. Es gibt einige Methoden die erfolgreich einzelne Aspekte von *User Experience* erfassen. Eine darauf aufbauende Herausforderung ist nun die Integration mehrerer Methoden, um diverse Faktoren simultan messen zu können. *User Experience* ist zudem multidisziplinär und fordert neben der Berücksichtigung diverser Aspekte einer *Experience* bei be-greifbarer Interaktion auch das Heranziehen von Ansätzen aus unterschiedlichen Disziplinen.

Kozlov et al. (Kozlov 2007) stellen eine bereits bewehrte Methode vor bei der besonderer Wert auf einen persönlichen Nutzungskontext und die Ganzheitlichkeit einer *Experience* im Zeitablauf gesetzt wird. Folgende fünf Phasen bilden die Grundlage des Evaluationsmodells: „(1) Creating a personalized space, (2) investigating expectations and impressions, and interacting with the experience demonstrator, (3) putting the solution into a broader context, (4) exploring the meaning of the solution, (5) triggering and eliciting memory aspects." (Kozlov 2007) Die *User Experience* wird hierbei durch Beobachtung und Befragung der Probanden vor, während und (zwei Wochen) nach der Interaktion mit einem Produkt bewertet. Für Verständnis und Analyse des Benutzerfeedbacks wird dieses in drei Level eingeordnet: emotionales Level, rationales Level und Interaktionslevel. Ein grundlegendes Problem, das mit diesem Ansatz zu mildern versucht wird ist, dass viele Methoden zur Evaluation von *User Experience* auf Selbstbeurteilungen von Benutzern beruhen, wobei sich nicht nur das Problem ergibt, dass persönliche Erlebnisse nicht einfach zu fassen und auszudrücken sind, sondern auch dass diese für hypothetische Szenarien schwer vorherzusagen und zu vergleichen sind, vor allem wenn sie zeitlich auseinander liegen (Schultz 1978, Isomursu 2008).

Auch Isomursu (2008) geht auf diese Problemlage ein und vertritt die Hypothese, dass unter Berücksichtigung folgender drei Faktoren ein verlässliches Verständnis einer *User Experience* gewonnen werden kann: „(1) evaluating user experience in a situation as close to actual usage situation as possible for avoiding the need for users to imagine or predict their experiences in a hypothetical situation, (2) collecting information and description of the experience at the time it happens for avoiding the need to rely on the memories of the user in describing the experience, and (3) using the direct subjective information given by the person having the experience for defining and measuring the experience." (Isomursu 2008) Wie Kozlov et al. unterstreicht auch Isomursu die Notwendigkeit *User Experience* in vier Phasen zu messen, wobei jede dieser Phasen ihre spezifischen Ziele, Foki sowie Anforderungen an die Evaluationsmethoden hat.

Heimonen et al. (Heimonen 2008) stellen eine Methode vor, die durch „forced choice" Aufschluss über die impliziten sowie expliziten Bevorzugungen der Benutzer geben soll und erfasst damit subjektives sowie gebrauchsbasiertes Feedback. Dies kann in Bezug auf *User Experience* Einflussfaktoren darlegen, die dem Benutzer nicht direkt bewusst sind. Um einige Nachteile subjektiver Berichte der Benutzer bei der Evaluation einer *Experience* zu kompensieren, weisen Ganglbauer et al. (Ganglbauer 2009) auf die Potentiale psychologischer Methoden hin, die bereits erfolgreich bei der *Usability*-Messung verwendet werden. Im Bereich der *User Experience* Evaluation steht die Psychologie jedoch noch in einer frühen Entwicklungsphase und erfordert weitere methodische sowie technologische Entwicklungen, um den Ansprüchen von *User Experience* Evaluation gerecht zu werden (Ganglbauer 2009).

Zusammenfassend geht die Evaluation von *User Experience* weit über die klassische *Usability* hinaus und stellt besonders durch die Subjektivität und Dynamik neue Anforderungen an Evaluationsmethoden. Wir stellen fünf generelle Anforderungen an die Evaluation des Benutzungserlebens im Sinne des *DxD* Relationsmodells:

1. Kombination von objektiver und subjektiver Evaluation: Die Auswahl der Methoden hängt stark von den entsprechenden digitalen Produkten, Aktivitäten, Benutzern und dem Benutzungskontext ab. Darüber hinaus stellt sich die Frage, inwiefern objektive und subjektive Ergebnis korrespondieren.

2. Kontinuierliche Evaluation und Benutzerhistorie: Da sich die *User Experience* über einen Zeitraum ändert, ist es erforderlich die Evaluation kontinuierlich durchzuführen, d. h. bereits vor der Benutzung des Produkts müssen Erkenntnisse über die bisherigen Erlebnisse des Benutzers gesammelt werden – hier wäre es auch denkbar Methoden der Biographieforschung einzusetzen (vgl. Rosenthal 1995, 2005) – um die getätigten Aussagen und das Beobachtete besser verstehen zu können. Die kontinuierliche Evaluation sollte bereits während der Produktentwicklung eingesetzt werden. Dieser Punkt schließt auch die Retrospektive ein, siehe nächster Punkt.

3. Erwartete, gegenwärtige und reflektierte User Experience: Vor der Benutzung eines Produktes hat der Benutzer eine bestimmte Erwartung, die Gegenwärtige *Experience* beschreibt die unmittelbaren (zu beobachtenden) Eindrücke und Reaktionen während der Benutzung und die Reflektierte *Experience* (Retrospektive) beschreibt das Erlebnis distanziert nach einer gewissen Zeit, in der die Eindrücke verarbeitet und bewertet wurden. Die erwartete *Experience* beeinflusst die gegenwärtige *Experience*. Bei der Evaluation ist es daher erforderlich alle drei Zustände gleichermaßen zu betrachten. Beispiel: Ein Benutzer hat von einem Produkt und seinen innovativen Funktionen gehört, er kauft dieses Produkt und benutzt es. Während seiner ersten Erfahrungen mit dem Produkt ist er vollkommen überwältigt und begeistert. Nach mehrmaligem Gebrauch stellt er jedoch fest, dass dieses Produkt Mängel aufweist und bestimmte Funktionen nicht so umgesetzt wurden, wie er es anfangs erwartet hat. Dieser Punkt ist eng mit der Kontinuierlichen Evaluation verbunden.

4. Zeit und Benutzungskontext: Der zeitliche Faktor beeinflusst insbesondere den Benutzer, die Aktivitäten und den Benutzungskontext. Bei der Evaluation muss der Benutzungskontext berücksichtigt werden, da dieser maßgeblich die Interaktion beeinflusst. Ein Verständnis des Benutzungskontextes kann z. B. durch *Contextual Inquiries* (vgl. Beyer 1998) erreicht werden.

5. Umfang der Evaluation: Bei der Vorbereitung der Evaluation sollte festgelegt werden, ob ein einzelner Aspekt (wie z. B. ein Tastendruck), eine einzelne Funktion oder das Erreichen eines Zieles erforscht werden soll. Abhängig davon sind entsprechende *(Rapid-)Prototypen* anzufertigen und Evaluationsmethoden auszuwählen.

Im Folgenden soll ein praktisches Beispiel illustrieren, wie *UxD* als Motivator im Bildungskontext eingesetzt werden kann.

EIN BEISPIEL FÜR DIGITAL EXPERIENCE DESIGN

Das Projekt *Der Schwarm* zielt auf das Erleben und Be-Greifen von abstrakten technologischen Prinzipien ab. Neben Workshops mit Heranwachsenden und Erwachsenen, gehören Kinder zu der Hauptzielgruppe. In diesem Zusammenhang betonen Druin und Hourcade die Bedeutung von Technologie im Alltag von Kindern und dessen Potential für deren Entwicklung und motivieren so das Forschungsfeld *Interaction Design and Children.*

> „Today's technologies are shaping the way children live, learn, and play. Technologies can provide a wealth of meaningful new experiences and support children's exploration of their neighborhoods, other cultures, and even the universe. Technologies are changing what it means for children to read a book, play a game, or listen to music. Innovative tools can also foster communication, collaboration, storytelling, and creativity among children." (Druin 2005, S. 32)

Solche Lernprozesse sind für Kinder eine nicht reproduzierbare, nachhaltige Erfahrung und können so als *User Experience* gesehen werden. Die Gesamtheit dieses spielerischen Lernvorganges betrachten wir demnach als *User Experience* im Sinne des *DxD*. Die Motivation von Resnicks Verständnis von *Playful Learning* (Resnick 2004) zeigt Analogien aus unserer Sicht zur *User Experience* und wird hier als Beispiel für ein Anwendungsgebiet von *DxD* angeführt. Price et al. haben ein Konzept erarbeitet um ein erfolgreiches *Playful Learning* zu ermöglichen. Neben dem Spaß, der gemeinhin als wichtiger Faktor in der Kindesentwicklung genannt wird (Clements 1995), gehören für Price et al. fünf weitere Kriterien dazu (Price 2003, S. 170): 1.) *Exploration through interaction*, 2.) *Engagement*, 3.) *Reflection, Imagination*, 4.) *Creativity and thinking at different levels of abstraction* und 5.) *Collaboration*. Die Punkte 2, 3 und 4 sind bei Ackermanns (1996) Verständnis von komplexem Lernen ebenfalls zu finden. Das Engagement kann Indikator für eine *User Experience* sein. Generell ist hier auch eine Verbindung zu *Emotional Design* nach Norman zu ziehen, da zur Generierung einer *User Experience* die Kognitions- und Emotionsebene stimuliert werden muss.

„Beauty and brains, pleasure and usability — they should go hand in hand. That's the message of ‚Emotional Design'." (Norman 2004a, S. 1)

Die Validität ihres Konzepts haben Price et al. im Umgang von Kindern mit *Tangibles* überprüft. Die fünf Kriterien sind ebenfalls in Lernumgebungen ohne den Einsatz von *Tangibles* zu finden und daher vermutlich allgemeiner anwendbar. *Tangibles* können jedoch als Beispiel zur Erfüllung der Kriterien dienen. Der Begriff *Tangible User Interface* (*TUI*) wurde erstmals von Ishii und Ullmer genannt.

„To make computing truly ubiquitous and invisible, we seek to establish a new type of HCI that we call „Tangible User Interfaces" (TUIs). TUIs will augment the real physical world by coupling digital information to everyday physical objects and environments." (Ishii 1997, S. 235)

Um das Design der Interaktion statt dem *TUI*-Design in den Vordergrund zu bringen, schlagen Hornecker und Buur den Begriff *Tangible Interaction* vor und erweitern damit die Definition von *TUIs* (Shaer 2010).

„Tangible interaction, as we understand it, encompasses a broad range of systems and interfaces relying on embodied interaction, tangible manipulation and physical representation (of data), embeddedness in real space and digitally augmenting physical spaces." (Hornecker 2006, S. 438)

Ein Beispiel für *Tangible Interaction*, bei der eine *User Experience* Generierung förderlich für den Lernerfolg von Kindern ist, ist die Installation *Der Schwarm*. Freie Körperbewegung wird vom System erkannt und eine Reaktion berechnet, die als schwärmende Lichtpunkte auf den Boden der Aktionsfläche projiziert wird und/oder auditiv ausgegeben wird. *Der Schwarm* aus Lichtpunkten hat unterschiedliche Verhaltensmuster, er folgt, umkreist oder flieht, abhängig von der körperlichen Aktivität des Akteurs. Die semantische Gestaltung und das reaktive Verhalten des Lichtpunkteschwarms schaffen eine bedeutungstragende, nicht reproduzierbare Umgebung und erzeugen *User Experience* (Hashagen 2008). Die Wirkung der körperbasierten Interaktion auf das abstrakte Denkvermögen am Beispiel Algorithmik wurde in einer Vergleichsstudie mit herkömmlicher über Maus und Tastatur bedienbarer Software in Workshops untersucht. Das Ergebnis zeigt eine immersiv wahrgenommene Interaktion mit der Installation und eine lernförderliche Gruppenarbeit mit der Software (Hashagen 2009). Aussagen der Kinder wie „mir hat der Kopf gedampft", „das kitzelt wenn die auf mich krabbeln" und „wir haben probiert einen Schwarm zu bilden, und haben's auch geschafft" zeigen, dass bei beiden Gruppen eine *User Experience* erzeugt werden konnte. Bezugnehmend auf das *DxD* Relationsmodell kommt dem Digitalen Produkt (der Installation *Der Schwarm*), dem Benutzer (Akteur), dem Benutzungskontext (geschlossener Interaktionsraum) und der Aktivität (freie Körperbewegung) derselbe Stellenwert zu. Das Digitale Produkt wird von den Benutzern sowohl als Digitales Medium als auch als eigenständig agierendes Wesen wahrgenommen. Dies macht die Aktivität und Aussagen auf Meta-Ebene (z.B. Zwischenrufe) des Benutzers mit dem Digitalen Produkt deutlich. Der Benutzungskontext ist bei der Installation geschlossen gestaltet, sodass keine Abhängigkeiten zu äußeren Faktoren – im Gegensatz zur Verwendung von Mobilen System – die *User Experience* beeinflussen.

FAZIT UND AUSBLICK

In diesem Kapitel wurden die Grundlagen des *Experience Designs* vorgestellt. Es wurden verschiedene Strömungen betrachtet und neue Perspektiven aufgezeigt, die zur erfolgreichen Erzeugung von Erlebnissen von Bedeutung sind. Darüber hinaus wurde betrachtet wie *Experience* evaluiert werden kann und welche Faktoren dabei speziell berücksichtigt werden müssen. In dem Beispiel *Der Schwarm* wurde verdeutlicht, wie *DxD* als Motivator zur Auseinandersetzung mit Digitalen Medien eingesetzt werden kann.

Aus den bisherigen Ansätzen wurde der Begriff *Digital Experience Design* eingeführt und ein Relationsmodell entwickelt, das den Zusammenhang der vier Grundelemente objektive und subjektive Produkteigenschaften, Benutzer, Benutzungskontext und Aktivität darstellt. Fünf generelle Anforderungen für die Evaluation der *User Experience* erweitern das *DxD* Relationsmodell. Das Verständnis und die Evaluation von *DxD* benötigen standardisierte Methoden, um das Handeln der Menschen mit Digitalen Produkten verstehen und innovative Produkte für die Zukunft entwickeln zu können.

LITERATUR

Ackermann, E. 1996: Perspective-Taking and Object Construction: Two Keys to Learning. In: Kafai, Y., Resnick, M. (Hrsg.): Constructionism in Practice: Designing, Thinking, and Learning in a Digital World. Mahwah, NJ, USA: Lawrence Erlbaum, S. 25-35

Anderson, R. 2000: Organizational limits to HCI: conversations with Don Norman and Janice Rohn. In: Interactions 7(3), S. 36–60

Arnowitz, J. und Dykstra-Erickson, E., editors (2007). Interactions: Business leader- ship and the UX manager, volume 14. ACM Press, New York, NY, USA.

Beyer, H., Holtzblatt, K. 1998: Contextual Design: Defining Customer-Centered Systems. San Francisco: Morgan Kaufmann

Clements, D. 1995: Playing with Computers, Playing with Ideas. In: Educational Psychology Review 7 (2), S. 203-207

Dix, A. 2003: Deconstructing Experience: Pulling Crackers Apart. In: Blythe, M. A., Monk, A. F., Overbeeke, K., Wright, P. C. (Hrsg.): Funology: From Usability to Enjoyment, In: Human-Computer Interaction Series, 3, Kluwer Academic Publishers, S. 165-178

Druin, A., Hourcade, J. P. 2005: Interaction Design and Children: Introduction. In: Communications of the ACM 48, 1, S. 32-34

Duden Online 2011. Mannheim: Bibliographisches Institut GmbH, Dudenverlag. http://www.duden.de/rechtschreibung/erleben

Edwards, E. C. Kasik, D. J. 1974: User Experience With the CYBER Graphics Terminal. In: Proceedings of VIM-21 October, 1974, S. 284-286

Forlizzi, J., Battarbee, K. 2004: Understanding Experience in Interactive Systems. In: Proceedings of DIS 2004 Conference on Designing Interactive Systems: Processes, Practices, Methods and Techniques. Cambridge, MA: ACM Press, S. 261-268

Gamez, E. H. C. 2009: On the Core Elements of the Experience of Playing Video Games. Dissertation, UCL Interaction Centre Department of Computer Science.

Ganglbauer, E., Schrammel, J., Deutsch, S., Tscheligi, M. 2009: Applying Psychophysiological Methods for Measuring User Experience: Possibilities,

Challenges, and Feasibility. In: Proc. User Experience Evaluation Methods in Product Development workshop. Uppsala, Sweden, August 25, 2009.

Garrett, J. 2002: The Elements of User Experience: User-Centered Design for the Web. Indianapolis: Peachpit Press, New Riders

Hashagen, A., Persina, R., Volkmann, G. und Schelhowe, H. 2008: „Der Schwarm" - Körpererfahrung und Algorithmik. In: Herczeg, M., Kindsmüller, M. C. (Hrsg.): Mensch & Computer 2008. München: Oldenbourg, S. 227-236

Hashagen, A., Büching, C., Schelhowe, H. 2009: Learning Abstract Concepts through Bodily Engagement: a Comparative, Qualitative Study, Proceedings of the 8th International Conference on Interaction Design and Children. New York, NY: ACM Press, S. 234-237

Hassenzahl, M., Burmester, M., Koller, F. 2003: AttrakDiff: Ein Fragebogen zur Messung wahrgenommener hedonischer und pragmatischer Qualität In: J. Ziegler, G. Szwillus (Hrsg.): Mensch & Computer 2003. Interaktion in Bewegung. Stuttgart, Leipzig: B.G. Teubner, S. 187-196

Hassenzahl, M., Law, E. L.-C., Hvannberg, E. T. 2006: User Experience – Towards a Unified View. In: Proceedings of NorciCHI. The Fourth Nordic Conference on Human-Computer Interaction. Oslo, S. 1-3

Hassenzahl, M. 2010: Experience Design: Technology for All the Right Reasons. Morgan & Claypool.

Heimonen, T., Aula, A., Hutchinson, H., Granka, L. 2008: Comparing the User Experience of Search User Interface Designs. In: Proceedings of User Experience Evaluation Methods in Product Development (UXEM '08). Workshop in CHI'08 conference, Florence, Italy, April 05th. http://www.cs.tut.fi/ihte/CHI08_workshop/papers.shtml

Hewett, T. T., Baecker, R., Card, S., Carey, T., Gasen, J., Mantei, M. Perlman, G., Strong, G., und Verplank, W. 1992: ACM SIGCHI curricula for human-computer interaction. In: Report of the ACM SIGCHI Curriculum Development Group. New York, NY: ACM.

Hornecker, E., Buur, J. 2006: Getting a Grip on Tangible Interaction: A Framework on Physical Space and Social Interaction. In: Proceedings of ACM CHI 2006 Conference on Human Factors in Computing Systems 2006. New York, NY: ACM Press, S. 437-446

Ishii, H., Ullmer, B. 1997: Tangible Bits: Towards Seamless Interfaces between People, Bits and Atoms. In: Pemberton, S. (Hrsg.): Proceedings of the ACM CHI 97 Human Factors in Computing Systems Conference March 22-27. New York, NY: ACM Press, S. 234-241

ISO DIN 9241-210. 2008: Ergonomics of humansystem interaction - Part 210: Human-centred design for interactive systems (formerly known as 13407). International Standardization Organization (ISO). Switzerland.

Isomursu, M. 2008: User experience evaluation with experimental pilots. In: Proceedings of ACM CHI 2008 workshop „Now Let's Do It in Practice: User Experience Evaluation Methods in Product Development."

Jung, C. G. 1995: Definitionen. In: Gesammelte Werke. Walter-Verlag, Sonderausgabe, Band 6, S. 456 ff.

Kano, N. 1984: Attractive Quality and Must-be Quality. In: Journal of the Japanese Society for Quality Control 4, S. 39-48

Kay, A. 1990: User Interface: A Personal View. In: Laurel B. (Hrsg.): The Art of Human-Computer Interface Design. Reading, MA: Addison-Wesley, S. 191-207

Kort, J., Vermeeren, A., Fokker, J.E. 2007: Conceptualizing and Measuring User eXperience. In Law, E., Vermeeren, A., Hassenzahl, M., Blythe M. (Hrsg.): COST294-MAUSE affiliated workshop. Towards a UX Manifesto, Lancaster, UK, 3rd September, S. 57-64. http://141.115.28.2/cost294/upload/506.pdf

Kozlov, S., Rameckers, L., Schots, P. 2007: People research for experience design: Generating great stories – new product development. Philips Design, Netherlands.

Krannich, D. 2010: Mobile Usability Testing – Ein toolbasiertes Vorgehensmodell zum Rapid-Prototyping und Usability Testing von Mobilen Systemen im originären Benutzungskontext. Dissertation. Universität Bremen. http://elib.suub.uni-bremen.de/diss/docs/00011859.pdf

Morville, P. 2004: User Experience Design – The User Experience Honeycomb, Artikel vom June 21, 2004. http://www.semanticstudios.com/publications/semantics/000029.php (02.07.2010)

Norman, D. A. 2004a: Emotional Design. Ubiquity, January 2004. New York, NW: ACM Press. S. 1-1.

Norman, D. A. 2004b: Emotional Design: Why We Love (or Hate) Everyday Things. New York, NY: Basic Books.

Obrist, M., Roto, V., Väänänen-Vainio-Mattila, K. 2009: User Experience Evaluation – Do You Know Which Method to Use? In: Proc. CHI'09, ACM SIGCHI conference on Human Factors in Computing Systems.

Price, S., Rogers, Y., Scaife, M., Stanton, D., Neale, H. 2003: Using 'tangibles' to Promote Novel Forms of Playful Learning'. In: Interacting with Computers 15 (2), S. 169-185

Resnick, M. 2004: Edutainment? No Thanks. I Prefer Playful Learning. In: Associazione Civita Report on Edutainment (1)1, S. 2-4

Revang, M. 2007: The User Experience Wheel. Artikel vom 17.04.2007. http://userexperienceproject.blogspot.com/2007/04/user-experience-wheel.html (letzter Aufruf 10.07.2010)

Rosenthal, G. 1995: Erlebte und erzählte Lebensgeschichte: Gestalt und Struktur biographischer Selbstbeschreibungen. Frankfurt: Campus Verlag.

Rosenthal, G. 2005: Interpretative Sozialforschung: Eine Einführung. 2., korrigierte Auflage. Weinheim: Juventa.

Roto, V. 2007: User Experience from Product Creation Perspective. In Law, E., Vermeeren, A., Hassenzahl, M., Blythe M. (Hrsg.): COST294-MAUSE affiliated workshop. Towards a UX Manifesto, Lancaster, UK, 3rd September, S. 31-34. http://citeseerx.ist.psu.edu/viewdoc/download?doi=10.1.1.146.4319&rep=rep1&type=pdf

Roto, V., Obrist, M., Väänänen-Vainio-Mattila, K. 2009: User Experience Evaluation Methods in Academic and Industrial Contexts. In: User Experience Evaluation Methods in Product Development (UXEM'09). Workshop in Interact'09 conference, Uppsala, Sweden, August 25th

Sarodnick, F., Brau, H. 2006: Methoden der Usability Evaluation – Wissenschaftliche Grundlagen und praktische Anwendung. Bern: Huber.

Schmitt, B. 1999: Experimental marketing: how to get customer to sense, feel, think, act, and relate to your company and brands. New York, NY: Free Press.

Schultz, R., Hanusa, B. 1978: Longterm effects of control and predictability enhancing interventions: Findings and ethical issues. In: Journal of personality and social psychology 36, S. 1194-1201.

Shaer, O., Hornecker, E. 2010: Tangible User Interfaces: Past, Present, and Future Directions. In: Foundations and Trends in Human-Computer Interaction 3, 1–2, S. 1-137

Spolsky, J. 2001: User Interface Design for Programmers. Apress.

Väänänen-Vainio-Mattila, K., Roto, V., Hassenzahl, M. 2008: Towards Practical User Experience Evaluation Methods. In: 5th COST294-MAUSE Open Workshop on Valid Useful User Experience Measurement (VUUM). Reykjavik, Island.

Wissen.de 2010. München: wissenmedia in der inmediaONE] GmbH. http://wissen.de/wde/generator/wissen/ressorts/gesundheit/medizin/index,page=1093928.html

Zimmermann, P. G. 2008: Beyond Usability – Measuring Aspects of User Experience, Dissertation, Swiss Federal Institute of Technology, Zürich.

Zur Gestaltung be-greifbarer Mensch-Maschine-Schnittstellen

JENS GEELHAAR

VORBEMERKUNG

Das Desiderat ist ein noch nicht materiell existenter Wunschgegenstand. Etwas, das uns fehlt bzw. eigentlich schon immer benötigt wird oder dessen Existenz wir uns bewusst oder unbewusst wünschen. Ich möchte, ohne dieses weiter zu belegen, einfach behaupten, dass alle kreativen Berufe, und dazu gehören auch die Ingenieurwissenschaften, immer auf der Suche nach diesen Desideraten waren und sind. Wunschgegenstände, die für den Menschen nützlich und hilfreich sein können. Ob diese „Erfindungen" wirklich immer notwendig waren oder einfach nur unserem Vergnügen dienten, muss an anderer Stelle verhandelt werden.

Mit der zunehmenden Verbreitung von *Smartphones* sind wir dem von Mark Weiser prognostizierten „verschwindenden" Computer einen deutlichen Schritt näher gekommen (vgl. Weiser 1998, Norman 1998). Mit der Miniaturisierung ergibt sich für die Mensch-Maschine Kommunikation jedoch das Problem der ebenso „verschwindenden" Ein- und Ausgabemedien. Ganz ist er aber noch nicht verschwunden, der Bildschirm, das hauptsächliche Ausgabemedium. Er ist zwar deutlich kleiner geworden, ist aber nach wie vor vorhanden und für die Benutzung aktueller *Smartphones* sogar von zentraler Bedeutung. Grundprinzipien der visuellen Kommunikation behalten also weiterhin ihre Gültigkeit.

Mit der Miniaturisierung werden auch die Eingabegeräte Tastatur und Maus zunehmend unbrauchbar. Die Notwendigkeit für greifbare und be-greifbare Schnittstellen liegt auf der Hand.

Mit einer erweiterten Definition des Begriffs der *Tangible Interaction* im Sinne einer Synthese bisheriger Begrifflichkeiten wie z.B. *Graspable Interfaces* (Fitzmaurice 1996) oder *Tangible Interaction* (Ullmer 2000) verbinden Hornecker und Buur verschiedene Arbeitsansätze und Methoden aus der Informatik und der Kunst bzw. Gestaltung (vgl. Hornecker 2006). Der Begriff der „begreifbaren" Interaktion setzt hier an und beinhaltet aus meiner Sicht noch etwas anderes, was sich insbesondere in der Qualität des Wortspiels versteckt, die im englischen Begriff nicht vorhanden ist. Es ist das intuitive Verstehen im Sinne eines kognitiven Prozesses, der durch die sensorische Erfahrung unterstützt oder sogar ersetzt werden kann. Aus der gestalterischen Perspektive müssen bei der be-greifbaren Interaktion neben der haptischen Dimension (Produktdesign) weiterhin auch die visuelle Qualität (visuelle Kommunikation) sowie kognitive Prozesse berücksichtigt werden. Bei mobilen Anwendungen bzw. Geräten treten die Dimensionen des Ortes und des Kontexts hinzu.

Im vorliegenden Beitrag wurde eine Perspektive gewählt, die eine praxisnahe Beschreibung erlauben soll. Der Beitrag gliedert sich in vier grundlegende Abschnitte, die sich beschäftigen mit:

- der Sphäre der Bedürfnisse
- der Welt der visuellen Oberflächen
- *Smarten* Mobilgeräten
- den „*tangiblen*" Schnittstellen

Am Ende steht ein Vorschlag für eine Methode zur Gestaltung von be-greifbaren Schnittstellen.

DIE SPHÄRE DER BEDÜRFNISSE ODER „ALL YOU NEED IS LOVE"

Glauben wir dem Titel des Beatleslieds „*All you need is love*", so können wir problemlos den Erfolg von *Dating* Websites darauf zurückführen, dass wir auf diese Art von Anwendungen schon immer gewartet haben. Ich möchte behaupten, dass sich Technologien, die uns bei der Erfüllung von Bedürfnissen unterstützen, letztendlich auf dem Markt durchsetzen.

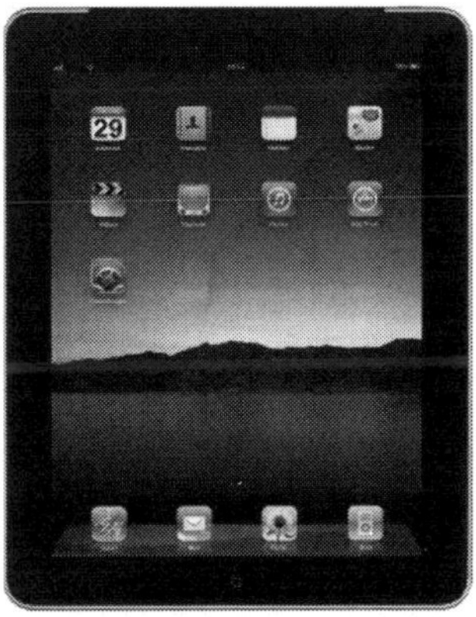

Abbildung 1: Apples iPad, Quelle: www.3gstore.de

Welche Bedürfnisse erfüllt z.B. das *iPad*? Eigentlich ist das *iPad* selbst gar nicht das entscheidende Objekt. *Touchpads* gab es auch schon vorher. Entscheidend scheint vielmehr die Verbindung zum Apple Universum mit *iTunes* und seinen Inhalten, dem *Apps- und iBookstore* sowie die herausragende *User Experience* zu sein (vgl. Cusumano 2010). Es geht also um mehr als nur um Funktion und Bedienbarkeit – es geht um die Unterstützung und Erfüllung von Bedürfnissen.

Am Ausgangspunkt jeder Gestaltung soll eine Analyse von Bedürfnissen der zukünftigen Anwender und Nutzer stehen. Also noch bevor darüber nachgedacht wird, wie das eigentliche Produkt aussehen soll und welche Funktionen es erfüllen soll. So einfach das klingt, diese Analyse wird doch häufig vernachlässigt oder nur aus sehr einseitigen Blickwinkeln unternommen – zum Beispiel lediglich aus der Perspektive des technisch Machbaren, der interessanten Gestaltung oder der Perspektive des zu erreichenden Ziels.

Im Folgenden sollen vier verschiedene Methoden zur Ermittlung und Analyse von Bedürfnissen vorgeschlagen werden:

1) Die Verbindung eines technikhistorischen Rückblicks mit der Analyse der zugehörigen kulturellen Praktiken

Der technikhistorische Rückblick ist hier nicht im Sinne einer *State-of-the-art* Beschreibung gedacht. Er soll vielmehr den Blick weiten und eine Sensibilisierung für die unterschiedlichen Qualitäten von Bedürfnissen ermöglichen. Viele Dinge sind so in unsere tägliche Lebenswelt integriert, dass wir sie nicht mehr bewusst wahrnehmen. Erst ihr Fehlen macht uns auf ihre Qualitäten aufmerksam. Der Blick in die Vergangenheit kann hier hilfreich sein. Erinnern wir uns kurz an die Zeit ohne E-mail, *WWW* und Mobiltelefone und daran, wie sich unser Umgang mit digitalen Medien seitdem verändert hat.

Hierzu werden in den folgenden beiden Tabellen exemplarisch zwei zentrale Technologien der letzten Jahrzehnte herausgegriffen - das Mobiltelefon und das *World Wide Web*. Diese technologischen Entwicklungen werden mit Beispielen von veränderten kulturellen Praktiken und räumlichen Zusammenhängen in Verbindung gebracht, um im Rückblick Fragen zur Erfüllung von Bedürfnissen zu untersuchen. Die Bedürfnisse werden bei der Beantwortung von Fragen wie „Warum wird heute überall telefoniert?“ oder „Habe ich wirklich Freunde bei Facebook?“ sichtbar.

Abbildung 2: Analoges Telefon, Quelle: Holger Ellgaard, http://upload.wikimedia.org/wikipedia/commons/0/05/Dialog_gr_1972.jpg

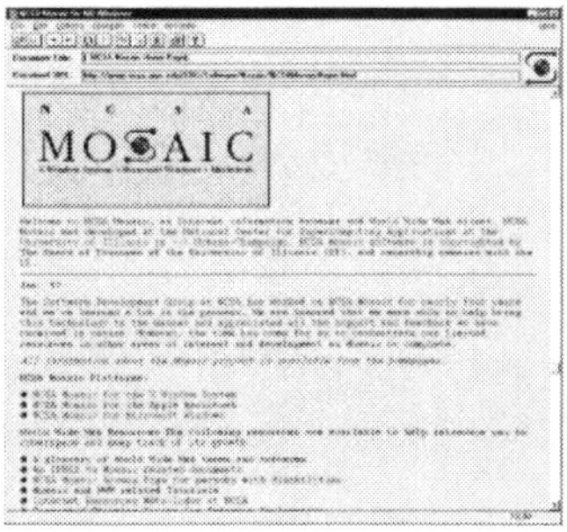

Abbildung 3: Screenshot des NCSA Mosaic Browsers, NCSA/University of Illinois, http://www.ncsa.Illinois.edu/News/Images/

Mit der rasanten Entwicklung des *World Wide Web* entwickelte sich seit 1993 eine weitere Ära der Kommunikation.

Das *World Wide Web* wurde in den 1990er Jahren als hauptsächlicher Auslöser für den Wandel von der Industrie- zur digitalen Informationsgesellschaft diskutiert. Die Vermittlung von Inhalten, Distributions- und Wertschöpfungsketten sowie soziale Verhaltensweisen wurden stark durch diese Technologien verändert.

Die Frage, ob das *World Wide Web* nur so erfolgreich ist, weil es ein Ausdruck unserer Sehnsucht nach Kommunikation und Information ist, habe ich mir 1994 das erste Mal bewusst gestellt.

	1990	**2010**
Telefon	Überwiegend Festnetz	Überwiegend Mobil
	Der Ort des telefonischen Gesprächs ist an den Ort des Anschlusses gebunden.	Der Ort des telefonischen Gesprächs wird nicht durch die Technologie bestimmt und ist nahezu beliebig.
	Unterwegs reißt der Kontakt ab.	Mit den mobilen Telefonen sind wir kontinuierlich mit unserem sozialen, privaten und beruflichen Umfeld verbunden und in ein digitales Netzwerk eingebunden.
	Eine „Ortung" ist ohne aktives Zutun nicht möglich.	Eine Geräteortung ist möglich und erlaubt ortsbasierte Dienste. Zugleich ist es möglich, Bewegungsprofile der Nutzer zu erstellen.

Tabelle 1: Gegenüberstellung der Entwicklung des Telefons mit kulturellen, räumlichen und sozialen Qualitäten

	1990	2010
World Wide Web	Information werden hauptsächlich in gedruckter Form verbreitet	Informationen werden hauptsächlich digital übermittelt. Das *WWW* ersetzt zunehmend die Bibliothek und ihre Medien und stellt uns diese am Arbeitsplatz und im privaten Umfeld zur Verfügung.
	Der Ort der Information ist die Bibliothek	Der Ort der Information ist bis Ende der 1990er Jahre hauptsächlich der Ort des *Desktop*-Computers. *„Information at your fingertips"* Heute sind die Informationen auch unterwegs abrufbar. „Ubiquitäre Information"
	Soziale und berufliche Kontakte sind stark an die physische Präsenz der Personen gekoppelt. Sie werden durch persönlichen Kontakt, Briefe oder Telefon gepflegt.	Private und berufliche Kontakte werden zunehmend über digitale Dienste gepflegt. (E-mail, Skype, Facebook, Xing, ...) Soziale Netzwerke werden mit den Möglichkeiten des digitalen Raums erweitert (Skype, Facebook, ...). Auch die Pflege von entfernten Kontakten wird unterstützt.

Tabelle 2: Der Einfluss des WWW auf die Vermittlung von Informationen und Kontakten

Seitdem hat sich das Internet zu einem Massenmedium entwickelt. Aus heutiger Sicht glaube ich, dass das Kommunikationsbedürfnis die maßgebliche Triebfeder für die rasante Entwicklung des *World Wide Web* war.

2) Methoden, die sich auf psychologische Grundlagen stützen.

Wir können uns bei der Bedürfnisanalyse auch auf psychologische Erkenntnisse stützen. Die Beschäftigung mit Ergebnissen aus der Psychologie ermöglicht einen sehr grundlegenden und teilweise abstrakten Blick auf die Bedürfnisse der Nutzer. Unsere Bedürfnisse und Wünsche basieren zum Teil auf sehr fundamentalen Qualitäten. Sie haben erhebliche Bedeutung. So hat das Bedürfnis nach Kommunikation nicht nur eine gesellschaftliche oder unterhaltende Dimension, sondern kann für das Überleben einer Spezies verantwortlich sein.

Auf der Basis der Maslowschen Bedürfnispyramide gehen wir von sehr grundlegenden Bedürfnissen wie den physiologischen Bedürfnissen aus und enden bei dem sehr individuellen Bedürfnis nach Selbstverwirklichung.

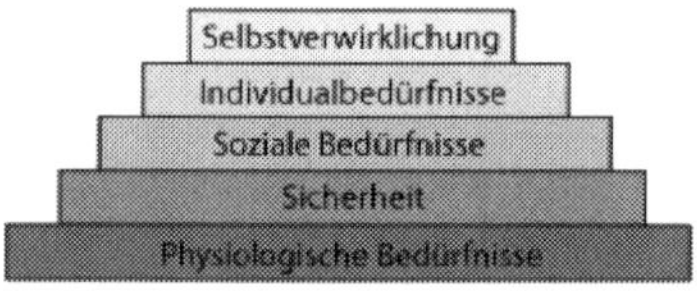

Abbildung 4: Bedürfnispyramide nach Maslow

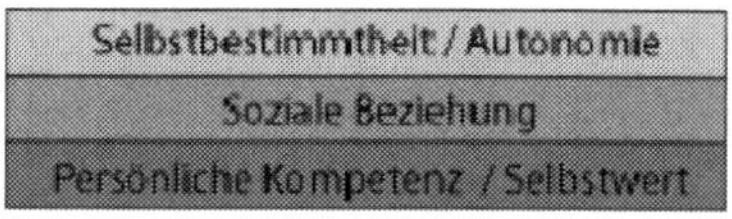

Abbildung 5: Bedürfnisse aus der Self-Determination Theory (vgl. Ryan 2000)

Solange wir in einer Industrienation zuhause sind, werden die physiologischen Bedürfnisse und das Bedürfnis nach Sicherheit (Wohnung, etc.) in großen Teilen bereits befriedigt.

Wir sind heute jedoch in hohem Maß mobile Individuen, die mittlerweile überwiegend in urbanen Räumen leben. Das Mobiltelefon ist ein Gerät dieser Zeit. Ich möchte behaupten, dass sehr grundlegende Bedürfnisse (z.B. das Bedürfnis nach Sicherheit und soziale Bedürfnisse) durch das Mobiltelefon erfüllt werden und diese Technologie daher nur erfolgreich sein konnte. Denken wir uns einmal, wir würden nachts den letzten Bus verpassen und wären in einer abgelegenen, einsamen Gegend der Stadt. Solange wir „Anschluss“ an das digitale Netz haben, macht uns diese Situation nicht wirklich nervös. Würden wir uns beim Wandern einen Fuß brechen und hätten keine Netzanbindung, würden wir die Lage schon etwas dramatischer empfinden.

Die neuere *Self-Determination Theory* (vgl. Ryan 2000) unterscheidet drei fundamentale menschliche Bedürfnisse.

Autonomie (*Autonomy*): Im Sinne eines selbstbestimmten Handelns und nicht unbedingt als Unabhängigkeit von anderen

Kompetenz (*Competence / Self-esteem*): Die Anerkennung der eigenen Leistungen durch sich selbst und andere

Soziale Beziehung (*Relatedness*): Der grundsätzliche Wunsch nach der Verbindung zu anderen Menschen

In der folgenden Tabelle sollen exemplarisch einige aus Bedürfnissen abgeleitete Qualitäten zusammengefasst werden, die bei der Entwicklung von Anwendungen für *Smartphones* immer wieder auftauchen. Welche Umgebungen, Anwendungen, Geräte unterstützen die Erfüllung dieser Bedürfnisse und welche Schutzmechanismen müssen mitgedacht werden?

Bedürfnis	**Qualität**	**Unterstützung**	**Schutz**
Sicherheit	In der Gruppe geborgen sein.	Mit dem privaten und sozialen Netz verbunden sein.	Schutz der Privatsphäre
Soziale Beziehungen	Kommunikation	Unterstützung von erwünschter Kommunikation	Schutz vor unerwünschter Kommunikation
Selbstbestimmtheit	Information (im Sinne der Vermittlung von Inhalten)	Zugang zu benötigten Informationen	Schutz vor unerwünschter Information
Selbstverwirklichung	Spiel	Möglichkeit neuer Spielideen (z.B. GPS gestützte Spiele, kollaborative Spiele)	Zuviel Ablenkung und Konzentration auf die digitale Welt

Tabelle 3: Bedürfnisse und ihre Unterstützung am Beispiel von Smartphones

3) Künstlerische bzw. gestalterische Strategien

Die „klassisch" künstlerisch-gestalterische Herangehensweise gibt es nicht. Eine Vielzahl unterschiedlicher Kreativitätstechniken wird vor allem in der Designliteratur beschrieben. Zwei Methoden sind jedoch grundlegend zu unterscheiden:

Erstens die Verbesserung von existierenden Produkten: Hierbei sind bereits existierende Lösungen auf ihre Vor- und Nachteile hin zu untersuchen. Eine neue Entwicklung sollte die gleichen Stärken aufweisen, jedoch in mindestens einem Bereich eine entscheidende Verbesserung aufweisen. Ich möchte hier nicht weiter auf diese Methode eingehen.

Zweitens der Entwurf vollkommen neuer Produkte: Hier muss die analytische Arbeitsweise erheblich mehr an grundlegenden Bedürfnissen orientiert sein. Ein neues Produkt muss uns in der Erfüllung von Bedürfnissen unterstützen. Ich möchte eine sehr einfache Methode vorschlagen, die auch in wissenschaftlichen Bereichen anerkannt ist. Die möglichst genaue Betrachtung und Analyse existierender Abläufe, Verhaltensweisen, Arbeitsweisen, usw. Diese Analyse kann z.B. anhand der Interpretation von sehr detaillierten Tagesablauf Protokollen geschehen.

Zeit	**Ereignis**	**Positives Erlebnis**	**Negatives Erlebnis**	**Sonstiges**
7:00 h	Aufwachen	Sonne scheint durchs Fenster		Katze miaut und ich habe vergessen, Futter zu kaufen – Mist
7:15 h	Aufstehen		Raumtemperatur etwas zu kalt	
7:30 h - 7:45 h	Kaffee kochen	Fußbodenheizung vor der Kaffeemaschine wärmt die nackten Füße	Kaffeemaschine verlangt nach Wasser und danach will sie auch noch gereinigt werden.	Ich habe meine Hausschuhe mal wieder irgendwo hingelegt
...				

Tabelle 4: Ausschnitt aus einem fiktiven Tagesprotokoll

Auch wenn manche Einträge profan wirken, so ergeben sich alleine in diesem kurzen Ablaufschema bereits auf den ersten Blick verschieden Arbeitsansätze.

- Das Katzenfutter ist alle. Das kann passieren. Ärgerlich ist doch nur, dass ich es vergessen hatte. Wie kann ich daran erinnert werden?
- Die Raumtemperatur könnte besser auf meine Bedürfnisse eingestellt sein. Wie weiß meine Heizung, wann ich aufstehe?
- Die Kaffeemaschine hätte mir schon beim Ausschalten mitteilen können, was sie beim nächsten Einschalten von mir erwartet.
- Die Hausschuhe. Tja. Wo sind die denn nun wieder?

Um solche Protokolle visuell zu unterstützen, ist die automatische Dokumentation des Tagesablaufs sehr hilfreich. So kann die fotografische Dokumentation z.B. mit einer SenseCam eine sehr gute Erinnerungsstütze sein. (vgl. Nguyen 2009).

4) Methoden aus dem Gebiet der Usability

Ein weiterer Arbeitsansatz wird aus dem Bereich der *Usability* beschrieben. Hier werden einzelne konkrete Arbeitstechniken wie die Benutzergruppendefinition, das Entwickeln von *Storyboards,* das *Prototyping* sowie die Entwicklung von *Styleguides* angesprochen. Diese Arbeitsweisen sind auch im gestalterischen Bereich weit verbreitet. Insbesondere im Bereich des *Rapid Prototyping* gibt es hier umfangreiche Anleitungen vom *Paper Prototyping* bis zum *3D Rapid Prototyping,* die zu empfehlen sind (Saffer 2007, Hanks 2010).

Richter und Flückiger stellen die aus ihrer Sicht relevanten Methoden übersichtlich in einer Tabelle dar (vgl. Richter 2010):

Methode	Zweck
Contextual Inquiry	Analyse der Benutzer und des Einsatzumfelds des neuen Systems
Personas und Szenarien	Modellieren der unterschiedlichen Benutzergruppen und der Anwendung aus Benutzersicht
Storyboards	Kommunizieren von ausgewählten Abläufen mit dem neuen System
User Interface Prototyping	Klären der Anforderungen, Konzipieren und Optimieren der Benutzungsschnittstelle
Use Cases	Spezifizieren der funktionalen Anforderungen für die Entwicklung
Guidelines und Styleguides	Definieren der Gestaltungsrichtlinien
Usability Testing	Beurteilen des neuen Systems durch Benutzer

Tabelle 5: Die 7 plus/minus 2 wichtigsten Usability Methoden (Richter 2010)

GUIs – Visuelle Wahrnehmung und Benutzungsoberflächen

Der visuelle Sinn des Menschen ist einer der wichtigsten Sinne. Die visuelle Wahrnehmung wird daher auch im Bereich der be-greifbaren Schnittstellen eine große Bedeutung behalten. *Graphical User Interfaces* (*GUIs*) sind bereits sehr gut untersucht und wir können auf ein breites Spektrum von Erfahrungen aus der Wahrnehmungspsychologie, der Mensch Maschine Kommunikation sowie der Kunst und der Gestaltung zurückgreifen. Zur wissenschaftlichen Analyse stehen gut entwickelte Technologien zur Verfügung. *Eyetracking* und zunehmend auch die Analyse von anderen physiologischen Parametern sind im Bereich der *Usability* Untersuchungen weit verbreitet. Aus der Hardwaresicht erfolgt die

Vermittlung der Inhalte bis heute in großen Teilen über den Bildschirm als Ausgabemedium. Die dominierenden Eingabegeräte sind Tastatur und Maus.

Bis zum Ende der 1990er Jahre finden sich in der *HCI* Literatur dementsprechend fast ausschließlich Veröffentlichungen, die sich mit Gestaltungsmöglichkeiten für diese Ein- und Ausgabemedien beschäftigen. Einige dieser Veröffentlichungen möchte ich hier kurz erwähnen, da sie aus meiner Sicht zentrale Sichtweisen auf die Gestaltungsparadigmen für grafische Benutzungsoberflächen aufzeigen. Aus theoretischer Sicht wird die Entwicklung der Computerwissenschaft sehr übersichtlich von Mingers (Mingers 1996) in drei Perioden aufgeteilt, die sich auf Grund ihrer Annahmen in Bezug auf die Natur der menschlichen Kognition unterscheiden (vgl. Clear 1997).

Die erste Periode basiert auf der kartesischen Trennung von Geist und Körper und einem Modell der Kognition, das auf der Verarbeitung von Repräsentationen beruht.

Die zweite Periode markiert Mingers mit dem Erscheinen der Publikation von Winograd und Flores (Winograd 1986), die „die kontextgebundene und situationsbezogene Natur der menschlichen Aktivität sowie die Verbindung von Sprache und Aktion mit der Kognition anerkennt". Die *Language-Action* Theorie basiert auf zwei Schlüsselprinzipien (vgl. Winograd 2006): Erstens jede Information ist Kommunikation und zweitens Sprache ist Aktivität

Die dritte Periode wird von Mingers als *Embodied/Enactive Cognition* bezeichnet. Sie kann verkürzt durch folgende Annahmen beschrieben werden:

- die Ablehnung des Konzepts von der Trennung von Körper und Geist
- die Annahme, dass unsere Kognition folgend untrennbar mit unserem verkörperten Selbst verbunden ist (vgl. Maturana 1980)
- der These Maurice Merleau-Pontys folgend anzuerkennen, dass eine Theorie des Körpers bereits eine Theorie der Wahrnehmung beinhaltet (vgl. Merleau-Ponty 1945)

Diese dritte Periode muss in Bezug auf *Tangible Interfaces* weitergedacht werden.

Solche Modelle menschlicher Kognition lassen sich auch auf die Gestaltung von visuellen Oberflächen übertragen. Aus gestalterischer Sicht sollen bezüglich der Entwicklung von grafischen Benutzungsoberflächen zwei zentrale Beispiele hervorgehoben werden:

- Bei der Gestaltung von Benutzungsoberflächen, speziell bei Betriebssystemen, hat sich die *Desktop*-Metapher durchgesetzt. Grafische Benutzungsoberflächen hielten mit Apples Desktop und Microsofts Windows Einzug in die digitale Welt. Der metaphorische Gestaltungsansatzes spielt auch im Bereich der be-greifbaren Schnittstellen eine große Rolle. Eine interessante Gegenüberstellung von Vor- und Nachteilen dieses Ansatzes beschreibt Blackwell (2006).

- Das *World Wide Web* ist vermutlich das zentrale Medium des visuellen Zeitalters. Die Möglichkeit, Texte und Bilder in Webseiten zu verbinden, hat entscheidend zum breiten Erfolg des *WWW* und zur Entwicklung des Internets zum Massenmedium beigetragen. Die Bildästhetik im *World Wide Web* hat sogar das visuelle Erscheinungsbild der anderen Massenmedien Print und Fernsehen deutlich verändert. Hier existiert bis heute ein Experimentierfeld für unterschiedlichste gestalterische Ansätze.

Bei der Entwicklung von Oberflächen für Betriebssysteme und Programme hatten die Programmierer den maßgeblichen Einfluss. Die gestalterische Kompetenz wurde im *WWW* in dem Maße zunehmend in die Hände von Gestaltern übergeben, in dem die entsprechenden *Frameworks* oder Programmierumgebungen auch von diesem Personenkreis genutzt bzw. verstanden werden konnten. *HTML* war einfach und schnell zu erlernen. Auch der Erfolg eines Programms wie *Flash* ist in dieser Hinsicht exemplarisch zu erwähnen und unterstützt diese These.

Neben Fragen der visuellen Gestaltung gewannen Konzepte zur Navigation und zur Orientierung innerhalb von Digitalen Räumen bzw. Anwendungen zunehmend an Bedeutung. Ursprünglich war es vor allen Dingen die Entwicklung von Software, die mit Gestaltungsansätzen wie *User Centered Design* oder *Task Driven Design* zur Entwicklung dieser Kenntnisse beitrug. Die *Desktop*-Metapher dominierte in diesem Bereich die *Graphic User Interfaces.* Spätestens seit Mitte der 1990er Jahre trug auch das *WWW* und die Gestaltung von Webseiten einen Teil zu diesen Kenntnissen bei. Insbesondere kommen in diesem Bereich zunehmend Impulse von Gestaltern, da die technologischen Grundlagen bis Ende der 1990er Jahre relativ leicht zu erlernen waren. Schwerpunkte sind die Visualisierung und visuelle Strukturierung von Informationen oder Daten sowie die Orientierung und Navigation innerhalb von Websites. Mit dem stärker werdenden Einfluss der Gestalter im *WWW* ändern sich auch die ästhetischen Ansprüche der Benutzer in Bezug auf andere Anwendungen – bis hin zum Betriebssystem.

Alle visuellen, oberflächenbasierten Systeme können sich an Grundlagen der visuellen Kommunikation orientieren. Diese wiederum beruhen zum Teil auf Grundlagen der Wahrnehmungspsychologie (Dix 1998). Hier möchte ich insbesondere auf die Gestaltpsychologie verweisen, die bereits zu Beginn des 20. Jahrhunderts entstand (Ehrenfels 1890).

In dieser Kultur des *Pictorial Turn* (vgl. Mitchell 2008) hat das Wort seine Bedeutung nicht verloren. Das Wort hat im Gegenteil durch die Suchmaschinen eine neue Bedeutungsdimension erfahren. Um gefunden zu werden, müssen Inhalte verschlagwortet sein. Der Bereich der semantischen Verknüpfungen und das Finden von relevanten Informationen sollen hier jedoch nicht näher beleuchtet werden.

DIE WELT DER „SMARTEN" MOBILEN GERÄTE – KONTEXT

Die aktuelle Verbindung des Mobiltelefons mit dem Internet (*WWW* und *App*s - Applikationen oder Anwendungen auf *Smartphones*) in mobilen *Smartphones* verbinden auch die Qualitäten dieser beiden Welten. Die technischen und sozialen Funktionalitäten sowie deren räumliche Qualitäten werden zu unseren ständigen Begleitern – wir bewegen uns in einer kontinuierlichen digitalen Wolke. Größenordnungsmäßig vergleichbar mit den Entstehungs- und Entwicklungsprozessen im *World Wide Web* werden wir in den kommenden Jahren voraussichtlich eine erneute massive Veränderung unserer Lebens- und Kommunikationsgewohnheiten durch *Smartphones* erfahren.

Der Bildschirm ist bis heute das dominierende Ausgabemedium und findet sich auch bei aktuellen mobilen *Smartphones* wieder – hier inzwischen auch als Eingabemedium. Die visuelle Desktop-Metapher hat auf den mobilen Geräten jedoch ausgedient und weicht Oberflächen, die sich durch Gesten steuern lassen. Kleine Bildschirme erfordern eine andere Form der Gestaltung und eine Konzentration auf die wesentlichen Elemente.

Mit dem kontinuierlichen „online" Status geht auch die Dimension des Ortes bzw. der Lokalisierung einher. Das Internet gewinnt damit eine zusätzliche räumliche Qualität und dringt noch unmittelbarer in den physischen Raum ein. Die *Augmented Reality* gewinnt in diesem Zusammenhang eine zentrale Bedeutung (vgl. Sinclair 2002). Eines der augenfälligsten Beispiele sind die GPS – Geodaten. Waren die Daten des *WWW* bisher nur semantisch innerhalb des Internets verknüpft, so verlassen die Informationen mit der Kopplung an den physischen Raum den Bereich des Digitalen. Die Daten bzw. Informationen überlagern den geographischen Raum mit einem unsichtbaren, trotzdem jederzeit erfahrbaren digitalen Netz.

Einige gravierende Unterschiede zwischen der Nutzung von Laptop oder Desktop-Computern im Vergleich zu mobilen Geräten sind:

- Normalerweise wird das *Smartphone* nur kurz genutzt.
- Anwendungen werden absichtlich oder aus technischen Gründen immer wieder unterbrochen.
- Die Benutzung ist in der Regel nicht vorher geplant.
- Die Anwendung ist fast immer beim Nutzer (neue Anwendungen wie z.B. Foursquare http://foursquare.com/ werden so erst möglich).

Mobile Anwendungen müssen daher noch mehr vom Benutzer und den Nutzungsszenarien aus gedacht werden als vergleichbare *Desktop*-Anwendungen. Hierzu ist eine intensive Auseinandersetzung sowohl mit dem Kontext sowie mit Untersuchungen zum menschlichen Handeln notwendig.

Einen zentralen Platz in der Forschung der mobilen Medien nimmt die Frage nach dem Kontext ein. Paul Dourish zeigt eine Entwicklung auf, die mit den Begriffen *Ubicomp* (Weiser 1991), *Context-Aware Computing* (Selker 2000, Dey 2001), *Pervasive Computing* (Ark1999) und *Embodied Interaction* einhergeht (Dourish 2004). Matthew Chalmers gibt einen sehr guten historischen Überblick zu den Diskussionen und Ergebnissen zum Thema Kontext (Chalmers 2004).

Metaphern für das menschliche Denken und Handeln: Die Rolle von Gewohnheiten in Bezug auf die Mensch-Maschine-Kommunikation von Jef Raskin (Raskin 2000) ist eine Inspirationsquelle für eine Liste von Aspekten und Thesen, die eine zentrale Rolle für den Erfolg von Mensch-Maschine-Schnittstellen darstellen (vgl. Frøkjær 2008):

- Die Rolle von Gewohnheiten in den meisten unserer geistigen Aktivitäten und unserem Verhalten. Körperliche Angewohnheiten, automatisierte Handlungen, alle linguistischen Aktivitäten, Gewohnheiten und Schlussfolgerungen.
- Die menschliche Erfahrung eines Gedankenstroms – die Kontinuität unseres Denkens, die Reichhaltigkeit und Gesamtheit an mentalen Objekten eines Individuums, die geistige Dynamik.
- Unser Bewusstsein – geprägt durch eine Konzentration auf Aufmerksamkeit, Randgebiete der mentalen Objekte, Assoziationen und Argumentationen.
- Die Unvollständigkeit von Äußerungen im Vergleich zu dem ihnen vorangegangenen Denken und die ephemere Natur dieser Äußerungen.
- Das Wissen – Menschliches Wissen ist immer „under construction“ und unvollständig

Forscher, Designer und Software Entwickler haben sich im Bereich der Mensch-Maschine-Kommunikation mit mobilen Medien dem Phänomen Kontext bereits auf einer breiten Ebene gewidmet (vgl. Johnson 1998) und als Antwort auf diese Herausforderungen sehr viel Energie in ethnographische Untersuchungen und Feldstudien investiert. Paay und Kjeldskov stellen jedoch in Bezug auf ortsbasierte mobile Angebote noch weiteren Forschungsbedarf fest (Paay 2007):

- Die Ergebnisse zu Sensorik, Modellvorstellungen und Kontextadaption sowie philosophischen Kontextdiskussionen (Dourish 2004) lassen aus ihrer Sicht theoretisch fundierte Grundlagen vermissen, die Handlungsanweisungen für das Design von Kontext-sensitiven Systemen aus der *User Experience* Perspektive geben.

Ihre Untersuchung unternimmt den aus meiner Perspektive interessanten und sehr sinnvollen Versuch, die Ergebnisse der Gestalttheorie auch auf mobile und Kontext- abhängige Geräte und Anwendungen zu übertragen. Sie beschränken sich jedoch auf nur wenige Ansätze aus den visuellen Gestaltgesetzen und stützen sich in der Anwendung der Gestalt-Theorie auch auf eine Untersuchung von Oviat et al., die zusammenfassend beschreibt, dass verschiedene Designprinzipien wie das Gesetz der Nähe oder die Symmetrie einen wertvollen Ansatz für die Produktion von multimodalen Kommunikationsmustern liefern (Oviat 2003).

BE-GREIFBARE MENSCH-MASCHINE-SCHNITTSTELLEN

Eine aktuelle Frage ist, wie kleine spezialisierte Geräte in intelligenten digitalen Umgebungen eingebettet sind. Eine weitere aus meiner Sicht noch wichtigere Fragestellung ist, wie diese Umgebungen mit dem Menschen interagieren.

Der Großteil der Veröffentlichungen bis zum Ende der 1990er Jahre konnte von den folgenden Gegebenheiten ausgehen:

- Eher statische Umgebungen bestehend aus Computer, Monitor, Maus und Tastatur.
- Relativ klar definierte Orte (Schreibtisch, Arbeitsplatz, Wohnung).
- Interaktionsparadigmen konnten sich auf grafische Benutzungsoberflächen konzentrieren, die bereits fundiert untersucht waren (Wahrnehmungspsychologie, Visuelle Kommunikation).
- Der Kontext des Benutzers war durch seine Umgebung festgelegt und auf sehr überschaubare Szenarien begrenzt.

Diese Fragestellungen müssen in großen Teilen neu definiert werden. Multimodale Ein- und Ausgabegeräte, Ort und Zeit abhängige sowie kontextuelle Zusammenhänge müssen berücksichtigt werden. Hierzu müssen neue Interaktionsparadigmen entwickelt und untersucht werden. Die Forschung in diesem Bereich hat, insbesondere in den letzten 10 Jahren, einige interessante Ergebnisse erzielt. Einen umfassenden Überblick geben Shaer und Hornecker (Shaer 2010).

Dieser Abschnitt stützt sich auf eine Begriffsdefinition der *Tangible Interaction* von Hornecker und Buur. Sie erweitern dabei die Begriffe *Graspable Interfaces* (Fitzmaurice 1996) und *Tangible Interaction* (Ullmer 2000) und schlagen eine Kategorisierung für diesen erweiterten Anwendungsbereich vor, die sich auf drei Säulen stützt (vgl. Hornecker 2006):

- Die datenbezogene Sichtweise, die sich hauptsächlich der physischen Repräsentation und Manipulation digitaler Daten bedient. Sie beinhaltet eine interaktive Kopplung physischer Artefakte mit digitalen Informationen (Ullmer 2000).

- Die ausdrucks- und bewegungsbezogene Sichtweise, die z.B. im Produktdesign deutlich werden. Diese Sichtweisen beziehen sich auf die Gestaltung von Interaktionen und nicht nur auf die Gestaltung von Produkten oder Oberflächen (*Interaction Design, User Experience Design*). Hier wird versucht der interaktiven Handlung eine gleichzeitige Bedeutung zuzuordnen (Djajadiningrat 2002). Die sensorischen Qualitäten von interaktiven Handlungsobjekten bzw. Produkten werden hervorgehoben. Sie beziehen sinnliche Qualitäten und interaktive Potentiale mit ein (Jensen 2005).
- Die raumbezogene Sichtweise der Architekten und Künstler, in der es zur Kombination von realen Räumen, physischen Objekten und virtuellen Anzeigeelementen kommt. Interaktive Systeme mit haptischen (tangible) Geräten sind integrale Bestandteile des realen Raums. Der Körper wird Teil des Interaktiven Systems oder der Installation (Ciolfi 2004, Bongers 2002). Djajadiningrat, Matthews und Stienstra unterstreichen in ihrem Beitrag die Wichtigkeit von körperlichen Fertigkeiten und Interaktionspotentialen. Sie kritisieren die nahezu ausschließliche Konzentration auf kognitive Fähigkeiten in Bezug auf die Gestaltung interaktiver Technologien (Djajadiningrat 2007).

Tangible Interaction umfasst aus ihrer Sicht Ansätze der Mensch-Maschine-Interaktion, der Informatik, des Produkt-Designs und der interaktiven Künste. Sie schlagen ein System für die *Tangible Interaction* vor, das sich einer phänomenologischen Sichtweise bedient (vgl. Hornecker 2006):

- *Tangible Manipulation*: Haptische Manipulation von materiellen Repräsentanten des Digitalen.
- *Spatial Interaction*: Die Einbindung von *Tangible Interaction* in räumliche Zusammenhänge.
- *Embodied Facilitation*: Die Untersuchung des Einflusses von Objektkonfigurationen und Rauminszenierungen auf die soziale Interaktion durch die subtile Steuerung von Handlungsweisen.
- *Expressive Representation*: Der Verständlichkeit oder Lesbarkeit sowie die Signifikanz von materiellen und digitalen Repräsentanten.

Aus der Benutzerperspektive sind einige psychologische Ansätze hervorzuheben, die im Bereich be-greifbarer Mensch-Maschine-Schnittstellen von Bedeutung sind.

- Mit unseren Sinnesorganen nehmen wir die Umwelt zwar kontinuierlich wahr, unsere Aufmerksamkeit wechselt jedoch abhängig vom Kontext ihren Fokus. Wirklichkeit wird vom Menschen somit fragmentarisch aufgenommen und verarbeitet (Mingers 1995).

- Der Umgang mit der Welt wird durch kognitive (Erkenntnis-)Prozesse gesteuert. Wissen gibt uns die Sicherheit, dass sich die Umwelt unseren Erwartungen entsprechend verhält (vgl. Maturana 1998).
- Überraschungen sorgen für eine erhöhte Aufmerksamkeit und lösen einen Prozess des Nachdenkens und Lernens aus (vgl. Wertheimer 1925).
- „Nicht-kognitive" Prozesse beeinflussen unseren Umgang mit der Welt und mit digitalen Umgebungen.

Weitergehende psychologische Fragestellungen, die auch in der heutigen Diskussion im Bereich der Mensch-Maschine-Kommunikation aktuell sind, beschäftigen sich mit der Frage, inwieweit kognitive Modelle im Vergleich zu prozessualen Modellen des Engagements bzw. der Aktion zur Entscheidungsfindung noch relevant sind oder inwieweit sie überhaupt noch eine Rolle spielen (Clear 2006). Ein weiterer interessanter Ansatz lässt sich aus der *Action in Perception*-Theorie entwickeln. „Die Wahrnehmung ist eine Aktivität des Lernens durch die Erkundung der Welt" (Noë 2004). Um diese Fragen fundiert zu klären, besteht sicherlich noch Forschungsbedarf. Insbesondere die neuere Hirnforschung kann in der Zukunft vermutlich interessante Ergebnisse liefern.

STRATEGIE ZUR GESTALTUNG „BE-GREIFBARER" MENSCH-MASCHINE-INTERFACES

Die Rolle der Bedürfnisse wurde bereits im ersten Teil ausführlich beschrieben. Die Analyse von Bedürfnissen bzw. deren Befriedigung macht als kontinuierliche „Qualitätskontrolle" zu jedem Zeitpunkt des Gestaltungsprozesses Sinn – am wichtigsten ist sie aus meiner Sicht jedoch zu Beginn des Gestaltungsprozesses. Auch die Bedeutung der visuellen Wahrnehmung wurde umfangreich besprochen. Hervorheben will ich hier die Gestaltgesetze, die sich insbesondere im größeren Kontext der Gestalttheorie auch auf andere Zusammenhänge übertragen lassen.

Aus den vorangegangenen Abschnitten wird klar, dass eine zentrale Frage bei der Gestaltung be-greifbarer Mensch-Maschine-Schnittstellen die Einbettung der Interaktionsabläufe in menschliche Wahrnehmungs- und Handlungsabläufe ist. Dabei spielen sowohl individuelle als auch soziale und kontextbezogene Prozesse eine wichtige Rolle.

Die Verknüpfung der individuellen realen Handlungswelt mit dem digitalen Raum kann vereinfacht wie folgt beschrieben werden. Im günstigsten Fall werden die einzelnen Schritte vom Benutzer dabei nicht mehr als getrennte Abschnitte zum Erreichen seines Ziels wahrgenommen. (vgl. Geelhaar 2006):

- Der Benutzer muss auf das digitale Angebot aufmerksam werden. Hierzu ist im ersten Schritt die Wahrnehmung und im zweiten Schritt das Bewusstwerden des realen Kontexts nötig. Daraus entwickelt sich eventuell eine individuelle, kontextbezogene Absicht.

- Das digitale Angebot muss dann identifiziert bzw. verstanden werden.
- Die Interaktionsmöglichkeiten müssen erkannt werden.
- Es folgt der Prozess des Navigierens und Auswählens in der digitalen Anwendung
- Auslösen der gewünschten Ereignisse
- Ausgabe und Einbettung dieser Ereignisse in den realen Raum (bzw. in das be-greifbare *Interface*) inklusive möglicher Rückkopplungen

Bei automatisierten, sensorgesteuerten Prozessen können theoretisch alle Schritte - außer der Ausgabe und Einbettung des Ereignisses in den realen Raum, sowie die Aufmerksamkeit des Nutzers für die Information – entfallen.

Aus einigen theoretischen Ansätzen lassen sich aus meiner Sicht sehr gut Methoden und Richtlinien für die Gestaltung be-greifbarer Schnittstellen ableiten. Hierzu gehören die Gestalttheorie, die Aktivitätstheorie, die *Grounded Theory*, sowie die Untersuchungen zum Themenkomplex „Kontext".

Gestalttheorie:

„Es gibt Zusammenhänge, bei denen nicht, was im Ganzen geschieht, sich daraus herleitet, wie die einzelnen Stücke sind und sich zusammensetzen, sondern umgekehrt, wo – im prägnanten Fall – sich das, was an einem Teil dieses Ganzen geschieht, bestimmt von inneren Strukturgesetzen dieses seines Ganzen." (Wertheimer 1925)

Gestalttheorie ist nicht nur auf die Gestaltfaktoren der Wahrnehmung beschränkt, sondern kann deutlich umfassender verstanden werden. Im Folgenden sind einige Thesen zusammengefasst, die sich auf die Gestaltung be-greifbarer Interaktionsabläufe anwenden lassen.

- Die Gestalttheorie stellt die Erlebniswelt des Menschen ins Zentrum ihres Wirklichkeitsbegriffes.
- Die Wechselwirkung zwischen Individuum und Situation bestimmt das Erleben und Verhalten.
- Assoziative Verknüpfungen bilden das Grundgerüst der Gedächtnisstruktur. Sie tendieren zu optimaler Organisation im Sinne einer einfacheren Kategorisierung.
- Die Lösung von Problemstellungen ist durch Strukturierung, Umstrukturierung und Zentrierung des Gegebenen („Einsicht") in Richtung auf das Geforderte gekennzeichnet.
- Abweichungen (Überraschungen) von Kognitionen einer Person führen zu dissonantem Erleben und zu kognitiven Prozessen, die diese Dissonanz zu reduzieren versuchen.

Auf der methodischen Ebene wird eine sinnvolle Verbindung von experimentellem mit phänomenologischem Vorgehen (experimentell-phänomenologische Methode) versucht.

Aktivitätstheorie:

Ein weiterer methodischer und trotzdem praktischer Arbeitsansatz ist die *Activity Checklist*, die von Kaptelinin und Nardi veröffentlicht wurde. Sie beziehen sich dabei auf die Aktivitätstheorie nach Leontew (Kaptelinin 2006). Nardi zieht einen Vergleich zwischen Theorien aus den Bereichen Neurowissenschaften, Kognitionswissenschaften, Aktivitätstheorie und verteilter Kognition (Nardi 1996). Kaptelinin und Nardi haben auch eine je nach Version mehr oder weniger umfangreiche Checkliste entwickelt, die dem Designer ein wertvolles Arbeitsmittel in einer frühen Phase des System-Designs an die Hand gibt. Die Liste ist zu lang, um sie hier abzubilden, bietet aber ein sehr interessantes Potential für den gestalterischen Arbeitsprozess (Kaptelinin 1999).

Grounded Theory:

Aus künstlerisch-gestalterischer Sicht sei hier auch auf die *Grounded Theory* verwiesen, die sich auf eine induktive Methode „zur Erarbeitung von in empirischen Daten gegründeten Theorien" stützt (Strübing 2004). Eine wichtige Basis dieser Methode ist die sogenannte komparative Analyse. Zu Beginn der empirischen Datenerhebung sollen so wenig wie möglich Ordnungssysteme oder Kategorien vorgegeben werden, nach denen die Daten schon vorstrukturiert werden. Diese Kategorien sollen erst iterativ im Prozess entstehen (theoretisches *Sampling*). Bei der *Grounded Theory* ist daher die Erhebung und Auswertung von Daten eng verknüpft. In der Praxis verwendet man hierzu Memos von Hypothesen, Gedanken und Ideen, die im Zusammenhang mit den erhobenen Daten stehen. Diese Memos unterstützen die Analyse der Daten, Beziehungen, Muster, etc. (Polit 2004). Diese Arbeitsweise ist mit einigen künstlerischen Methoden sehr verwandt (vgl. Svanaes 1999).

Kontext:

Fragestellungen die sich in Bezug auf den Kontext ergeben, können nach wie vor sehr gut mit den „fünf W-Fragen" (vgl. Abowd 2000) systematisch abgearbeitet werden.

Wer: Die Interaktion in aktuellen Systemen bezieht sich auf einen bestimmten Nutzer, ohne Informationen zur Identität anderer Nutzer in der Umgebung. Als menschliche Wesen werden unsere Aktivitäten und Erinnerungen jedoch durch die Anwesenheit anderer Menschen bestimmt.

Was: Die Interaktion in aktuellen Systemen geht entweder von einer Annahme aus oder lässt die Frage offen, was ein Nutzer gerade tut. Menschliche Aktivitäten wahrzunehmen und zu interpretieren ist eine schwierige Aufgabe. Trotzdem wird sehr wahrscheinlich bei der Interaktion mit kontinuierlich getragenen, Kontext-sensitiven Produkten, die Berücksichtigung der Interpretation menschlichen Handelns nötig sein, um nutzbare Informationen zur Verfügung zu stellen.

Wo: In vielfältiger Weise wurde die „Wo" Komponente des Kontexts stärker untersucht als die anderen. Von besonderem Interesse ist die Kopplung des „Wo" mit anderen kontextuellen Informationen wie dem „Wann". Einige touristische Führungssysteme theoretisieren über das Lernen aus einer Bewegungshistorie in der physischen Welt, vermutlich um die Darstellung von Informationen an den vom Nutzer wahrgenommenen Pfad seiner Interessen zu orientieren. Auch hier werden weitergehende Untersuchungen notwendig sein.

Wann: Die meisten Kontext-sensitiven Anwendungen registrieren den zeitlichen Verlauf während der Interaktion nicht. Von besonderem Interesse ist das Verständnis von relativen Zeitabläufen als Hilfsmittel zur Analyse von menschlicher Aktivität. Der sehr kurze Besuch einer Ausstellung könnte z.B. ein Hinweis auf einen grundsätzlichen Mangel an Interesse sein. Interessant wären auch Abweichungen von durchschnittlichen zeitlichen Abläufen. So könnte ein intelligentes Haus z.B. die zeitliche Abweichung von der Morgen-Routine einer älteren Person wahrnehmen.

Warum: Noch anspruchsvoller als wahrzunehmen „was" eine Person tut, ist es zu verstehen „warum" sie es tut. Die sensorische Kontrolle anderer Parameter, die einen Hinweis auf den emotionalen Zustand einer Person geben könnten (z.B. Herzschlag, Hautwiderstand, Körpertemperatur), wäre ein interessanter Ausgangspunkt.

DESIGNPROZESS:

Eine klassische Beschreibung des Design Prozesses findet sich bei Alan Cooper (vgl. Cooper 2007). Er beschreibt einen Designprozess in sechs aufeinander aufbauenden Schritten, der zum Start eines Projekts also noch vor der Entwicklung von konkreten Entwürfen stattfindet.

- Forschung: Durch verschiedene Recherchemethoden, die Analyse von bereits existierenden Arbeiten sowie die Beobachtung von Nutzern lernt das Design-Team die Rahmenbedingungen des Projekts kennen.
- Modellierung: durch die Analyse dieser Daten erzeugt das Design-Team exemplarische fiktive Personen und deren Profile, um detailliert zu ergründen, wie die Zielgruppe denkt und sich in Bezug auf das Erreichen ihrer Ziele und Bedürfnisse verhält.

- Definition von Anforderungen: Basierend auf dieser Modellierung werden idealisierte Kontext-Szenarien mit dem angestrebten Produkt beschrieben. Diese Szenarien werden in einem iterativen Prozess evaluiert. So entsteht eine Liste von Prioritäten für die Fähigkeiten des Produkts.
- Design Framework: Entwürfe und Verhaltensbeschreibungen, die das Interaktionskonzept definieren, werden entwickelt.
- Verfeinerung des Designs: Durch exemplarische Testdurchläufe wird erneut evaluiert und ein detailliertes Design entwickelt.
- Unterstützung des Entwicklungsteams: Nach der Übergabe an das Entwicklungsteam steht das Design-Team weiterhin für Fragen und Erklärungen zur Verfügung.

Diese Vorgehensweise ist grundsätzlich sehr zu begrüßen. In Bezug auf das Interaktionskonzept kann weiter differenziert werden – insbesondere wenn es sich um die Gestaltung be-greifbarer Schnittstellen handelt. Hier muss noch stärker auf die Verbindung zwischen physischem bzw. wahrnehmbaren Objekt und den digitalen Funktionen fokussiert werden. Auf der Basis von Coopers Beschreibung und unter Berücksichtigung der vorangegangenen Abschnitte soll für die Gestaltung be-greifbarer Schnittstellen eine modifizierte Vorgehensweise vorgeschlagen werden. Diese Vorgehensweise sollte an jeder Stelle iterative Sprünge erlauben, um vorher aufgestellte Thesen zu erweitern bzw. zu korrigieren.

A) Entwicklung von Idee und Konzept

1. Warum: Bedürfnisanalyse mit experimentellen gestalterischen Methoden unter Berücksichtigung psychologischer Theorien
2. Wer, Was, Wo und Wann: Definition von Zielgruppen und Nutzungsszenarien (methodisch kann hier auf die Aktivitätstheorie sowie teilweise bereits auf Arbeitsweisen der *Grounded Theory* zurückgegriffen werden).
3. Entscheidung für kognitive oder erlebnisorientierte Lösungsansätze in Abhängigkeit der Antworten auf die W-Fragen.
4. Entwicklung einer Systemübersicht
5. Entwurf (Technisch/Gestalterisch/Interaktionsdesign) unter Berücksichtigung der Gestalttheorie

B) Prototypische Umsetzung

1. *Paper Prototyping*: kann im frühen Projektstadium genutzt werden da schnell, flexibel und kostengünstig Prototypen erstellt werden können.
2. *Rapid Prototyping*: im weiteren Projektverlauf, wenn haptische Qualitäten und funktionales Produktdesign eine größere Rolle spielen.
3. Funktionsprototyp: am Ende des Projekts sollte ein Funktionsprototyp stehen. Je nach Aufwand handelt es sich dabei um einen simulierten Prototypen

(3D-Visualisierung, Flash Prototyp, o.ä.) oder unter Verwendung des *Rapid Prototyping* Musters um einen echten Funktionsprototypen.

C) Evaluation

1. Testgruppen im beruflichen und privaten Umfeld / Auswertung
2. Activity Checklist
3. Arbeitsgruppentest unter Verwendung der *Grounded Theory* Ansätze

D) Korrekturen

In Anlehnung an die Maslowsche Bedürfnispyramide möchte ich zum Schluss noch eine „Notwendigkeitspyramide" für be-greifbare Schnittstellen vorstellen. Diese stellt kein seriöses Ergebnis des Beitrags dar, sondern soll eher Anlass zum kreativen Nachdenken und Anreiz für viele weitere Untersuchungen auf diesem spannenden Gebiet sein.

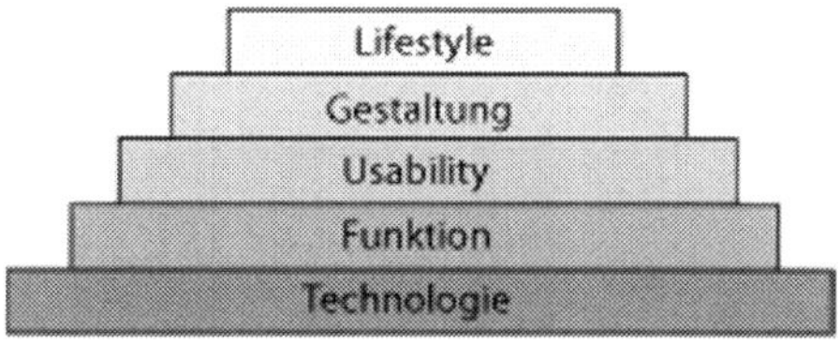

Abbildung 6: „Notwendigkeitspyramide" für die Akzeptanz be-greifbarer Schnittstellen

Technologien stellen natürlich die Basis für jedes digitale Interaktionssystem dar. Im besten Fall – der funktionierenden Technologie – verschwindet diese jedoch augenblicklich und vollständig aus dem Blickfeld des Nutzers. Die Funktionen (und Inhalte) dagegen bleiben zentrale Elemente mit denen Nutzer permanent interagieren. Wie diese Funktionen bequem genutzt werden ist eine Frage der *Usability*. Auch hier gilt: Je besser die Bedienbarkeit desto mehr verschwindet dieser Aspekt aus der Nutzerperspektive. Im angestrebten *flow* Erlebnis verschwinden alle *Usability* Ansätze.

Die Gestaltung bleibt ein sichtbares Element. Das *look and feel* geht über den reinen Bedienbarkeitsgedanken hinaus. Sie unterstützt *Usability* und Funktion und bietet ästhetische Mehrwerte und Unterscheidbarkeit ähnlicher Angebote an. Ob bewusst oder unbewusst wird das gestalte Objekt auch zum Accessoire unseres eigenen Erscheinungsbildes. *Lifestyle* Elemente spielen daher ebenfalls eine Rolle bei der Gestaltung be-greifbarer Schnittstellen. Wenn also Technologien und *Usability* ihre Aufgaben gut erfüllt haben, kommt es auf die Entwicklung von Funktionen und Inhalten, die Gestaltung und schließlich auch auf die Lifestyle Kriterien an, ob eine „be-greifbare Schnittstelle" vom Nutzer akzeptiert wird oder nicht.

LITERATUR

Abowd, G.D., Mynatt, E.D. 2000: Charting Past, Present and Future Research in Ubiquitous Computing. In: ACM Transactions on Computer-Human Interaction Vol. 7, No. 1, March 2000, S. 29–58

Ark, W., Selker, T. 1999: A look at human interaction with pervasive computers. In: IBM Systems Journal 38(4), S. 504-507

Blackwell, A.F. 2006: The Reification of Metaphor as a Design Tool. In: ACM Transactions on Computer-Human Interaction,Vol. 13, No. 4, December 2006, S. 490–530

Chalmers, M. 2004: A Historical View of Context. In: Computer Supported Cooperative Work. In: The Journal of Collaborative Computing Vol. 13 (3-4), S. 223-247

Clear, T. 1997: The Nature of Cognition and Action, Inroads. In: SIGCSE Bulletin Vol. 29(4), S. 25-29

Cooper, A., Reinmann, R., Cronin, D. 2007: About Face 3: The Essentials of Interaction Design. Indinianapolis, IN: Wiley

Cusumano, M. A. 2010: Technology Strategy and Management. Platforms and Services: Understanding the resurgence of Apple. In: Communications of the ACM, October 2010, VOL. 53, S. 22-24

Dey, A., Abowd, G., Salber, D. 2001: A conceptual framework and a toolkit for supporting the rapid prototyping of context-aware applications,. In: Human-Computer Interaction 16 (2-4), S. 97-166

Dix, A., Finlay, J., Abowd, G., Beale, R. 1998: Human- Computer Interaction. London: Prentice Hall

Djajadiningrat, T.,Overbeeke, K., Wensveen, S. 2002: But how, Donald, tell us how? In: Proc. of DIS'02, ACM (2002), S. 285-291

Dourish, P. 2004: What we talk about when we talk about context. In: Personal and Ubiquitous Computing, Vol. 8(1), S. 19-30

Ehrenfels, von Ch. 1890: Über Gestaltqualitäten. In: Vierteljahrsschrift für wissenschaftliche Philosophie 14, 1890, S. 249-292

Fitzmaurice, G. W. 1996: Graspable User Interfaces. PhD thesis, University of Toronto, Canada

Frøkjær, E., Hornbæk, K. 2008: Metaphors of human thinking for usability inspection and design. In: ACM Transactions on Computer-Human Interaction, Vol 14, No. 4, Article 20

Geelhaar, J. 2006: Interaktion mit verteilten digitalen Informationsräumen. In: Knowledge Media Design - Theorie, Methodik, Praxis, 2. Aufl. München: Oldenbourg, S. 225-236

Hanks, K., Belliston L. 2010: Rapid Viz – A New Method for the Rapid Visualization of Ideas. Boston MA: Course Technology

Heidegger, M. 1927: Sein und Zeit, Jahrbuch für Philosophie und phänomenologische Forschung, Bd. VIII

Hornecker, E., Buur J. 2006: Getting a grip on tangible interaction: A framework on physical space and social interaction. In: Proceedings of CHI06. NY: ACM, 2006, S. 437–446

Jensen, M.V., Buur, J., Djajadiningrat, T. 2005: Desiging the user actions in tangible interaction. In: Proc. of Critical Computing Aarhus 2005. ACM. S. 9-18.

Johnson, P. 1998: Usability and Mobility; Interactions on the move, In: Proceedings Mobile HCI 1998, Glasgow, Scotland, GIST Technical Report G98-1

Kaptelinin, V., Nardi, B.A. , Macaulay, C. 1999: The Activity Checklist: A Tool for Representing the „Space" of Context. In: interactions july+august, S. 27-39

Kaptelinin, V., Nardi, B.A. 2006: Acting with Technology: Activity Theory and Interaction Design. In: Cambridge MA, London: MIT Press

Maturana, H.R., Varela F. 1980: Autopoiesis and Cognition. Dordrecht u.a.: Reidel

Maturana, H.R. 1998: Biologie der Realität. Frankfurt am Main: Suhrkamp

Merleau-Ponty, M. 1945: Phénoménologie de la Perception, Gallimard Paris (Deutsche Übersetzung 1966: Phänomenologie der Wahrnehmung. Berlin: de Gruyter)

Mingers, J. 1995: Information and Meaning: Foundations for an Intersubjective Account, In: Information Systems Journal 5, S. 285-306

Mingers, J. 1996: Embodying Information Systems. In: M. Jones, W. Orlikowski, G. WalshamJ. De Gross (Hrsg.): The Nature of Organizational Work, Chapman Hall

Mitchell, W. J. T. 2008: Bildtheorie, Frankfurt am Main: Suhrkamp

Nardi, B. 1996: Context and Consciousness. In: Activity Theory and Human-Computer Interaction. Cambridge MA USA: MIT Press.

Norman, D.A. 1998: The Invisible Computer. Cambridge MA USA: MIT Press.

Nguyen, D. H. , Marcu, G., Hayes, G.R., Truong, K.N., Scott, J. , Langheinrich, M., Roduner, C. 2009: Encountering SenseCam: Personal Recording Technologies in Everyday Life. In: UbiComp 2009, Orlando, Florida, USA.

Noë, A. 2004: Action in perception. p. 166, Cambridge MA, London, England: MIT Press

Oviatt, S., Coulston, R., Tomko, S., Xiao, B., Lunsford, R., Wesson, M. and Carmichael, L. 2003: Toward a Theory of Organized Multimodal Integration

Patterns during Human- Computer Interaction. In: Proc. ICMI'03 Vancouver B.C., ACM, S. 44-51

Paay, J., Kjeldskov, J. 2007: A Gestalt Theoretic Perspective on the User Experience of Location-Based Services. In: OzCHI 2007 Proceedings, OzCHI 2007, 28-30 November 2007, Adelaide, Australia

Raskin, J. 2000: The Humane Interface - New Directions for Designing Interactive Systems. Reading, MA: Addison-Wesley

Richter, M., Flückiger M.D. 2010: Usability Engineering kompakt- Benutzbare Software gezielt entwickeln. Heidelberg: Spektrum

Saffer, D. 2007: Designing for Interaction. Berkeley CA: New Riders

Selker, T., Burleson, W. 2000: Context-aware design and interaction in computer systems. In: IBM Systems Journal Vol. 39(3+4), S. 880-891

Shaer, O., Hornecker, E. 2010: Tangible User Interfaces: Past, Present, and Future Directions. Foundations and Trends in Human–Computer Interaction Vol. 3, Nos. 1–2 (2009) S. 1-137

Sinclair, P., Martinez, K., Millard, D. E., Weal, M.J. 2002: Links in the palm of your hand: tangible hypermedia using augmented reality. In: Conf. on Hypertext and Hypermedia: Proceedings of the thirteenth ACM conference on Hypertext and hypermedia, S. 127-136

Strübing, J. 2004: Grounded Theory: Zur sozialtheoretischen und epistemologischen Fundierung des Verfahrens der empirisch begründeten Theoriebildung. Wiesbaden: VS Verlag für Sozialwissenschaften, S. 13f

Svanaes, D. 1999: Understanding Interactivity, http://www.idi.ntnu.no/~dags/interactivity.pdf (9.10.11)

Ullmer, B., Ishii, H. 2000: Emerging frameworks for tangible user interfaces. In: IBM Systems Journal 39(3-4), S. 915-931

Weiser, M. 1991: The computer for the 21st century. In: Scientific American 265(3), S. 94-104, Scientific American New York

Weiser, M., Seely-Brown, J. 1998: The Coming Age of Calm Technology. In: Beyond Calculation: The Next Fifty Years of Computing, Denning, P.J., Metcalfe, R.M., Copernicus Heidelberg

Wertheimer, M. 1925: Über Gestalttheorie. In: Philosophische Zeitschrift für Forschung und Aussprache 1, S. 39-60

Winograd, T., Flores, F. 1986: Understanding Computers and Cognition: A New Foundation for Design (Language and Being), Ablex Norwood

Winograd, T. 2006: Designing a new foundation for Design. In: Communications of the ACM, Vol. 49 No. 5, May 2006, S.71-73

Tangible Workplaces

Be-greifbare Interaktion in der Bürokommunikation

JOHANNES JÜNGST, JASMIN LINK

Unter den Bedingungen des beschleunigten technologischen Wandels, einer Kompetenz- und Wissensbasierung der Produktions- und Austauschprozesse und durch den allumfassenden Einsatz der Computertechnologie durchlaufen die modernen Industriegesellschaften gegenwärtig Änderungsprozesse in den Wirtschafts- und Sozialstrukturen. Diese veränderten sozio-ökonomischen Bedingungen zeigen sich insbesondere auch in einer zunehmenden Virtualisierung einzelner Lebensbereiche, die auf der technischen Entwicklung zur Digitalisierung, Datenkompression, Vernetzung und Multimedialität basiert. (vgl. Bauer 2009, S. 207-211; Klatt 2001, S. 103-105)

Ausgehend von der Begriffsdefinition von Daniel Diemers in seinem Vortrag zur „Zukunft der Arbeit" ist unter „Virtualisierung" im Kontext dieser Arbeit zu verstehen: „...der Prozess der zunehmenden Digitalisierung und Vernetzung von Daten und Medien, wodurch virtuelle Realitäten erzeugt werden, die mehr und mehr zu einem Bestandteil des täglichen Lebens werden und die nicht-virtuelle Lebenswelt zunehmend durchdringen". (Diemers 2000). Diese durch Digitalisierung erzeugte künstliche Realität im Computer zeichnet sich durch „Ortlosigkeit, Zeitlosigkeit, Entkörperlichung und vor allem Schaffung neuer Interaktions- und Handlungsräume" (Diemers 2000) aus und wird zunehmend zum Leitbild der modernen Gesellschaft.

Vor allem unsere moderne Arbeitswelt steht in einer Umbruchsituation und wird durch das Phänomen der Virtualisierung der Arbeitsprozesse mehr und mehr geprägt. Dies gilt sowohl für weite Bereiche des industriellen Sektors bzw. des produzierenden Gewerbes – hier z.B. für den Maschinenbau, die Automobilindustrie, die Luft- und Raumfahrt – als auch für den Dienstleistungsbereich –

hier z.B. für die Bereiche Verkehr und Verkehrstechnik, Logistik und Handel. Insbesondere der sektorübergreifende Bereich der modernen Bürokommunikation mit seinen Arbeitsprozessen, die inzwischen weitgehend auf computergestützten betrieblichen Informations- und Kommunikationssystemen beruhen, ist in besonderem Maße betroffen. Mit Blick auf die Vielzahl der Beschäftigten im Bürobereich, der sich über die gesamte Arbeitswelt erstreckt, stehen die Wirkungen und Konsequenzen dieser Entwicklungstendenz in der Bürokommunikation im Mittelpunkt dieses Beitrages.

Unter Bürokommunikation wird die Gesamtheit der betriebswirtschaftlichen Vorgänge verstanden, die den Daten-, Nachrichten-, Informations-, und Wissensaustausch zwischen den Beschäftigten einer Organisation im Umfeld ihrer Arbeitsplätze und im Rahmen ihrer Arbeitsprozesse umfassen. (vgl. Nastansky 1999, S. 162-164) Der Tätigkeitsbereich umfasst – nach wie vor – einen hohen Anteil papierbasierter Prozesse und „traditioneller" Bürotechnologien wie Telefon und Fax, erstreckt und konzentriert sich jedoch immer mehr auf den Einsatz computergestützter Systeme. Die zunehmenden Papiermengen, die erhöhten Aktualitäts- und Qualitätsanforderungen an Daten und Informationen tun ihr Übriges und verstärken den Trend hin zum papierlosen bzw. -armen Büro und zur möglichst weitgehenden Konzentration aller Arbeitsprozesse auf den Rechner als universelles Werkzeug.

Am modernen Büroarbeitsplatz werden die verschiedensten Arbeitsvorgänge in einem System am Bildschirm zusammengeführt. Die Bearbeitung von digitalen Informationen, Texten, Dokumenten und Daten sowie die digitale Kommunikation über E-Mails, Instant Messaging, Sprach- und Videodienste bilden einen immer größeren Anteil des täglichen Arbeitsaufkommens. Bildschirm, Tastatur und Maus werden zum Mittelpunkt und Ausgangspunkt des Handelns. Die Lokalisierung des Arbeitsplatzes und die zeitlichen Rahmenbedingungen der am Arbeitsprozess beteiligten Personen spielen eine immer geringere Rolle. Aufgrund der informationstechnischen Unterstützung nicht-virtueller Arbeitsprozesse stellt die Büroarbeit eine weit verbreitete und typische Aktionsform in einer gemischten Realität dar.

Während Milgram et al. (1994) im Zusammenhang mit *Mixed Reality Displays* noch von einem Realitäts-Virtualitäts-Kontinuum sprechen, ist die virtuelle Welt inzwischen für sehr viele Menschen zum Alltag geworden. Virtualität und Realität sind keine Gegensätze mehr, sondern die Virtualität ist Teil der Realität geworden. Der Gegensatz wird noch deutlicher, wenn man begrifflich zwischen virtueller (digital, immateriell) und physischer (analog, materiell) Realität differenziert. Da es im Arbeitsalltag zum Teil erhebliche Reibungsverluste an der Grenze zwischen den Welten inner- und außerhalb des Computers gibt, soll hier die Frage diskutiert werden, inwieweit *Tangible User Interfaces* (TUIs) eine Verbindung zwischen den beiden Welten herstellen können, und ob „begreifbarere Werkzeuge" das Arbeiten in der gemischten Wirklichkeit verbessern können.

AUSWIRKUNGEN DER VIRTUALISIERUNG FÜR MENSCH UND ARBEITSWELT

Unabhängig davon, dass erst der technologische Fortschritt und das dynamische Innovationsgeschehen in den letzten Jahren die oben skizzierten Entwicklungen ermöglichte, waren und sind es insbesondere Wirtschaftlichkeitserwägungen sowohl unter finanziellen und personellen als auch unter räumlichen Aspekten, die den Trend zur Virtualisierung der Arbeitsprozesse in der Büroarbeit begründeten und weiterhin verstärken. Im Mittelpunkt steht die Erschließung eines beachtlichen Rationalisierungspotentials, die nicht nur direkte Einsparerfolge verspricht, sondern auch geeignet ist, die Effizienz und Schnelligkeit der Arbeitsprozesse wesentlich zu erhöhen. Es gibt zudem ein nachvollziehbares starkes Interesse zum einen daran, die Arbeitsprozesse innerhalb einer Organisationseinheit weitgehend zu standardisieren und eine universelle Benutzungsschnittstelle zu schaffen, und zum anderen daran, die Arbeitsabläufe und auch die Einrichtung der Büroarbeitsplätze selbst zeitlich und räumlich flexibler zu gestalten, um ggf. auch für mehrere berechtigte Nutzer in kollaborativen Prozessen den gleichzeitigen Zugriff auf Daten, Vorgänge und Dokumente zu gewährleisten.

Die Vorteile, die sich aus der Virtualisierung und Konzentration aller Arbeitsfunktionen auf den Bildschirm und den Computer ergeben, bringen andererseits aber auch weniger positive Konsequenzen bzw. Mängel mit sich.

Diese beziehen sich vor allem auf die Ergonomie des Computerarbeitsplatzes, die Benutzerfreundlichkeit der Schnittstellen und den ganzheitlichen Einsatz des Menschen als vollwertige Arbeitskraft und haben somit auch entsprechende Auswirkungen auf die allgemeine Arbeitszufriedenheit, -qualität und -effizienz. (vgl. Herczeg 2005, S. 23-27) Im Einzelnen sind hier folgende Problemstellungen zu erkennen und zu berücksichtigen:

- Die permanente Konzentration auf den Monitor als in der Regel dem einzigen und zentralen Ort des Geschehens führt zu einer einseitigen physischen und psychischen Belastung des Menschen. (vgl. Ziefle 1998, S. 10-12)
- Die vielfältigen menschlichen Interaktionsmöglichkeiten werden im Arbeitsprozess auf ein Minimum reduziert. Der Körpereinsatz beschränkt sich auf minimale Bewegungen von Hand und Fingern bzw. Fingerspitzen.

- Bei permanenter Bildschirmarbeit erfolgt eine weitgehende Beschränkung auf audiovisuelle Wahrnehmung; andere menschliche Wahrnehmungsmöglichkeiten bleiben ungenutzt.
- Universell verständliche Benutzungsschnittstellen halten sich zum Teil an Konventionen, die im Laufe der Zeit entstanden sind und aus der Gewohnheit oder aufgrund weiter Verbreitung beibehalten werden. Die Einführung neuer intuitiver Konzepte wird dadurch erschwert. (vgl. Raskin 2000, S. 65-68)
- Arbeitserleben bzw. Arbeitserfolgserlebnisse im Arbeitsalltag werden erschwert. Die Bearbeitungsmenge und manchmal auch der konkrete Arbeitserfolg im Laufe eines Arbeitstages bzw. -prozesses werden nicht mehr körperlich und optisch sichtbar wie bei der Abarbeitung eines Aktenstapels in der Vorgangsbearbeitung.
- Die Kommunikation und Kooperation im Team und die Zusammenarbeit mit Kollegen gestalten sich als schwierig und finden in der Regel nicht statt. Die Arbeit am Rechner erlaubt nur eine Bedienung/Steuerung durch eine Person und lässt nur sehr eingeschränkt mehrere Rollen bzw. Nutzer gleichzeitig zu.
- Nutzer sind z.T. so sehr mit der Navigation und Interaktion mit dem Computersystem beschäftigt, dass es sie von der Konzentration auf die eigentliche Aufgabe ablenkt. (vgl. Raskin 2000, S. 26; Arias 1997, S. 5)
- Eine zeitlich parallele Bearbeitung mehrerer Arbeitsvorgänge und Multitasking werden durch die begrenzte Bildschirmfläche zumindest erschwert. (vgl. Haner 2010, S. 48)

Im Ergebnis ist festzuhalten: Eine digitale Arbeitswelt im Büro, welche die vielfältigen menschlichen Wahrnehmungs- und Interaktionsmöglichkeiten nur ansatzweise ausschöpft, die Kommunikation und Kooperation im lokalen Team erschwert und das soziale Umfeld weitgehend ignoriert, wird vom Nutzer/Mitarbeiter – jedenfalls auf Dauer – als wenig abwechslungsreich, eintönig, unattraktiv und unbefriedigend empfunden. Ein hohes Maß an Arbeitszufriedenheit oder gar Arbeitsfreude vermag sich unter diesen Umständen in der digitalen Arbeitswelt nur schwer einzustellen. Dies gefährdet die angestrebte Arbeitseffizienz und ist damit letztlich nicht zukunftsfähig. Die vielfältigen Möglichkeiten zur Virtualisierung der Arbeit erscheinen als Teil eines selbstvergessenen Technizismus, der insbesondere die sozialen Grundlagen und den Werkzeugcharakter von informationstechnischen Tools für die soziale und kommunikative Ebene der betrieblichen Kommunikation nicht ausreichend beachtet. (vgl. Schütte 2007, S. 7) Nur wer den Menschen auch im Arbeitsleben als ein physisch-soziales Wesen mit all seinen Bedürfnissen und Möglichkeiten begreift (vgl. Bauer 2009, S.

214), kann den immer komplexeren Problemstellungen der modernen Arbeitswelt gerecht werden.

„Now we are trapped in a world created by technologists for technologists. We have even been told that 'being digital' is a virtue. But it isn't: People are analog, not digital; biological, not mechanical. It is time for a human-centered technology, a humane technology." (Norman 1998, S. vii-viii)

VERSTÄRKTE TENDENZEN ZUR DEVIRTUALISIERUNG

Die durch Digitalisierung von Daten und Informationen ermöglichte Virtualisierung der Arbeitsprozesse ist somit kein Selbstzweck.

Dies gilt insbesondere für den Bereich der Bürokommunikation, auch wenn bei oberflächlicher Betrachtungsweise der Eindruck entstehen könnte, als vollziehe sich diese dynamische Entwicklung scheinbar nach naturgesetzlichen Vorgaben und als könne sich kein Unternehmen und keine Organisationseinheit diesem Prozess – sowohl hinsichtlich des „Ob" als auch des „Wie" – entziehen. Der Problematik dieser Entwicklung wird man allerdings nur dann gerecht, wenn man sich nicht von kurz- und mittelfristigen Einspar- und Rationalisierungseffekten täuschen lässt, sondern auch jene in Abschnitt II skizzierten Defizite und Mängel einer zunehmenden Virtualisierung in den Blickpunkt rückt.

Angesichts des aktuell ungebrochenen Entwicklungsprozesses ist in jedem Einzelfall zu überprüfen und darzulegen, ob und inwieweit die elektronische Bearbeitung und Virtualisierung am Computer der traditionellen Darstellung und Bearbeitung im Büro vorzuziehen ist. Die jeweils auftretenden Vor- und Nachteile, auch in ihren langfristigen Wirkungen, sind vollständig zu erfassen und gegeneinander abzuwägen.

Aufgrund der immer komplexer werdenden Problemstellungen im Arbeitsleben ist in der abschließenden Bewertung des 2. Abschnitts bereits die Bedeutung des gesamtheitlichen Ansatzes im Rahmen des Personal- und Verfahrensmanagements herausgestellt worden. Die Notwendigkeit, sich bei der Arbeit im virtuellen Raum künftig auch verstärkt für eine Erweiterung der digitalen Arbeitswelt mit Hilfe (be-greifbarer) physischer Objekte einzusetzen, liegt auf der Hand und prägt einen erkennbaren Trend.

Es gilt, den Menschen dort abzuholen, wo und wie er tatsächlich lebt und arbeitet: In seiner Physikalität und mit seinen gewohnten traditionellen Interaktionsmöglichkeiten. Als Zielvorstellung bedeutet dies, die digitalen Daten und Informationen möglichst auch be-greifbar/*tangible* zu machen und somit auch die vielfältigen menschlichen Wahrnehmungs- und Handlungsfähigkeiten verstärkt in die Arbeitsprozesse mit einzubeziehen. Input könnte auch erfolgen über Schaltknöpfe, Umschalthebel und -tasten, Regelschieber, Licht- oder Drucksensoren und RFID-Tags. Output könnte angezeigt werden über LEDs, Lampen, Ventilatoren oder auch sonstige Alltagsgegenstände. (vgl. Greenberg 2002, S.1)

Auch der Wechsel zwischen den verschiedenen Arbeitsabläufen und -verfahren ist bewusster und be-greifbarer zu gestalten. Darüber hinaus sind auch team- und projektbezogene Arbeitsprozesse verstärkt herauszubilden und die hierzu notwendigen Instrumente zu entwickeln. Interaktive Prozesse für eine Problemlösung im Team auch unter Berücksichtigung der traditionellen Elemente der Kommunikation und Kooperation wären wünschenswert.

Mit Hilfe eines Konzepts zur Schaffung „gegenständlicher Schnittstellen" bzw. TUIs ist somit nach direkten Kommunikationsformen zu suchen, die einerseits eine Verknüpfung bzw. Erweiterung um die digitalen Fähigkeiten und Eigenschaften erlauben und es andererseits ermöglichen, gewohnte Umgangsformen mit Objekten und Informationen beizubehalten. Teile der Interaktion sollten dazu weg von dem rein graphischen *User Interface* (GUI) diund möglichst wieder zurück in die physikalische Welt, d.h. in unsere Hände, geführt werden.

KONZEPTIONELLE GRUNDLAGEN ZUR SCHAFFUNG VON TANGIBLE WORKPLACES

Im Mittelpunkt der konzeptionellen Überlegungen zur verstärkten Verknüpfung der digitalen Arbeitswelt im Bereich der Bürokommunikation mit be-greifbaren Objekten und zur Schaffung von *Tangible Workplaces* steht der Einsatz von TUIs.

Tangible User Interfaces

Tangible User Interfaces definieren sich durch die Kopplung von Physikalität bzw. Materialität und digitaler Funktionalität bzw. Darstellungsfähigkeit. D.h. TUIs sind Medien, die als eigenständige physische Objekte wahrgenommen werden, mit denen aufgrund ihrer Selbstbeschreibungsfähigkeit bestimmte Funktionalitäten verbunden werden können und die physisch greifbar bzw. manipulierbar sind. Neben ihrer physischen Be-greifbarkeit sind sie in der Lage, auch digitale Informationen und Funktionen darzustellen. Demnach können TUIs sowohl als Eingabe- als auch als Ausgabeschnittstelle eingesetzt werden. (vgl. Hornecker 2001, S. 3)

TUIs verbinden somit zwei Welten, die digitale und die physische, zu einer neuen Welt und eröffnen damit eine neue Dimension für die Interaktion zwischen Mensch und Maschine (vgl. Arias 1997, S. 1), aber aufgrund ihrer Gegenständlichkeit auch zwischen Menschen untereinander. Damit verbindet sich die Chance, dass sich die Eigenschaften und Merkmale beider Welten wechselseitig ergänzen.

Durch den Einsatz unterschiedlicher Technologien, Formen, Materialien, Umgebungen etc. können die Steuerung von Anwendungen und die Darstellung von Informationen ausgelagert und intuitiv gestaltet werden. Zusätzlich fördert die Selbstbeschreibungsfähigkeit von physischen Objekten deren Verständnis beim Einsatz in komplexen Arbeitsumgebungen und sozialen Gruppen. TUIs sind somit ein ideales Werkzeug bei der Schaffung von be-greifbaren Arbeitsplätzen.

Vorteile allgemein

Von Geburt an nutzen wir unsere Sinne, um die Realität und unser materielles Umfeld wahrzunehmen und zu verstehen. Die Sinne sind unser Fenster zur Welt. Durch Hören, Riechen, Tasten, Fühlen und Sehen haben wir gelernt, uns in der realen Welt zu orientieren – d.h. Dinge zu verstehen, zu begreifen und zu nutzen. Die Verwendung physischer Objekte als Interface und in der Interaktion verschafft uns den Vorteil, verstärkt die verschiedenen Sinnesmodalitäten des Menschen einzubinden. Größe, Form, Beschaffenheit, Farbe, Masse, Härte, Temperatur etc. von physischen Objekten ermöglichen und erleichtern intuitives Verständnis und erlauben somit auch intuitives Handeln mit solchen Objekten im sozialen Kontakt.

Arias et al. (vgl. Arias 1997, S. 4-5) haben sich unter anderem auch mit den Stärken und Schwächen des Einsatzes von physischen Medien und Umgebungen beschäftigt, die besonders für den Einsatz von TUIs eine hohe Relevanz haben. Auch die PIBA-DIBA Liste von Hurtienne et al. (vgl. Artikel in diesem Band) gibt einen guten Überblick über die Vorteile und Einsatzzwecke von physischen und digitalen Benutzungsschnittstellen.

Ein wesentlicher Vorteil von TUIs ist, dass im Umgang mit realen, sichtbaren Objekten, denen z.B. eine bestimmte Funktion zugeordnet wird oder die bestimmte Informationen darstellen können, digitale Daten be-greifbarer werden. Komplexe Sachverhalte können damit besser veranschaulicht und verständlich gemacht werden. Die Gegenständlichkeit ermöglicht darüber hinaus eine räumliche Interaktion und somit die Integration von Umgebungen und sozialen Umfeldern am Arbeitsplatz. Sie wirkt unterstützend bei der Kommunikation im Team und der sozialen Interaktion in der Gruppe.

Tangible Collaboration und soziale Effekte

Mit den Wirkungen von *Tangible User Interaction* auf die soziale Interaktion und auf kooperative Prozesse haben sich im Detail vor allem die Untersuchungen von Hornecker et al. (vgl. Hornecker 2001; Hornecker 2004; Hornecker 2006) beschäftigt. Demnach ist zusammenfassend davon auszugehen, dass der Einsatz von physischen Objekten/Modellen den gewohnten Ablauf von Kommunikation und Kooperation im sozialen Umfeld grundsätzlich fördert. Insbesondere die soziale und kommunikative Ebene der betrieblichen Kommunikation und im zwischenmenschlichen Umgang miteinander können durch den Einsatz von TUIs unterstützt werden.

Physische Objekte/Modelle können oft auch konkrete Problemstellungen in der sozialen Interaktion verkörpern und sind als solche im Arbeitsprozess immer sichtbar und gegenwärtig. Dies erleichtert allen Beteiligten einen pragmatischen Umgang mit den vorhandenen Konflikten, verbessert tendenziell das gegenseitige Verständnis für die unterschiedlichen Interessen und erweist sich für die Konsensbildung im Rahmen der angestrebten Problemlösung als förderlich. Bereits aufgrund des jeweiligen subjektiven Verhaltens im Umgang mit den TUIs und im zwischenmenschlichen Kontakt werden soziale Aspekte des Zusammenwirkens deutlich.

Die Verwendung von TUIs erlaubt darüber hinaus die Wahrnehmung verteilter Rollen in der Zusammenarbeit. Mehrere Kommunikationspartner können TUIs gleichzeitig ergreifen und manipulieren. Dies erfordert in der Regel gewisse Absprachen bzw. Verhaltensregeln unter den beteiligten Personen. Durch das Zusammenwirken im realen Raum und die Bewegung im Raum werden die Handlungen und auch das soziale Verhalten für alle Beteiligten jeweils sichtbar und gewinnen performative Bedeutung.

Anschauliche Objekte, Modelle bzw. Prototypen und ihre praktische Erprobung in den konkreten Anwendungsfällen sind somit ein entscheidender Faktor für die Interaktion in Gruppen, um ein gemeinsames Ziel zu erreichen. (vgl. Dourish 2004, S. 205-207)

Methodisches Vorgehen für den Entwurf von TUIs

Schon aufgrund des zusätzlichen Platzbedarfs, der zwangsläufig mit dem Einsatz von gegenständlichen Objekten verbunden ist, wird erkennbar, dass TUIs nur in beschränkter Anzahl am Büroarbeitsplatz eingesetzt werden können. Dementsprechend muss sich ihre Verwendung in der Verknüpfung mit virtuellen Prozessen und Anwendungen in der Regel auf die Funktionen konzentrieren, die sich im konkreten Einzelfall entweder als die wichtigsten und/oder die am häufigsten ausgeübten Funktionen darstellen. (vgl. Greenberg 2002, S. 2)

Schon bei der Entwicklung der im Einzelfall zu verwendenden TUIs ist somit zu berücksichtigen, welche Funktionen im Arbeitsprozess sinnvollerweise überhaupt zu unterstützen sind, und ist zu entscheiden, welche Anteile der Interaktion mit physischen und welche mit digitalen Medien umgesetzt werden sollen. Dafür ist eine sorgfältige Analyse der Anforderungen - u.a. der Funktionalitäten, Prozesse und Interaktionsmöglichkeiten, die an das *User Interface* gestellt werden - erforderlich. Hurtienne et al. (vgl. Hurtienne 2008) präsentierten 2008 hierzu eine nutzerzentrierte Methode zur Analyse, Entwicklung und Einbettung von TUIs in GUI-dominierte Bereiche, insbesondere der Büroarbeit.

Zur Kategorisierung und Beschreibung von Information und Interaktion bedient er sich des von Johnson entwickelten *Image Schemas* – einer generischen, abstrakten Darstellung von wiederkehrenden dynamischen Mustern körperlicher Interaktion, die unsere Wahrnehmung und unser Verständnis von der Welt strukturieren. (vgl. Johnson 1987) Die unter Erfassung und Einordnung aller relevanten Informationen und Faktoren erstellten *Image Schemata*, die intuitiv vom Nutzer verstanden werden können, bilden die Basisbausteine für die Entwicklung neuer Benutzerschnittpunkte. (vgl. Hurtienne 2008, S. 240) Wird ein TUI entsprechend der identifizierten Schemata gestaltet, so soll bereits vorhandenes Wissen unbewusst zum Einsatz kommen und dadurch der kognitive Aufwand für den Nutzer gering gehalten werden.

Eine weitere Methode zur Entwicklung von TUIs, die den fallspezifischen Anforderungen entsprechen, ist die Sammlung und Erfassung aller Vor- und Nachteile, um anschließend in einer umfassenden Betrachtung und unter Berücksichtigung aller nutzbaren Synergieeffekte das entsprechende TUIs zu bestimmen. Arias et al. (vgl. Arias 1997) und Gjerlufsen und Olsen (vgl. Gjerlufsen 2007) haben sich in diesem Zusammenhang grundlegend mit den Eigenschaften von Physikalität und Digitalität beschäftigt. Hurtienne hat darüber hinaus eine PIBA-DIBA (Physicality Is Better At - Digitality Is Better At) Liste erarbeitet, die die wesentlichen Vorteile von TUIs und GUIs gegenüberstellt. Sie erlaubt damit eine systematische Zuordnung von Funktionalitäten und Anforderungen zu physischen (be-greifbaren) oder digitalen (grafischen) Benutzungsschnittstellen in der Entwicklungsphase. (vgl. Hurtienne 2008, S. 241)

CHANCEN UND GRENZEN VON BE-GREIFBARER INTERAKTION AM ARBEITSPLATZ

Jeder Beruf und jede Arbeit bedient sich typischer Werkzeuge, die den Erfordernissen der jeweiligen Aufgabenstellungen entsprechend gestaltet sind und beständig optimiert werden. TUIs könnten für Arbeitsprozesse im virtuellen Raum derart typische Werkzeuge sein bzw. sich zu solchen künftig entwickeln. Dies dürfte dann der Fall sein, wenn sich der aus der Verwendung be-greifbarer Gegenstände ableitbare Nutzen sowohl hinsichtlich der Arbeitseffizienz und Arbeitsqualität als auch hinsichtlich der sozialen Belange und Wirkungen für die interne Kommunikation und Kooperation als weitestgehend positiv darstellt.

Unterstützung menschlicher Wahrnehmungs- und Interaktionsfähigkeiten

Die vorangehenden Überlegungen in Abschnitt IV zeigen, dass TUIs grundsätzlich geeignet sind, die einseitigen Belastungen der Bildschirmarbeit zu korrigieren und der Eindimensionalität virtueller Arbeitsprozesse entgegenzuwirken. So sind z.B. physische Bedienungs- und Anzeigeelemente (bzw. die Externalisierung von Interaktion und Information) in der Lage, verstärkt die vielfältigen menschlichen Handlungs- und Wahrnehmungsfähigkeiten in die Geschäftsprozesse einzubeziehen und zu nutzen. (vgl. Ishii 1997, S. 1-8; Hurtienne 2008, S. 241) Dadurch kann der Bildschirm auf die Anzeige wesentlicher Anwendungen und Informationen konzentriert und somit die Informationsmenge auf verschiedene Wahrnehmungskanäle aufgeteilt werden. (vgl. Greenberg 2002, S. 1) Je nach Anforderung kann insbesondere die physische Form von TUIs die Nutzung und damit die Eingabe bzw. das Rezipieren von Informationen unterstützen und entsprechend den Anforderungen effizient gestaltet werden. (vgl. Rekimoto 2000, S. 1-2) Tangible Objekte sind auch geeignet, die Nutzung und Integration verschiedener Technologien und Anwendungen (E-Mails, URLs, PDAs, Laptops etc.) zu verbessern und können ebenso die Abwicklung zeitlich parallel laufender Arbeitsprozesse und Multitasking erleichtern. Weiterhin können *Tangibles* je nach Erfordernis entsprechend in der Nähe bzw. weiter entfernt positioniert werden, sind immer sichtbar und dementsprechend leicht auffindbar (vgl. Greenberg 2002, S.1). Ihr Einsatz kann zudem bei der Strukturierung und Externalisierung der Arbeitsprozesse sowie bei der Bewältigung der Informationsflut im Internet und Intranet behilflich sein. Auch eine verstärkte Einbeziehung des unmittelbaren Arbeitsumfeldes kann mit Hilfe be-greifbarer Objekte und Modelle besser gelingen und ist geeignet, der tendenziellen Isolation am Computerarbeitsplatz entgegenzuwirken.

Unterstützung der interpersonellen Kommunikation und Kollaboration

Auch die Chancen für eine verbesserte Kommunikation und Kollaboration unter Berücksichtigung sozialer Aspekte und Belange im betrieblichen Zusammenwirken liegen auf der Hand. Wie die allgemeinen Erfahrungen erwarten lassen und auch diverse Untersuchungen belegen, erweist sich der Umgang mit konkreten Objekten und Modellen in der zwischenmenschlichen Interaktion oftmals als ein Wegbereiter für eine vernünftige und erfolgreiche Verständigung unter den Beteiligten. (vgl. Hornecker 2002, S. 5-8) Durch die zusätzliche körperliche Interaktion im Raum kann auch die symbolische, emotionale und organisatorische Ausdruckskraft vermittelt bzw. verstärkt werden. (vgl. Jüngst 2006, S. 13) Soweit die physischen Gegenstände im Verlauf des gemeinsamen Arbeitsprozesses verändert, ausgetauscht oder ergänzt werden müssen, ist dies nicht nur für die Bewegung und Kommunikation förderlich, sondern auch für die wechselseitige Kooperation und Verständigung. Entsprechendes gilt, wenn von den beteiligten Personen in Verbindung mit den tangiblen Objekten jeweils verschiedene Rollen bzw. Funktionen wahrgenommen werden.

Im Abgleich mit der Erledigung rein virtueller Arbeitsprozesse am Bildschirm lässt der Einsatz von TUIs somit im Interesse des individuellen Nutzers und auch der Nutzergruppe grundsätzlich eine Verbesserung der Arbeitsituation im Bürobetrieb erwarten, die tendenziell geeignet ist, die Arbeitseffizienz und Arbeitsqualität zu erhöhen und auch die Arbeitszufriedenheit im Sinne des ganzheitlichen Ansatzes zu verstärken. (vgl. Hurtienne 2008, S. 246)

Grenzen des Einsatzes von be-greifbarer Interaktion am Arbeitsplatz und im Arbeitsumfeld

Nicht jeder beliebige Einsatz von TUIs ist bereits Garant einer verbesserten und optimierten Aufgabenbewältigung im Büro und die universelle Antwort auf die in Abschnitt III dargestellten Defizite und Problemstellungen.

Unabhängig von der Qualität und Brauchbarkeit der eingesetzten Objekte für die jeweils angestrebte Funktion gilt dies insbesondere für eine Arbeitssituation, die durch hohen Leistungs- und Termindruck sowie Bedingungen geprägt ist, die die Mitarbeiter weder allein noch in der Gruppe selbst maßgeblich beeinflussen können. Angesichts der spezifischen Chancen des TUI-Einsatzes im Rahmen gruppendynamischer Prozesse und zur Förderung der sozialen Interaktion ist auch nachvollziehbar, dass sich diese nur realisieren lassen, wenn bei den beteiligten Personen zumindest eine positive und innovationsfreudige Grundhaltung hierzu vorhanden ist. (vgl. Jüngst 2006, S. 12)

Wie bei jeder Veränderung des bislang gewohnten Arbeitsablaufs und dem Einsatz neuer Instrumente und Methoden, so hat auch die effiziente und erfolgreiche Nutzung von TUIs zunächst eine entsprechende, z.T. langwierige Einübung und Gewöhnung zur Voraussetzung, wenn sich die angestrebten Effekte wirksam entfalten sollen. (vgl. Card 1991, S. 108-109) Nur wer sich – getragen von einer optimistischen Erwartungshaltung – hierauf einlässt, wird die damit verbundenen Chancen – sowohl hinsichtlich des individuellen als auch des teamorientierten Arbeitsprozesses – wahrnehmen können.

Darüber hinaus gilt es zu berücksichtigen, dass beispielsweise die Verwendung von physischen Bedienungs- und Anzeigeinstrumenten zusätzlichen Raumbedarf begründet nicht skalierbar ist und auch oft noch erhebliche Zusatzkosten verursachet Physische Benutzungsschnittstellen lassen sich zudem – im Gegensatz zu graphischen – nur unter erschwerten und oft auch kostenintensiven

Bedingungen anpassen bzw. verändern und können unbrauchbar werden. (Greenberg 2002, S. 2)

Hinsichtlich der unter Einsatz von TUIs angestrebten Erleichterungen für ein verstärktes Multitasking ist – auch mit Blick auf den Arbeitserfolg – auf das letztlich beschränkte menschliche Wahrnehmungs- und Handlungsvermögen hinzuweisen. (vgl. Raskin 2000, S.17-32). Die diversen zeitlich parallel laufenden Anwendungen sind oft – sowohl hinsichtlich Inhalt als auch Gestaltung – so unterschiedlich, dass sie nur mit hoher Konzentration erfolgreich bedient werden können. Dies kann nur zu einem bestimmten Grad und für eine bestimmte Zeitspanne sinnvoll und verantwortbar sein.

Der Einsatz von TUIs stellt somit für die aufgezeigten Problemstellungen weder ein umfassendes Lösungskonzept dar, noch bietet er eine Garantie für eine Verbesserung der individuellen oder teamorientierten Arbeitsprozesse im virtuellen Raum. Der wohlüberlegte und eingeübte Einsatz solcher Objekte/Modelle kann in diesem Zusammenhang immer nur einen Beitrag zur Reduzierung der einseitigen Belastungen bei der Bildschirmarbeit, zur verstärkten Einbeziehung menschlicher Sinneswahrnehmung und/oder zu einem interessanteren, verständnisvolleren und transparenteren Kommunikations- und Kooperationsprozess leisten.

Mit Hilfe von be-greifbaren Objekten ist somit auch nur tendenziell die angestrebte Verbesserung bzw. Optimierung der Arbeitsprozesse durch einen verstärkt ganzheitlichen Personaleinsatz verbunden. Grundsätzlich wird man sagen können, dass der Nutzen dieser Konzeption umso größer sein wird, je besser die eingesetzten Objekte/Modelle zu den spezifischen Handlungsabläufen der virtuellen Prozesse passen, und umso schneller eintreten wird, je stärker die Selbstbeschreibungsfähigkeit der physischen Gegenstände ausgeprägt ist.

ANWENDUNGSBEISPIELE

Im folgenden Kapitel sollen beispielhaft einige Anwendungsfälle aus der Praxis und weitere Ideen als Vorlage für moderne Arbeits- und Kollaborationssysteme in be-greifbaren Arbeitsumgebungen vorgestellt werden. Die verschiedenen Ansätze versuchen mit Hilfe von TUIs eine Verbindung zwischen der physischen und digitalen Welt herzustellen bzw. deren Vorteile komplementär zu nutzen. Bereits im Jahre 1997 haben Ishii et al. (vgl. Ishii 1997) den Beginn der Entwicklung eingeleitet und gegenständliche Schnittstellen als eine unkomplizierte und effiziente Möglichkeit zur Interaktion mit Computern vorgeschlagen.

Phidgets

Phidgets (vgl. Greenberg 2002, S. 1-10) sind externe physische Bedienungs- und Anzeigeelemente (siehe Abb. 1), wie z.B. Knöpfe, Schieberegler und Displays, die zur Bedienung und Darstellung von GUI-Elementen genutzt werden können. Sie sind dabei direkt mit den GUI-Steuerelementen verbunden.

Im Bereich be-greifbarer Arbeitsumgebungen bilden *Phidgets* ein geeignetes Werkzeug für die Externalisierung einzelner Funktionalitäten und Darstellungen. Diese können am Arbeitsplatz beliebig angeordnet bzw. positioniert werden und den unterschiedlichen Anforderungen jedes Mitarbeiters und jeder Arbeitsumgebung entsprechend eingesetzt werden. Die Interaktion mit dem Computer und die Rezeption von Informationen werden somit auf dem gesamten Arbeitsplatz und in der unmittelbaren Umgebung verteilbar.

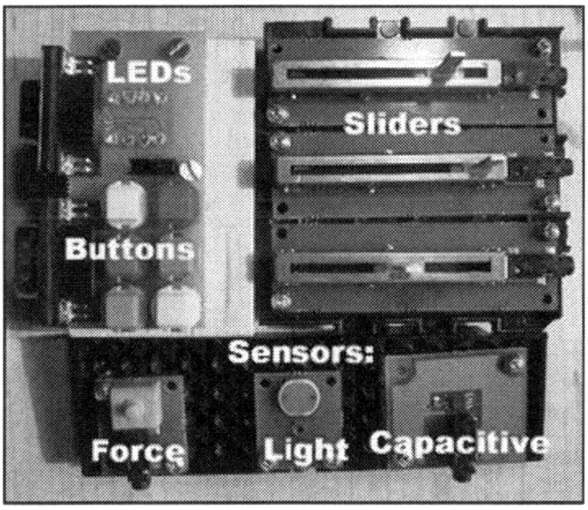

Abbildung 1: Diverse Ein- und Ausgabeschnittstellen. (Greenberg 2002, S. 3)

Smart Filing System

Seifried et al. (vgl. Seifried 2008) haben sich mit der Entwicklung eines Prototypen zur integrierten Organisation von virtuellen und realen Dokumenten beschäftigt. Der Auslöser dafür war, dass meist sowohl digitale als auch reale Dokumente archiviert werden, aber eine direkte Verbindung und Aktualisierung nicht möglich ist.

Das *Smart Filing System* ist ein Aktenschrank mit digitaler Funktionalität, der mit Hilfe von MS OneNote™ verwaltet werden kann. Der physische Schrank wurde um digitale Ein- und Ausgabeschnittstellen erweitert, so dass Ordner, Seiten und Inhalte sowohl digital als auch real gespeichert, gesucht und durchsucht werden können. Digital gesuchte Dokumente werden durch eine visuelle Hervorhebung des relevanten Ordners markiert.

Das *Smart Filing System* ist ein Beispiel für eine be-greifbare Arbeitsumgebung, das die Vorteile der physischen und der virtuellen Welt miteinander kombiniert und somit auch eine effizientere Nutzung der Dokumentenablage gewährleistet.

Die Dokumente können computerunterstützt, aber auch manuell, nach Inhalten durchsucht werden und stehen gleichzeitig direkt gegenständlich zur Verfügung. Aufgrund einer direkten Verbindung zwischen den physischen und digitalen Dokumenten wird der Aufwand zur Aktualisierung und Pflege des Aktenbestandes minimiert.

EDC Environment

Die am Center for Lifelong Learning and Design geschaffene Mehrbenutzer-Anwendung *Envisionment and Discovery Collaboratory* (EDC) ist ein *Tangible User Interface* in Form eines *Table-Tops*. Durch die Integration anschaulicher Modelle mit digitalen Daten wird ein gemeinsamer Planungsprozess z.B. in städtebaulichen Angelegenheiten möglich, der am Planungstisch neben den Fachleuten auch die Beteiligung einer größeren Anzahl weiterer Personen ermöglicht – wie z.B. betroffenen Anwohnern – und damit auch die anschauliche Erörterung verschiedenster Planungsvarianten erlaubt.

Der Einsatz realer, physischer Modelle erleichtert es auch Nicht-Fachleuten, ihre Vorstellungen unmittelbar im Planungsprozess einzubringen und gemeinsam mit den Planern zu erörtern. Der direkte Kontakt z.B. mit den Bewohnern eines Gebiets gibt den Fachleuten Gelegenheit, deren Belange besser in die Planung mit einzubeziehen und unkompliziert Rückfragen und Antworten auszutauschen. Diese Einbeziehung der involvierten Menschen vor Ort ist geeignet, eine breitere Akzeptanz der erarbeiteten Lösung in der Bevölkerung zu gewährleisten. (vgl. Arias 2000)

BusinessTable/Nachrichtenkugeln

Die Verknüpfung eines alltäglichen Geschäftsvorgangs mit einem *Tangible User Interface* haben Hurtienne et al. (vgl. Hurtienne 2008) zum Gegenstand ihrer Untersuchungen gemacht. Es handelt sich um die Bearbeitung von Lieferscheinen durch eine Einzelperson, die bislang nur mit Hilfe einer grafischen Benutzeroberfläche erfolgte. Um zu entscheiden, welche Teile des Prozesses in Zukunft in physischer und welche weiterhin in virtueller Form zu bearbeiten waren, wurde das vorhandene graphische Interface mit den in Abschnitt IV vorgestellten Methoden (*Image Schemata*) analysiert.

Der von Hurtienne et al. konzipierte *BusinessTable* (vgl. Hurtienne 2008, S. 243-245) ist ein interessantes Beispiel für die kombinierte Nutzung von TUI- und GUI- Elementen. Reale Kugeln verkörpern eingehende Nachrichten, z.B. einzelne Aufgaben und Lieferscheine, und können zur digitalen Weiterberarbeitung und Speicherung in verschiedene Kuhlen auf den Tisch gelegt werden. (siehe Abb. 2)

Wären diese nur passive *Handles* für die Lieferscheine, so würden Vorteile der bestehenden virtuellen Bearbeitung verloren gehen. Deshalb wurden die Kugeln so entworfen, dass sie z.B. bei einer Suche dynamisch den repräsentierten Inhalt ändern können und durch Leuchtdioden zusätzlich markiert und hervorgehoben werden können.

Abbildung 2: Veranschaulichung der Nutzung von TUI und GUI Elementen beim BusinessTable. (Hurtienne 2008, S. 243)

Status-Ei

Link (vgl. Link 2009, S. 2-3) hat sich 2009 mit dem Potential der diversen Benutzungsschnittstellen im Büro beschäftigt und verschiedene Konzepte und Ideen be-greifbarer Interfaces vorgestellt und erörtert. Eine dieser Ideen ist das *Status-Ei* (siehe Abb. 3): Ein kleines, handliches Objekt, bei dem durch Drehen in verschiedene Positionen ein Profil bzw. Arbeitsmodus ausgewählt werden kann, um die Arbeitsumgebung (z.B. PC, Anwendungen, Handy, Standtelefon) dem aktuellen Arbeitsmodus entsprechend zu konfigurieren. Das Einstellen eines Profils, was bisher eine aufwändige manuelle Konfiguration erfordert, wird somit auf einen einzigen Handgriff abgebildet und abgekürzt.

Das *Status-Ei* ist ein Beispiel dafür, einen virtuellen Wert – z.B. den Status-Parameter eines Instant Messaging-Programms – in der physischen Welt zu darzustellen. Die Auslagerung ermöglicht einen direkten Zugriff auf die Funktionalität und schafft damit sowohl eine Möglichkeit zur Manipulation als auch zur Anzeige des jeweiligen Status. Die Navigation und Interaktion mit verschiedenen Anwendungen kann dadurch auf den Schreibtisch verlagert werden und ist für den Nutzer permanent gegenwärtig und einsetzbar. Das *Status-Ei* bietet damit auch eine gewisse Abwechslung zur permanenten Computernutzung und deren einseitigen Belastungen.

Abbildung 3: Veranschaulichung des Status-Eis.

Be-greifbare Dokumente

Apple hat im Jahr 2010 das *iPad* auf dem deutschen Markt eingeführt. Im eigentlichen Sinne ist ein *iPad* kein TUI, sondern viel eher ein universell einsetzbares und mobiles Display, das sowohl zur Anzeige von Informationen als auch zur Interaktion bzw. Eingabe von Informationen geeignet ist.

Im Kontext der reinen Dokumentenbetrachtung zum Beispiel ist das *iPad* jedoch hervorragend dazu geeignet, Dokumente und Informationen zu externalisieren. Das bedeutet, beliebige Dokumente und Informationen können auf einem separaten Display unabhängig vom zentralen Arbeitscomputer dargestellt und manipuliert werden. Arbeitspositionen sind somit leichter variierbar, weitere Interaktionsmethoden, wie z.B. „Wisch"-Gesten, können genutzt und digitale Dokumente können mitgenommen oder innerhalb einer Personengruppe bzw. Abteilung weitergegeben werden. Der Einsatz eines *iPad* erlaubt damit vor allem für die Teamarbeit, Dokumente und Daten unmittelbar als Diskussionsgrundlage und zur Veranschaulichung konkreter Problemstellungen einzusetzen. Die konkreten Bedingungen für eine transparente Kommunikation und Kooperation im sozialen Umfeld können tendenziell verbessert werden.

Ein ähnliche Idee liegt dem Konzept der *TextTools* (vgl. Link 2009, S. 3-4) zugrunde: Das Zuordnen eines digitalen Dokuments zu einem physischen Token erleichtert die Weitergabe sowohl des Dokuments selbst als auch der Verantwortung für das Dokument. Da es an einen einzigen physischen Gegenstand gebunden ist, begegnen sich die verschiedenen Bearbeiter bei dessen Austausch auch von Angesicht zu Angesicht. Sie können unmittelbar miteinander kommunizieren und dabei schnell und unkompliziert zusätzliche Informationen, Erwartungen oder Anforderungen austauschen.

ZUSAMMENFASSUNG UND AUSBLICK

In dem bereits zu Beginn der 90er Jahre einsetzenden Prozess der zunehmenden Virtualisierung von Arbeitsprozessen im Bereich der Bürokommunikation sind offensichtlich die damit verbundenen Probleme für die Betriebsabläufe, die Mitarbeiter im Arbeitsleben und die betriebliche Kommunikation und Kooperation nicht ausreichend berücksichtigt worden. Es hat sich gezeigt, dass nunmehr auch die betrieblichen Belange und menschlichen Interessen, die bisher vernachlässigt wurden, verstärkt in den Mittelpunkt der Betrachtung gerückt werden.

Dies bedeutet keineswegs eine Abkehr vom aktuellen Virtualisierungsprozess oder gar eine Umkehrung dieses Prozesses – wie der verwendete Begriff „Devirtualisierung“ missverstanden werden könnte. Wie die vorliegende Arbeit und die dargestellten Anwendungsbeispiele zeigen, kann durch die Verwendung be-greifbarer Objekte nur tendenziell eine Reduzierung der einseitigen Belastungen der Bildschirmarbeit, eine verstärkte Einbeziehung der menschlichen Wahrnehmungs- und Interaktionsmöglichkeiten sowie eine Optimierung der betrieblichen Kommunikations- und Kooperationsbedingungen erreicht werden.

Aber dennoch sind die Potentiale des TUI-Einsatzes keineswegs zu unterschätzen bzw. zu vernachlässigen. Angesichts der weiterhin zunehmenden Virtualisierung ist bereits jede tendenzielle Verbesserung und Optimierung der Arbeitsprozesse im Sinne eines verstärkten ganzheitlichen Personaleinsatzes zu fördern.

In Zukunft sind alle Möglichkeiten auszuschöpfen, um neue und innovative Interaktionselemente und -umgebungen für die Arbeit zu entwickeln, um die universelle Schnittstelle zur virtuellen Welt (Computer/GUI) zu entlasten und somit die Arbeitsprozesse be-greifbarer zu gestalten. Das Ziel ist die möglichst ganzheitliche Einbeziehung des Menschen. Die Handlungsbereiche und Gestaltungspotentiale in der Bürokommunikation sind geradezu unbeschränkt. Dies geht nicht ohne die notwendige wissenschaftliche Unterstützung durch Informatik und Betriebswirtschaft in enger Zusammenarbeit mit der betrieblichen Praxis und unter Berücksichtigung der konkreten Nutzerinteressen. Empirische Studien zu TUIs in der Praxis sind dazu erforderlich.

LITERATUR

Arias, E., Eden, H. und Fischer, G. 1997: Enhancing Communication, Facilitating Shared Understanding, and Creating Better Artifacts by Integrating

Physical and Computional Media for Design, Proc. of DIS '97, ACM, S. 1-12

Arias, E., Eden, H., Fischer, G., Gorman, A. und Scharff, E. 2000: Transcending the Individual Human Mind - Creating Shared Understanding through Collaborative

Design. ACM Transactions on Computer Human-Interaction, 7(1), S. 84-113

Bauer, W. 2009: Innovation der Arbeit. Mensch und Technik im Spannungsfeld von Virtualisierung und realem Raum. Facility Management 2009, Publicanr.2009/44 Veröffentlichung IAO, S. 207-216

Card, S., Mackinlay, J. and Robertson, G. 1991: A morphological analysis of the design space of input devices. ACM Trans Information Systems, 9 (2), S. 99-122

Diemers, D. 2000: Zukunft der Arbeit. Vortragsmanuskript. http://www.diemers.net/sub/doc/zukunftderarbeit.htm, (08.06.2010)

Dourish, P. 2004: Where the action is. The Foundations of Embodied Interaction. MIT Press

Gjerlufsen, T. und Olsen, J.W. 2007: Physicality and Digitality: Parallelisms at a Material Level. In: Ramduny-Ellis, D., Dix, A., Hare, J. and Gill, S. (Hrsg.): Physicality 2007, Lancester University, UWIC Press, S. 93-98

Greenberg, S. und Boyle, M. 2002: Customizable physical interfaces for interacting with conventional applications. Proc. of the 15th annual ACM sym. on User interface software and technology, New York, USA, ACM Press, S. 31–40

Haner, U.-E., Spath, D., Bauer, W., Leuteritz, J.-P., Hoffmann, S., Dreharov, N. 2010: Visualisierung am Arbeitsplatz - Ein signifikantes Innovations- und Produktivitätspotenzial. In: Gesellschaft für Arbeitswissenschaft e.V. (Hrsg.): Neue Arbeits- und Lebenswelten gestalten, Dortmund, GfA-Press, S. 45-48

Herczeg, M. 2005: Software-Ergonomie Grundlagen der Mensch-Computer-Kommunikation. 2. vollständig überarbeitete Auflage, München: Oldenbourg, Wissenschaftsverlag

Hornecker, E., Robben, B. und Bruns, F. W. 2001: Technische Spielräume: Gegenständliche Computerschnittstellen als Werkzeug für erfahrungsorientiertes, kooperatives Modellieren. In: Matushek, I., Henniger, A. und Kleemann, F. (Hrsg.): Neue Medien im Arbeitsalltag. Westdeutscher Verlag, S. 15-34

Hornecker, E. 2002: Understanding the Benefits of Graspable Interfaces in Cooperative Use. Proc. of CSD '02, S. 71-87

Hornecker, E. 2004: Tangible User Interfaces als kooperationsunterstützendes Medium. PhD Thesis, University of Bremen.

Hornecker, E. und Buur, J. 2006: Getting a Grip on Tangible Interaction: A Framework in Physical Space and Social Interaction. Proc. of CHI '06, ACM

Hurtienne, J., Israel, J. H., und Weber, K. 2008. Cooking up real world business applications combining physicality, digitality, and image schemas. Proc. of the 2nd international Conference on Tangible and Embedded interaction (Bonn, Germany, February 18-20, 2008). TEI '08. ACM, New York, NY, S. 239-246

Ishii, H. und Ullmer, B. 1997: Tangible bits: towards seamless interfaces between people, bits and atoms. In CHI '97: Proc. of the SIGCHI conference on Human factors in computing systems, New York, USA, ACM Press, S. 234–241

Johnson, M. 1987: The Body in the Mind: The Bodily Basis of Meaning, Imagination, and Reason. Chicago, IL: University of Chicago Press

Jüngst, J. 2006: Kollaboration mit Hilfe von physikalischen Objekten. In: Schmidt, A., Holleis, P., Kranz, M. und Butz, A. (Hrsg.): Kollaboration, Nachrichtenaustausch und Communities. Technical Report, LMU-MI-2006-2, LMU München, S. 95-114

Klatt, R. 2001: Arbeit, Virtualität, Netzwerke - Thesen zur Arbeit in der „Neuen Ökonomie". In: Martens, H., Peter, G., Wolf, F. O. (Hrsg.): Zwischen Selbstbestimmung und Selbstausbeutung. Gesellschaftlicher Umbruch und neue Arbeit, Frankfurt/Main, Campus, S. 103-116

Link, J. 2009: Devirtualisierung der Büroarbeit durch Tangibles. In: Kain, S., Struve, D., Wandke, H. (Hrsg.): Workshop-Proceedings der Tagung Mensch & Computer 2009. Berlin, Logos Verlag, S. 377-380

Milgram, P., Takemura, H., Utsumi, A. und Kishino, F. 1994: Augmented Reality: A class of displays on the reality-virtuality continuum. SPIE Vol. 2351-34, Proceedings of Telemanipulator and Telepresence Technologies 1994

Nastansky, L. 1999: Bürokommunikation. In: Franz-Josef Kaiser (Hrsg.) und Günther Pätzold: Wörterbuch für Berufs- und Wirtschaftspädagogik, Klinkhardt, Bad Heilbrunn, S. 162-164

Norman, D. A. 1998: The Invisible Computer. Cambridge, Massachusetts, MIT Press

Raskin, J. 2000: The Humane Interface: New Directions for Designing Interactive Systems. ACM Press/Addison-Wesley Publishing Co

Rekimoto, J. und Sciammarella, E. 2000: ToolStone: effective use of the physical manipulation vocabularies of input devices. Proc. of the 13th Annual ACM Symposium on User interface Software and Technology (San Diego, California, United States, November 06 - 08, 2000). UIST '00. ACM, New York, NY, S. 109-117

Dr. Schütte, V. und Dr. Riegler, C. H. 2007: Gestaltung der Arbeit in virtuellen Unternehmen – erste Bilanz einer Förderbekanntmachung. In: Bundesministerium für Bildung und Forschung (BMBF): Gestaltung der Arbeit in virtuellen Unternehmen. Bonn, Berlin. S. 6-8

Seifried, T., Jervis, M., Haller, M., Masoodian, M., und Villar, N. 2008: Integration of virtual and real document organization. Proc. of the 2nd international Conference on Tangible and Embedded interaction (Bonn, Germany, February 18 - 20, 2008). TEI '08. ACM, New York, NY, S. 81-88

Ziefle, M. 1998: Lesen am Bildschirm: eine Analyse visueller Faktoren. Münster/ New York/ München/ Berlin: Waxmann Verlag

Evaluation der Interaktion beim Wearable Computing

MICHAEL LAWO, HENDRIK WITT

Auf dem Weg von *Desktop*-Anwendungen zu *Tangible User Interfaces* ist *Wearable-Computing*[1] eine Möglichkeit, die Tätigkeiten von Menschen in Arbeitsprozessen beiläufig zu unterstützen. Eine Analogie wäre die Nutzung eines Navigationsgeräts während des Autofahrens.

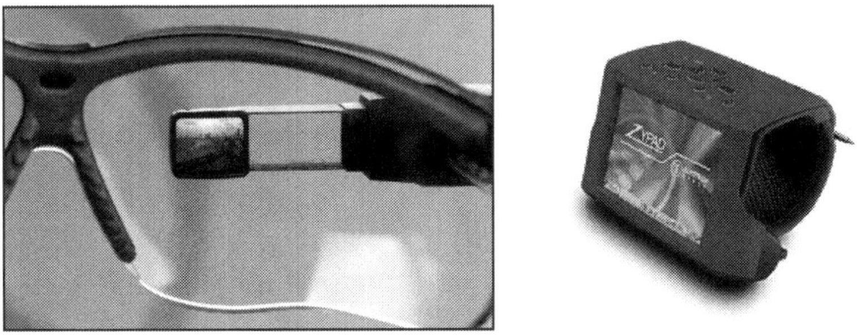

Abb. 1: Head-mounted Display (links), Arm-mounted Display (rechts)

Der Zugriff auf Informationen ist heute zu jeder Zeit und an jedem Ort möglich und vielfach erforderlich. Die Aufnahme von Informationen zur Dokumentation

1 Die Übersetzung des englischen Wortes „*Wearable*" mit „tragbar" ist missverständlich; es müsste korrekt „In die Kleidung integriert" oder „getragen wie Kleidung" heißen; zur Vereinfachung wird in diesem Text konsequent der Begriff „*Wearable*" verwendet.

von Arbeitsprozessen ist mobil gewünscht oder benötigt. Außerhalb der klassischen *Desktop*-Umgebung werden aber heute Informationen noch kaum IT-gestützt verwendet oder aufgenommen. Papier als Medium ist noch allgegenwärtig.

Anwendungsfelder sind Flugzeugwartung, Automobilproduktion, Feuerwehr, und Krankenhaus. Das Konzept des *Wearable Computing* will die Trennung zwischen der Informationsbeschaffung zur Unterstützung einer Arbeit (zum Beispiel Reparatur eines Kraftfahrzeugs) und der Arbeit selbst aufheben.

Das *Wearable Computing* erfordert spezielle Technologien:

- Für die Ausgabe zum Beispiel Sprache, *Head-mounted* oder *Arm-mounted Display* (Abb. 1)
- Für die Eingabe zum Beispiel Sprache, Gesten-Handschuhe oder Armbänder (Abb. 2)
- Sensoren, um zumindest teilweise den Kontext des Nutzers automatisch zu erkennen.

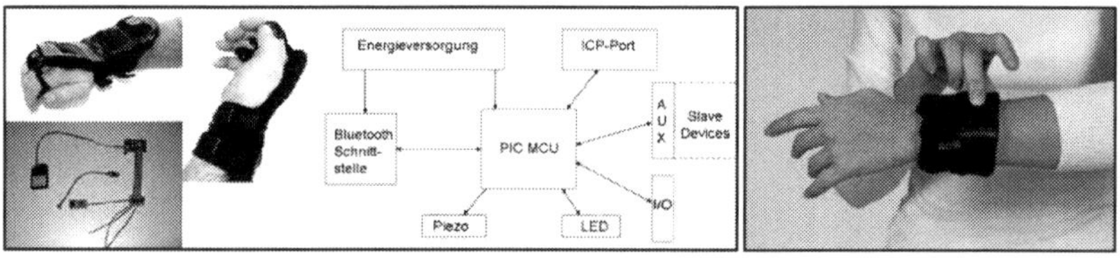

Abb. 2: Gesten- Handschuh (links), Gesten- Armband (rechts)

WEARABLE VERSUS MOBILE COMPUTING

Das *Wearable Computing* ist eine Weiterentwicklung des *Mobile Computing* (Nutzung eines *Labtops* oder *PDAs*), das keine beiläufige Interaktion ermöglicht.[2] Erst durch die Einbeziehung des Kontextes aus Nutzer, der Handlungsabsicht und dem Handlungsumwelt, die Beiläufigkeit der Informationsbereitstellung, sowie die permanente Verfügbarkeit und Integration von Umwelt- und vom Nutzer getragener Sensorik entsteht ein leistungsfähiges *Wearable Computing*-System (Abb. 3).

Wearable Computing setzt beim Nutzer simultane Tätigkeiten voraus. Die primäre Tätigkeit findet in der realen Welt statt, ist mobil und oft manuell. Die sekundäre Tätigkeit besteht in der Beobachtung einer *Wearable* Ausgabe und der

2 Versuchen Sie besser nicht, während des Autofahrens eine SMS zu lesen oder gar zu schreiben.

Interaktion mit dem *Wearable*. Hier stellt sich natürlich sofort die Frage: Wie sollte die Schnittstelle gestaltet sein?

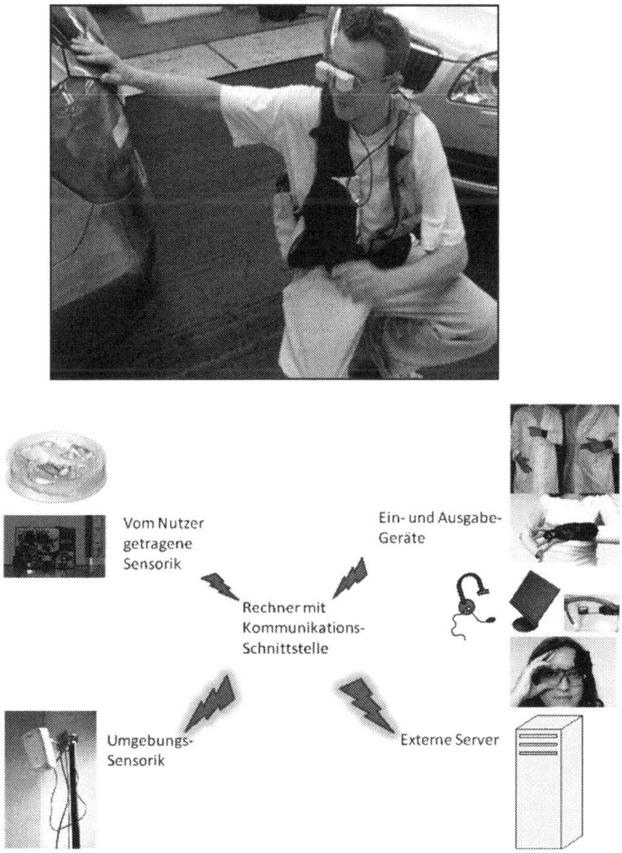

Abb. 3: Wearable Computing Architektur

Zwar gilt der von Bowman et al. aufgestellte *Human-Computer Communication Cycle* (Bowman et al. 2005) jedoch mit spezifischen Systembeschränkungen hinsichtlich Größe, Gewicht und Energieverbrauch. Auch muss die implizite Eingabe (Kontexterkennung) in geeigneter Weise einbezogen werden. Der Mensch ist also gefordert, parallel primäre und sekundäre Tätigkeit auszuführen. Die sekundäre Tätigkeit sollte die primäre Tätigkeit möglichst nicht stören.

Den universell für alle Einsatzfelder geeigneten *Wearable* gibt es nicht. Vielmehr bewegt sich jede *Wearable Computing* Architektur in einem von Funktionalität, Energieverbrauch, Anwendungsgebiet und Konfiguration aufgespannten Entwurfsraum. Dabei stehen diese Kriterien im Konflikt. Abhängig von den genannten Kriterien gibt es beim *Wearable Computing* Systemausprägungen analog zu *Desktop*-Varianten wie *Notebook, Netbook, PDA* oder *Smartphone* mit entsprechend unterschiedlichen Einsatzgebieten.

Die Architektur (Abb. 3) besteht nicht aus einem einzelnen Gerät. Zu ihr gehören neben dem zentralen am Körper getragenen Rechner mit dem Kommunikationssystem auch die oben genannten Ein- und Ausgabe- Geräte und Sensoren. Diese werden vom Nutzer getragen oder befinden sich in der Umgebung wie externe Server, die applikationsabhängig Dienste bereitstellen.

Nur durch die geeignete Verteilung von Aufgaben auf diese fünf Komponenten wird im jeweiligen Applikations-Entwurfsraum eine optimale Lösung gefunden.

Um die „Verpackung" der vom Nutzer zu tragenden Elektronik aus Zentraleinheit, Ein- und Ausgabegeräten und am Körper zu tragender Sensorik akzeptabel zu gestalten, wurden verschiedene textile Lösungen entwickelt wie die in Abb. 4 dargestellte *LinkVest* oder der *Interaction White Coat*; sie entstanden für Flugzeugwartung und Automobilproduktion sowie für das Krankenhaus unter maßgeblicher Beteiligung der Nutzer im Rahmen des wearIT@work Projektes (www.wearitatwork.com).

Abb. 4: LinkVest und Interaction White Coat

DER HANDSCHUH ALS WEARABLE EINGABEGERÄT

Die Maus hat sich als Standard-Eingabegerät bei grafischen Benutzerschnittstellen in *Desktop*-Anwendungen durchgesetzt. Ein entsprechendes Standardeingabegerät gibt es für das *Wearable Computing* noch nicht. Neben der Steuerung mittels Sprache bieten sich Handschuhe und Armbänder zur Interaktion durch Gesten aber auch spezielle Eingabegeräte wie in die Kleidung integrierte *Touchpads* wie im *Interaction White Coat* an.

Handschuhe sind Bekleidungsstücke und unterliegen der Mode. Im Ursprung dienten sie jedoch in erster Linie dem Schutz: Im antiken Ägypten, Griechenland und Rom wurden Fäustlinge von Bauern und Gärtnern als kleine Säcke aus Stoff oder Fell zum Schutz der Hände bei der Arbeit verwendet; die Römer trugen gelegentlich Fingerlinge, um während ihrer festlichen Gelage Speisen zum Mund zu führen. Es gilt als Erfindung der Perser und Germanen des Bronzezeitalters, Fäustlinge aus Schafswolle zu produzieren. Im 8. Jahrhundert unserer Zeitrechnung wurden Fingerhandschuhe zu Insignien des Herrschers und der Rechtsprechung; der gewöhnliche Untertan des europäischen Mittelalters durfte nur Fäustlinge tragen.

Seit dem 16. Jahrhundert waren Handschuhe fester Bestandteil der Kleidung und wechselten in Form und Ausführung mit den Moden der Zeit. Um das Jahr 1950 verloren Handschuhe ihre feste Verankerung in der Mode und werden seither nur noch als Schutz verwendet, zum Beispiel gegen Kälte oder Verletzungen. Der Grund liegt vor allem darin, dass wir uns mehr und mehr bei Raumtemperatur aufhalten und Handschuhe die Schweißproduktion bei diesen Temperaturen fördern. Ferner behindern Handschuhe die Feinmotorik.

Handschuhe werden als Implementierung der Benutzerschnittstelle bei der Interaktion in *Virtual-* und *Augmented-Reality* Anwendungen verwendet. Die Produkte von Immersion (Immersion 2005) und 5DT (5DT 2005) können Hand- und Fingerbewegungen detektieren. Aufgrund der hohen Kosten (ca. 1.500 – 7.500 US $) ist ihre Anwendung jedoch beschränkt. Ein weiterer Nachteil ist, dass diese Handschuhe eine umfangreiche am Körper unterzubringende Verkabelung erfordern – selbst bei einer drahtlosen Übertragung vom Nutzer zum Rechnersystem. Das zum *Wearable Computing* Konzept gehörende einfache An- und Ausziehen ist so ausgeschlossen.

Der in Abb. 2 dargestellte Handschuh und das daraus abgeleitete Armband erlauben durch Bewegen der Hand und per Fingerdruck einfache Interaktionen wie das Steuern von Checklisten zu realisieren. Solche Systeme wurden in Wartung und Produktion wie im Krankenhausalltag eingesetzt (Lukowicz et al. 2007, Lawo et al. 2009, Pezzlo et al. 2009). Durch eingebaute Beschleunigungs- und Neigungs- Sensoren sind bestimmte Gesten, aber auch komplexere Handbewegungen bis hin zu einem Zeichensprachen-Alphabeth erkennbar (Witt 2005a). Es werden jedoch nur Handbewegungen und keine Fingerbewegungen interpretiert. Mit den Fingern werden nämlich nur Schalterfunktionen realisiert, um Greifoperationen zu modellieren. Handschuh und Armband verfügen über eine *Bluetooth®* Schnittstelle zur Datenübertragung und für die Kontexterkennung über einen RFID Reader. Mit einer Standzeit von acht Stunden erlauben sie eine autonome Nutzung zum Beispiel im Umfeld einer Produktionsanlage.

WEARABLE COMPUTING INTERFACES BEWERTEN

Die Gestaltung der Schnittstelle zwischen *Wearable*-System und Nutzer ist ein Kernelement der Systemgestaltung aus Nutzerperspektive. Die damit verbundenen Herausforderungen sind ähnlich wie anfänglich bei der Gestaltung grafischer Benutzerschnittstellen.

So wie es heute zahlreiche Werkzeuge zur Gestaltung grafischer Benutzerschnittstellen gibt wurde zur Erstellung von *Wearable* Schnittstellen ein Werkzeug entwickelt (Witt 2005a), das dem in der Entwicklung von *Wearable Computing*-Anwendungen nur bedingt Erfahrenen eine von speziellen Ein- und Ausgabegeräten unabhängige Spezifikation erlaubt. Es kann modellbasiert entwickelt werden, zum Beispiel mit *Concurrent Task Trees* (Paterno 1999). Kontextsensitive Schnittstellen zur Verarbeitung beiläufiger Sensorinformationen werden mit einer automatischen Anpassung unterstützt. Die Entwicklung beruht auf wieder verwendbaren Komponenten.

Unser Fokus ist hier die Bewertung von *Wearable Computing Interfaces*. Um eine von der konkreten Arbeitssituation abstrahierte Bewertung zu ermöglichen, sind vom Nutzer die in der wirklichen Welt zu erfüllenden Aufgaben (vgl. Abb.5) für eine Evaluation im Labor zu simulieren (Witt 2006).

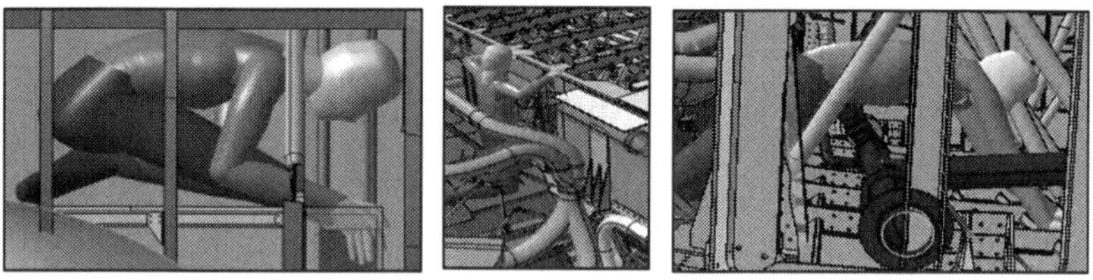

Abb. 5: Beispiele zu simulierender Arbeitssituationen

Die verschiedenen qualitativen Verfahren der Tätigkeitsanalyse wie Interviews, Beobachtungen oder Arbeitsplatzstudien werden hier nicht vertieft; wir verweisen dazu auf die einschlägige Literatur (Redish et al. 2003, Preece et al. 2006, Benyon et al. 2005, Denzin et al. 2004).

Wir stellen hier vielmehr eine Methode vor, mit der Anwendungen und Anwenderschnittstellenkomponenten in einer Laborumgebung bewertet werden können. Die primäre Aufgabe wird dabei durch eine angemessene mobile, physische und manuelle Ersatztätigkeit dargestellt.

Anders als *Desktop*-Anwendungen, bei denen die Umgebungsbedingungen über einen gewissen Zeitraum konstant bleiben und Nutzer normalerweise zu jeder Zeit nur jeweils eine Aufgabe mit dem Computer bearbeiten, werden *Wearable*-Anwendungen durch sich ändernde Bedingungen und nebenläufige

Interaktion (*Multitasking*) beeinträchtigt. Bedingungen ändern sich durch die Mobilität des Anwenders, die Umgebung oder den Aufgabenumfang der Hauptaufgabe, die der Anwender ausführt. So kann zum Beispiel in der Flugzeugwartung ein *Wearable* eingesetzt werden, um den Nutzer durch komplexe Wartungsprozesse mit hohem Informations- und Dokumentationsbedarf zu leiten. Weil das reale Wartungsverfahren verlangt, dass die Wartungstechniker mit ihren Händen an technischen Gegenständen arbeiten, können dadurch die Mobilität sowie die kognitiven oder physischen Möglichkeiten der Arbeiter beeinträchtigt werden (Morales-Kluge et al. 2007). Um solche Anwendungen und ihre Anwenderschnittstellen in einer realistischen, aber auch kontrollierten Umgebung zu bewerten, muss man die Anwendungs-Domaine und ihre Aufgabenmerkmale während der Bewertung berücksichtigen. Physische Aufgaben, die vom Nutzer verlangen, in unmittelbarer Reichweite mittels der Hände ausgeführt zu werden, werden als *manual tasks* bezeichnet (Cutting 1997).

Verschiedene Anwenderstudien (Witt et al. 2007, Vadas et al. 2006, Drugge et al. 2006, Nilsson et al. 2005, Drugge et al. 2004) haben gezeigt, dass durch die Einführung realistischer *Wearable Computing* Aufgaben viele Ergebnisse bestätigt werden konnten, die bereits aus *Desktop* und *Mobile Computing* Anwendungen bekannt waren. Es gibt jedoch auch Erkenntnisse, die auf inhärente Unterschiede, zum Beispiel auf Grund der Mobilität und der Art der geleisteten Hauptaufgaben, zurückzuführen sind. Witt und Drugge (Witt et al. 2006) haben eine Reihe elementarer und fundamentaler Anforderungen erarbeitet, die eine Bewertungsmethode für die Laborumgebung erfüllen muss, um Aspekte der Wechselwirkung bei der Wearable Computeranwendung auf realistische Weise zu erforschen:

1. Entwurf einer realen physischen Aufgabe

Hauptaufgaben in der Wearable Computeranwendung sind oft *manual tasks*. Das Bewertungssystem muss solche *manual tasks* hinsichtlich der fundamentalen Merkmale realistisch simulieren.

2. Leicht zu erlernen

Die Nutzer müssen das System leicht erlernen können, damit Fehler in den Experimentdaten aus Missverständnissen beim Experimentaufbau reduziert werden. Die Zeit bis zur theoretischen Beherrschung sollte für den Nutzer so kurz wie möglich sein, damit noch Zeit für praktische Übungen angehängt werden kann, bevor das tatsächliche Experiment beginnt, sodass die Leistungen des Nutzers während der Studie konstant bleiben.

3. Anpassungsfähig an unterschiedliche Simulationen

Das System muss anpassungsfähig sein, um die Simulation verschiedener Hauptaufgaben mit unterschiedlichen Merkmalen ausführen lassen zu können.

Das heißt, der Simulator muss in der Lage sein, zum Beispiel verschiedene Ebenen der Aufgabenkomplexität, körperliche und geistige Anforderungen sowie die Dauer der Aufgaben zu modellieren.

Ein sogenannter *Heißer Draht* wurde entsprechend den genannten Anforderungen als Simulator für die primäre Aufgabe konzipiert und entwickelt (Abb. 6). Er bietet die Möglichkeit, *manual tasks* in einer kontrollierten Laborumgebung reproduzierbar zu simulieren. Mit dieser Eigenschaft liefert er die Grundlage für eine neue Bewertungsmethode für *Wearable*-Anwenderschnittstellen unter *dual task* Bedingungen.

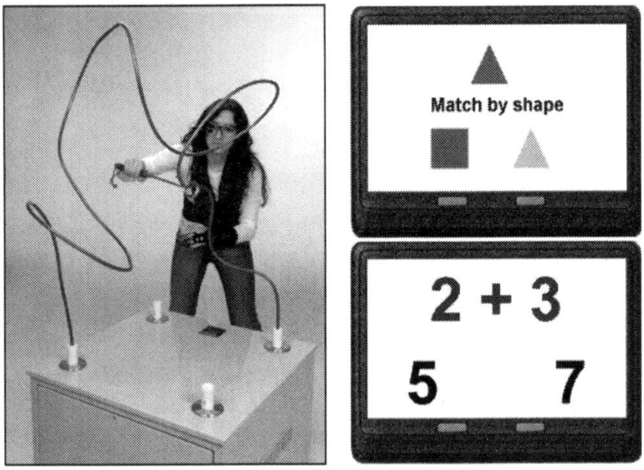

Abb. 6: Modular steckbarer Heißer Draht mit sekundären mittels Wearable zu lösenden Aufgaben

Das Grundkonzept des Gerätes erwuchs aus einem Kinderspielzeug, das ursprünglich die Motorik und die Konzentrationsfähigkeit auf eine bestimmte Aufgabe über einen längeren Zeitraum trainieren sollte. In Deutschland ist dieses Spiel unter dem Namen der *Heiße Draht* bekannt; man kann es kaufen.

Die Spielzeugausführung besteht aus einem gebogenen Metalldraht, dessen beide Enden auf eine Grundplatte montiert sind, und einem hölzernen Handgerät mit einem Metallring. Der Sinn des Spiels besteht darin den Ring des Handgerätes ohne den Draht zu berühren von einem zum anderen Ende des Drahtes zu führen. Falls man den Draht berührt, wird ein akustisches Signal ausgelöst und der Spieler muss von vorn beginnen. Um Ermüdungserscheinungen vorzubeugen, erlauben kleine, isolierte, farbige Segmente Erholungspausen.

Obwohl der *Heiße Draht* eine realistische Modellierung erlaubt, bleibt das Experiment selbst eine Abstraktion. Einzelne manuelle Tätigkeiten werden also nicht im Labor nachgebaut, sondern vielmehr auf ihre Charakteristika überprüft und in einen entsprechenden jederzeit, rekonstruierbaren Aufbau umgesetzt. Umwelteinflüsse, zum Beispiel aus Arbeitsprozessen, werden so abstrahiert.

Die Besonderheit des Aufbaus ist die Modifizierbarkeit: So lassen sich die Drahtsegmente in Form, Anordnung, Durchmesser und Anzahl, die Werkzeuge hinsichtlich Durchmesser, Gewicht und Anzahl ändern. Die Effekte verschiedener Kombinationen dieser Parameter auf Dauer, Komplexität und Anforderungen können variieren (Witt 2008).

In den Experimenten lassen sich die visuelle Aufmerksamkeit sowie die physischen wie kognitiven Herausforderungen an den Probanden messen. In Evaluationen können beispielsweise Unterbrechungsaspekte in Kombination mit verschiedenen Eingabetechniken untersucht werden. So wurden in Witt (2008) für Unterbrechungsverfahren bei der Interaktion mittels Gesten drei Hypothesen aufgestellt und reale primäre Aufgaben aus einer Flugzeugwartungsanwendung modelliert und hinsichtlich der Hypothesen evaluiert. Methoden der direkten, verhandelbaren, terminierten und vermittelten Unterbrechung wurden mit Ergebnissen aus durchgeführten Nutzerstudien verglichen. Es wurden auch Experimente mit Unterbrechungsverfahren bei der Interaktion mittels Sprache zum Vergleich angestellt. Der Versuchsaufbau wurde auch verwendet um verschiedene Formen der visuellen Rückkopplung bei der Interaktion mittels Gesten zu evaluieren.

MONITORING SOFTWARE

Um den *Heißen Draht* einfach in Nutzerstudien mit unterschiedlichen Aufbauten verwenden zu können, wurde eine spezielle Aufzeichnungssoftware zur Bewertung der Nutzeraktivitäten entwickelt; diese läuft auf einem mit dem *Heißen Draht* verbundenen stationären Rechner. Die zu evaluierende *sekundäre Tätigkeit* läuft auf einem von den Probanden zu tragenden netzwerkfähigen *Wearable Computer*. Ereignisse auf dem *Wearable* werden an den stationären Rechner übertragen.

Die *Montoring Software* verfügt über zwei wesentliche Dienste mit grundlegenden Funktionalitäten für Aufzeichnung (*Logging*) und Ereignisübermittlung (*Eventdispatcher*). Bei der Aufzeichnung werden alle wichtigen Daten aufgezeichnet, wie zum Beispiel die Zeit, die ein Proband zur Ausführung einer Aufgabe benötigt oder die Anzahl der Fehler, die während der Ausführung einer Aufgabe als Kontakte mit dem *Heißen Draht* gemacht werden. Erfasst werden also zumindest Dauer, Fehler und Fehlerrate.

Neben der Aufzeichnung von Ereignissen am *Heißen Draht* bietet der Dienst auch ein *Application Interface (API)* um Ereignisse aufzuzeichnen, die beispielsweise von einer anderen Software Komponente ausgelöst werden. Hierdurch wird die zentrale Aufzeichnung aller Ereignisse während einer Nutzerstudie möglich. Da *Wearable Computing* Anwendungen wegen der beschränkten Ressourcen einzelner Komponenten gewöhnlich aus verteilten Anwendungen zusammengesetzt sind, dient dieser Dienst als Ereignisanzeige für nicht in die zentrale Steuerung des *Wearable* integrierte abgesetzte Geräte als sogenannte *Ereignisanzeiger (Event Publisher).* Zur Erleichterung der Nachbearbeitung werden für jeden Probanden alle aufgezeichneten Daten in einer Protokolldatei gespeichert.

Die Architektur des *Remote Event Service* erlaubt mittels Erweiterungsmodulen beliebige nicht integrierte (remote) Ereignisse aufzunehmen. Softwarekomponenten können die aufgezeichneten Daten während der Laufzeit mittels des *Ereignisabonnenten (Event Subscribers)* anfordern. Hierfür wurde ein Entwurfsmuster implementiert. Falls Softwarekomponenten auf demselben System laufen, lassen sich Ereignisse durch direkte Funktionsaufrufe anzeigen. Für durch eine Netzwerkinfrastruktur miteinander verbundene verteilte Komponenten bietet der *Remote Event Service* ein Erweiterungsmodul für die TCP/IP basierte Ereignismeldung (*Event Dispatch*).

Die beschriebene Software erlaubt die Überwachung und automatische Aufzeichnung grundlegender Daten für die nachlaufende Auswertung der Experimente durch die aufgezeichneten Zeiten und Kontakte des Werkzeugs mit dem Draht. In (Drugge et al. 2006) wurde jedoch gezeigt, dass die reine Aufzeichnung der Kontakte nicht ausreichend ist. Es kann wichtig sein, die Koordinaten des Kontaktpunktes zur Beurteilung dokumentiert zu haben.

Ein aus einer Kamera bestehendes System, das die Bewegungen der Hand des Nutzers verfolgt, ist ausreichend um die Position zu bestimmen. Für das *Tracking* verwenden wir das für die Entwicklung von *Augmented Reality* Anwendungen konzipierte ARToolkit (ARToolkit 2007). Für die Verfolgung werden Winkel und Größe eines Markers im Video identifiziert und in 3D Koordinaten umgerechnet. Ausreichende Ergebnisse lassen sich mit vier Markern mit 8x8 cm Kantenlänge bei Verwendung einer einfachen Webcam erreichen. Gute Ausleuchtung und eine höher auflösende Kamera verbessern ebenso den Aufbau wie eine geeignet positionierte zweite Beobachtungskamera. Dies erlaubt, entsprechend kleinere Marker zu verwenden.

MODELLIERUNG PRIMÄRER TÄTIGKEITEN MIT DEM *HEISSEN DRAHT*

Der *Heiße Draht* ist für die Modellierung eines breiten Anwendungsspektrums ausgelegt. Jedes zu evaluierende Szenario in der realen Welt erfordert Anpassungen. So war zum Beispiel für eine Nutzerstudie in der Flugzeugwartung der Verlauf des Drahtes so zu gestalten, dass Probanden gezwungen wurden, vergleichbare Körperhaltungen anzunehmen (vgl. Abb. 5 und Morales-Kluge et al. 2007 und Drugge et al. 2006).

Primäre Tätigkeiten können sehr unterschiedlich sein und reichen vom Tragen schwerer Objekte bis hin zum Montieren einer Uhr. Diese Tätigkeiten fordern dem Menschen spezifische Fähigkeiten ab. Arbeitsumgebungen fordern vom Menschen stets ein spezifisches Maß an physischen, wahrnehmenden und kognitiven Fähigkeiten, welches die Interaktion mit dem *Wearable* beeinflusst. Vor dem Entwurf des Versuchsaufbaus im Heißen Draht sind daher folgende Dimensionen zu betrachten: *visuelle Aufmerksamkeit* sowie *körperliche Beanspruchungen* und *geistige Anforderungen.*

Die *Visuelle Aufmerksamkeit* wird bei handwerklichen Tätigkeiten zur Hand-Auge-Rückkopplung benötigt. Einflussgrößen sind menschliche Besonderheiten sowie Spezifika von Aufgabe und Umgebung (Dukic 2006). Ihr Einfluss ist anders als bei den körperlichen Beanspruchungen nicht besonders gut dokumentiert (Li et al. 1999). Da die visuelle Aufmerksamkeit fokussiert ist, kann sie nicht auf verschiedene Aufgaben aufgeteilt werden; der Mensch kann seine *Visuelle Aufmerksamkeit* aktiv nur auf eine Aufgabe lenken; insofern können primäre und sekundäre Tätigkeit beiläufig sein.

Da die primäre Aufgabe immer Vorrang hat, darf die Erregung der Visuellen Aufmerksamkeit die Ausübung der primären Tätigkeit nicht stören und die verbundene geistige Beanspruchung muss möglichst gering sein. Eine störungsarme Unterbrechung zur Gewinnung der Aufmerksamkeit spielt also für die Interaktion mit dem *Wearable* eine entscheidende Rolle. Denn selbst wenn die vom *Wearable* angebotene Information unterstützend ist, stellt sie für den Menschen eine Unterbrechung dar. In Witt (2008) wurden verschiedene Verfahren des Erregens der Aufmerksamkeit evaluiert.

Körperliche Beanspruchungen sind Gegenstand der Arbeitswissenschaften. Ihre Untersuchung zielt darauf ab, Erkrankungen des Bewegungsapparates zu vermeiden (Banaver et al. 1997). Primäre Aufgaben können Tätigkeiten erfordern wie sich zu bücken, auf dem Boden zu kriechen, Gegenstände zu heben oder eine Strecke zurückzulegen; sie erzeugen stets eine körperliche Beanspruchung. Diese führen zu Einschränkungen bei Interaktion und Informationsaufnahme sowie der Erregung der Aufmerksamkeit. Oft sind körperliche Beanspruchungen mit zeitlichen und räumlichen Beeinträchtigungen der Gliedmaßen verbunden, zum Beispiel ein Werkzeug zu halten, oder in einer Nische zu knien. Diese Beeinträchtigungen erschweren die Verwendung beider Hände bei der Interaktion mit dem Computer.

Die *geistigen Anforderungen* bei einer Tätigkeit hängen stark vom einzelnen Menschen, seinen Erfahrungen und Problemlösungsstrategien ab (Eysenck et al. 2005). Problemlösungsfähigkeit und Expertenwissen sind zwei getrennte Felder der Kognitionsforschung. Da eine absolute Einschätzung für das Individuum nicht möglich ist, hilft man sich hier mit relativen Einschätzungen. So kann davon ausgegangen werden, dass Expertenwissen fordernde Tätigkeiten im Vergleich zu einer nur den gesunden Menschenverstand fordernden als schwieriger einzustufen sind.

Durch Veränderungen in der Drahtform bzw. dem Werkzeugdurchmesser während eines Experimentes lassen sich notwendige visuelle Aufmerksamkeit, körperliche Beanspruchung und geistige Anforderungen variieren. Wenn die Versuchsanordnung auch eine spezifische erlernte Werkzeughaltung erfordert, kann dieses modelliert werden um die kognitive Last zu erhöhen. Anforderungen an die Körperhaltung wie *Bücken*, *Knien* oder *Liegen* lassen sich durch die Form des Drahtes modellieren. Größe und Gewicht des Werkzeugs am *Heißen Draht* können an die des in der Realität verwendeten Werkzeugs angepasst werden. Es lassen sich auch zwei Werkzeuge gleichzeitig verwenden, falls das in der zu modellierenden Umgebung relevant sein sollte. Damit können besondere Anforderungen an die Koordinationsfähigkeiten modelliert werden.

SCHLUSSBEMERKUNG

Der *Heiße Draht* lässt sich nicht nur für die Evaluation, sondern auch für das Training bei *Wearable Computing* Systemen ähnlich wie ein Flugsimulator verwenden. *Wearable Computing* Lösungen sind nicht selbst erklärend, sondern erfordern Einführungsprojekte, so wie sie vor 30 Jahren bei der Einführung von CAD Lösungen in der Konstruktion notwendig waren, oder vor gut 20 Jahren noch bei der Einführung von Bürolösungen. *Wearable Computing* erschließt neue Nutzergruppen und daher ist Schulungsaufwand notwendig, um Nutzerakzeptanz und Nutzereffizienz zu erreichen.

Durch den gezielten Einsatz des *Wearable Computing* können komplexe Aufgaben und Arbeitsgänge in kürzerer Zeit, mit geringerem Aufwand und höherer Qualität ausgeführt werden. Dieses gelingt im Wesentlichen dadurch, dass Medienbrüche vermieden werden und die Informationsbeschaffung beschleunigt wird. Nutzenpotentiale erschließen sich durch die orts- und zeitunabhängige Nutzung ursprünglich stationärer IT-Dienste. Der Nutzen steigt mit der Reduzierung der Interaktionen mit dem System und der gezielten Bereitstellung ausschließlich für den Arbeitskontext relevanter Informationen. Die automatische Erkennung der ausgeführten Tätigkeiten und die automatische Bereitstellung der aktuell benötigten Informationen vor Ort ist dabei der Schlüssel zur Nutzerakzeptanz gleichermaßen wie zur Effizienzsteigerung.

LITERATUR

Artoolkit: Building augmented realtity software, 2007: http://www.hitl.washington.edu/artoolkit/

Benyon, D., Ph. Turner und S. Turner 2005: Designing Interactive Systems: People, Activities, Contexts, Technologies. Addison-Wesley, Boston, MA, USA, 1st edition

Bowman, D. A., Kruijff, E, LaViola, J.J. und I. Poupyrev 2005: 3D User Interfaces: Theory and Practice. Addison-Wesley, Boston, MA, USA, 1st edition

Bruce, P. und M.D. Bernard 1997: Musculoskeletal Disorders Workplace Factors: A Critical Review of Epidemiologic Evidence for Work-Related Musculoskeletal Disorders of the Neck, Upper Extremity, and Low Back. U.S. Department of health and Human Services

Cutting, J.E 1997: How the Eye Measures Reality and Virtual Reality. Behaviour Research Methods, Instruments Computers, 29(1), S. 27-36

Denzin, N. K. und Y. S. Lincoln 2004: Handbook of Qualitative Research. SAGE Publications, 3rd edition

Drugge,M., Nilsson, M., Liljedahl, U., Synnes, K. and P. Parnes 2004: Methods for Interrupting a Wearable Computer User. In: ISWC: Proceedings of the Eighth International Symposium on Wearable Computers, S 150-157, Washington, DC, USA: IEEE

Drugge, M., Witt, H., Parnes, P. und K. Synnes 2006: Using the Hotwire to Study Interruptions in Wearable Computing Primary Tasks. In: The Tenth International Symposium for Wearable Computers (ISWC), Montreux, Switzerland: IEEE

Dukic, T. 2006: Visual Demand in Manual Task Performance – Towards a Virtual Evaluation. PhD thesis, Chalmers University of Technology, Department of Product and Production Development Production Systems, Göteborg, Schweden

Eysenck, M. W. und M. T. Keane 2005: Cognitive Psychlogy: A Student's Handbook. Psychology Press (UK), 5th edition

Immersion 2005: http://www.immersion.com/3d/products/cyber_glove.php (12. 7.2010)

Lawo, M. und O. Herzog 2009: Welchen Einfluss hat das Mobile und Wearable Computing auf die Informationstechnologie, In JJ. Sieck und A. Herzog (Hg) Wireless Communication and Information, Verlag Hülschbusch, S. 113-125

Li, G. und C. M. Haslegrave 1999: Seated Work Postures for Manual, Visual and Combined Tasks. Ergonomics, 42(8), S. 1060-1086

Lukowicz, P., Timm-Giel, A., Lawo, M. und O. Herzog 2007: WearIT@work: Toward Real-World Industrial Wearable Computing, IEEE Pervasive Computing, Vol. 6, No. 4, S. 8-13

Morales-Kluge, E. und H. Witt 2007: Developing Applications for Wearable Computers: A process Driven Example. In: Proceedings of the 4th International Forum for Applied Wearable Computing (IFAWC), VDE/ITG 33, S. 23-33

Nilsson, M., Drugge, M. Liljedahl, U., Synnes, K. und P. Parnes 2005: A study on Users' Preference on Interruption when Using Wearable Computers and Head Mounted Displays. In PerCom, S. 149-158

Paterno, F. 1999: Model-Based Design and Evaluation of Interactive Applications. London u.a.: Springer Verlag

Pezzlo, R., Pasher, E. und M. Lawo (Hg.) 2009: Intelligent Clothing – Empowering Mobile Worker by Wearable Computing; AKA IOS Press

Preece, J., Rogers, Y. und H. Sharp 2006: Interaction Design: Beyond Human-Computer Interaction. New York: Wiley, 2nd edition

Redish, J. und D. Wixon 2003: Task analysis. In: J.A.Jacko und A.Sears, (Hg.): The Human Computer Interaction Handbook, S. 922-940

Vadas, K., Patel, N., Lyons, K., Starner, T., Jacko, J.: Reading on-the-go: a comparison of audio and hand-held displays. In: Mobile HCI'06: Proceedingsof the 8th conference on human-computer interaction with mobile devices and services, S. 219-227, New York: ACM

Witt, H. 2005a: Enabling Implicit Interaction in Wearable Applications: Don't use sensors only for one task. International Conference on Cutting Edge Wireless Technology (CEWIT), Long Island, New York, December 7

Witt, H. 2005b: A Toolkit for Context-aware Wearable User Interface Development for Wearable Computers. In: ISWC'05, IEEE CS

Witt, H., Leibrandt, R. Kemnade, A. und H. Kenn 2006: SCIPIO: A Miniaturized Building Block for Wearable Interaction Devices; In: Herzog, O. e.a. (Hg.) – Proceedings of the 3rd International Forum on Applied Wearable Computing

Witt, H. und M. Drugge 2006: Hotwire: An Apparatus for Simulating Primary Tasks in Wearable Computing. In CHI '06 extended abstracts on Human factors in computing systems, S. 1535-1540, New York: ACM

Witt, H. und E. Morales-Kluge 2007: Domain Expert vs. Layman: Exploring the effect of subject selection in user studies for industrial wearable applications.

In: Proceedings of the 4th ACM International Conference on Mobile Technology, Applications and Systems (MC'07), Singapore: ACM

Witt, H. 2008: User Interfaces for Wearable Computers – Development and Evaluation. Wiesbaden: Vieweg+Teubner

DANKSAGUNG

Die Autoren danken Hendrik Iben, Andreas Kemnade, Rüdiger Leibrand und Claas Ahlrichs für ihre Mitarbeit und der EU für ihre Förderung im Rahmen des Projektes wearIT@work *Empowering the mobile worker by wearable computing* (www.wearitatwork.com) sowie den Partnern im Projekt.

Lernen durch Be-greifen

Interaktionsdesign für reflexive Erfahrung

Digitale Medien für Bildung

HEIDI SCHELHOWE

Im deutschen Wort be-greifen ist die Beziehung des Menschen zur Welt in der verschränkten Doppeltheit ausgedrückt: Welt erschließt sich durch Greifen, durch einen haptischen und handelnden Zugriff. Gleichzeitig aber gibt es kaum die Unmittelbarkeit des Zugriffs per se, sondern es sind symbolische und gesellschaftlich vermittelte Prozesse, über die das Greifen vermittelt ist. Um etwas verstehen, begreifen zu können, braucht es den Körper und es braucht Verstand und Gefühl, um die Dinge in ihrer Bedeutung und in ihrer Rolle in der Welt erfassen und sich zu ihnen ins Verhältnis setzen, sie sich zu eigen machen zu können.

Die Vorstellung vom Be-greifen verweist auf das Subjekt, das durch Handeln und Reflektieren Erfahrungen macht und sich so seine Umwelt selbsttätig aneignet, lernt, „sich bildet", Bildung verstanden im Sinne eines Wandlungsprozesses, einer „Veränderung von Selbst- und Weltreferenz im Sinne eines qualitativen Sprungs" (Marotzki 1990, S. 131). In seiner Doppelsinnigkeit ist mit dem Wort vom Be-greifen (und Erfassen) ausgedrückt, dass das Verstehen nicht über Instruktion von außen, sondern über eigenes Greifen und Handeln gelingt.

Einer solchen Vorstellung von ganzheitlicher Erfahrung mit allen Sinnen steht die Organisation institutioneller Bildung gegenüber, wie sie die Schule der Industriegesellschaft prägt. Sie konzentriert sich auf das Lehren und die Vermittlung von Wissen und weniger auf die selbsttätige Aneignung. Schulisches Lehren ist formalisiert und in Fächer zerlegt. Wissen ist zergliedert und wird arbeitsteilig bearbeitet: das Denken in der Mathematik, der Körper im Sport, das ästhetische Empfinden im Kunstunterricht. In der Hierarchie der Fächer stehen diejenigen oben, die den „Kopf“ und die Abstraktion betonen – auch wenn sie nicht ohne das Üben auskommen.

Wenn von Computern in der Schule die Rede ist, geht es in der Regel um die Frage, wie der Computer in dieses Schema der Institution einzupassen wäre: In der ersten Phase, beginnend mit den 80er Jahren, entstanden neue Fächer oder Teilgebiete, Informatik oder Informationstechnische Grundbildung, wo es darum ging, in recht praktischer Weise die Beherrschung des Geräts und der vorhandenen Software, wie sie im Arbeitsleben benutzt wird, erst einmal zu erlernen. Computer erweisen sich jedoch immer mehr als Instrumente, deren Beherrschung man sich weitgehend durch *Learning-by-Doing* aneignen kann. Mit den intuitiver zugänglichen Benutzungsoberflächen und der Verallgemeinerung des Computers zeigt sich, dass die meisten Kinder und Jugendlichen die Schule wenig brauchen, um sich Nutzungskompetenz anzueignen. Die Attraktivität der Anwendungen, Spiele, Informationssuche, Kommunikation, Unterhaltung, lassen Kompetenzen im informellen, nicht-institutionalisierten Raum mit Peers quasi von selbst entstehen. Selbst für schulisches Fächer-Lernen ergänzen Jugendliche heute ihre Kompetenzen am Medium Computer, auch dort, wo der Computer im Unterricht noch eine geringe Rolle spielt.[1]

So schlägt das Pendel in der Debatte um Computereinsatz in den Schulen dahin aus, den Computer schlicht als *Werkzeug* für die Nutzung im schulischen Alltag zu betrachten. Ein zweckgerichtete Einsatz im Unterricht ist heute eher Thema, wenn es um Computer in der Schule geht: Erweisen Computermedien sich als nützlich für die Erreichung gesetzter Lernziele? Sind sie geeignet Geografie, Sprachen oder Algebra zu lernen? Medien – wie die Computer heute weitgehend genannt werden – soll keine eigene Aufmerksamkeit zukommen, sie sollen schlicht eingesetzt werden und den Unterricht begleiten.[2]

In meinem Beitrag möchte ich gegenüber dieser instrumentalen Perspektive, in der Digitale Medien als Mittel zum Zweck, als möglichst unauffälliges Werkzeug und Vermittler, betrachtet werden, den Blick (wieder) auf das Medium

---

1 Nach der JIM-Studie 2009 geben 49% der 12-19Jährigen an, regelmäßig am Computer für die Schule zu lernen. 16% sagen, dass der Computer im Schulalltag eine Rolle spielt. (JIM 2009)

2 Erst die neuerlichen Probleme, die mit den sozialen Netzwerken für Datenschutz und Identitätsbildung von Jugendlichen gesehen werden, aber auch die Notwendigkeit „fortgeschrittener IT-Kompetenz“ in nahezu der Hälfte aller (Ausbildungs)Berufe lassen das Medium selbst wieder in den Blick geraten. Medienbildung wird zu einem gesellschaftlich und politisch relevanten Thema und dazu gehört es auch, zu be-greifen, was dieses Medium ausmacht. (siehe BMBF 2009)

selbst richten. Im Zusammenhang von Be-Greifbarkeit geht es mir insbesondere um die Frage, welche Rolle Digitale Medien selbst als *Gegenstand* von Bildung spielen können. Kennzeichen heutiger, post-industrieller Gesellschaften ist die zunehmende Vermitteltheit menschlicher Erfahrung durch semiotische Prozesse. Arbeiten, Spielen, Lernen finden immer weniger in der Auseinandersetzung mit den vorgefundenen Objekten statt, vielmehr handeln wir an Repräsentationen dieser Objekte. Ein Großteil der Dinge, mit denen wir heute umgehen, sind Artefakte, in denen abstrakte, formalisierte Modelle geronnen sind. Und im Fall des Computers kommt hinzu: Über programmierte Modelle prozessieren die Daten-Objekte quasi von selbst in der Interaktion mit ihrer Umwelt. All dies kann in der Auseinandersetzung und im Kennenlernen des Digitalen Mediums selber sichtbar und verstehbar werden.

Kurz gesagt: Wer wesentliche Prozesse der Computerisierung, die die modernen Gesellschaften prägen, versteht, begreift etwas über sich selbst, begreift sich im Verhältnis zur Berechenbarkeit des Mediums, aber auch in der eigenen Körperlichkeit, im Erfahren, Herstellen und Handeln in der Welt. Bei der Vorstellung vom Computer als Bildungsmedium (Schelhowe 2007) geht es um das Sich-Ins-Verhältnis-Setzen des Subjekts zum Medium, ein Prozess, in dem auch das Verhältnis zur digital geprägten Welt entwickelt wird. Dabei möchte ich die besonderen Chancen, die das *Greifen* mit den Tangible Interfaces hat, für diese Vorstellung vom *Begreifen* zeigen.

Dies ist der Grundgedanke, auf dem die Vorstellung von einem „Interaktionsdesign für reflexive Erfahrung" als Design-Philosophie für Lernanwendungen, die in diesem Aufsatz entwickelt werden soll, gründet: Für Lernprozesse gilt es nicht nur „Tangibles" als neue und innovative Werkzeuge für einen intuitiveren und greifbareren Zugang im Rahmen gängiger Lernprozesse zu entwickeln. Vielmehr müssen diese Werkzeuge die Doppelsinnigkeit des Greifens und Begreifens im Design realisieren. Die be-greifbare Qualität ist so zu gestalten, dass über das Design sowohl Immersion als auch Reflexion unterstützt werden. Dies bedeutet für das Design eine Umkehr oder gar ein Paradox: Das Verschwinden des Computers im *Ubiquitous Computing* wird rückgängig gemacht, oder besser: Die neuen Möglichkeiten der *Tangible Interfaces* selbst werden wiederum dafür genutzt, die verborgenen Prozesse der Berechenbarkeit wieder ans Licht zu holen.

Ich werde im Folgenden zunächst einigen Gedanken aus der Pädagogik zur Bedeutung des Greifens für das Lernen nachgehen. Die traditionelle Rolle des Computers beim Lernen möchte ich unter dem Aspekt erwähnen, dass und warum er in seiner Rolle für die „Entsinnlichung" von Lernprozessen in die Kritik kommen konnte. „Turings Revolution" soll dann unter dem Aspekt diskutiert werden, dass in der Folge der Erfindung des (theoretischen Konzepts) des Computers die Verhältnisse zwischen Materialität und Virtualität, zwischen Körper und Geist, grundlegend neu gedacht wurden, dass der Computer also keineswegs nur als die lineare Fortsetzung der abendländischen Tradition einer Trennung von Körper und Geist betrachtet werden kann. Die Entwicklung des Interface schließlich verhilft dazu, dass auch auf der Nutzungsseite der Computer als Geistmaschine immer mehr zum Verschwinden gebracht und der Umgang mit Computerprogrammen körperlich, haptisch, greifbar wird. Dies macht die Debatte um sein „Verschwinden" in den Dingen, um das Handeln und die Greifbarkeit möglich. Welche Potenziale sich daraus für eine neue Gewichtung des Greifens und Handelns beim Lernen ergeben, soll dann erörtert werden. Gleichzeitig möchte ich aber darauf hinweisen, dass und inwiefern die Tangibles das Begreifen auch behindern können, wenn sie nicht dazu beitragen die (Hinter-)Gründe zu verstehen. Ich möchte schließlich dafür argumentieren, dass wir dort, wo es nicht nur um zweckgerichtetes, instrumentales Handeln mit Computerprogrammen, sondern um die Ermöglichung von Bildungsprozessen geht, ein neues Design-Konzept erproben: ein Interaktionsdesign für reflexive Erfahrung.

ZUR BEDEUTUNG DES GREIFENS IN DER PÄDAGOGIK

Lange schon wird in der Reformpädagogik die Bedeutung des Greifens für das Begreifen betont. Johann Heinrich Pestalozzi (1746-1827), einer der ersten, der die Idee eines selbstbestimmten Lernens vertritt („sich selbst helfen können"), entwickelt Lernmaterialien, die das Lernen mit „Kopf, Herz und Hand", Lernen über die Sinne, die Anschauung und das Tätig-Sein unterstützen sollen (Pestalozzi, Werke 1927-1996).

Friedrich Fröbel (1782-1852), auf den die auch im Englischen übernommene Bezeichnung „Kindergarten" zurückgeht, ist der Pädagoge, der die Bedeutung des Spiels für das Lernen bewusst macht: „Spiel ist die höchste Stufe der Kindesentwicklung, der Menschenentwicklung dieser Zeit; denn es ist freitätige Darstellung des Inneren, die Darstellung des Inneren aus Notwendigkeit und Bedürfnis des Inneren selbst" (zit. n. Lange 1863, S. 33f). Die „Fröbel-Gaben" oder das „Fröbel-Material" sollen das Kind in seiner „Allseitigkeit" anregen, sein Fühlen, Denken, seine Motorik, Fantasie und Kreativität aktivieren. Zu den Materialien gehören unter anderen Kugel, Ball, Walze, Würfel, Stickerei, die auch Gegensätzliches erfahrbar machen – der weiche, unhörbare Ball neben harten, klingenden Holzkugeln; die runde Kugel neben dem scharfkantigen Würfel. Die Materialien sollen anregen tätig zu werden, zu experimentieren und dadurch die Welt über eigenes Tun zu erfahren. Entwicklung wird durch Selbsttätigkeit, durch schöpferisches Tätigsein erreicht.

Bei Maria Montessori dann (1870-1952) bekommen die Materialien den zentralen Stellenwert. Sie sollen aus sich selbst heraus einen Aufforderungs-Charakter besitzen und das Kind dazu anregen, seine intellektuelle Entwicklung selbst voranzutreiben. Folgende Anforderungen stellt Maria Montessori an das Material:

- Es soll die Aufmerksamkeit fesseln.
- Es soll sich durch Einfachheit auszeichnen.
- Es soll Fehlerkontrolle ermöglichen, damit das Kind auch ohne den Eingriff von Erwachsenen Fortschritte erkennen kann.
- Es soll in Material eine Eigenschaft konzentriert sein, um damit Interesse und Konzentration zu fördern.
- Es soll jedoch einen „Ganzheitscharakter" haben, das heißt, auf ein größeres Ganzes hinweisen. Es sollen darin wesentliche Prinzipien zum Ausdruck kommen. (Montessori 2001, 112ff).

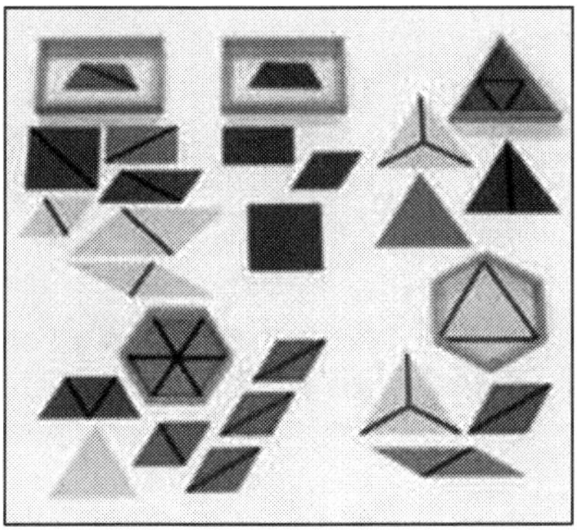
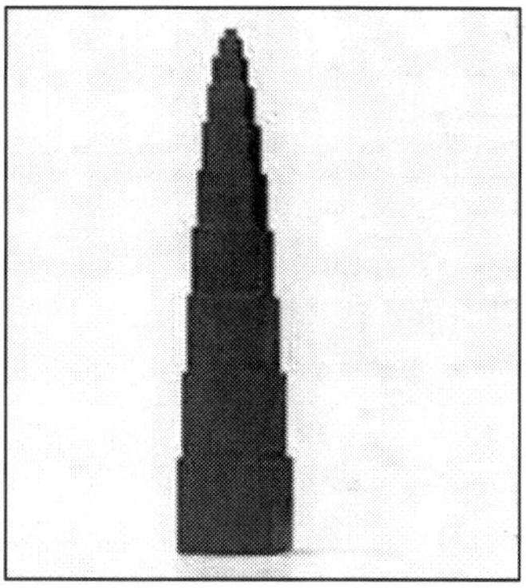

Beispiel Montessori-Material: In der Auseinandersetzung mit diesen Materialien sollen Kinder befähigt werden, Eigenschaften des Materials zu abstrahieren, zu benennen, zu vergleichen. Dies bildet eine Grundlage für Mathematik, Sprache, Musik usw. Quellen: Materialien © Nienhuis Montessori B.V. Kinder © MIA, Maria Roth

Pestalozzi, Fröbel und Montessori denken und entwickeln ihre Materialien vorwiegend für Kinder im Vorschul- oder Primarstufenalter. Diesen pädagogischen Ansätzen (und es wären noch sehr viel mehr zu nennen wie Vygotsky, Freinet oder Dewey…) ist – auch wenn ihre Konzepte sich im Detail unterscheiden – gemeinsam, dass sie Entwicklungschancen des Kindes darin sehen, dass es sein Wissen aktiv konstruiert, indem es seine Umwelt verändert. Bei all diesen Pädagoginnen und Pädagogen liegt die Betonung darauf, dass Körper und Geist als Einheit und in ihrem Zusammenwirken im Handeln und Reflektieren betrachtet werden. In den Worten von John Dewey: „The question of the integration of mind-body in action is the most practical of all questions we can ask of our civilization." (Dewey 1984, 29).

Jean Piaget, der mit seiner Entwicklungspsychologie den Grundstein für konstruktivistisches Denken in der Pädagogik gelegt hat, hat mit seiner Theorie pädagogische Vorstellungen, nach denen Wissen konstruiert wird durch selbsttätiges, konkretes Handeln, wissenschaftlich fundiert. Er zeigt in seinen empirischen Studien, dass wesentliche Änderungen in den Modellen, die sich die Kinder über die Welt machen (das heißt, dass sie lernen), dadurch vor sich gehen, dass sie in der Welt mit Objekten handeln und dadurch Erfahrungen machen. Informationen nehmen sie auf, indem sie sie entsprechend ihres Weltbildes interpretieren und in ihre Vorstellungswelt übersetzen. Dort, wo sie durch Handeln auf Widersprüche zu ihrem existierenden Bild von der Welt stoßen, können sie dieses verändern, dann kann komplexes und nachhaltiges Lernen stattfinden. (Piaget 1974)

Gleichzeitig hat Piaget nahegelegt, dass seine Vorstellungen von der Rolle des Handelns und der körperlichen Erfahrung auf das Kindesalter beschränkt seien: Er sieht Lernen als eine kontinuierliche „Höherentwicklung" vom Konkreten zum Abstrakten. Während das Kind noch den konkreten Umgang und das Hantieren mit den Dingen braucht, um an die Grenzen seiner Modellbildung über die Welt zu stoßen und um seine Modelle zu verändern, schreibt er älteren Kindern und Erwachsenen das Denken in Abstraktionen zu. Sherry Turkle und Seymour Papert haben dies wie einige andere kritisiert (Turkle/Papert 1990): Es handele sich dabei um eine Überbetonung und Überordnung des abstrakten Denkens gegenüber dem konkreten Handeln, das für alle menschlichen Tätigkeiten, auch für Lernen, Erfinden, Forschen und die Entwicklung Erwachsener, eine wichtige Rolle spiele.

Mit der Bezeichnung *Lifelong Kindergarten* hat die Gruppe um Seymour Papert in der Nachfolge mit Mitchel Resnick am MIT Media Lab dieses Prinzip des Lernens zum Kern ihrer *Mission* gemacht:

> „We are inspired by the ways children learn in kindergarten: when they create pictures with finger paint, they learn how colours mix together; when they create castles with wooden blocks, they learn about structures and stability. We want to extend this kindergarten style of learning, so that learners of all ages continue to learn through a process of designing, creating, experimenting, and exploring."[3]

3 http://llk.media.mit.edu/mission.php

COMPUTER ALS MASCHINEN IM LERNPROZESS

Als in der Informatik begonnen wurde, den Computer für das Lernen in Erwägung zu ziehen, folgen diese Überlegungen zunächst den Vorstellungen des Computers als Maschinen und Instrumente der Rationalisierung. Auch das Lehren und Lernen sollten mit Hilfe von Computern effektiviert werden, nach tayloristischen Modellen der Teilung, Zerlegung und Kontrolle. Dem liegt ein behavioristisches Modell vom Lernen zu Grunde, wie es von Skinner (Skinner 1958) vorgedacht worden war: Lernen als die Aufnahme und Wiedergabe von Informations-Bits. Informationen werden in kleine Atome zerlegt und den Lernenden vorgelegt. Diese Informations-Chunks sollen dann von ihnen möglichst getreu wiedergegeben werden. Es braucht dann möglicherweise nicht einmal mehr eine Lehrerin oder einen Lehrer für diesen Prozess. Die Lernsysteme als Software-Maschinen bieten – wenn die Abfragetechnik genügend eindeutig und formalisiert ist – den Vorteil, dass sie eine sofortige Auswertung vornehmen und unmittelbar Rückmeldung geben können, sie bleiben „neutral", sind also auch nach mehrmaliger falscher Antwort „geduldig", sie sind „individualisiert", sie können kontrollieren, welche Aufgabe jede einzelne Schülerin bearbeitet hat, gegebenenfalls kann das Programm auch auf ihre besonderen Schwierigkeiten und das spezifische Lerntempo reagieren.

Die programmierte Instruktion erweist sich nun nicht als so erfolgreich, wie es sich die Vertreter des industriellen Modells vom Lernen vorgestellt haben. Selbst die „Effektivität" des Lernens, so zeigen verschiedene Studien, kann damit nicht verbessert werden. Es gibt keine nachweisbar besseren Lernerfolge als beim bloßen Lesen von Texten, die so gestaltete Aufnahme von Informationen lässt kein Verständnis entstehen. Das Gelernte kann nicht übertragen werden auf (andere) Kontexte, das Modell ist nicht auf komplexes Lernen anwendbar. Noch dazu sinkt die Motivation der Lernenden, sobald der Neuheitseffekt verflogen ist, und die Lernprogramme werden als „unerträglich stereotyp" empfunden (einige dieser Studien werden bei Kerres (Kerres 2001) zusammenfassend vorgestellt). Ein auf Bildung bezogenes Lernen widersetzt sich der industriellen Logik der computerbasierten Instruktion.

Das instruktionistische Modell von Computer-gestütztem Lernen zeigt in aller Offenheit, was die Rolle des Computers in der Mensch-Maschine-Interaktion ist und wie der Computer dort zur Wirkung kommt: Der Part, für den die Maschine bestens geeignet ist, ist der der Speicherung von in kleine Einheiten zerlegten Informationen als Daten, die vom Programm nach Regeln zusammen gestellt und den Lernenden vorgelegt werden können. Eingaben von Lernenden können – sofern sie logisch-abstrakten, rekonstruierbaren Regeln folgen, dann verarbeitet und bewertet werden. Die Modelle, die im Computer als Programme implementiert werden können, sind heute sicherlich recht komplex und folgen nicht nur trivialen Wenn-Dann-Beziehungen.

Seit Beginn der Diskussion um den Computereinsatz an den Schulen wird Kritik an der Entsinnlichung, an der Reduzierung des Lernens auf Rationalitätskriterien, an der Verkopftheit geäußert, die mit dem Computer in einer Welt, die eh viel zu sehr „verstellt" sei gegenüber ursprünglichen Erfahrungen, verstärkt würden. Die Notwendigkeit individueller und personaler Sinngebung beim Lernen wird dem entgegen gehalten. Insbesondere auch aus reformpädagogischer Sicht und aus dem Interesse an einer umfassend verstandenen Bildung wird diese Kritik vorgebracht. Computer gelten (zurecht) als Inkarnation von strikter Logik, mathematischer Abstraktion und Entsinnlichung und werden als Gegensatz zu einer Vorstellung von ganzheitlichem Lernen kritisiert. Dies führte z.B. in verschiedenen Bundesländern zu einem Verbot des Einsatzes des Computers in den Schulen der Primarstufe (eine zusammenfassende Diskussion findet man z.B. bei Mitzlaff 1996).

Parallel dazu entwickelt sich gerade aus reformpädagogischer Sicht eine Debatte, die den Computer als Medium begreift, das – geradezu als Trojanisches Pferd – benutzt werden könnte, um die verkrusteten und formalisierten Verhältnisse einer von den Prinzipien der Industriegesellschaft geprägten Kultur des Lernens zu überwinden: Anschaulichkeit, Spielerisches, Individualisierung, Handlungsorientierung, selbstbestimmtes Lernen, Zentrierung auf das Lernen statt auf das Lehren sind Schlagworte für die Hoffnung auf einen Umbruch, der mit Computern eingeleitet werden könnte. Der früheste Vertreter dieser Vision ist vermutlich Seymour Papert, der bereits erwähnt wurde, ein Mathematiker am MIT und Schüler Piagets, der glaubt mit dem Computer eine „Revolution des Lernens"[4] einleiten zu können (Papert 1994). Die Schule, so sein Credo, könne mit dem technischen Mittel Computer den technischen Charakter des Lernens abwerfen.

Wie kann es – angesichts der gleichen Technologie – zu so unterschiedlichen Auffassungen über deren Rolle in Bildungsprozessen kommen?

VIRTUALITÄT UND MATERIALITÄT – TURINGS REVOLUTION

Als Alan Turing sich in seinem Aufsatz über die Berechenbarkeit „On Computable Numbers, With an Application to the Entscheidungsproblem" (Turing 1937/1987) zu Wort gemeldet und damit die theoretischen Grundlagen des Computers gelegt hat, definiert er mathematisches Denken durch eine Maschine.

4 Dies ist der deutsche Titel seines Buches, das im englischen Original „The Children's Machine" heißt.

Rechnen sei, so sein Ausgangspunkt, nichts anderes als quasi mechanisches Handeln, die Anwendung festgelegter Regeln, ausgeführt auf Papier, Rechnen ist „irgendeine Veränderung im *physikalischen* (Hervorh. H.S.) System, das vom Rechnenden und seinem Band gebildet wird".

Turings Maschine, so Andrew Hodge, der die Turing-Biographie geschrieben hat, „lieferte eine Brücke zwischen abstrakten Symbolen und der physikalischen Welt". Hodges zeigt, wie Turings Denken und Erfinden geprägt war vom „Drang nach Verbindung logischer Ideen mit etwas, das physikalisch funktionierte" (Hodges 1989). Die Zeitgenossen, so Hodges, seien „ziemlich verblüfft" gewesen, dass ein reiner Mathematiker, der doch in einer Welt der Zeichen und nicht mit Gegenständen operierte, nun über eine Maschine sprach. Die Turing-Maschine, so Hodges weiter, schien ein Widerspruch in sich zu sein.

Sein genialer Gedanke, etwas Geistiges wie die Mathematik durch etwas Physikalisches, eine Maschine, zu definieren, wurde später von Konrad Zuse bei der Patent-Anmeldung seiner Erfindung des elektronischen Rechenautomaten als „Fleisch gewordene Mathematik" aufgegriffen. Damit war der Anfang gesetzt, dass der Computer als „Höhepunkt der Abstraktion" (Turkle/Papert 1990) mit einem höchst konkreten, fassbaren, materiellen und greifbaren Ding in Verbindung gebracht werden konnte.

So *sind* Computerprogramme heute einerseits die Inkarnation von Logik und Binärsystem, von purer Mathematik und logischen Schaltungen – vom konkreten Leben und Handeln abgetrennte Gedanken von Softwareentwickler/innen, die die Wirklichkeit in Modellen abstrahieren, in Programmcode gießen, der - ohne jeden Sinn zu kennen - in der Maschine prozessiert. Gleichzeitig aber generiert der Programmcode über das Interface Medien, mit denen ein sinnlicher und intuitiver, haptischer, akustischer, körperbezogener Umgang möglich ist. Die Repräsentationen von Dingen und von Menschen erscheinen konkret und lebendig. Computer bleiben uns nicht mehr äußerlich, sondern gehören zu unseren „natürlichen" Umgebungen, begleiten unser Lebensgefühl, sind Vermittler unserer *Experience*, sind Teil unserer Gemeinschaften und unseres Gefühls der Verbundenheit mit der Welt. Wir sind zu Bewohnerinnen einer digitalisierten Welt geworden, wir spazieren zwischen dem Virtuellen und dem Materiellen hin und her, wir *bedienen* die Computer nicht mehr als Maschinen und wir *nutzen* sie nicht mehr bloß als Werkzeuge. Unser Zugang zu Computer"intelligenz" *ist* körperlich und wird erlebt mit allen Sinnen.

Der Umgang ist direkt, so sagen wir. Wir manipulieren „Gegenstände", wir kommunizieren mit andern Menschen, wir bewohnen virtuelle Welten durch das Interface hindurch. Wir tanzen und singen mit den Computern, wir werden fühlen und riechen können, was von ihnen berechnet worden ist. In diesem Band sind viele Überlegungen, Konzepte und Beispiele enthalten, die diesen Übergang erklären und die zeigen, wie die Computer heute die Welt durchstreifen, und dass im Umgang mit den Computer generierten Zeichen nicht mehr die Distanz abstrakter Modelle, ja nicht einmal mehr die Distanz der Sprache besteht.

Der unsichtbare Computer ist als Ziel in der Interface-Entwicklung gesetzt worden. Schon beim Interface-Konzept der sogenannten *Direkten Manipulation* ging es darum, der Nutzer/in vorzugaukeln, dass sie nicht mit einem Computer, einer Rechenmaschine, umzugehen habe, sondern dass sie „direkt im Aufgabengebiet" handeln könne (Hutchins et al. 1986; Schelhowe 1997). Weitgehend – solange es keinen „Breakdown" (Winograd/Flores 1989) des Systems gibt – ist das gelungen: „*Ich* lösche die Datei, werfe sie in den Papierkorb", so spricht der/die Nutzer/in, statt den Vorgang als eine durch eine Mausbewegung ausgelöste Prozedur des Computerprogramms zu beschreiben.

Donald Norman hat dies mit seinem Buch *The Invisible Computer* 1998 zum Paradigma für die Mensch-Computer-Interaktion erklärt: Computer, wie wir sie kennen, werden verschwinden (Norman 1998), sie werden absorbiert in den Anwendungen, Nutzer/innen achten nur noch darauf, was die Computer tun sollen, nicht mehr auf die Computer selbst. Mit den Tangible Interfaces ist dies noch weiter getrieben: Wir können nicht einmal mehr eine Hardware (Bildschirm, Tastatur oder Maus) sehen, die zwischen uns und der Maschine vermittelt. Das Ding, der Gegenstand, das Objekt, mit dem wir umgehen wollen, *ist* das Interface.

ZUR BEDEUTUNG DES SYMBOLISCHEN

Ernst Cassirer betont in seiner *Philosophie der symbolischen Formen*, dass wir nur aufgrund unserer Zeichensysteme einen Zugang zur Welt gewinnen und die Welt interpretieren können. Daniel N. Stern stellt *im Tagebuch eines Babys* eindrücklich und plastisch vor, dass es keineswegs eine Selbstverständlichkeit und eine nahtlosen Entwicklung für das Kind ist, zwischen der Unmittelbarkeit körperlicher Erfahrung und der Zeichenwelt zu vermitteln. Die Sprache tue sich zunächst als Kluft auf zwischen der vertrauten non-verbalen Erfahrungswelt des Kleinkindes und der neuen Welt der Wörter, in der es lernt, zwei verschiedene Versionen desselben Vorgangs zu erfassen. Mit dem Erzählen von Geschichten erst wird der Prozess der „Selbsterfindung" möglich, in der das Kind sich gleichzeitig entdeckt und erschafft. (Stern 2009)

Dieter Spanhel hat für die Medienpädagogik die Bedeutung der Zeichen und der symbolischen Verständigung überzeugend herausgearbeitet. Er fügt dem heute so rasch Zustimmung findenden „Nichts ist im Verstand, was nicht vorher in den Sinnen war" (John Locke 1632-1704) hinzu, dass das Individuum in seiner Gesellschaftlichkeit erst über Zeichensysteme konstituiert wird. Medialität versteht er als Fähigkeit Zeichen zu generieren, richtig zu gebrauchen und dabei die technischen Medien zu Hilfe zu nehmen. Auf diesem Fundament, so Spanhel, sei es erst möglich, reflexive, repräsentative, symbolische Ordnungen und Kultur hervorzubringen (Spanhel 2010, 66).

Die Informatik konstruiert heute aus Zeichen und aus den abstrakten wissenschaftlichen Modellen, die zunächst eine Abkehr vom Sinnlich-Bildhaften bedeuten, anschauliche, sinnliche Bilder und Aufforderungen zum konkreten Handeln. Diese sind jedoch Bilder in einem neuen Sinn. Gunter Scholz schreibt über die Bilder der neuzeitlichen Wissenschaften: „Sie sind keine magische Präsenz des Gegenstands, aber auch keine Abbilder mehr, sondern Anschauungseinheiten mit ebenfalls mittelbarem, entferntem Realitätsbezug“ (Scholz 2002, 87). Und Gabriele Gramelsberger führt in ihrer Analyse über die Rolle von Computerexperimenten in den Wissenschaften aus, dass diese durch das *Errechnen* der Bilder, durch das Algorithmisieren und Operationalisieren, „eine neue Kulturtechnik der Konstruktion als rein typographisches Operieren mit Materialität“ (Gramelsberger 2010, 281) begründeten.

Computer, die Zeichen als Daten speichern und verarbeiten, können direkt – ohne menschliche Dazwischenkunft – auf materielle Objekte einwirken, diese verändern und aus Rechenprozessen neues Material generieren.

TANGIBLES UND IHRE BEDEUTUNG FÜR DAS LERNEN

Im Literatur-Review über Tangible Technologies, der im Auftrag des NESTA Futurelab (UK) erstellt wurde, fassen Claire O'Malley und Danae Stanton Fraser die in der Literatur beschriebenen Vorteile eines Lernens mit konkreten Objekten folgendermaßen zusammen:

> „...children can demonstrate knowledge in their physical actions (e.g. gesture) even though they cannot talk about that knowledge, ...children can often solve problems when given concrete materials to work with even though they cannot solve them symbolically or even when they cannot solve them 'in their heads', physical materials give rise to mental images which can then guide and constrain future problem solving in the absence of the physical materials, learners can abstract symbolic relations from a variety of concrete instances, physical objects that are familiar are more easily understood by children than more symbolic entities." (O'Malley/Fraser 2005, S. 36)

Die Autorinnen weisen in dem Report allerdings auch darauf hin, dass diese Chancen keineswegs mit den be-greifbaren Technologien per se eingelöst werden. Es kommt jeweils auf das vorhandene Vorwissen an. Entscheidend ist auch, wie die *Tangibles* gestaltet sind: Wenn nicht deutlich wird, dass es sich um *Repräsentationen* handelt, und sie für die Sache selbst genommen werden, dann wird das Lernen als ein Vorgang, ein mentales Modell zu bilden, eher erschwert als befördert. Ihre Ergebnisse zeigen, dass „really direct manipulation" für Lernkontexte nicht geeignet ist, weil es beim Lernen darum geht, bei den Lernenden Reflexionsfähigkeit und Abstraktionsvermögen zu fördern. Dort, wo die Illusion erzeugt wird, dass das „reale" Objekt und die Repräsentation ein und dasselbe sind, werden kognitive Distanz, Zurücktreten zum Zweck des Reflektierens, nicht gefördert, sondern behindert.

Andrew Manches gibt in seiner Untersuchung über den Zusammenhang zwischen der Entstehung eines abstrakten Modells von Zahlen und dem Umgang mit „Digital Manipulatives" zu bedenken, dass wir bislang noch wenig darüber wissen, wie und unter welchen Bedingungen es genau dazu kommt, dass aus dem konkreten Umgang mit Materialien ein mathematisches Konzept von Zahlen entsteht:

> „Arguments against manipulatives, therefore, centre on our uncertainty about how much support is needed to help children map concepts embodied in physical materials to rules that govern the verbal and written language of more formal mathematics" (FutureLab 2008, 27).

Wolfgang Scholz weist – mit einem ähnlichen Argument – auf ein interessantes Experiment hin, mit dem festgestellt wurde, dass beim Einsatz einer multimedialen Animation zum Thema Zeitverschiebung auf der Erde, die ein selbstgesteuertes Ausprobieren ermöglicht, schlechtere Lernergebnisse erzielt wurden als bei der Verwendung einer traditionellen Grafik und der Verwendung eines Lehrbuchs. Er führt dies darauf zurück, dass es entscheidend auf die Ausbildung eines mentalen Modells ankommt, die durch Simulationen sogar behindert werden kann, wenn diese nicht das Wesentliche treffen und ein Bewusstsein für die dahinter liegenden Modelle fördern. (Scholz 1999)

Diese Hinweise legen nahe, dass bei komplexen Technologien wie computergestützten Digitalen Medien die Realisierung von Greifbarkeit alleine nicht auseicht, um das Lernen, das den Aufbau innerer Modelle voraussetzt, zu fördern.

BEGREIFEN: DIE GRÜNDE VERSTEHEN

Pestalozzi, Fröbel, Montessori und andere haben ebenso wie Piaget mit seiner entwicklungspsychologischen Fundierung die Rolle des Greifens für das Verstehen deutlich gemacht. Wie aber gelingt der Schritt vom Greifen zum Begreifen bzw. wie kommt es zu einem gelungenen Wechselspiel? Was sind die Bedingungen dafür?

Edith Ackermann, die als Entwicklungspsychologin und Schülerin Piagets viele der Projekte am MIT Media Lab in der Gruppe Seymour Paperts begleitete, führt dies in einem Aufsatz mit dem Titel „Perspective-Taking and Object Construction. Two Keys to Learning" folgendermaßen aus: Die Entwicklung des Subjekts sei nicht durch ein Fortschreiten vom Konkreten zum Abstrakten gekennzeichnet, sondern jede Erkenntnis entstehe im Hin und Her zwischen konkretem Handeln, der Imagination konkreter Bilder und abstrakten Konzepten. Dieses Hin und Her zwischen dem Konkreten und dem Abstrakten beschreibt sie als notwendig miteinander verwobene Phasen des „Diving In" und „Stepping Out", als ein „Ongoing Dance", der komplexe Verstehens- und Lernprozesse begleitet:

„Piaget's stage theory stresses children's growing ability to extract rules from empirical regularities and build cognitive invariants... People cannot learn from their experience as long as they are entirely immersed in it. There comes a time when they need to step back, and from a distance reconsider what has happened to them. They must take on the role of an external observer, or critic, and they must revisit their experience 'as if' it were not theirs." (Ackermann 1996, 27f)

Für den Lernprozess, so Edith Ackermann in einem späteren Aufsatz, ist beides nötig:

„...knowledge and the world are both construed and interpreted through action, and mediated through symbol use. Each gains existence and form through the construction of the other". (Ackermann 2004, 16)

Wenn wir also davon ausgehen können, dass Erkenntnisprozesse mit inneren Bildern und konkretem Handeln einhergehen und sich zwischen Modellbildung und zumindest einem Als-ob-Handeln vollziehen, dass Begreifen durch Greifen unterstützt und gefördert werden kann, was heißt das für das Lernen mit Digitalen Medien? Was können wir vom Nachdenken Pestalozzis, Fröbels, Montessoris und Piagets für die Gestaltung Digitaler Medien lernen?

Alle Reformpädagoginnen und Reformpädagogen legen nahe, dass selbsttätiges Handeln Lernprozesse fördert. Sie reduzieren Instruktion und gestalten ihr Material so, dass es diese Selbsttätigkeit evoziert, Kinder zum Explorieren und Experimentieren herausfordert. Sie betonen die Ganzheitlichkeit des Lernens, bei dem Körper, Emotion und Verstand beteiligt sind. Fröbel rückt das Spiel als

Möglichkeit und Ausdruck persönlicher Entwicklung ins Zentrum. Maria Montessori gibt uns Aufschluss über die Beschaffenheit, die das Material haben soll: Es soll einfach sein (was man von den multimedialen Umgebungen oft nicht behaupten kann) und selbst Rückmeldung geben, ob der Denkprozess gelungen ist, und es soll auf ein wesentliches (abstraktes) Prinzip hinweisen.

Tangibles, Be-greifbare Technologien, *sind* nicht *einfach* die sinnliche Erfahrung, sie sind über Modelle und Algorithmen *vermittelte* sinnliche Erfahrung. Die vom Computer erzeugten sinnlichen Wirklichkeiten und vom Computer vermittelten Erfahrungsmöglichkeiten sind immer auch algorithmische Wirklichkeiten. Beim Lernen wird es also darum gehen, diese Vermitteltheit gerade nicht „invisible" zu gestalten, sondern ihre Sichtbarkeit, die Aufmerksamkeit für das Medium selbst zu fördern (Schelhowe 2007).

David Bolter und Diane Gromala haben in ihrem Buch *Windows and Mirrors* für den Bereich der Kunst das Ziel der *Invisibility* in Frage gestellt: Sie argumentieren, dass es – indem der Computer zum Medium wird – nicht mehr darum geht, möglichst rasch eine Aufgabe erledigt zu bekommen, sondern dass es um ganzheitliche Erfahrung (experience) geht. Das aber bedeute:

> „... as users we often want to be aware of the medium in order to understand the experience that is staging for us... we must also render the media visible to and reflective for the user. Making digital artifacts requires both perspectives..." (Bolter/Gromala 2003, 5f)

Was Bolter und Gromala als Prinzipien der Gestaltung von Experience für Design und künstlerische Anwendungen fordern, gilt umso mehr dort, wo es um Bildung geht: Den Blick auf Produktions- und Entstehungszusammenhänge zu richten, um unser Verständnis, aber auch unseren Genuss zu erhöhen und auf eine neue Stufe zu heben, ist Gegenstand von Bildung. Beim Begreifen geht es darum Gründe zu verstehen, warum etwas ist wie es ist. Dazu passt ein *invisible* Computer nicht, er selbst in seiner Entstehung und in seinen Prozesse muss nachvollzogen werden können.

In der Entwicklung von „Construction Kits" haben Seymour Papert und seine Gruppe am Media Lab eine solche Gestaltung von Sichtbarkeit zum Prinzip gemacht. Diese Sichtbarkeit allerdings wird dort nicht in der Form eines abstrakten Modells, das es in seiner Abstraktion und Formalisierung zu verstehen gilt, „gelehrt". Vielmehr nutzen Papert und seine Gruppe die materialen, greifbaren Qualitäten des Mediums selbst wiederum, um durch konkreten Umgang mit Materialien (Robots) und durch Handeln mit den Materialien einen Weg zu den im Computer implementierten Modellen zu öffnen.

Resnick u.a. schreiben zu den besonderen Potenzialen Digitaler Materialien, die über das Kindergartenalter und die Primarstufe hinausreichen:

> „But there are many important concepts that are very difficult (if not impossible) to explore with these traditional manipulative materials. In particular, traditional manipulatives generally do not help children learn concepts related to dynamics and systems. Digital manipulatives – with computational power embedded inside – [...] enabling children to learn concepts previously considered as 'too advanced' for children [...] we are interested in Things That Think only if they also serve as Things To Think With." (Resnick et al. 1998, 1ff)

Beim Lernen ist es heute möglich, mit den Digitalen Medien weit reichende sinnliche Erfahrungen zu machen. Das Entwickeln von Computerprogrammen selbst, eine Tätigkeit, der Abstraktion und Modellbildung vorausgehen, kann durch das Konstruieren von Robots oder durch das Herstellen von „intelligenten Textilien" (siehe auch den Beitrag von Nadine Dittert u.a. in diesem Buch) motorisch, haptisch, visuell, akustisch erfahren und mit künstlerischem Ausdruck verbunden werden. Wir können mit unserem gesamten Körper und seinen reichen Ausdrucksmöglichkeiten mit den Rechenprozessen kommunizieren. Wenn wir die komplexen abstrakten Prozesse, wie sie bei der Modellierung eines Schwarmverhaltens (siehe Beitrag von Krannich et al .in diesem Band) auftreten, geeignet arrangieren, wie dies beim Schwarm mit der kindgerechten Administrationsoberfläche versucht wird, werden die Modellierungspraxen sichtbar, wird das Algorithmische selbst greifbar und be-greifbar.

In den *Tangibles* existiert im gleichen Material als DigitalensMedium sowohl die Möglichkeit konkreten Handelns mit den Sinnen als auch das abstrakte Modell, das im Algorithmus und im Computerprogramm steckt. Mit den Potenzialen dieser Digitalen Materialien können wir heute Montessori-Materialien neu interpretieren. Digitale Medien können wir als Material sehen, das Anregungen gibt, wesentliche Konzepte der Gegenwart zu begreifen. Es sind grundlegende Ideen der Formalisierung, der Algorithmisierung, der Automatisierung und automatischen Prozessierbarkeit (Operabilität), die in ihnen nicht nur abstrakt erkennbar, sondern konkret begreifbar und handelnd erfahrbar werden.

GESTALTUNG FÜR REFLEXION

Bildungsmedien sind für ein solches Anliegen besonders zu gestalten. Bislang fehlen allgemeine Designprinzipien, die spezifisch für den Bildungskontext taugen und auf die Anforderung zielen, über die Gestaltung von Hardware und Softwareumgebungen Erleben mit Reflexion zu verbinden. Sicherlich lassen sich pädagogisch-didaktische Anliegen nicht einfach nur in Hardware und Software umsetzen. Es wird auch das Arrangement von pädagogisch-didaktisch durchdachten Lernumgebungen geben müssen, in die die Technologie eingebettet ist. Lernen kann nicht von außen durch ein Objekt erzwungen werden. Es braucht „ein ganzes Dorf", um einem Kind die Möglichkeit zum gelungenen Aufwachsen zu geben, „it takes a whole village to raise a child" (Vygotsky).

Technologische Umgebungen jedoch das Lernen befördern oder sich Lernprozessen in den Weg stellen. Dies hängt (auch) von Design-Entscheidungen ab. Betrachten wir noch einmal, was Maria Montessori über das Material sagt: Diese Materialien müssen per se einen Aufforderungscharakter tragen und ein selbstbestimmtes Lernen insofern ermöglichen, als sie in sich die Möglichkeit tragen, Fehler machen zu dürfen und diese selbst korrigieren zu können. Sie müssen „einfach" sein und nicht – wie es heute mit „Multi-Media" oft verbunden wird – gleichzeitig alle Sinne ansprechen. So können sie Konzentration und nachhaltiges Interesse und den Aufbau innerer Bilder fördern. Wichtig ist auch der Hinweis auf den „Ganzheitscharakter" und die wesentlichen Prinzipien, die im Material zum Ausdruck kommen sollen.

Interaktionsdesign für reflexive Erfahrung, *Design for Reflexive Experience,* setzt vor allem auch am Letzteren an: Eine neue Qualität des Computermediums liegt darin, dass es eine direkte Übertragung von Zeichen in materiell-physikalische Prozesse ermöglicht und umgekehrt. Dies kann in Bildungsprozessen in zweifacher Richtung genutzt werden: Die konkreten sinnlichen Umgangsweisen, wie sie bei den Digitalen Tangibles möglich sind, können kontinuierliche Erfahrung durch Greifen und Handeln unterstützen, während sie gleichzeitig einen Aufforderungscharakter in sich tragen für das Begreifen der Modelle, der Abstraktionen, die hinter diesen Erfahrungen stehen. Kinder, die mit *Der Schwarm* interagieren, stellen selbst die Frage, wie es dazu kommt, dass der Schwarm sie erkennt und auf sie reagieren kann. Reflexives Design bedeutet, nicht nur diese Fragen zu evozieren, sondern darüber hinaus auch Mittel zur Verfügung zu stellen, damit die Akteure für sich selbst – ohne Instruktion – ein tieferes Verständnis entwickeln, den Ursachen selbst auf den Grund gehen können. Die Genese und die Hintergründe sind mit dem Algorithmus selbst als ausführbare und auffindbare Erklärungen implementiert und können dort aufgespürt und entdeckt werden. Sie können „visible" gemacht werden, indem das Interface den Blick auf die inneren Vorgänge freilegt und die Prozesse in diesem Sinne transparent werden.

Dies müsste die Aufgabe für das Design von be-greifbarer Hardware und Software für die Bildung sein: Sie muss es den Lernenden erlauben, auf Abstraktes intuitiv und körperlich zuzugehen, die Konzepte auch mit dem Körper zu begreifen. Eine solche Software muss aber auch fördern, dass die Lernenden nach dem Eintauchen wieder einen Schritt zurück treten und zum Nachdenken angeregt werden. Software für Bildung darf den Lernenden das Denken nicht abnehmen, sondern muss sie zum Denken animieren. Wir brauchen für den Bildungskontext nicht nur ein Experience Design in Sinne der Erlebnisqualität, wie es gegenwärtig diskutiert wird, sondern auch als Erfahrungsqualität im Sinne von Dewey: Es „sind Wirklichkeit und Möglichkeit oder Idealität, das Neue und das Alte, objektives Material und persönliche Antwort, das Individuelle und das Universelle, Oberfläche und Tiefe, Sinn und Bedeutung in einer Erfahrung integriert, in der sie alle von der Bedeutung umgestaltet sind.“ (Dewey 1980, 346)

Wir brauchen ein *Interaction Design for Reflexive Experience*, ein Interaktionsdesign für reflexive Erfahrung und dessen theoretische Fundierung.

ZUM SCHLUSS

Die Debatte um den Einsatz von Computern in der Schule dreht sich meist darum, dass man ihn „bedienen“ lernen soll und dass er genutzt wird für einen bestimmten *Zweck*, das Einmaleins oder Vokabeln zu lernen, eine Präsentation vorzuführen oder das Ökosystem über die Simulation zu verstehen. In der digitalen Kultur ist der Computer indessen für die meisten (jungen) Menschen etwas anderes geworden: Er ist selbstverständlicher Teil ihrer Kommunikationen, ihrer Erlebnisse und ihrer Erfahrungen, ihres täglichen, auch ungerichteten Handelns, ihrer Selbstfindung, allgegenwärtiges Medium, nicht zweckgerichtet genutztes Instrument.

Wenn wir über Bildung mit dem Computer nachdenken, so muss das immer auch das Innehalten, das Nachdenken über den Computer selbst, die Reflexion des Mediums beinhalten. Das bedeutet: ihn in seinen Modellen und seinen Rechenprozessen sichtbar, *visible*, zu machen, ihn in seinen Produktionsprozessen, in seiner Algorithmik zu beobachten und daraus Schlussfolgerungen zu ziehen über die Gründe, warum das so ist, wie es ist.

Die bislang erst angedeutete Vorstellung eines *Design for Reflexive Experience* hat für Bildungsprozesse eine besondere Bedeutung und wird in diesem Beitrag für dieses Gebiet vorgeschlagen. Möglicherweise kann es aber auch für andere Bereiche interessant sein, über diese Prinzipien nachzudenken: Auch für Bereiche postindustrieller Arbeit gilt die Notwendigkeit eines „lebenslangen Lernens“, eines Lernens am Arbeitsplatz, ist das Begreifen der Hintergründe dessen, was getan werden muss, gefordert. Dies ermöglicht den Arbeitenden, die Kontrolle und den Überblick zu behalten über das, was die Automaten tun und wo sie versagen und menschlicher Eingriff nötig ist. Insbesondere wird dies auch für kritische Anwendungen gelten, dass die Aufgabe des Menschen nicht (nur) im Greifen, sondern im Begreifen liegt. Dazu müssen die Systeme transparent sein, Aufschluss über ihre Operationen geben. Dies kann einerseits durch Schulung und Ausbildung erreicht werden, wie es gegenwärtig weitgehend der Fall ist. Dies muss aber auch mehr und mehr als Anforderung an das Design solcher Systeme gestellt werden: Die Potenziale des Mediums selbst können genutzt werden, damit Verstehen und sinnliche Erfahrung zusammenwirken können.

Für die Kunst, aber auch mit einer allgemeinen Perspektive für das Design Digitaler Medien, formulieren Jay David Bolter und Diane Gromala:

> „As designers, we want the interface to disappear for the user for part of the time, but not completely and not irrevocably. At some subliminal level, the user must be aware of the interface at all times. She must know that she is using a computer and not actually writing on a piece of paper on the desk top". (Bolter/Gromala 2003, 43)

Die Informatik selbst stellt heute die Mittel bereit, dass die Sichtbarkeit nicht nur über einen technischen und abstrakten Zugang möglich ist, sondern dass Hintergründe m Greifen begreifbar werden können.

LITERATUR

Ackermann, E. 1996: Perspective-Taking and Object Construction. Two Keys to Learning. In: Kafai, Y.B.; Resnick, M: Constructionism in Practice: Designing, thinking, and learning in a digital world. Mahwah, N.J.: Lawrence Erlbaum, S. 25-35

Ackermann, E. 2004: Constructing Knowledge and Transforming the World. In: Tokoro, M.; Steels, L.: A learning zone of one's own: Sharing representations and flow in collaborativ learning environments. Amsterdam: IOS Press., S. 15-37

Arendt, H. 1997: Fernsehgespräch mit Roger Errera. In: Ich will verstehen. Selbstauskünfte zu Leben und Werk. München: Pieper, S. 114-133

Bundesministerium für Bildung und Forschung (Hrsg.) 2009: Kompetenzen in einer digital geprägten Kultur. Bericht der Expertenkommission des BMBF zur Medienbildung: http://www.bmbf.de/pub/kompetenzen_in_digital_kul tur.pdf (06.12.2010)

Bolter, J. D.; Gromala, D. 2003: Windows and Mirrors. Interaction Design, Digital Art and the Myth of Transparency. Cambridge, MA und London, England: MIT Press

Buchenau, A., Spranger, E., Stettbacher, H. 1927-1996: Pestalozzi. Sämtliche Werke. Kritische Ausgabe. Berlin und Zürich: Gruyter

Cassirer, E. 2010: Philosophie der symbolischen Formen. Erster Teil: Die Sprache. Hamburg: Meiner (Neuausgabe)

Dewey, J. 1980: Kunst als Erfahrung. Frankfurt am Main, S. 346

Dewey, J.: Body and Mind. In: The Later Works: Boydston, J. A. (Hrg.) 1925-1953. Vol.3:1927-28. Carbondale: Southern Illinois University Press, S. 25-40

Forneck, H. J. 1990: Entwicklungstendenzen und Problemlinien der Didaktik der Informatik. In: Cyranek, G. et al. (Hrsg.): Beiträge zur Didaktik der Informatik, Aarau; Frankfurt a. M., S. 18-53

FutureLab (Hrsg.) 2008: Innovation in Education: Opening Education. From research to design: Perspectives on early years and digital technologies. www.futurelab.org.uk/openingeducation (06.12.2010)

Gramelsberger, G. 2010: Computerexperimente. Zum Wandel der Wissenschaft im Zeitalter des Computers. Bielefeld: transcript

Hodges, A. 1989: Alan Turing, Enigma. Berlin: Kammerer & Unverzagt

Hutchins, E. L.; Hollan, J. D.; Norman, D. A. 1986: Direct Manipulation Interfaces. In: Norman, D. A.; Draper, S. W. (Hrsg.): User Centered System Design. Hillsdale, New Jersey: Lawrence Erlbaum, S. 87-124

Medienpädagogischen Forschungsverbund Südwest (Hrg.) 2009: JIM-Studie 2009. Jugend, Information, (Multi-)Media. Basisuntersuchung zum Medienumgang 12- bis 19-Jähriger

Kerres, M. 2001: Multimediale und telemediale Lernumgebungen. Konzeption und Entwicklung. München, Wien: Oldenbourg (2. Aufl.)

Lange, W. (Hrsg.): Friedrich Fröbels gesammelte pädagogische Schriften. Erste Abteilung: Friedrich Fröbel in seiner Entwicklung als Mensch und Pädagoge. Bd 1: Aus Fröbels Leben und erstem Streben. Autobiographie und kleinere Schriften. Berlin 1862. Faksimiledruck Osnabrück 1966

Marotzki, W. 1994: Entwurf einer strukturalen Bildungstheorie. Weinheim: Deutscher Studienverlag

Mitzlaff, H. (Hrsg.) 1996: Handbuch Grundschule und Computer. Vom Tabu zur Alltagspraxis, Weinheim: Beltz

Montessori, M. 2001: Die Entdeckung des Kindes. Freiburg i. Brsg.: Herder

Norman, D. A. 1998: The Invisible Computer. Why good products can fail, the personal computer is so complex, and information appliances are the solution. Cambridge, Mass.: MIT Press

O'Malley, C.; Fraser, D. S. 2005: Literature Review in Learning with Tangible Technologies. Nesta FutureLab REPORT 12. Bristol. http://www.nestafuturelab.org/research/reviews/reviews_11_and12/12_01.htm (06.12.2010)

Papert, S. 1994: Revolution des Lernens. Kinder, Computer, Schule in einer digitalen Welt. Hannover: Heise (Original 1993: „The Childrens Machine“)

Piaget, J. 1974: Theorien und Methoden der modernen Erziehung. Frankfurt a.M.: Fischer

Resnick, M.; Martin, F.; Berg, R.; Borovoy, R.; Colella, V.; Kramer, K.; Silverman, B. 1998: Digital Manipulatives: New Toys to Think With. http://citeseer.ist.psu.edu/281289.html [06.12.2010]

Schelhowe, H. 1997: Das Medium aus der Maschine. Zur Metamorphose des Computers. Frankfurt: Campus

Schelhowe, H. 2007: Technologie, Imagination und Lernen. Grundlagen für Bildungsprozesse mit Digitalen Medien. Münster: Waxmann

Scholz, G.: Erfindungsgeist und Bildlichkeit in der neuzeitlichen Wissenschaft,. In: Zeitschrift für Ästhetik und allgemeine Kunstwissenschaft Sonderheft Ordnungen des Imaginären: Theorien der Imagination Heft 2, 2002, S. 69-88

Skinner, B. F. 1958: Teaching Machines. In: Science 128, S. 969-977

Spanhel, D.: Entwicklung und Erziehung unter den Bedingungen von Medialität. In: Pietraß, M., Funiok, R. (Hrsg.) 2010: Mensch und Medien. Philosophische und sozialwissenschaftliche Perspektiven. Wiesbaden: VS Verlag für Sozialwissenschaften, S. 65-90

Stern, D. N. 2009: Tagebuch eines Babys. Was ein Kind sieht, spürt, fühlt und denkt. München/Zürich: Piper (Amerik. Orignal 1990: Diary of a Baby, New York)

Turing, A. M. 1987: On Computable Numbers, With an Application to the Entscheidungsproblem. In: v. Dotzler, B.; Kittler, F. (Hrsg.): Intelligence Service. Berlin: Brinkmann und Bose, S. 19–60 (Original 1937 in: Proceedings of the London Mathematical Society Heft 2, No. 42,)

Turkle, S.; Papert, S. 1990: Epistomological Pluralism: Styles and Voices within the Computer Culture. In: Signs: Journal of Women in Culture and Society No.1, S. 128-157

Winograd, T.; Flores, F. 1989: Erkenntnis, Maschinen, Verstehen. Berlin: Rotbuch (engl. Original 1986: Understanding Computers and Cognition)

Be-greifbare Gestaltung von eLearning-Szenarien

STEFAN OPPL, CHRISTIAN STARY

In diesem Beitrag wird gezeigt, wie be-greifbare Benutzungsschnittstellen für die Gestaltung von Inhalt und Lernprozessen im eLearning gleichermaßen genutzt werden können. Der Einsatz von be-greifbaren interaktiven Systemen zur Unterstützung von Lern- und Ausbildungsszenarien ist ein neues Forschungsgebiet, das sich noch in der Phase der Konzeptbildung und -strukturierung befindet (Dillenbourg & Shen 2009). Durch die rasche technologlische Entwicklung von Plattformen für die prototypische Umsetzung von be-greifbaren Benutzungsschnittstellen vor allem auf Tischoberflächen (zum Beispiel dem ReacTIVision-System (Kaltenbrunner & Bencina 2007)) ist die Anzahl von Anwendungen für Lern-Szenarion rasch angewachsen (Fischer et al., 2010, S. 30-33). Diesen Systemen ist gemein, dass sie auf die Unterstützung eines spezifischen Lernszenarios fokussieren und auch technologisch entsprechend anwendungsspezifisch implementiert sind. Marshall (2007) versucht die möglichen Einflussfaktoren und Wirkungen von be-greifbaren Benutzungsschnittstellen auf Lernprozesse zu strukturieren und in einem analytischen Framework zu beschreiben. Er geht dabei aber nicht auf die konkrete Gestaltung zum Zwecke der Lernunterstützung ein. Ziel dieses Beitrags ist es, die Verwendung von Systemen mit be-greifbarer Interaktion zur Gestaltung und zum Konsum von Lernmaterialien entkoppelt von konkreten Lernproblemen zu beschreiben und das Vorgehen bei der Gestaltung entsprechender Benutzungsschnittstellen zu erörtern.

Die Gestaltung von be-greifbaren Benutzungsschnittstellen ist im Allgemeinen wesentlich von der Auswahl der Metaphern geprägt, die der Benutzung eines interaktiven Systems zugrunde liegen. Sie besitzen wesentlichen Einfluss auf die Verständlichkeit der Interaktion mit dem System (Alty et al. 2000). Für die

Relevanz von Metaphern im Bereich der be-greifbaren Interaktion argumentierten bereits Ishii & Ullmer (1997). Durch die zwischen realer und digitaler Welt verteilte Informationsrepräsentation müssen die eingesetzten Metaphern neben der Interaktion mit dem System auch die Verbindung zwischen den beiden Repräsentationsräumen unterstützen. Durch die verteilte Repräsentation von Information und der damit verbundenen Notwendigkeit, spezifische physische Interaktionselemente zu schaffen (Koleva et al. 2003) ist eine allgemein anwendbare, globale Metapher für be-greifbare Schnittstellen (vergleichbar mit der Desktop-Metapher bei GUIs) nicht identifizierbar (Ishii 2008). Deshalb müssen bei der Gestaltung aufgabenspezifische Metaphern (d.h. aus der Domäne der Aufgabe) herangezogen werden, um die Verständlichkeit des Systems zu gewährleisten).

Spezifisch für den Bereich von elektronisch unterstützten Lernszenarien bedeutet dies, dass Metaphern zum Einsatz kommen müssen, die sowohl die Interaktion mit dem System selbst unterstützen, als auch für die Gestaltung und den Konsum digitaler Lernmaterialen bedeutungstragend sind. Als Ausgangspunkt hierzu eignen sich Konzeptnetzwerke (Ausubel 1968), die sowohl für Gestaltende (Auinger et al. 2007) als auch für Lernende (Novak 1998) einen didaktischen Nutzen im Erstellungs- bzw. Lernprozess haben und deren Erstellung und Manipulation auch mittels be-greifbaren Benutzungsschnittstellen unterstützt werden kann (Oppl & Stary 2009).

In diesem Beitrag gehen wir auf den Einsatz von Metaphern bei der Gestaltung von eLearning-Szenarien auf unterschiedlichen Ebenen ein. Im ersten Teil beschreiben wir die Konzeption von be-greifbaren Benutzungsschnittstellen auf Basis konsistenter Interaktions-Metaphern. An einem konkreten Beispiel zeigen wir die Umsetzung der vorgeschlagenen Gestaltungsrichtlinie und die Konsequenzen der Verletzung derselben. Aufbauend auf diesen Ausführungen wird im zweiten Teil des Beitrags der Einsatz domänen-spezifischer Metaphern bei der Anwendung von be-greifbaren interaktiven Systemen in eLearning-Szenarien am Beispiel von Konzeptnetzwerken beschrieben und der Begriff der Konsistenz auf die Anwendungsebene ausgeweitet. Wir gehen dabei sowohl auf die Unterstützung der Gestaltung von Lernszenarien durch be-greifbare Benutzungsschnitteen als auch deren Anwendung durch Lernende ein. Abschließend wird die Trennung zwischen Gestaltung und Konsum von Lernmaterial aufgelöst und beschrieben, wie be-greifbare Systeme zur Ko-Konstruktion von Lerninhalten genutzt werden können. Der Beitrag schließt mit einer Reflexion der dargestellten Inhalte und einem Ausblick auf die weitere Arbeit an den identifizierten Forschungsfragen.

KONSISTENTE METAPHERN IN BE-GREIFBARER INTERAKTION

Je umfangreicher die Aufgaben sind, die mithilfe einer be-greifbaren Benutzungsschnittstelle durchgeführt werden sollen (zum Beispiel beurteilt mittels des *TAC*-Spezifikations-Schemas nach Shaer et al. 2004), desto mehr unterschiedliche Metaphern kommen potentiell zum Einsatz (da aufgabenspezifische Werkzeuge z.T. auf unterschiedlichen Metaphern beruhende reale Ausprägungen haben können). Damit erhöht sich auch die Komplexität des Systems, was dessen Verwendung erschwert bzw. fehleranfällig macht. Ein möglicher Ansatz zur Behandlung derartiger komplexer Systeme ist die Einführung von Metaphernklassen (zum Beispiel (Underkoffler & Ishii 1999, Koleva et al. 2003, Fishkin 2004)), anhand derer eine durchgängige Abbildung der Funktionalität auf unterschiedliche, anwendungsspezifische Metaphern möglich wird.

Die durchgängige Verwendung anwendungsspezifischer Metaphern sichert die innere und äußere Konsistenz der Benutzungsschnittstelle und erhöht damit die Erwartungskonformität des Systems (DIN, 2006).

METAPHERN BEI DER GESTALTUNG VON BENUTZUNGSSCHNITTSTELLEN

Metaphern als bedeutungstragende bzw. -vermittelnde Symbole haben durch die Einführung der Desktop-Metapher in die Entwicklung interaktiver Systeme Eingang gefunden. Die Bildung von Metaphern steht in engem Zusammenhang mit menschlichem Lernen und Modellbildung (Carrol et al., 1982 und 1985). Diese menschlichen Vorgänge sind im Umgang mit Computersystemen von entscheidender Bedeutung, da sie die Benutzerakzeptanz fördern können. Metaphern sind Bestandteile mentaler Modellbildungen und erlauben rasch die Assoziation von Wissenselementen (Carroll et al., 1985).

Metaphern können unterschiedlich interpretiert werden. Im Rahmen der Bürokommunikation wird die Desktop Metapher meist als Schreibtisch mit Kommunikationsanschlüssen und Datenregistern interpretiert, während im Ingenieurswesen und Wissenschaftsbereich dieselbe Metapher mit Labor- und Experimentiereinrichtungen in Zusammenhang gebracht wird. Trotz der Interpretationsvielfalt ist es die Aufgabe von Designern, Metaphern zu definieren, welche für eine möglichst große Anzahl von BenutzerInnen dahingehend interpretierbar sind, dass ihre Aufgabenbewältigung erleichtert wird.

Metaphern werden nach Gentner et al. (1983) und Carroll et al. (1985) beschrieben durch:

- *base specifity*: gibt das Ausmaß an, in welchem der Ausgangspunkt der Metapherbildung verstanden wird – zum Beispiel bei der Desktop-Metapher das Verständnis eines Schreibtisches.
- *clarity*: spricht die Eindeutigkeit und Aussagekraft an – zum Beispiel bei der Desktop-Metapher den eindeutigen Bezug zu Büro und Schreibtisch.
- *richness*: beschreibt die Dichte der Information – zum Beispiel bei der Desktop-Metapher die Berücksichtigung von Fax und Telefon neben Ordnern innerhalb eines Symbols.
- *abstractness*: gibt die Abstraktionsebene wieder, in welcher ein Symbol verstanden werden soll – zum Beispiel bei der Desktop-Metapher das Vorhandensein von Daten in Form von Ordnern und Kommunikationseinrichtungen.
- *systematicity*: betrifft die Kategorisierung von vor allem verdichteter Information - zum Beispiel können bei der Desktop-Metapher Telefon, Fax, Telex und elektronische Post mit einem Kommunikationssymbol (zum Beispiel dem Posthorn) verdichtet werden.
- *validity*: betrifft die Schlüssigkeit der enthaltenen Information – zum Beispiel bei Der Desktop-Metapher ist bei der Verwendung des Posthorns als Symbol zur Kommunikation nicht eindeutig ein elektronisches Fax inkludiert.
- *exhaustiveness*: betrifft die Entsprechung des Ausgangspunktes mit dem Versinnbildlichten – wird zum Beispiel bei der Desktop-Metapher zur Darstellung des Papierkorbs ein Piktogramm mit einem entsprechenden Symbol verwendet (wobei die Zustände "leer/nicht leer" versinnbildlicht werden), wird dies mit einer 1:1-Entsprechung bezeichnet.
- *transparency*: beschreibt die Durchschaubarkeit der Metapherbildung aufgrund statischer oder dynamischer Charakteristika – bei der Desktop-Metapher wird beispielsweise versucht, die Durchschaubarkeit durch entsprechende Symbole für Ordner und damit verbundenen Operationen wie Öffnen zu erreichen.
- *scope*: bezeichnet den semantischen Bereich, welcher durch die Metapher abgedeckt werden soll – bei der Desktop-Metapher ‚endet' zum Beispiel die Welt durch die auf einem Schreibtisch verfügbaren Datenarten und Zugriffsmöglichkeiten.

Von besonderer Wichtigkeit sind *clarity* und *richness*. Dies bedeutet, dass Metapherbildung durch reichhaltige, aber zutreffende Versinnbildlichung angeregt wird. Unter zutreffend ist in diesem Zusammenhang gemeint, dass BenutzerInnen rasch Anhaltspunkte (wie einen Telefonhörer oder eine Postlade) finden, um Metaphern aufzubauen. Je benutzerInnengerechter die Unterstützung beim Aufbau von Metaphern erfolgt, zum Beispiel durch eindeutig identifizierbare

Eigenschaften von Arbeitsgegenständen, umso höher wird die Akzeptanz von Metaphern.

Probleme bei der Gestaltung von Metaphern ergeben sich bei der Bestimmung des „kleinsten gemeinsamen Nenners“ bei der Integration wesentlicher struktureller und dynamischer Eigenschaften zur Bildung einer Metapher, welche verschiedenen BenutzerInnen dienen soll.

- Eindeutigkeit der verwendeten „semantischen Primitiva“.
- Beschreibung von Phänomenen, welche mit Metaphern verbunden sind.

Bei der Interpretation der Metapherbildung als aktiven Lernprozess werden zwar individuelle (mentale) Modellbildungen möglich, es wird jedoch nicht das Problem der Gestaltung des Ausgangspunktes zur Bildung von Metaphern gelöst. Deshalb empfiehlt sich im Rahmen jeder Systementwicklung eine strukturierte Vorgangsweise (Carroll et al., 1988):

1. Identifikation von Kandidaten für Metaphern: dabei schließt Brainstorming am besten an eine Analyse von Vorgängersystemen und -hilfsmittel an. Sie erlaubt neue Vorschläge sowie die Neuinterpretation von bestehenden Metaphern.
2. Ausarbeitung von Metaphern entsprechend bestimmter Benutzerszenarien: diese Aktivitäten gehen auf die Realität der BenutzerInnen im Umgang mit Systemen durch Szenarienbildung ein, wobei für alle Benutzergruppen sämtliche Szenarien erfasst werden sollten.
3. Erfassung der (un)zutreffenden Metaphern: Tests mit BenutzerInnen lassen Rückschlüsse auf die Akzeptanz gebildeter Metaphern zu, welche sich zum Beispiel bei graphischen Benutzungsschnittstellen meist durch die Verwendung von Piktogrammen mit geringem Aufwand mittels Prototyping testen lassen.
4. Umgang mit Abweichungen: die Streuung der Interpretationen kann zu groß werden, sodass Metaphern zu Fehlverhalten bei der Aufgabenbewältigung führen. In diesem Fall sollten diese Metaphern nicht eingesetzt oder als Anstoß zur Iteration des Bildungsprozesses herangezogen werden. Dies inkludiert die Optionen, BenutzerInnen Hilfsmittel anzubieten sowie seitens des Computersystems Heuristiken aufzubauen, um individuell gebildete Metaphern auch als solche in einem interaktiven System definieren und verwenden zu können.

Diese Vorgehensweise garantiert nicht die Bildung allgemein akzeptabler Metaphern, sondern vielmehr die empirisch abgesicherte Entwicklung von Metaphern.

ANWENDUNG AUF DIE GESTALTUNG BE-GREIBARER BENUTZUNGSSCHNITTSTELLEN

In einem umfassenden, explorativ entwickelten Ansatz zur strukturierten Betrachtung von be-greifbaren Benutzungsschnittstellen schlägt Fishkin ein orthogonales Kategorienschema vor, in das sich auf be-greifbarer Interaktion beruhende Systeme einordnen lassen (Fishkin, 2004). Dabei kommen die beiden Analysedimensionen „*Embodiment*" und „*Metaphor*" zum Einsatz, wobei auf erstere hier nicht näher eingegangen wird.

Die Dimension „*Metaphor*" bildet die Eigenschaft von be-greifbaren interaktiven System ab, auf eine Benutzerinteraktion so zu reagieren, wie die reale Welt auf eine entsprechende Aktion reagiert. Die Ausprägung in „*Metaphor*" ist also dann hoch, wenn das System analog zu realem, physikalisch begründbarem Verhalten reagiert. Hier sind grundsätzlich zwei Kategorien zu unterscheiden, in denen der Bezugspunkt der „*Methaphor*" verschieden ist. „*Metaphor*" kann sich entweder auf das Aussehen des jeweiligen Objektes beziehen oder auf die Bewegung des Objektes Bezug nehmen. Im ersten Fall spricht Fishkin von „*Metaphor of Noun*", im zweiten Fall von „*Metaphor of Verb*". Die Ausprägungen auf der „*Metaphor*"-Dimension gruppieren sich dann wie folgt:

- *none* : Die Interface-Objekte zeigen weder in Form noch Funktion eine Analogie zur Realität
- *noun* : Diese Analogie ist gegeben, wenn am Interface Objekte existieren, die eine reale Entsprechung haben, aber nicht wie diese manipuliert werden können. Ein klassisches Beispiel aus traditionellen interaktiven Systemen ist die „Fenster"- oder „Schreibtisch"-Metapher (sind analog zu realen Fenstern bzw. Schreibtischen ausgelegt, bieten aber andere Interaktionsmöglichkeiten). Bei be-greifbaren Benutzungsschnittstellen ist diese Zuordnung dann gegeben, wenn ein Eingabeobjekt so aussieht wie ein Objekt der realen Welt, aber keine weiteren Eigenschaften mit diesem teilt.
- *verb* : Eine Zuordnung zu dieser Kategorie erfolgt, wenn die Interaktion mit einem Objekt eine reale Entsprechung hat, dieses jedoch selbst keine Analogie zur realen Welt bildet. Diese Ausprägung tritt bei be-greifbaren Benutzungsschnittstellen unter anderem bei Gestensteuerung von Systemen auf.
- *noun + verb* : Hier hat das betreffende Objekt selbst eine Entsprechung in der realen Welt und auch dessen Verwendung ist analog zu jener der realen Entsprechung. Die Objekte sind dennoch nach wie vor unterschiedlich, das reale Objekt kann nicht im be-greifbaren interkativen Sytem eingesetzt werden, umgekehrt bietet das be-greifbare Objekt nicht die reale Funktionalität des realen Objektes.

- *full* : In der höchsten Ausprägung existiert kein Unterschied zwischen begreifbarem Objekt und realem Objekt - es gibt keine Analogie mehr, weil die Objekte identisch sind. Dieser Zustand ist erreicht, wenn Benutzer das begreifbare Objekt manipulieren und sich die reale Welt entsprechend verändert. Beispiele für Systeme auf dieser Stufe sind zum Beispiel digital augmentierte Whiteboards, wo mit elektronischen Markern auf eine Oberfläche „geschrieben" wird, wobei die hinterlassene „Tinte" simultan projiziert wird.

Bei der Anwendung dieses Schemas werden die Metaphern eines Systems dann als konsistent bezeichnet, wenn sie weitgehend einer der letztgenannten Klassen zuzuordnen sind. Dieser Konsistenzbegriff ist kompatibel zu jenem aus DIN EN ISO 9241-110 (2006), da mittels der einheitlichen Zuordnung zu diesen Klassen die innere Konsistenz des Systems (im Sinne der DIN-Norm) und damit die Erwartungskonformität gesteigert wird. Andere Systematisierungen von Metaphern (zum Beispiel in (Ullmer & Ishii 1999, Koleva et al. 2003)) erwiesen sich in der praktischen Anwendung für die Ableitung konkreter Gestaltungsmöglichkeiten für die be-greifbare Benutzungsschnittstelle als weniger aussagekräftig als der hier gewählte Ansatz (Oppl 2010).

INTERAKTIONS-METAPHERN FÜR TABLETOP CONCEPT MAPPING

Die Verwendung der Taxonomie nach Fishkin zur Beschreibung der Interaktions-Metaphern eines be-greifbaren interaktiven Systems wird hier anhand einem *Tabletop Interface* zur be-greifbaren, kooperativen Erstellung von *Concept Maps* (also Begriffsnetzwerken) gezeigt. Das *TCM (Tabletop Concept Mapping)*-System ermöglicht die Platzierung von physischen Bausteinen, die beliebige Konzepte repräsentieren, auf einer Tischoberfläche sowie die Darstellung und Bezeichung von Verbindungen (Zusammenhängen) zwischen diesen Konzepten (siehe Abbildung 1).

Abbildung 1: Tabletop Concept Mapping – Systemüberblick

Die Verbindungen sowie alle Bezeichnungen werden auf die Tischoberfläche projiziert, um eine einfache und rasche Manipulierbarkeit der erstellten *Concept Maps* gewährleisten zu können (siehe Abbildung 2, links). Um zusätzliche Information in die *Concept Map* einbetten zu können oder hierarchisch verschachtelte *Concept Maps* zu realisieren, sind die Konzept-Bausteine als Container ausgeführt, in die Repräsentanten von zusätzlicher Information hineingelegt werden können (siehe Abbildung 2, rechts).

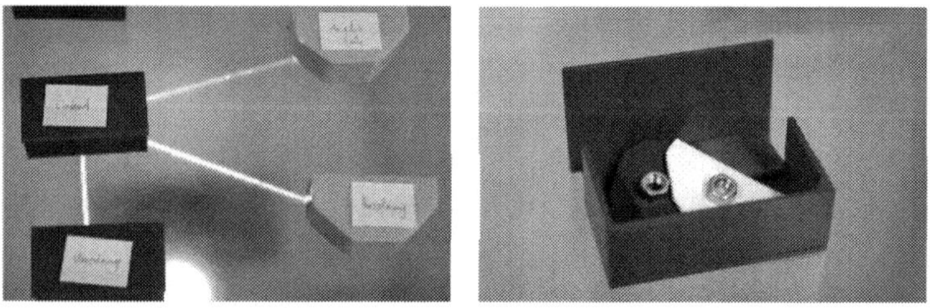

Abbildung 2 links: Konzepte und Verbindungen, rechts: Container

Eine detaillierte Beschreibung von Konzeption und Funktion des Werkzeugs geht über den Betrachtungsbereich dieses Artikels hinaus. Eine detaillierte Beschreibung dieser Aspekte ist unter anderem in (Oppl/Stary, 2009) erschienen. Im Folgenden fokussieren wir auf den im Rahmen dieses Beitrags interessanten Aspekte der Verwendung der Taxonomie von Fishkin zur strukturierten Betrachtung der eingesetzten Metaphern.

Das System und dessen Funktionen wurden ex-post hinsichtlich der Einordnung der interaktiven Funktionen in die „*Metaphor*"- Dimension der Taxonomie nach Fishkin (2004) eingeordnet. Diese Einordung ist in der folgenden Tabelle angeführt:

Interaktion	**Metaphor**
Platzieren und Benennen von Elementen	verb
Erstellen von Verbindern	verb
Löschen von Verbindern	noun
Einbetten von Information	noun + verb
Abrufen von Information	verb
Navigation in der Modell-Historie	verb
Wiederherstellen eines Modell-Zustandes	noun + verb

Tabelle 1: Interaktionen und Metaphernklassen

Die vorherrschende Methaphernklasse ist hier „*verb*“, die z.T. durch eine entsprechende Gestaltung der Objekte zu „*noun + verb*“ ergänzt wird. Lediglich in einem Fall – dem Löschen von Verbindern – lässt die angewandte Metapher den Tätigkeitsaspekt („*verb*“) außen vor und führt damit zu einer inkonsistenten Verwendung von Metaphern. Das physische Werkzeug, das zum Löschen von Verbindern im Modell verwendet wird, ist ein Radiergummi. Dieser schaltet das System, sobald er auf der Modellierungoberfläche platziert wird, in einen Löschmodus, in dem zu löschende Verbinder explizit durch eine weitere Interaktion ausgewählt werden können. Die Metaphernklasse ist „*noun*“, weil das Werkzeug eine reale Entsprechung hat, die auch mit dessen Funktion zusammenhängt (der Radiergummi zum Löschen von Verbindern). Die Klasse „*noun + verb*“ wird jedoch nicht erreicht, weil die Verwendung des Werkzeugs nicht der des realen Objekts entspricht (etwa: mit dem Radiergummi kann eine Verbindung ausradiert werden).

WIRKUNG INKONSISTENTER METAPHERN AUF DIE INTERAKTION MIT DEM SYSTEM

Eine Betrachtung der Verwendung des Werkzeugs zum Löschen von Elementen weist wiederkehrende Missverständnisse bei der Interpretation dessen Funktionalität auf. Grundlage der folgenden Ausführungen ist die Auswertung von insgesamt 35 Anwendungen des Systems mit insgesamt 84 unmittelbar beteiligten Personen (in Gruppen von zwei bis drei Personen). Bei einer gesamten Anwendungsdauer von 13 Stunden und 50 Minuten wurden 99-mal eine zuvor gezogene oder durch eine Fehlerkennung entstandene Verbindung wieder entfernt. In 90 Fällen (91%) wurde dazu die alternativ zu verwendende Modell-Wiederherstellungsunterstützung des Systems verwendet, lediglich in 9 Fällen (9%) kam das Löschwerkzeug zum Einsatz. Von diesen 9 Fällen kam es in 6 Fällen (66,7%) zu einer fehlerhaften Verwendung, die auf Fehlinterpretation zurückzuführen war. Anhand eines Beispiels soll hier auch die Art der auftretenden Missverständnisse gezeigt werden:

A und B stellen jeweils ihren Marker zu den Blöcken, die verbunden werden sollen. Dabei wird eine gerichtete Verbindung erstellt.
C: Jetzt haben wir aber einen Pfeil gebastelt.
B: Ja stimmt. Interessant.
A: Wie war das mit dem Radiergummi? (nimmt Radiergummi und legt ihn auf die Verbindung)
B: Nein
C: Nein, mit dem Glas! Du löscht alles!
A: Nein, nur die Verbindung. (Macht Radierbewegungen auf der Verbindung)
C: Ich glaube, dass wir das Glas nehmen müssen.
A schiebt die Blöcke, zwischen denen die Verbindung gelöscht werden soll, zusammen.
A: Da es funktioniert. (schiebt die Blöcke weiter auseinander und bemerkt, dass die

Verbindung nicht gelöscht wurde) Nein.
B: Ich glaube, der Radiergummi vernichtet alles.
A: Nein, der Radiergummi vernichtet nur Verbindungen. Nur welche? (schiebt beide Blöcke wieder zusammen – nimmt Radiergummi weg und schiebt Blöcke in die Ausgangsposition)

Dieser Auszug aus Interaktionsversuchen mit dem System ist kein Einzelfall, sondern trat – wie oben beschrieben – mehrmals auf. Klar zu erkennen ist, dass der Grund der Fehlbedienung in der falschen Interpretation der Funktionalität des Lösch-Werkzeugs zu finden ist. Die „*noun*"-Metapher „Radiergummi" suggeriert eine spezifische Art der Anwendung („ausradieren"), die in dieser Form nicht unterstützt wird. Vielmehr führt die Anzeige des Statuswechsels des Systems (rot gefärbte Oberfläche) zu weiteren Missverständnissen. Da alle anderen Werkzeuge des Systems einer tätigkeits-orientierten Metapher folgen, ist das Verhalten des Lösch-Werkzeugs nicht erwartungskonform und führt dazu, dass die durch dieses Tool gesteuerte Funktionalität nicht oder fehlerhaft eingesetzt wird.

Eine Überarbeitung des *TCM*-Systems, in dem die Verwendung des Lösch-Werkzeugs so angepasst wurde, dass mir ihm tatsächlich „radiert" werden kann („*noun* + *verb*"), zeigt in weiteren 21 Anwendungen des Systems keine Fehlinterpretation bei 103 Anwendungen des Löschtokens (von insgesamt 130 durchgeführten Löschvorgängen, damit wurde in 79% der Fälle das Lösch-Werkzeug verwendet).

Die durch die konzeptionelle Betrachtung aufgezeigte Inkonsistenz in der Verwendung von Metaphern des hier vorgestellten Systems zeigt Auswirkungen in der praktischen Verwendung. Die Untersuchungen zeigen, dass konsistente Metaphern tatsächlich eine erstrebenswerte Eigenschaft einer be-greifbaren Benutzungsschnittstelle sind. Metaphern können bzw. sollen dabei aus dem Anwendungskontext des Systems bezogen werden (äußere Konsistenz) und möglichst durchgängig einer Klasse von Methaphern (im Sinne der Taxonomie von Fishkin) zuzuordnen sein (innere Konsistenz) um die Erwartungskonformität sicherzustellen.

Außerdem zeigt die oben auszugsweise beschriebene Untersuchung einen klaren Verständlichkeitsvorteil von tätigkeits-orientierten Metaphern („*verb*") gegenüber rein objekt-orientierten Metaphern („*noun*"). Werkzeuge mit reinen „*verb*"-Metaphern müssen von den Benutzern einmalig erlernt werden, zu Fehlverwendungen kommt es am ehesten, wenn die abgebildete Interaktion mehrere Schritte umfasst oder selten benötigt wird. Bessere Verständlichkeit (im Sinne geringerer Häufigkeit von Fehlbedienungen) bieten Werkzeuge, deren äußere Erscheinungsform bereits die konkrete Verwendung suggeriert („*noun* + *verb*"). Problematisch erscheint die Verwendung von Werkzeugen, deren Metapher sich ausschließlich in der äußeren Erscheinungsform äußert, dessen Verwendung aber von der suggerierten Funktionalität abweicht („*noun*"). In derartigen Fällen kann es zu Fehlinterpretationen kommen, die eine Verwendung auch bei vorhergehender Einschulung unmöglich macht.

Eine konsistente Verwendung von tätigkeitsorientierten Metaphern, die wenn möglich durch die der Funktionalität entsprechend gestaltete Werkzeuge erweitert wird, ist der Verwendbarkeit von komplexen be-greifbaren Benutzungsschnittstellen zuträglich. Die durchgeführten qualitativen und quantitativen Studien (Oppl, 2010) zeigen, dass die Vermeidung von Fehlinterpretation und daraus resultierender Fehlbedienung nicht nur die Effizienz der Verwendung steigert sondern auch die Frustration der Benutzer reduziert und eine Fokussierung auf die eigentlich zu erfüllende Aufgabe ermöglicht und damit der Effektivität des Werkzeugeinsatzes steigert.

Auf Basis der Ausführungen in diesem Abschnitt wird in den folgenden Abschnitten die domänenspezifische Anwendung von be-greifbaren Benutzungsschnittstellen am Beispiel eLearning gezeigt. Die Argumentation für die Auswahl konsistenter Metaphern auf der Interaktionsebene wird auch auf die Anwendungsebene abgebildet und dort weitergeführt. Konkret werden die Metaphern zur Interaktion mit dem *TCM*-System sowohl auf die Gestaltung als auch den Konsum von Lernmaterial angewandt und exemplarisch den dort jeweils notwendigen Funktionen zugeordnet, wobei wiederum die zuvor eingeführten Metaphernklassen zum Einsatz kommen. So wird neben der „*horizontalen Konsistenz*" in der Ebene der Interaktion auch eine auf höhere Anwendungsebenen reichende „*vertikale Konzistenz*" der verwendeten Metaphern angestrebt.

BE-GREIFBARE GESTALTUNG VON DIGITALEN LERNSZENARIEN

In der Folge gehen wir einführend sowohl auf die Vermittlung, d.h. Vorbereitung von Hilfsmitteln und Materialien sowie Vermittlungssituationen aus Sicht der Verantwortlichen bzw. LernbegleiterInnen, als auch auf den Ablauf von Lernprozessen aus Sicht der Lernenden ein.

Bereits zu Beginn der Entwicklungen auf dem Gebiet des eLearning wurde klar, dass durch die Überwindung von Raum und Zeit mittels digitaler Medien – Lehrende und Lernende müssen einander weder physisch noch zeitlich synchronisiert antreffen – der Vorbereitung lernendengerechter Umgebungen hoher Stellenwert zukommt (vgl. Schulmeister, 1996). Diesem Umstand kommt aus unterschiedlichen Gründen vermehrt Bedeutung zu:

- Die Stärkung der Eigenverantwortung von Lernenden, wie in konstruktivistischen (Tam 2000) oder mathetischen Ansätzen (Eichelberger et al., 2008) verankert, erfordert darauf abgestimmte Features in einer selbstregulierten Lernumgebung.

- Der Bedeutung sozialer Interaktion als inhärenter Bestandteil von Erkenntnisprozessen ist bei der Gestaltung Rechnung zu tragen (vgl. Silius et al. 2010).
- Emotionale Bezüge beeinflussen die Lernleistung und soziale Muster bei Erkenntnisprozessen (vgl. Zumbach et al. 2004).
- Schließlich stellen die steigenden Ansprüche an die Erkenntnisprozesse selbst komplexe Anforderungen an die GestalterInnen von eLearning-Umgebungen (vgl. Gücker 2007).

Wie in (Oppl et al. 2010) gezeigt, eignen sich Konzept-Netzwerke für die Gestaltung von eLearning-Szenarien (Steiner et al., 2007). Sie können bei entsprechender didaktischer Konzeption positive Auswirkungen auf den Lernerfolg haben (Do-Lenh et al. 2007. Die unterschiedlichen Interaktionen, die durch das Interface unterstützt werden, können auf unterschiedliche Funktionen bei der Gestaltung von Lernmaterial bzw. bei dessen Einsatz in Lernsituationen abgebildet werden. Für die Gestaltung und Strukturierung von Lernmaterial (vgl. Auinger/Stary 2005) können in Anlehnung an bestehende Taxonomien einige typische Abbildungen der Funktionen in die „Metaphor"-Dimension der Taxonomie nach Fishkin (2004) vorgenommen werden. Im Folgenden werden exemplarisch die Interaktions-Möglichkeiten des *TCM*-Systems auf Aktivitäten bei der Generierung von Lerninhalten abgebildet. Der Fokus liegt auf der Strukturierung der Inhalte, die durch Konzeptnetzwerke abgebildet werden können. Zu beachten ist dabei der Bezug zu Inhalten bzw. Lerngegenständen. Interaktionsgegenstände sind in diesem Fall Repräsentanten von Inhaltselementen, zum Beispiel Skriptenteile:

- Platzieren u. Benennen von Content-Elementen (*verb*): Es gibt „Definitionen" im Kontext von „Einführungen"
- Erstellen von Verbindern (*verb*): Die „Definition" steht mit einer „Erklärung" in Verbindung
- Löschen von Verbindern (*noun + verb*): Lernmaterial-"Level of Detail" (LOD) 2 wird gelöscht, da es nicht in Beziehung zu LOD 1 steht
- Einbetten von Information (*noun + verb*): Dieses LOD 3-Element verfeinert ein bestimmtes LOD 2-Element.
- Abrufen von Information (*verb*): Wie sieht das Beziehungsnetz einer bestimmten „Definition" aus?
- Navigation in der Modell-Historie (*verb*): Was war der Ausgangspunkt der Content-Strukturierung?

- Wiederherstellen eines Modell-Zustandes (*noun* + *verb*): LOD 2 hatte vor LOD 1-Verknüpfung ein bestimmtes Aussehen.

Die Platzierung sowie Benennung von Content-Elementen sowie von Zusammenhängen in Form expliziter Verbinder sind von besonderer Bedeutung, da viele Lehrende dieses Wissen nicht in kodifizierter Form zur Verfügung stellen (vgl. Auinger et al., 2007). Konzept-Netze zeigen nicht nur strukturelle, sondern auch ablaufbestimmende Elemente.

Abbildung 3 zeigt mit „Summary", „Definition" o.ä. wesentliche Kategorien von Information, die aus fachdidaktischer Sicht die Struktur der Vermittlung bestimmen. Sie enthält darüber hinaus Verbinder (*XOR*, *OR* und dem Pfeil als Sequenz), welche den Ablauf der Vermittlung bzw. von Lernprozessen bestimmen und somit die Gestaltung von Lernszenarien bzw. Erkenntnisprozessen ermöglichen. Spezielles Augenmerk ist auf die Auflösung linearer Strukturen zu legen. Diese kann durch explizite Verbinder in Form von Hyperlinks oder durch Verschachtelung erfolgen. Während Hyperlinks durch direkte Assoziationen am *Tabletop* dargestellt werden können, erfordert die interaktive Verschachtelung eine entsprechende metaphorische Auflösung. Mit dem gegenwärtigen *TCM*-System ist die Codierung von Szenarien und somit das Einbetten in andere Informationselemente möglich – sämtliche Bausteine des Systems können geöffnet werden und erlauben die Aufnahme von bis zu drei codierten Modellen, die auf dem Tisch bereits einmal gelegt wurden. Somit kann beliebig Information verschachtelt werden. Ein analoger Vorgang ist bei der Verknüpfung von LODs möglich, sodass deren Zusammenhang durch Verschachteln transparent „gelegt" werden kann.

Durch Verbinder wie *XOR* können Ablaufinformation und Steuerelemente von Prozessen dokumentiert werden. Die Arbeit am *Tabletop* erlaubt GestalterInnen somit nicht nur die Aufbereitung von Lernmaterialien und Lernszenarien in begreifbarer Form, sondern auch die Simulation von Lernpfaden vor deren Implementierung, sodass gegebenenfalls mathetische Lücken entdeckt werden können (vgl. Eichelberger et al., 2008). Hier spielt die *History*-Funktion eine wesentliche Rolle, da sie die schrittweise Simulation mathetischer Vorgänge vor der Freigabe von Lernmaterialien zulässt. Werden zusätzliche, für die Vermittlungssituation wesentliche Strukturen wie Kommunikationsfeatures in die Konzept-Netze einbezogen, können nicht nur Lege-Elemente mit unterschiedlichen Möglichkeiten zur Interaktion (Chat, Blog, Forum etc.), sondern auch deren Einsatz modelliert werden. So kann beispielsweise eine Fallstudie, codiert als eigenes Netz-Element, mit einen Chat (ebenfalls codiert als Netz-Element) in Beziehung gesetzt werden. Dies stellt dann den Bezug zwischen Content und Kommunikation explizit dar.

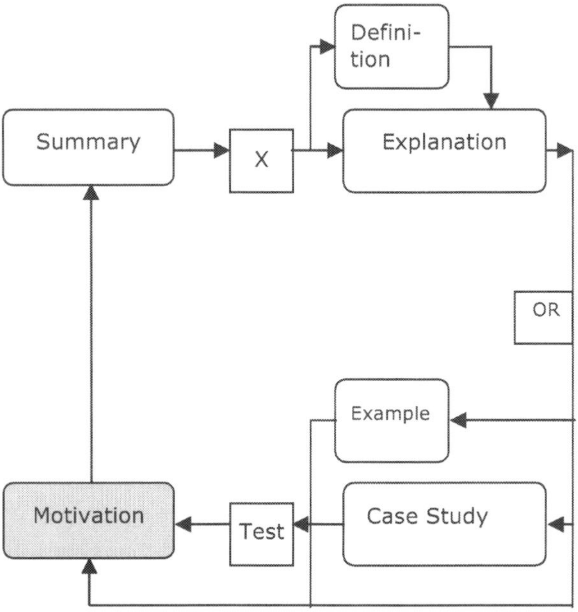

Abbildung 3: Konzept-Netz mit didaktisch relevanten Elementen

Im Bereich der Strukturierung von Lerninhalten wird das *TCM*-System, wie eben gezeigt, durchgängig mit tätigkeitsorientierten Metaphern („*verb*") eingesetzt, die in einigen Fällen durch eine am physischen Objekt selbst verankerte Metapher zu „*verb + noun*" ergänzt wird. Die Konsistenz der verwendeten Metaphern ist damit sowohl innerhalb der Anwendungsebene „Generierung von Lerninhalten" als auch zwischen der Anwendungs- und der Interaktionsebene gegeben.

WIRKUNG BE-GREIFBARER MEDIEN BEIM KONSUM VON LERNINHALTEN

Selbst-reguliertes Lernen ist ein pädagogischer Ansatz, der Lernenden ermöglicht, ihren Lernprozess selbst zu steuern und zu kontrollieren (Puustinen & Pulkkinen, 2001). Vor allem im eLearning wurde dieser Ansatz in den letzten Jahren verstärkt aufgenommen (zum Beispiel Kay, 2001). Die Durchführung von selbst-reguliertem Lernen ist ein kognitiv anspruchsvoller Vorgang, der aber neben der Erreichung des eigentlichen Lernziels auch zur Entwicklung von metakognitiven Fähigkeiten wie Planung oder Reflexion führen kann. Um die Komplexität der Durchführung auch für unerfahrene Lernende handhabbar zu machen, muss entsprechende methodische und technische Unterstützung angeboten werden. *Concept Maps* werden in diesem Zusammenhang als zielführender Ansatz betrachtet, der vor allem die Reflexion einer Lernaufgabe unterstützt und die Evaluierung der Lernzielerreichung ermöglicht. Die Einbindung der *Concept Mapping* Tätigkeiten in den Lernprozess muss für Lernenden erfolgen, um eine Fokussierung auf die eigentlichen Lerninhalte zu ermöglichen. Insbesondere bedeutet dies, dass eine etwaige technische Werkzeugunterstützung soweit in den Hintergrund treten muss, dass die bewusste Beschäftigung mit deren Bedienung minimiert werden kann. Dies wird im konkreten Anwendungsfall durch den Einsatz des *TCM*-Systems gewährleistet.

Von besonderer Bedeutung für selbstregulierte Lernprozesse ist die Passung von Features zu Lernprozessen und deren Begleitung durch Lehrende. Typische Features fortgeschrittener Plattformen wie Scholion (scholion.jku.at) sind interaktive Annotationen, die zum einen in benutzerInnenspezifischen Sichten gespeichert werden, und zum anderen auch Verbindungen zwischen digitalem Content und damit verbundener Kommunikation enthalten, wie in obigem Beispiel für die Bearbeitung einer Fallstudie angedeutet,. Im Sinne der mathetischen Gestaltung von eLearning-Umgebungen – der/die LernbegleiterInnen tragen aktiv für den selbstgesteurten Erkenntnisprozess die Verantwortung – sind daher nicht nur die Möglichkeiten mit *TCM* zu modellieren, welche in Form von eLearning-Features für den Wissenserwerb zur Verfügung stehen, sondern vielmehr erkenntnisbringende Lernschritte vorzuschlagen, die auch sämtliche Interventionen der Lernbegleitung offen legen. Typische exemplarische lernbezogene *TCM*-Interaktionen sind daher entsprechend der bereits genannten Metaphor-Zuweisung:

- Platzieren u. Benennen von Elementen (*verb*): Annotieren
- Erstellen von Verbindern (*verb*): Verknüpfen von Content-Element mit Forumseintrag
- Löschen von Verbindern (*noun* + *verb*): Entfernen von internem Link
- Einbetten von Information (*noun* + *verb*): Kommentieren von Textelement
- Abrufen von Information (*verb*): individualisierte Sicht auf Lernmaterial von Peer
- Navigation in der Modell-Historie (*verb*): Kaskadierung von Sichten
- Wiederherstellen eines Modell-Zustandes (*noun* + *verb*): Sicht wegblenden

Wesentlich ist die Nennung der Lernelemente, welche annotiert werden sollen, entsprechend dem methodisch-didaktischen Design. Speziell zu betrachten sind die Weitergabe von Sichten sowie das Übernehmen und Weiterbearbeiten derselben.

Für die Spezifikation der Interventionen ist die strukturelle Zuweisung von LernbegleiterInnen zu Kommunikationsfeatures und Annotationsmöglichkeiten wichtig. Kann beispielsweise eine Sicht für eine/n LernbegleiterIn freigeschalten werden, um ad-hoc Hilfe zum Weitermachen einzufordern, dann kann mittels *TCM* ein entsprechender Verbinder gesetzt werden. Analoges gilt für die Kommunikationsfeatures. Kann beispielsweise ein Chat seitens einer Lernbegleitung aktiviert werden, um bei der Bearbeitung von Lernaufgaben zu intervenierten, dann kann dies mit Hilfe entsprechender Codierungen (zum Beispiel Hineinlegen von Chat in Content-Element, Verwendung eigener Verbinder) transparent gemacht werden.

Auch bei der Anwendung des *TCM*-Systems für den Konsum von Lerninhalten wurden die Funktionen des Systems mittels tätigkeitsorientierten Metaphern („*verb*" bzw. „*verb + noun*") auf die für Lernenden notwendigen Tätigkeiten abgebildet. Die Forderung nach Konsistenz innerhalb der Anwendungsebene als auch mit der Interaktionsebene ist damit erfüllt.

ZUSAMMENFÜHRUNG: KO-KONSTRUKTION VON LERNINHALTEN

Mit dem zunehmenden Einsatz von Social Software wie Wikis eröffnet sich Teams von LernbegleiterInnen sowie Lernenden oder gemischten Gruppen die Möglichkeit, in laufenden Prozessen Content zu erstellen und unmittelbar verfügbar zu machen. Damit löst sich die Grenze zwischen der Generierung und dem Konsum von Lerninhalten und dementsprechend auch die Rollenzuteilung zwischen Lehrendem und Lernendem auf. Wird ein derartiger Prozess mittels *TCM* modelliert, dann gilt es neben den bereits erwähnten Möglichkeiten des Authoring (siehe Möglichkeiten für Lernbegleiter und Lernbegleiterinnen), die nun auch für Lernende zur Verfügung stehen, einige wesentliche Aspekte zur Ko-Konstruktion zu beachten:

- Wer darf wann welchen Inhalt bearbeiten (im Sinne von ändern) bzw. erstellen?
- Welchen Einfluss hat dieser Vorgang auf die weiteren Lernvorgänge inkl. der Interventionen durch die Lernbegleitung?

Mittels *TCM* eignen sich folgende Elemente zur Klarstellung und Bearbeitung dieser Aspekte. Die Beispiele zeigen sowohl struktur- als auch ablaufspezifische Elemente, die wiederum auf die interaktiven Funktionen des Werkzeugs abgebildet und mit einer Einordung in die jeweilige Metaphernklasse hinterlegt werden:

- Platzieren u. Benennen von Editiermöglichkeiten von Content-Elementen (*verb*): Lernende sollen ergänzender Definitionen zu einer Ausgangsdefinition beibringen, daher soll dieses Element für alle editierbar sein

- Erstellen von Verbindern (*verb*): Zusatzdefinitionen dürfen von einer Lerngruppe erbracht werden – das Element darf folglich im Rahmen von Lernprozessen manipuliert werden.
- Löschen von Verbindern (*noun* + *verb*): Das Zugriffsrecht auf Content-Elemente wird entzogen, sobald eine Teilaufgabe bearbeitet wurde.
- Einbetten von Information (*noun* + *verb*): Es dürfen nur Ergänzungen zu einem Content-Element vorgenommen werden, aber keine Veränderung.
- Abrufen von Information (*verb*): Welche Content-Elemente dürfen von Lerngruppen editiert werden?
- Navigation in der Modell-Historie (*verb*): Was passiert, sobald ein bestimmter Lernpfad beschritten wurde, der durch eine Änderung von Inhaltselementen ausgelöst wurde?
- Wiederherstellen eines Modell-Zustandes (*noun* + *verb*): Nehmen wir an, es erfolgte keine Veränderung des ursprünglichen Content-Elements.

Die hier zum Einsatz kommenden Metaphern zeigen wiederum eine tätigkeitsorientierte Abbildung der notwendigen Tätigkeiten („*verb*" oder „*verb* + *noun*") auf die interaktiven Funktionen des *TCM*-Systems, wodurch die Konsistenzanforderungen erfüllt sind.

Eine besondere Variante des *TCM*-Einsatzes stellt die ko-konstruktive Rekonstruktion von Abläufen dar, die allen Beteiligten helfen kann, Lücken bzw. Verbesserungspotenzial bei Vermittlungsleistungen oder Strukturen zur Content-Bereitstellung und Kommunikation zu entdecken und zu explorieren. So können Lernabläufe nach"gelegt" werden, und mit der *Snapshot*-Funktion aufgezeichnet werde. Schrittweise kann dann mit der *History*-Funktion retrospektiv exploriert werden, an welcher Stelle ein Ablauf hätte anders verlaufen können. Derartige Reflexionstechniken sind bislang nicht bekannt und zeigen das Potenzial von *TCM* in diesem Kontext.

FAZIT

In diesem Beitrag wurde die Verwendung konsistenter Metaphern für die Interaktion mit und Anwendung von be-greifbaren Benutzungsschnittstellen im eLearning anhand einer konkreten be-greifbaren Lehr- und Lernumgebung vorgestellt. Konsistente Metaphern bei be-greifbaren Benutzungsschnittstellen werden durch einen systemweit einheitlichen Bezugspunkt der Metaphern gekennzeichnet, der nach Fishkin (2004) das be-greifbare Objekt selbst und/oder die mit ihm auszuführenden Handlungen sein können. An einem konkreten System zur Unterstützung der Bildung von Begriffnetzwerken (*Concept Maps*) wurde gezeigt, wie die Verwendung eines einheitlichen Metaphern-Bezugspunktes auf die

Gestaltung des Systems wirkt und welche Auswirkungen die Verletzung dieser Gestaltungsrichtlinie hat.

Das Konzept der konsistenen Metaphern wurde auf der Anwendungsebene weiter verfolgt. Sowohl für die Generierung als auch beim Konsum von eLearning-Inhalten wurden die für die Interaktion mit dem Werkzeug eingesetzen Metaphernklassen angewandt. In beiden Anwendungsbereichen wirkt das *Tabletop Interface* als unterstützendes Mittel bei der Strukturierung und Reflexion von eLearning-Inhalten. In seiner Gesamtheit zeigt der Artikel, wie ein *Tabletop Interface* bei Einsatz konsistenter Metaphorik sowohl auf Interaktions- als auch auf Anwendungsebene sowohl den Gestaltungs- als auch den Anwendungsaspekt von eLearning-Materialien unterstützen kann.

Während der Nutzen konsistenter Metaphern auf der Interaktionsebene empirisch belegt werden konnte, ist die Umsetzung und Evaluierung der für die Anwendung im eLearning vorgeschlagenen Konzepte Gegenstand der zukünftigen Forschung.

LITERATURVERZEICHNIS

Alty, J., Knott, R., Anderson, B., and Smyth, M. 2000: A Framework for Engineering Metaphor at the User Interface. *Interacting with computers*, 13(2), S. 301–322

Auinger, A. and Stary, C. 2005: Didaktikgeleiteter Wissenstransfer. Interaktive Informationsräume für Lern-Gemeinschaften im Web. Wiesbaden: Deutscher Universitätsverlag

Auinger, A., Auinger, F., Derndorfer, C., Hallewell, J., Stary, Ch. 2007: Content Production for e-Learning in Engineering. In: iJET, International Journal of Emerging Technologies in Learning, Vol. 2, No. 2, http://www.i-jet.org

Ausubel, D.P. 1968: Educational Psychology, A Cognitive View. New York: Holt, Rinehart and Winston, Inc

Carroll, J.M., Rosson, M.B. 1985: Usability Specifications as a Tool in Iterative Development, in: Advances in Human-Computer Interaction, Vol. 1, ed.: Hartson, H.R., S. 1-28, Ablex, Norwood, New Jersey

Carroll, J.M., Thomas, J.C. 1982: Metaphor and the Cognitive Representation of Computing Systems, in: IEEE Transactions on Systems, Man, and Cybernetics, Vol. SMC-12, No. 2, S. 107-115

Carroll, J.M., Mack, R.L., Kellogg, W.A. 1988: Interface Metaphers and User Interface Design, in: Helander, M. (ed.): Handbook of Human-Computer Interaction, Elsevier, Amsterdam, S. 67-82

DIN EN ISO 9241-110. 2006: Ergonomie der Mensch-System-Interaktion – Teil 110: Grundsätze der Dialoggestaltung. Norm, Berlin

Dillenbourg, P. and Shen, C. 2009: Tabletops in Education. White Paper (draft), STELLAR, 2nd Alpine Rendez-Vous on Technology Enhanced Learning

Do-Lenh, S., Kaplan, F., Sharma, A., und Dillenbourg, P. 2009: Multi-finger interactions with papers on augmented tabletops. In Proceedings of TEI '09, S 267–274, New York, NY, USA. ACM

Eichelberger, H., Laner, C., Kohlberg, W. D., Stary, E., and Stary, C. 2008: Reformpädagogik goes eLearning: Neue Wege zur Selbstbestimmung von virtuellem Wissenstransfer und individualisiertem Wissenserwerb. München u.a.: Oldenbourg Verlag

Fischer, F., Hofmann, L., and Schulz, S. 2010: Report on the First Rendez-Vous. Deliverable D3.1, STELLAR

Fishkin, K. P. 2004: A taxonomy for and analysis of tangible interfaces. Personal and Ubiquitous Computing, 8(5), S. 347–358

Gentner, D., Stevens, A. (Hrsg.) 1983: Mental Models, Hillsdale, New Jersey: Lawrence Erlbaum

Gücker, R. 2007: Wie E-Learning entsteht. Untersuchung zum Wissen und Können von Medienautoren, München: kopaed

Ishii, H., Ullmer, B. 1997: Tangible bits: towards seamless interfaces between people, bits and atoms. In Proceedings of the SIGCHI conference on Human factors in computing systems (CHI), S. 234–241. ACM Press New York, NY, USA

Ishii, H. 2008: Tangible bits: beyond pixels. In Proceedings of the 2nd international conference on Tangible and embedded interaction. ACM New York, NY, USA

Kaltenbrunner, M. and Bencina, R. 2007: reacTIVision: a computer-vision framework for table-based tangible interaction. In TEI '07: Proceedings of the 1st international conference on Tangible and embedded interaction, pages 69–74, New York, NY, USA. ACM Press

Kay, J. 2001: Learner control. User Modelling and User-Adapted Interaction, 11, S. 111-127

Koleva, B., Benford, S., Ng, K., and Rodden, T. 2003: A Framework for Tangible User Interfaces. In Workshop-Proceedings on Real World User Interfaces, Mobile HCI Conference 03, S. 257–264

Marshall, P. 2007: Do tangible interfaces enhance learning? In TEI '07: Proceedings of the 1st international conference on Tangible and embedded interaction, S. 163–170, New York, NY, USA. ACM Press

Novak, J.D. 1998: Learning, Creating, and Using Knowledge: Concept Maps as Facilitative Tools in Schools and Corporations. Lawrence Erlbaum

Oppl, S. 2010: Unterstützung expliziter Articulation Work – Interaktive Externalisierung und Abstimmung mentaler Modelle. Dissertation, Technical University of Vienna

Oppl, S., Stary, C. 2009: Tabletop concept mapping. In Proceedings of the 3rd International Conference on Tangible and Embedded Interaction (TEI '09). ACM Press

Oppl, S., Steiner, C., and Albert, D. 2010: Supporting Self-regulated Learning with Tabletop Concept Mapping. In: Interdisciplinary approaches to technology-enhanced learning. Waxmann Verlag

Puustinen, M., Pulkkinen, L. 2001: Models of Self-regulated Learning: A Review, Scandinavian Journal of Edcuational Research, 45, S. 269–286

Schulmeister, R. 1996: Grundlagen hypermedialer Lernsysteme. Theorie – Didaktik – Design, Bonn: Addison Wesley

Silius, K., Miilumäki, Th., Huhtamäki, J., Tebest, T., Meriläinen, J., Pohjolainen, S. 2010: Students' Motivation for Social Media Enhanced Studying and Learning, in: Knowledge Management & E-Learning, Vol. 2, No. 1, S. 51-76, www.km-el.org

Steiner, C., Albert, D., & Heller, J. 2007: Concept Mapping as a Means to Build E-Learning. In N. A. Buzzetto-More (Ed.), Advanced Principles of Effective e-Learning (S. 59-111). Santa Rosa, CA: Informing Science Press

Stone, M., Fishkin, K., and Bier, E. 1994: The movable filter as a user interface tool. In Proceedings of the SIGCHI conference on Human factors in computing systems: celebrating interdependence, pages 306–312. ACM New York, NY, USA

Tam, M. 2000: Constructivism. Instructional Design, and Technology: Implications for Transforming Distance Learning. In: Educational Technology & Society 3(2), S. 50-60

Underkoffler, J. and Ishii, H. 1999: Urp: A luminous-tangible workbench for urban planning and design. In Proceedings of the SIGCHI conference on Human factors in computing systems: the CHI is the limit, S. 386–393. ACM New York, NY, USA

Zumbach, J., Starkloff, P., Schmitt, S. 2004: Einfluss von Motivation und didaktischem Design in E-Learning-Umgebungen, in: i-com, Vol 3, No. 2, S. 27-34

TechKreativ: Tangible Interfaces in Lernwelten

NADINE DITTERT, EVA-SOPHIE KATTERFELDT, MILENA REICHEL

In TechKreativ-Workshops werden innovative *Tangibles* mit einem didaktischen Konzept verbunden. In diesem Beitrag wird am Beispiel dieser Workshops gezeigt, wie *Tangibles* zu Bildungszwecken eingesetzt werden können. Eingebettet in ein Workshopkonzept, dem handlungsorientierte und *konstruktionistische* pädagogische Theorien zugrunde liegen, konstruieren Kinder und Jugendliche dort mit Hilfe von *Construction Kits* ihre eigenen, für sie bedeutsamen *Tangibles* und lernen dadurch die denen zugrunde liegenden technischen Eigenschaften sowie deren Programmierbarkeit. Der Workshop „VIVATech! – Mit Gesten Computer steuern? – Alles Zauberei?“ wird beispielhaft ausführlich vorgestellt.

EINLEITUNG

Seit vielen Jahren sind *Tangibles* im Bildungsbereich zu finden. Die TechKreativ-Workshops zeigen Beispiele, wie nicht nur das Lernen damit, sondern zugleich auch das Lernen über *Tangibles* durch eigene Konstruktion derer durch die Lernenden geschehen kann. Mit dem Ziel, einen konzeptionellen und didaktischen Rahmen für Konstruktionsprozesse mit *Construction Kits* zu bieten, wurden und werden TechKreativ-Workshops entwickelt. In diesem Beitrag geben wir zunächst einen Überblick über *Tangibles* zu Bildungszwecken für Kinder und Jugendliche und gehen insbesondere auf die Idee der *Construction Kits* ein. Anschließend stellen wir anhand von Beispielen aus der Praxis das Konzept der TechKreativ-Workshops vor. Abschließend geben wir einen Ausblick auf mögliche weitere Einsatzmöglichkeiten dieses Workshopskonzepts.

TANGIBLES IN DER BILDUNG

Lernen als Anwendungsgebiet für *Tangibles* wurde bereits früh im Forschungsgebiet *Tangible User Interfaces* (*TUIs*; Ishii & Ullmer 1997) aufgegriffen. Mittlerweile ist dort der Bereich der Lernmedien breit gestreut. Es gibt darunter reine

Eingabegeräte, wie die *IO/Brush*, einen physikalischen Pinsel mit dem digitale Bilder auf einen Bildschirm gemalt werden können, oder die *Storymat*, mit der mehrere Kinder zusammen Geschichten erschaffen, indem sie mit Figuren auf einer Spielmatte agieren (O'Malley & Fraser 2004). Hierbei werden die physikalischen Figuren mit *RFID tags* durch Video- und Audioprojektionen Teil einer digital erzählten Geschichte. Des Weiteren gibt es Medien, die sowohl als Ein- als auch als Ausgabegeräte im physikalischen Raum dienen. Resnick prägte diese Entwicklung mit seinem Konzept der *Digital Manipulatives* (Resnick et al. 1998), die an reformpädagogische Theorien des handlungsorientierten Lernens anknüpfen, wie sie bei den Spielgaben Friedrich Fröbels (Fröbel 1826) oder auch den didaktischen Materialien Maria Montessoris (Montessori 1912) zu finden sind. Die Grundidee entspricht der der *TUIs*: eine Vereinfachung der Interaktion mit dem Digitalen und eine Konkretisierung des Abstrakten durch Interaktion mit bekannten physikalischen Gegenständen. Resnick et al. kombinierten zuvor für das Lernen über und mit Digitalen Medien Technik und abstrakte Vorgänge mit traditionellen physikalischen Kinderspielzeugen. Aus diesen Entwicklungen gingen die so genannten *Construction Kits* hervor (Resnick et al. 1996). Bei *Construction Kits* handelt es sich um rein virtuelle oder um mit elektronischen Komponenten bestückte physikalische Baukästen (zum Beispiel das EduWear-Kit in Abbildung 1), mit denen sich (junge) Menschen ihre eigenen Lernwelten (*Microworlds*) zur Exploration abstrakter Konzepte erschaffen können. Dazu zählen auch Baukästen mit programmierbaren Robotikelementen, wie sie in den TechKreativ-Workshops eingesetzt werden. Diese Form der *Construction Kits* und die ihnen zugrunde liegenden Prinzipien werden im Folgenden näher erläutert.

Den *Construction Kits* liegt Seymour Paperts Theorie des Konstruktionismus (*Constructionism*) zugrunde (Papert 1980). Als Schüler Jean Piagets dehnte Papert dessen Theorie des Konstruktivismus (Piaget und Inhelder 1973) als das mentale Konstruieren von Wissen auf das Lernen durch aktive Konstruktion physikalischer Artefakte aus. Durch aktives Konstruieren externalisieren Lernende ihre Ideen, Vorstellungen oder mentalen Konzepte und machen diese somit wahrnehmbar und greifbar für Andere und sich selbst. Die konstruierten Objekte werden zu *objects-to-think-with* (Papert 1980, S. 11) und dienen als Ausgangspunkt der Reflexion und Kommunikation über das eigene Denken und Handeln. Anhand dieser Objekte können Lernende sich ihrer eventuell noch fehlerhaften Konzeption bewusst werden und diese durch erneutes Konstruieren in einem iterativen Prozess wiederholt überprüfen und korrigieren. Dieser Reflexionsprozess ist für Papert essentiell für das Lernen. Dabei sieht er, im Gegensatz zu Piaget, konkrete Zugänge nicht als abhängig von bestimmten Entwicklungsstufen an. Die Art des Zugangs ist vielmehr eine Frage des persönlichen Lern- bzw. Denkstils. Konkrete Zugänge gelten dabei im Gegensatz zum abstrakteren, in der Wissenschaft anerkannten und gebräuchlichen Denken nicht als „minderwertig" oder weniger entwickelt. Turkle and Papert (Turkle und Papert 1991) beschreiben als zwei extreme Verkörperungen dieses Stils so genannte „Planer" und „Bricoleure" (deutsch: in etwa Bastler): Strukturiert vorgehende „Planer" bevorzugen demnach abstraktes Denken und systematisches Planen in ihrem Vorgehen. Im Gegensatz dazu bevorzugen „Bricoleure" ein eher wie unter Künstlern übliches Herangehen an abstrakte Konzepte, zum Beispiel über spontanes (Um-)Gestalten und Auseinandersetzen mit den vorhandenen Materialien.

Construction Kits sollen diesen konkreten Zugang zu abstrakten Konzepten liefern, ein Lernen mit Spaß ermöglichen und für die Lernenden interessant sein. Solche Medien zu gestalten ist eine Herausforderung im Interaktions-Design. Resnick und Silverman fassen ihre Erfahrungen zusammen und erstellen daraus Richtlinien die *Construction Kits* für einen möglichst großen Lernerfolg erfüllen sollen (Resnick und Silverman 2005). Demnach sollen *Construction Kits* einen einfachen Einstieg bieten, jedoch auch anspruchsvoll genug sein, um Gestaltungsmöglichkeiten für fortgeschrittene Lerner zu bieten. Die Autoren nennen dieses Prinzip „low floor and wide walls". Zu den anderen Prinzipien gehören das „Design for designers" und „Support many paths, many styles". *Construction Kits* sollen also derart gestaltet werden, dass sie freie Gestaltungsmöglichkeiten bieten und nicht auf ein vorgesehenes Endprodukt ausgelegt sind. Zusätzlich sollen sie verschiedene Vorgehensweisen, Lerntypen und auch Projekte unterstützen und müssen daher flexibel sein.

Während das erste Construction Kit von Resnick noch keine physikalischen Komponenten enthielt (Resnick 1993), kamen schließlich zunehmend *Construction Kits* mit anfassbaren, physikalischen elektronischen Komponenten, also *TUIs*, aus den Forschungslaboren hervor. So erlaubten frühere *Construction Kits* Kindern und Jugendlichen am Bildschirm virtuell Simulationen zu steuern, heute erlauben Robotikbaukästen die Herstellung eigener *TUIs*.

Ein Beispiel dafür ist das „Handy Cricket" (Resnick et al. 1996). Es handelt sich dabei um einen programmierbaren Mikrokontroller, an den verschiedene Sensoren, zum Beispiel zur Messung von Licht oder Temperatur, Schalter und Aktuatoren, zum Beispiel LEDs oder kleine Motoren, angeschlossen werden können. Der Kontroller kann mit der kindgerechten Programmiersprache Logo programmiert werden. Auf Basis dieser elektronischen Bauteile lassen sich interaktive *Tangibles*, wie zum Beispiel Robots oder intelligente Gegenstände erschaffen.

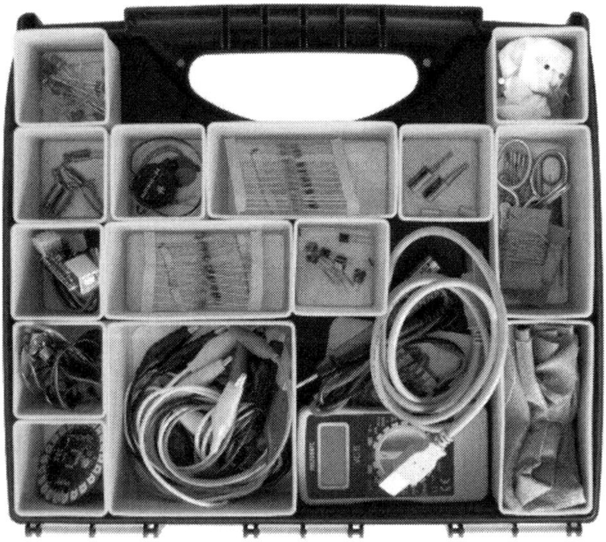

Abbildung 1: Die Hardwareelemente des EduWear-Construction Kits

Durch die Programmierbarkeit können sich Jugendliche und Kinder abstrakten Themen wie Algorithmen spielerisch nähern, erhalten dabei eine direkte Rückmeldung in der physikalischen Welt und arbeiten an Projekten, die sie persönlich interessieren – ein hoher Motivationsfaktor. Dieser Motivationsfaktor lässt sich durch Einbeziehung verschiedener Medien und Materialien in die Konstruktion verstärken. Buechley (Buechley et al. 2006) und das Projekt EduWear (Reichel et al. 2008) setzen beispielsweise textile Materialien ein. Im Gegensatz zu den eher aus der Spielzeugwelt entstammenden *Construction Kits*, zum Beispiel den LEGO® Mindstorms® (Resnick et al. 1996), lässt sich mit diesen Entwicklungen an die Lebenswelt von Kinder und Jugendlichen besser anknüpfen (Katterfeldt et al. 2009). Durch Einbeziehung von Kreativmaterialien werden *Construction Kits* und die ihnen innewohnenden Konzepte für weniger technisch sondern eher künstlerisch interessierte Menschen zugänglich (Rusk et al. 2008). Über diese hohe Alltagsrelevanz hinaus, sind „smart materials" Materialien, deren Funktionsweise für viele oft nicht unmittelbar zu durchschauen ist. Ihre Verwendung im Construction Kit kann sie für Lernende zugänglich und verständlich machen.

Bei den aktuell gebräuchlichen *Construction Kits* findet die Programmierung mittels einer Software „virtuell" auf einem Computer statt und das fertige Programm wird von dort auf den Mikrokontroller übertragen. Daneben gab es bereits Versuche, die Programmierung eines *Construction Kits* durch physikalische Programmierelemente in die rein physikalische Welt zu verlagern, zum Beispiel mit Tangible Bricks (Resnick et al. 1996, McNerney 2000). Mit den zunehmenden Möglichkeiten, auch das Programmieren von *Construction Kits* mit neuen „smarten" Materialien, innovativen Ein-/Ausgabewegen und interaktiven Umgebungen „tangibel" zu gestalten, werden diese Ideen wieder vermehrt aufgegriffen. Eisenberg et al. (2009) versprechen sich von diesen Entwicklungen, dass das Programmieren zu einer informelleren und natürlicheren Aktivität und damit für mehr Menschen be-greifbar werden könnte.

TECHKREATIV-WORKSHOPS

In „TechKreativ-Workshops" kommen programmierbare *Construction Kits* wie das Handy Cricket oder das EduWear Kit (siehe Abbildung 1) zum Einsatz, um die TeilnehmerInnen *Tangibles* entwickeln zu lassen, denen sie im Alltag eher als AnwenderInnen begegnen (Dittert et al. 2008). Damit verschiebt sich die Rolle der AnwenderInnen von passiven NutzerInnen zu aktiven DesignerInnen. Beruhend auf Papert's Ideen werden auf diese Weise versteckte Prinzipien wie die (informations-)technischen Grundlagen von *TUIs* be-greifbar.

Die AG dimeb hat innerhalb der letzten fünf Jahre etwa fünfzig dieser Technologie-Workshops für verschiedene Zielgruppen – meist jedoch Kinder und Jugendliche – durchgeführt. Innerhalb eines Zeitrahmens von wenigen Stunden bis zu fünf Tagen arbeiten die Teilnehmenden in kleinen Gruppen zusammen an einem Artefakt, welches sie konzipieren, konstruieren und programmieren und abschließend präsentieren (siehe Abbildung 2). Das programmierbare *Construction Kit* wird ergänzt durch zahlreiche Kreativ-Materialien wie Holz, Styropor, Pappe, Wolle, Stoffe, Krepppapier, Alufolie, Dosen, Kartons, Stifte, Malfarben, Draht, etc. womit die Technik „verkleidet" werden kann. Der gesamte Workshop steht dabei jeweils unter einem thematischen Aspekt, der den Teilnehmenden einen Rahmen für Ideen bietet, gleichzeitig jedoch ausreichend Freiraum für deren Kreativität und Fantasien zulässt. Insgesamt werden etwa 15 bis 20 Kinder und Jugendliche von zwei oder drei Tutoren oder Tutorinnen im Konstruktionsprozess begleitet. Die Tutorinnen sind Wissenschaftliche Mitarbeiter oder Mitarbeiterinnen und Studierende der Bereiche Digitale Medien/Informatik, unterstützt von einer Expertin oder einem Experten des jeweiligen Themengebiets (zum Beispiel Künstler und Künstlerinnen, Sportexpertinnen, Mode-Designerinnen). Sie helfen bei Fragen und geben den Teilnehmenden Denkanstöße, um sie zu auf ihren eigenen Wegen zu unterstützen und voranzubringen. Die TechKreativ-Workshops finden in Universitäten, Schulen, Jugendherbergen (mit Übernachtung als Ferienfreizeit), im Museum, etc. statt. Die Teilnehmenden setzen sich aus Interessierten zusammen, sind ganze Schulklassen oder Freizeitvereine.

Abbildung 2: Konstruktion und Programmierung eines Spiels

Ein TechKreativ-Workshop verläuft in fünf Phasen (siehe Abbildung 3), die an den Fantasien der TeilnehmerInnen anknüpfen und am Ende in ihre Alltagswelt zurückführen. Als Einstimmung in das Thema beginnt ein TechKreativ-Workshop mit einer Fantasiephase, die frei von Restriktionen zu dem Thema hinführt und dabei auf Kreativmethoden wie Fantasiereisen, Bodystorming (Oulasvirta et al. 2003) oder klassisches Brainstorming zurückgreift. Dabei werden Vorstellungen der Teilnehmenden deutlich und nehmen Einfluss auf die Ergebnisse dieser Phase, die wiederum als Ausgangspunkt der konkreten Ideenfindung in Phase III dienen. Es entstehen (z.T. unrealistische) Ideen für Artefakte, die sich die Teilnehmenden für ihren Alltag wünschen würden. Zwischen diesen Phasen entdecken die Teilnehmenden die zu verwendenden Technologien – die Elemente des *Construction Kits* – sowie die zusätzlich zur Verfügung stehenden Kreativ-Materialien. Daraus und aus den Imaginationen aus Phase I werden Ideen generiert, die während des längsten Teils des Workshops umgesetzt werden. Am Ende eines Workshops präsentieren die Kinder und Jugendlichen ihre Artefakte, wodurch sie den Prozess der Entstehung reflektieren und verbalisieren. Die Präsentation beendet den Prozess der Konstruktion und führt zurück in den Alltag der Teilnehmenden, die die Perspektive des Designers und der Entwicklerin eingenommen haben und die Gelegenheit bekommen haben, sich mit Technologie konstruktiv auseinander zu setzen.

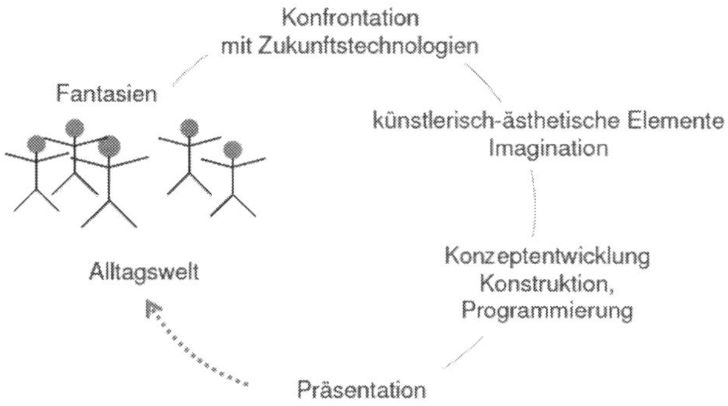

Abbildung 3: Die fünf Phasen eines TechKreativ-Workshops

VIVATECH! – MIT GESTEN COMPUTER STEUERN? – ALLES ZAUBEREI?

Als Beispiel für einen TechKreativ-Workshop wird im Folgenden der Workshop „VIVATech! Mit Gesten Computer steuern? – Alles Zauberei?" beschrieben. Fünf Mädchen und sieben Jungs im Alter von neun bis 13 Jahren erschufen in diesem Wochenendworkshop Gestensteuerungsgeräte und von diesen zu steuernde Objekte. Die Steuerungsgeräte waren mit Armbändern am Handgelenk befestigt und sollten auf Grund der Neigung des Arms einen bestimmten Befehl an das zu steuernde Objekt senden. Die Objekte zur Erfassung der Befehle wurden von den TeilnehmerInnen so entwickelt, dass sie entsprechend auf die empfangenen Befehle reagierten.

Das leitende Thema des Workshops war Zauberei in Bezug auf neuartige Technologien. In der Fantasiephase entwickelten die TeilnehmerInnen Imaginationen zu Zaubergesten sowie Gegenstände, die verzaubert werden sollten, auf die von den TutorInnen dann eingegangen wurde. Wünsche aus dem Alltag der Kinder und Jugendlichen wurden dabei deutlich, beispielsweise die hauseigene Schildkröte, die sich mehr bewegen soll oder der Füller, der Hausaufgaben selbst erledigen kann. Das familiäre Umfeld der Kinder fand sich ebenso in den Wünschen wieder – Mutter und Vater oder auch der kleine Bruder sollten alles tun, was die TeilnehmerInnen ihnen sagten. Als ursprüngliche Geste, mit der sich diese Dinge oder Personen steuern ließen, sollten Schnipsen oder das Schwingen der Hand genutzt werden.

Zur intensiven Auseinandersetzung mit dem Thema „Gesten" fand anschließend ein halbtägiger Gestenworkshop mit TheatermitarbeiterInnen statt, die mit den Kindern und Jugendlichen erarbeiteten, wie eine Geste definiert ist. Die TeilnehmerInnen erkannten dadurch, dass eine Geste – und zwar vor allem wenn ein Computer sie erkennen soll – klar durch einen Anfang und ein Ende definiert ist, und dass auch „natürliche" Bewegungen, die auf den ersten Blick willkürlich scheinen mögen, formalisierbar sind und dadurch erfassbar gemacht werden können.

Die Gesten wurden in körperlicher Lebhaftigkeit gemeinsam erarbeitet. Der spielerische Zugang setzte am Alltag der Kinder an und fand sich in den Projekten wieder. Am Ende des Gestenworkshops standen die TeilnehmerInnen vor der Aufgabe, sich eine „korrekte" Geste für ihren Zauber auszudenken. Ein Winken mit der Hand und seine Erfassbarkeit durch technische Geräte konnten die TeilnehmerInnen gleich im Anschluss durch an sich in der Entwicklung befindenden Produkten testen: Eingebettet in ein Forschungsprojekt zu tragbaren Technologien in Arbeitsprozessen hatten sie die Möglichkeit, sich in der Entwicklung befindende Geräte zur Steuerung von Webseiten oder beweglichen Objekten auf dem Bildschirm auszuprobieren. Die TeilnehmerInnen bekamen dadurch eine Vorstellung, wie technische Geräte Gesten erfassen können und wo deren Grenzen liegen.

Im Anschluss an das Thematisieren der Gesten wurden die Materialien vorgestellt, mit denen die Kinder und Jugendlichen arbeiten sollten. Sie erhielten einen Einblick über die Sensoren bzw. Schalter (zum Beispiel Neigungsschalter), die zur Erfassung von Gesten genutzt werden können. Weiterhin wurden Aktuatoren, wie Motoren und LEDs, und der Mikrokontroller Handy Cricket mit dem gearbeitet wurde, vorgestellt. Weiterhin wurde das zur Verfügung stehende Bastelmaterial vorgestellt, woraus dann die Steuerungs- sowie die zu steuernden Geräte von den TeilnehmerInnen entwickelt wurden. Die Technologieeinführung fand in drei Gruppen geteilt nach Sensoren/Schalter, Aktuatoren und Kontroller statt, wobei jede Teilgruppe die entsprechende Funktionalität erklärt bekam. Im Anschluss erläuterten sich die Gruppen gegenseitig ihre Kenntnisse und probierten gemeinsam einen vorprogrammierten Beispielkontroller aus. Dabei wurden Anschlussmöglichkeiten getestet und erste Erkenntnisse über die Programmierung gewonnen.

Diese gesamte Vorarbeit sollte reichen, um konkrete Ideen zu entwickeln, welche Geräte die TeilnehmerInnen im Workshop entwickeln wollten. In vier Kleingruppen entstanden daraufhin jeweils zwei Gestensteuerungs- und -erfassungsgeräte. Während die Steuerung jeweils über spezielle Armbänder umgesetzt wurde, waren die Erfassungsgeräte umso unterschiedlicher. Eine Gruppe von Jungs entwickelte einen Kran, der je nach Geste sich dreht oder etwas anhebt; eine Gruppe von Mädchen einen Roboter namens „Bruderschreck" der – je nach Geste der Steuerin – freundlich lächelt oder aber mit dem Arm ausholt, um einen Klaps zu geben.

Am Ende des Workshops präsentierten die TeilnehmerInnen ihre Projekte der Öffentlichkeit. Anwesend waren Familien und Freunde sowie die lokale Presse. Die Präsentation gehörte den TeilnehmerInnen allein und sie beschrieben darin ihr jeweiliges Projekt, sowie den Prozess der Erstellung. Der Bruder, für den der „Bruderschreck" gedacht war, probierte das eigens für ihn geschaffene Werk auf der Bühne aus. Die Kinder und Jugendlichen hatten für die Erläuterungen ihrer Projekte den Prozess der Konstruktion und Programmierung noch einmal reflektiert, um ihn an dieser Stelle zu verbalisieren. Die anschließende Anerkennung durch Applaus des Publikums sowie durch die von der Professorin verliehenen Zertifikate genossen die TeilnehmerInnen sichtlich.

Die Themen von TechKreativ-Workshops variieren, um möglichst verschiedenen Menschen anzusprechen und ihnen einen auf ihre Bedürfnisse abgestimmten Zugang zu bieten. Im Rahmen des EduWear-Projekts wurde beispielsweise der Mode-Workshop „SmartFashion – Intelligente Kleidung von morgen aus Klamotten von gestern" durchgeführt, zu dem sich besonders viele interessierte weibliche Jugendliche angemeldet hatten. 13 Mädchen und 2 Jungen zwischen 10 und 14 Jahren wurden zu Mode-DesignerInnen und entwarfen unter anderem eine diebstahlsichere Handtasche, eine in der Dunkelheit leuchtende Jacke für Blinde und ein Massage-T-Shirt.

In dem Workshop „Spuk an der Uni" entwickelten 11 Jungs und vier Mädchen im Alter von neun bis 13 Jahren u.a. ein Zombiepferd, eine Mumie und geheimnisvoll leuchtende Augenpaare, die den Workshopraum in ein interaktives Gruselkabinett für die Gäste der Präsentation verwandelten.

Der Gedanke von TechKreativ, aus eigentlichen AnwenderInnen ProduzentInnen zu machen, wurde bereits mit über Kinder und Jugendliche hinausgehende Zielgruppen, zum Beispiel Mode-Design-StudentInnen oder SeniorInnen erfolgreich umgesetzt. Weiterhin wurde das Konzept für Arbeitsprozesse angepasst und beispielsweise mit angehenden ErgotherapeutInnen angewandt (Dittert und Schelhowe 2008). In diesen Workshops wurden eher technikferne Zielgruppen zu EntwicklerInnen von *Tangibles* die an ihre Lebens- oder Arbeitswelt anknüpfen.

ZUSAMMENFASSUNG UND AUSBLICK

Am Beispiel der TechKreativ-Workshops wird ein Zugang deutlich, der das Wort „Be-greifbarkeit" in seinen beiden Sinnen vereint. *TUIs* – also greifbare Objekte – werden nicht ausschließlich zu Lernzwecken angewandt, sondern aktiv konstruiert. Be-greifbarkeit im Sinne von etwas verstehen und durchschauen drückt sich im konstruktiv-edukativen Charakter von TechKreativ aus. Eingebettet in das beschriebene pädagogisch-didaktische Konzept wird Technologie zugänglich und verständlich gemacht, indem aus KonsumentInnen ProduzentInnen werden. Nach konstruktionistischem Prinzip werden TeilnehmerInnen in TechKreativ-Workshops zu EntwicklerInnen und DesignerInnen eigener *Tangible Interfaces*. Sie erschaffen ein physikalisch-stoffliches Objekt, welches mit Informations- und Kommunikationstechnologie ausgestattet ist und von ihnen selbst programmiert wird. Auf diese Weise werden grundlegende Prinzipien von Technologie erfahrbar. Das Durchlaufen eines Designprozesses und die eigenständige Programmierung führen zu einer neuen Sichtweise, die wiederum zu einem neuen Blickwinkel auf Anwendungsprozesse führen.

Der handlungsorientierte Ansatz von TechKreativ lässt es somit zu, nicht nur mit Hilfe von *Tangibles* zu lernen, sondern auch über sie selbst. Die Konstruktion eines persönlich bedeutsamen Objekts ist Hauptbestandteil des Lernprozesses. Das Material, welches dazu zur Verfügung gestellt wird, kann als didaktisches Material im Sinne Fröbels und Montessoris betrachtet werden. Im Workshop gestalten die TeilnehmerInnen ihren Lernprozess, wobei TutorInnen „helfen, es selbst zu tun". Die TeilnehmerInnen erschaffen aktiv ein Objekt, welches nicht nur sichtbar, sondern auch greifbar und häufig auch hörbar ist. Das Material kann mit mehreren Sinnen erfahren werden und bietet die Möglichkeit, sich aktiv im Lernprozess damit auseinander zu setzen. Es lassen sich eigene Ideen am Objekt reflektieren und abstrakte Konzepte am konkreten Beispiel erfahren. Lernende sind mit Freude dabei, etwas zu konstruieren, was an ihre Lebenswelt anschließt und dort in verschiedenen Weisen wieder zurück wirken kann. Heutige Informations- und Kommunikationstechnologien verschwinden durch ständige Minitaturisierung mehr und mehr in Alltagsgegenständen. Für viele Menschen bleiben sie undurchsichtig, unverständlich oder erscheinen als „übernatürlich". Am Beispiel des „VIVATech"-Workshops wurde gezeigt, wie junge Menschen solche Magie „entzaubern" können.

Die AG dimeb ist ständig bemüht, das Konzept weiter zu tragen, zu verbreiten (zum Beispiel in MultiplikatorInnenworkshops) und weiter zu entwickeln. Besonderer Fokus liegt dabei nicht nur auf Kindern und Jugendlichen, sondern auch insbesondere darin, mehr Mädchen für Technik zu begeistern. Mit dem EduWear-Projekt ist es bereits gelungen, in das Interessensgebiet vieler Mädchen vorzudringen. Mittlerweile ist es auch gelungen, das EduWear-Construction Kit in den Handel zu bringen, so dass Interessierten der einfache Zugang zu den Materialien möglich ist. Für die Zukunft sind Projekte geplant, die noch mehr an die Lebenswelt anknüpfen sollen und beispielsweise die Informatik für Mädchen und Frauen attraktiver zu gestalten.

LITERATUR

Buechley, L., Elumeze, N. und Eisenberg, M., 2006: Electronic/Computational Textiles and Children's Crafts. In: Proceedings of Interactive Design and Children (IDC), Tampere, Finland, S. 49-56

Dittert, N., Dittmann, K., Grüter, T., Kümmel, A., Osterloh, A., Reichel, M., Schelhowe, H., Volkmann, G. und Zorn, I. 2008: Understanding Digital Media by Constructing Intelligent Artefacts: Design of a Learning Environment for Children. In: Proceedings of World Conference on Educational Multimedia, Hypermedia and Telecommunications (ED-MEDIA), Wien, S. 2348-2358

Dittert, N. und Schelhowe, H. 2008: Techkreativ – An Approach to Foster Innovation Through Creative ICT Design Activities. In: Proceedings of the 1st International E-Learning Baltics Science Conference (eLBa). Rostock: Fraunhofer IRB Verlag, S.11-19

Eisenberg, M., Elumeze, N., MacFerrin, M. und Buechley, L. 2009: Children's programming, reconsidered: settings, stuff, and surfaces. In: Proceedings of the 8th international Conference on interaction Design and Children (IDC). Como: Italy: ACM, S. 1-8

Fröbel, F. 1826: Die Menschenerziehung. In: Hoffmann, E.1982: Friedrich Fröbel: Die Menschenerziehung. Ausgewählte Schriften. Stuttgart: Klett.

Iishi, H. und Ulmer, B. 1997: Tangible Bits:Towards Seemless Interfaces between People, Bits and Atoms. In: Proceedings of the SIGCHI conference on Human factors in computing systems (CHI). Atlanta, USA: ACM, S. 234-241

Katterfeldt, E.-S., Dittert, N. und Schelhowe, H. 2009: EduWear: Smart Textiles as Ways of Relating Computing Technology to Everyday Life. In: Proceedings of the 8th International Conference on Interaction Design and Children. Como, Italy: ACM, S. 9-17

McNerney,T. S. 2000: Tangible Programming Bricks: An approach to making programming accessible to everyone. S.M. Thesis, MIT Media Lab, Boston, USA

Montessori, M. 1912: The Montessori Method. This edition: Cambridge, Robert Bentley 1964

O'Malley, C. und Fraser D. S. 2004: Literature review in learning with tangible technologies. Futurelab, Bristol, UK

Oulasvirta, A., Kurvinen, E., und Kankainen, T. 2003: Understanding contexts by being there: case studies in bodystorming. Personal and Ubiquitous Computing , 7(2), Springer, London, S. 125-134

Papert, S. 1980: Mindstorms: children, computers, and powerful ideas. Basic Books, New York, USA

Piaget, J. und Inhelder, B. 1973: Die Psychologie des Kindes. 2. Aufl., Olten: Walter

Reichel, M., Osterloh, A., Katterfeldt, E.-S., Butler, D. und Schelhowe, H. 2008: EduWear: Designing Smart Textiles for Playful Learning.In: Proceedings of the 8th International Conference on Information Communication Technology in Education (ICICTE) Corfu, Griechenland, S. 252-263.

Resnick, M. 1993: Behavior Construction Kit. Communications of the ACM. 36/7, New York, USA, S. 64-71

Resnick, M., Martin, F., Sargent, R. und Silverman, B. 1996: Programmable Bricks: Toys to Think With. IBM Systems Journal, 35/ 3, S. 443-452

Resnick, M., Martin, F., Berg, R., Borovoy, R., Colella, V., Kramer, K. und Silverman, B. 1998: Digital Manipulatives: New Toys to Think With. In Proceeding of CHI 1998, Los Angeles, USA, S. 281-287

Resnick, M. und Silverman, B. 2005: Some reflections on designing construction kits for kids. In: Proceeding of the 2005 conference on Interaction design and children (IDC). New York, NY: ACM, S. 117–122

Rusk, N., Resnick, M., Berg, R. und Pezalla-Granlund, M. 2008: New Pathways into Robotics: Strategies for Broadening Participation. Journal of Science Education and Technology, 17(1), Springer Niederlande, S. 59-69.

Turkle, S., und S. Papert. 1991: Epistemological Pluralism and the Revaluation of the Concrete. In Constructionism, hg. v. I. Harel und S. Papert, Norwood: NJ: Ablex. S. 161-192

Kooperativ lernen mit multimedialen Objekten und körper- und raumbezogenen Schnittstellen

THOMAS WINKLER, JÖRG CASSENS, MICHAEL HERCZEG

Kommunikation und Interaktion zwischen Menschen sowie zwischen Menschen und Computersystemen erfolgen zunehmend in hybrider Form mit hochkomplexen informationsverarbeitenden Systemen, sowohl in postgeografischen Räumen (Fassler 2009) wie auch mittels neuartiger „be-greifbarer" Schnittstellen, die den klassischen Desktop-Computer verdrängen und ergänzen (Weiser 1995), im physischen Raum. Medien, die schon immer als Teil unseres Leibes, also der Einheit von Körper und Geist im Sinne von (Merleau-Ponty 1966) diesen erweitern, werden in einem rasanten Tempo derart weiterentwickelt, dass diese nicht nur unser Verhältnis zu Raum und Zeit, vielmehr auch das, was Subjektivität und Intelligenz für uns heute bedeuten (Fassler 1999), in radikaler Art und Weise verändern. Durch die neuartigen, so noch nie dagewesenen, technisch-medial vermittelten Verarbeitungsmodi von Wirklichkeit ergeben sich auch neuartige Modi der Konstruktion von Wissen. Es zeichnen sich neue mögliche Formen von Lernprozessen ab.

EINLEITUNG

In diesem Beitrag möchten wir unsere Forschung und Entwicklungen zu neuartigen Lernumgebungen vorstellen, die zum Einen das Vernetzen von Systemen und zum Zweiten körper- und raumbezogene Schnittstellen derart miteinander Verschränken, das nachhaltiges Lernen in besonderer Weise unterstützt wird. Wir beschreiben, wie diese vernetzten ambienten und mobilen Lernumgebungen entworfen, gestaltet und implementiert werden.

Dabei orientieren wir uns an aktuellen pädagogischen Ansätzen, bei denen sich die Lernprozesse durch zunehmende Multimodalität und Körperlichkeit der jeweiligen Akteure, wie auch zunehmender Multikodalität, in Anbindung an geschichtlich-gesellschaftliche und postgeographisch-gesellschaftliche Deutungsmuster (Fassler 2009), sowohl in physischen als auch postgeographischen Räumen zugleich ereignen. Daraus ergibt sich die Notwendigkeit über aktuelle Konzepte von Lernen unterstützt durch die neuen Möglichkeiten digitaler Medien auch im Hinblick auf zugrunde liegende Systemmodelle zu reflektieren.

Desweiteren möchten wir hier prototypische digitale, interaktive Systeme vorstellen, die in jüngster Zeit entstanden sind bzw. sich momentan in der Entwicklung befinden. Insbesondere sich teilweise überlappende Mensch-Computer-Modelle wie *Mixed Reality*, *Ubiquitous Computing*, *Wearables*, *Tangible Media*, *Ambient Computing* sowie *Mobile Media* dienen dabei als strukturelle und technologische Grundlage.

Dieser Betrag gliedert sich im Weiteren wie folgt. Zuerst werden einerseits Modelle körper- und raumbezogener Medien eingeführt und andererseits Teile unserer technologischen Plattform beschrieben. Internationale Arbeiten, die sich diesem Forschungsbereich widmen werden danach in den Abschnitten zu kooperativem Lernen und zu hybriden Lernräumen angeführt und hinsichtlich dessen betrachtet, wie diese für ein Lernen mittels komplexer interaktiver Medien in interdisziplinären Projekten erfolgreich eingesetzt werden, indem die Lernenden selber diese Medien mit modellieren, konstruieren, implementieren und anwenden. Auf diese Bezug nehmend und erweiternd fokussieren wir uns allerdings darauf, das ähnliche Anwendungen nicht wie in den zitierten Beispielen rein technologische oder nur fachbezogene Insellösungen darstellen. So werden von uns schließlich Anwendungsszenarien mit den entsprechenden Applikationen vorgestellt, die ein plattformunabhängiges Verwenden digitaler Information für ein Lernen mit körper- und raumbezogenen Medien ermöglichen.

ZWEI MODELLE KÖRPER- UND RAUMBEZOGENER MEDIEN

Grundlage für das hier geschilderte Modell eines medial unterstützten Lernens bildet ein in Auseinandersetzung mit diversen internationalen Ansätzen, u.a. Hiroshi Ishii (Ishii 2000) am IMIS entwickelte Modell körper- und raumbezogener Medien (siehe Abb. 1). Zwei Perspektiven prägen dieses Modell körper- und raumbezogener Schnittstellen: Zum einen ist es die digitale Anreicherung von spezifischen physischen Orten um *ambiente* und *tangible* Medien. Zum zweiten sind es Medien, die wir an und mit unserem sich durch Welt bewegenden Körper mitführen, wie mobile oder am Körper tragbare (oder auch im Körper implantierte) Medien.

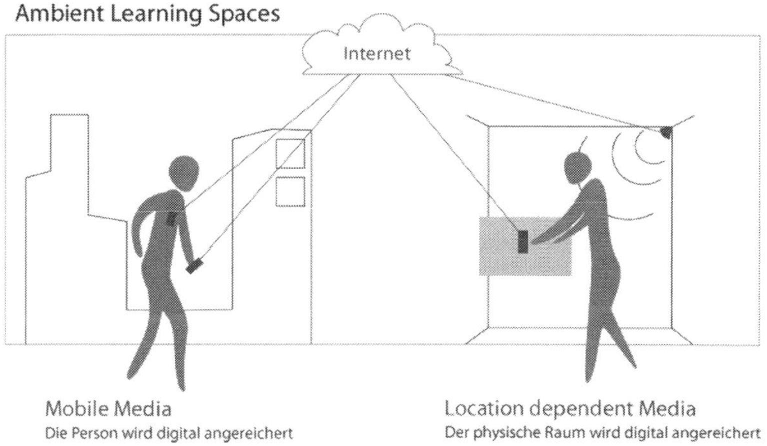

Abb. 1: Den mobilen Körper erweiternde (links) und einen lokalen Ort erweiternde (rechts) körper- und raumbezogene Medien. Die Verbindungslinien zur Cloud visualisieren die Konnektivität zum Internet (und dem weiter unten beschriebenen Network Environment for Multimedia Objects).

Der Körper- und Raumbezug von mobilen und ortsbezogenen Medien stellt sich anhand eines Schalenmodells in folgender Weise dar (siehe Abb. 2). Das folgende Modell (siehe Abb. 3) verortet das Ineinandergreifen der physisch-räumlichen mit der digital-informationellen Ausprägung von Welt an den Applikationen, auf die hier im Folgenden beispielhaft in einem komplexen Lernszenario Bezug genommen wird. Die unmittelbar physische Welt mit ihren physischen Schnittstellen wird mit der Konnektivität in postgeographischen Räumen in Beziehung gesetzt. Die *Interactive School Wall* (ISW) ist hier als allgemeine exemplarische Anwendung zu verstehen.

So ist ein Benutzer in unterschiedlicher Nähe mit seiner physischen Umwelt ausgehend von seinem Körper medial verbunden (senkrechte Achse). Zusätzlich ist der Benutzer durch die benutzten, vernetzten Artefakte mit dem postgeographischen Raum verbunden. Dieser Raum hat aber selber wiederum Verschränkungen mit dem physischen Raum. Die waagerechte Achse beschreibt die Konnektivität mit den multimedialen Objekten, von miteinander vernetzten Artefakten am (oder im Körper) bis hin zu entfernten Objekten in der *Cloud.*

Ein *RFID-Token* wird vom *RFID-Reader* in der *Interactive School Wall* (ISW) erkannt. Das macht ihre personale Konnektivität aus. Die ISW mit dem *RFID-Reader* ist aber auch *ambient,* weil sie feststellen kann, wo sich ein Benutzer vor ihr befindet, sie also eine *Awareness* des Raumes besitzt. Gleichzeitig erlaubt die ISW den Zugriff auf nicht lokal vorliegende multimediale Objekte, die auf den Touchscreens der ISW angezeigt werden. Dadurch wird eine *globale* Konnektivität erreicht. Darüber hinaus erlaubt sie den Zugriff auf *lokale* multimediale Objekte wie zum Beispiel den Speiseplan der Mensa. Auf der senkrechte Achse ist die ISW *tangible* da sie be-greifbare Interaktion mit den vorliegenden multimedialen Objekten erlaubt.

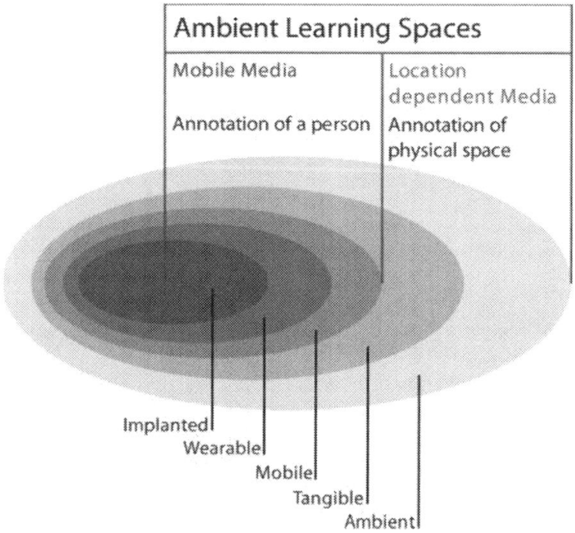

Abb. 2: Die fünf Abstufungen visualisieren die Nähe bzw. Entfernung von modernen digitalen Medien zum Körper bzw. dem ihn umgebenden Raum.

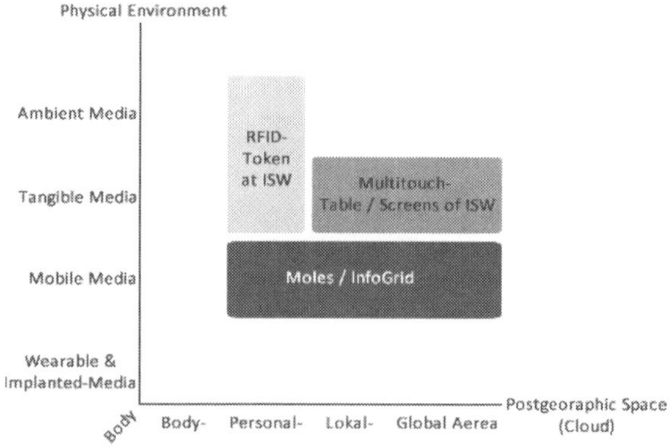

Abb. 3: Verschränkung von physisch-räumlicher und digital-informationeller Welt

Der InfoGrid ist *personal*, weil sich die Benutzerinnen und Benutzer mit Hilfe von *QR-Codes* bei ihm anmelden. Gleichzeitig ist ihre Konnektivität *lokal* weil diese *QR-Codes* Objekte im physischen Raum anreichern, sie also auf diese Objekte direkt bezogen ist. *Globale* Konnektivität wird erreicht, weil der Zugriff auf entfernt vorgehaltene multimediale Objekte erlaubt wird. InfoGrid ist *mobile* weil der Zugriff auf die Informationen über die *Smartphones* der Benutzerinnen und Benutzer erfolgt.

Im Moles-System melden sich die Benutzerinnen und Benutzer an. Dies ist eine Handlung der Benutzerin oder des Benutzers deren unmittelbarer Zweck nicht die Interaktion mit dem multimedialen Objekt ist, sondern die Konfiguration des Artefaktes. Andererseits geht es bei der Verwendung von Moles immer um subjektive Erlebnisse und die Chat-Funktion bindet subjektive Auseinandersetzung mit physischen Artefakten in interpersonale Kommunikation ein. Daher stellt Moles *personale* Konnektivität dar. Lokale Konnektivität kann mit Hilfe der GPS-Ortung erreicht werden, d.h. bei Aufenthalt an einem bestimmten Ort können bestimmte multimediale Objekt durch Moles bereitgestellt werden. Moles ist weiterhin *global* weil die ungefähren Positionen anderer Benutzerinnen und Benutzer von Moles angezeigt werden können. Weiterhin ist der Zugriff auf Objekte in der *Cloud* möglich. Auf der vertikalen Achse ist das Moles System durch den Zugriff über ein *Smartphone* als mobil aufzufassen.

Der *Multitouch Table* ist durch die be-greifbare Oberfläche *tangible*. Gleichzeitig ist der primäre Nutzen in unserem Anwendungskontext durch den Zugriff auf multimediale Objekte in der *Cloud* bestimmt, das hießt die Konnektivität ist *global*.

DAS NETWORK ENVIRONMENT FOR MULTIMEDIA OBJECTS (NEMO)

Im Zentrum unseres Beitrages steht das Konzept der Unabhängigkeit digitaler Daten und Informationen von spezifischen physischen Devices. Am IMIS befindet sich dazu das NEMO-System in Entwicklung. Das *Network Environment for Multimedia Objects* (NEMO) ist eine Umgebung für den kontextualisierten, personalisierten, semantisch reichhaltigen und gerätespezifischen Zugriff auf Multimediaobjekte und die Interaktion mit diesen. Die Abb. 3 gibt einen Überblick auf die NEMO-Funktionen in Bezug auf den Gegenstand des vorliegenden Artikels.

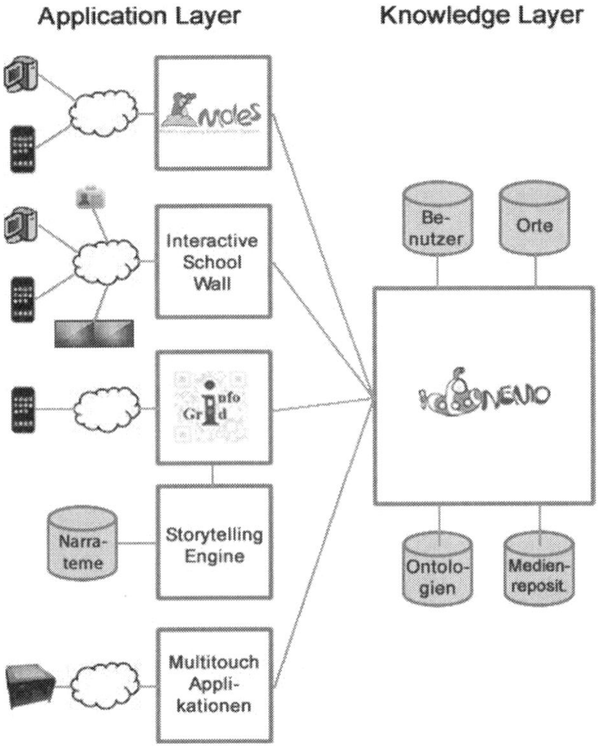

Abb. 3: Übersicht über die Elemente des NEMO-Frameworks, die in den in diesem Beitrag angesprochenen Anwendungskontexten relevant sind.

KOOPERATIVES LERNEN

Lernen als Grundkonstante menschlicher Existenz bezeichnet den absichtlichen oder beiläufigen, individuellen oder kollektiven Erwerb von sinnlich und symbolisch vermittelten kognitiven und sozialen Fertigkeiten und Kenntnissen. Während wir lernen, differenziert sich unser Fühlen und Denken aus. Dies gilt unabhängig von den Lerninhalten. Durch neu gewonnene Einsichten werden unsere Verhaltensoptionen erweitert. Die komplexe, menschliche Fähigkeit zu lernen ist die Voraussetzung für Bildungsprozesse, d.h. für ein reflektiertes Verhältnis zu sich selbst, zu den anderen und zur Welt. Die Wissenschaft vom Lernen wird bereits von Platon (Peter 1998) und Comenius (Schaller 2004), vor allem aber in Anlehnung an Hartmut von Hentig (von Hentig, 1985) und Seymour Papert (Papert 1994) als Mathetik bezeichnet. In dieser Auslegung bezieht sich Lehr- und Lernforschung auf jedwede Formen des Lernens: auf solche, an denen Lehrende beteiligt sind und auch auf solche Lernprozesse, die stattfinden, ohne dass Lehrende sie intendiert bzw. angestoßen haben.

Lernen mit webbasierten oder sonst wie vernetzten *Multimedialen Systemen* ist in erster Linie als eine Dekontextualisierung von Wissen durch eine mehrperspektivische Betrachtungsweise von Kontexten zu verstehen (Röll 2003). Eine solche mehrperspektivische Betrachtungsweise erschließt sich den Lernenden sowohl in einer *eigenaktiven* und *selbstständig* organisierten Art und Weise als auch durch kooperative Lernformen.

Dass insbesondere die Tatsache *kollektiver Formen des Lernens* eine wesentliche Konstante des Mensch-Seins ist, beschrieben bereits Lew Semjonowitsch Wygotski (Wygotski 1977) und die Sozialkonstruktivisten Peter L. Berger und Thomas Luckmann (Berger 1970). Die tätigkeitstheoretischen Ansätze wurden aufgegriffen und erweitert unter anderem von Yrjö Engeström (Engeström 1987). Aktuelle wissenschaftliche Studien und Experimente des Anthropologen Michael Tomasello (Tomasello 2009) bestätigen die Annahmen der Rolle kollektiver Komponenten des Lernens. Tomasello entwickelte das Konzept einer Wir-Intentionalität (*shared intentionality*) des Menschen. Dies meint die Fähigkeit, Aktivitäten mit anderen zu teilen, indem man die Ziele und Absichten in kooperativer Weise miteinander koordiniert. Nach diesem Konzept wird dem Vorhandensein und der Ausdifferenzierung sozialer Kompetenz als einem Bestreben und als die Fähigkeit, sich in andere bzw. in das jeweilige konkrete Gegenüber hineinzudenken (*joint attention*), mit ihm zu kommunizieren, zu kooperieren und gemeinsam handelnd mit Freude zu lernen und dies auch zu wollen, eine zentrale Funktion zugesprochen. In Tomasellos Konzept kooperativen Lernens ist nicht nur eine gelenkte Ausgestaltung der Möglichkeiten zwischenmenschlicher Kommunikation intendiert. Es versteht sich auch als eine wissenschaftlich fundierte Weiterentwicklung des Bestands an Konzepten zum Lernen, die an einem möglichst breiten Spektrum möglicher und zeitgemäßer Sozialitäts- und Kooperationsformen orientiert sind.

Fruchtbar für die jüngste pädagogische Forschung bezüglich der körper- und raumbezogenen Nutzung digitaler Medien sind ebenfalls zunehmend interdisziplinär ausgerichtete Veröffentlichungen: So bekräftigen interdisziplinäre Forschungen im Übergang zwischen den Bereichen Pädagogik, Lernpsychologie, Neurowissenschaften und selbstlernender Systeme die Bedeutung, die das *Soziale Lernen* beim Lernen mit digitaler Technologie spielt. Zunehmende Konvergenzen in der Forschung in den angesprochenen Forschungsgebieten führen zu Veränderungen in der Mathetik und insgesamt in der Pädagogik. Das Entwerfen von digital unterstützen Lernumgebungen unterläuft einem raschen Wandel und führt zu neuen experimentellen Lösungen, bei denen das soziale Lernen im Zentrum steht, wie es etwa Andrew W. Meltzoff und seine Forscherkollegen zeigen (Meltzoff 2009).

LERNEN IN HYBRIDEN LERNRÄUMEN MIT KÖRPER- UND RAUMBEZOGENEN SCHNITTSTELLEN

Computersysteme die ein Lernen in gemischten Realitäten ermöglichen sind nicht nur mit der realen Welt vernetzt, sie vernetzen auch uns mit der Welt, insofern sie uns Optionen für eine Objekt-Identifizierung bieten und/oder solche, die einer Lokalisierung von Gegenständen im Raum dienen. *Mixed Reality*-Systeme verbinden sich mit uns multimodal und multikodal. Sie erlauben es uns nicht nur, mit Menschen an anderen Orten zu kommunizieren. Sie ermöglichen es uns auch, wie in diesem Beitrag gezeigt werden soll, zu lernen, ohne dass wir, wie es in klassischen Lernsystemen häufig der Fall ist, unsere physische Existenz negieren müssen, d.h. ohne, dass wir uns von der Fülle unserer physischen Erfahrungen im Kontext der heutigen Lebensrealitäten abtrennen. Die Basis eines solchen Lernens ist nicht die bloße technologische Anreicherung von möglichen Szenarien des Lernens, sondern das sinnliche Erleben, das beim Entwerfen von Lernszenarien mit neuen Medien im Sinne des *Experience Design* (Aarts 2003) bedacht werden sollte.

Als Beispiele für bereits bestehende Konzepte eines Medieneinsatzes, bei denen unterschiedliche, gerade auch in besonderer Weise körper- und raumbezogene sowie postgeografische Räume nutzende Medien durch eine Vielzahl von Personen an unterschiedlichen Orten gemeinsam verwendet werden, können hier mobile Lernspiele, die unter die Kategorie der *Pervasive Games* einzuordnen sind, angeführt werden. So zeigten etwa Sönke Bullerdiek (Bullerdiek 2008) sowohl am konkreten Beispiel *White Spot History Hunt* und Peter Bøgh Andersen und Martin Brynskov (Andersen 2007) am Beispiel *Digital Habitats*, theoretische Konzepte und methodische Rahmenbedingungen zur Gestaltung mobiler, kooperativer Lernspiele.

Ein weiteres Beispiel sind große Multitouch-Bildschirme, die ein gemeinsames Arbeiten ermöglichen, wie etwa die aus der Forschung von Jeff Han (Han 2005) entstandene *Multi-Touch Collaboration Wall* (Perceptive Pixel 2010) oder die *Multitouch Wall for Co-creation* (Ludden 2009). In der Arbeit von Michael Morgan und Matthew Butler (Morgan 2009) und Matthew Buttler u.a. (Butler 2010) finden sich erste Forschungen zum miteinander Lernen vor großen *Multitouch* Displays im schulischen Kontext.

Dieser Ansatz schulischen Lernens mit neuen mobilen und/oder *ambienten/begreifbaren* Medien wird zurzeit am Institut für Multimediale und Interaktive

Systeme (IMIS[1]) mittels des bereits beschriebenen NEMO-Frameworks deutlich ausgeweitet und hin zu plattformübergreifenden Lernapplikationen weiterentwickelt. Es werden komplexe Lernsettings in diversen Projekten im Rahmen eines von der DFG geförderten Forschungsvorhabens und mehrerer Transferprojekten erforscht und entwickelt.

NEMO erlaubt es mittels unterschiedlicher Geräte und an unterschiedlichen Orten auf multimediale Lerninhalte zuzugreifen und diese zu ergänzen. Daher fügt es sich in unseren Ansatz eines ganzheitlichen Lernens ein. Eine weitere wichtige Komponente des zu entwickelnden Systems stellt die Identifikation und Authentifizierung der Benutzer dar. Diese soll auch unter Zuhilfenahme von physischen Tokens erfolgen können, die am Körper mitgeführt werden. Dies hilft bei der Überbrückung der Kluft zwischen postgeographischen und physischen Lernwelten, dadurch dass die unterstützenden Lernobjekte – automatisch oder durch die Nutzerinnen und Nutzer angestoßen – an verschiedenen physischen Orten zugreifbar sind.

Ein Lernszenario in einem vernetzten System mit körper- und raumbezogenen Schnittstellen

Im Folgenden schildern wir ein Lernszenario, welches in seinen einzelnen Bausteinen zurzeit am Institut für Multimediale Systeme der Universität zu Lübeck gemeinsam mit dem Carl-Jacob-Burckhard-Gymnasium und dem Museum für Natur und Umwelt in der Hansestadt Lübeck gestaltet, erprobt und evaluiert wird:

SchülerInnen einer siebten Klassenstufe einer Gesamtschule setzen sich im fächerverbindenden Unterricht mit dem zentralen Unterrichtsthema „Ostsee" auseinander. Sie setzen sich bezüglich der Fachlichen Konkretionen (Fächern) Weltkunde und Biologie mit den natürlichen Lebensgrundlagen und deren Erhalt sowie mögliche Veränderungen im eigenen Handeln, angesichts der anthropogenen Einflüsse auf den Meeresraum und ihre Rückwirkungen auf den Menschen auseinander.

Nach Recherchen im Internet (etwa der Darstellung von Daten der Messstation Fehmarn Belt des Bundesamtes für Seeschifffahrt und Hydrographie) erarbeiten die SchülerInnen für diverse Exkursionen zu außerschulischen Lernorten (Fischereibetrieb, Büro für Tourismusförderung, Amt für Umweltschutz, Betreiber von Häfen oder eine Mole am Ostseestrand) gemeinsam Multimediale Interaktive Arbeitsbögen (MIA) mit dem webbasierten mobilen Lernsystem „Mobile

1 http://www.imis.uni-luebeck.de/

Learning Exploration System" (Moles), einer Freeware des IMIS[2]. Die MIA, die im Browser ihrer Mobiltelefone angezeigt und bearbeitet werden können, strukturieren das Arbeiten an den außerschulischen Lernorten. So nehmen die Schülerinnen und Schüler etwa vor Ort an einer Seebrücke mit einem kleinen mobilen Labor Proben und schreiben gewonnene Messdaten mit ihren Handys in eine Datenbank. Oder aber zeichnen sie mit der Handykamera im Büro des Amts für Umweltschutz ein Interview auf, das ebenfalls gleich webbasiert gespeichert wird. Währenddessen bleiben sie mittels Chat mit allen ihren Mitschülerinnen und Mitschülern oder den sie betreuenden Lehrkräften in Kontakt.

Die vorbereiteten MIA sowie die neu erstellten multimedialen Objekte (Texte, Videos, Tondateien, Fotos, etc.) werden im NEMO-System gespeichert. Die Schülerinnen und Schüler identifizieren sich am NEMO-System über unterschiedliche Techniken, denkbar sind eine einfache, einmalige Eingabe von Benutzername und Passwort oder die Benutzung von Tokens, welche von den Mobiltelefonen der Schüler gelesen werden können.

An einem weiteren Schultag versammeln sich die Schülerinnen und Schüler vor der „Interactive School Wall" (ISW) der Schule. Die ISW befindet sich im geräumigen Foyer und besteht aus einer Vielzahl von Multitouch-Bildschirmen, die auf ein webbasiertes System zugreifen. In kleineren Gruppen treten die Schülerinnen und Schüler vor die Multitouch-Bildschirme, identifizieren sich an einem der eingebauten RFID-Reader und rufen ihre am Vortage gesammelten Daten auf. Im gemeinsamen Gespräch mit ihren Mitschülerinnen und Mitschülern strukturieren sie diese Daten.

Das personalisierte RFID-Token der Schülerinnen und Schüler ist innerhalb des NEMO-Systems jeweils einem NEMO-Benutzer zugeordnet. Die zentralisierte Benutzerverwaltung und die Datenhaltung in der *Cloud* durch den NEMO-Server erlaubt es Nutzerinnen und Nutzern sich an unterschiedlichen Geräten einzuloggen und Zugriff auf selbst angelegte Multimediaobjekte zu bekommen. Weiterhin können sie mit Objekten arbeiten, die Gruppen, in denen sie selbst Mitglied sind, zugänglich gemacht sind oder die an sie persönlich gesendet worden sind. Es ist auch möglich, die semantische Suche des NEMO-Systems zu nutzen, um weitere, frei zugängliche NEMO-Objekte einzubinden.

Den Schülerinnen und Schülern steht somit eine Fülle von unterschiedlichen multimedialen Daten zur Verfügung: zu Informationen aus einer Vielzahl frei zugänglicher Quellen und den von den Lehrkräften zur Verfügung gestellten Materialien kommen die Inhalte aus den MIA, sowie die im Rahmen der indivi-

---

2 http://moles.mesh.de

duellen und kollektiven Recherche gesammelten Texte, Bilder, Fotos, Videos, und dergleichen mehr.

Die ISW ermöglicht es den Schülerinnen und Schülern in diesem komplexen Informationsraum zu navigieren, ihn zu strukturieren und die von ihnen benutzten Daten zu sortieren und zu annotieren. Dazu werden diejenigen NEMO-Objekte zugänglich gemacht an denen sie derzeit arbeiten möchten. Diese können auf den großen *Multitouch-Displays* der ISW verschoben und gruppiert werden. Ein sehr wichtiger, durch die Größe der ISW begünstigter Aspekt ist, dass eine große Gruppe von Schülerinnen und Schülern gemeinsam diese strukturierende Arbeit ausführen kann: Die einzelnen Objekte können auch zwischen den Displays verschoben und somit Mitschülerinnen und Mitschülern zugänglich gemacht werden. Außerdem ist die Anzeige groß genug, so dass die Diskussion in Gruppen gefördert wird.

Am folgenden Tag besucht die SchülerInnengruppe das Museum für Natur und Umwelt. Im Zentrum des Besuchs steht die Dauerausstellung „Im Reich des Wassermanns". Hier ermöglicht eine Vielzahl von Exponaten ein anschauliches Erleben von Artefakten im Kontext Ostsee.

Mittels QR-Codes, die an vielen Stellen im Museum angebracht sind, loggen sie sich durch fotografieren derselben mittels ihrer Smartphones in ein vorbereitetes Lernspiel ein, das mittels der webbasierten Applikation InfoGrid realisiert wurde. Im Lernspiel nehmen sie die Rolle einer Forscherin oder eines Forschers ein. Von InfoGrid erhalten sie personenbezogene, altersgerechte Informationen, die die Exponate im Museum ergänzen. Dies erfolgt in der Weise, dass die Schülerinnen und Schüler mit individuellen narrativen Pfaden zu unterschiedlichen Artefakten geführt werden, damit sie vor den diversen Artefakten im Museum gleichmäßig verteilt arbeiten können. Durch Eingaben der Lernenden in das System werden sowohl die Zeit vor als auch die Qualität der Auseinandersetzung mit bestimmten Artefakten im Museum vom System registriert.

NEMO spielt hierbei wieder die Rolle einer zentralen Instanz zur Identifikation und Authentifizierung einerseits und des Lieferanten multimedialer Objekte andererseits, wie sie oben erläutert worden ist.

InfoGrid ermöglicht es, physische Objekte mit multimedialen Objekten anzureichern. Dazu werden an den verschiedenen Objekten oder Orten *QR-Codes* angebracht. Diese *QR-Codes* können mit den in den *Smartphones* der Benutzerinnen und Benutzer integrierten Kameras fotografiert werden. Daraufhin stellt InfoGrid lokalisierte Informationen zur Verfügung.

Gleichzeitig sind diese Informationen kontextualisiert, da die Identität der Schülerinnen und Schüler über das benutzte *Smartphone* festgestellt werden kann. Das Narrationssystem von InfoGrid erlaubt es daher den verschiedenen

Schülerinnen und Schülern Informationen zukommen zu lassen, die auf ihre unterschiedlichen Rollen und individuelle Varietäten in Bezug zum Beispiel auf Vorwissen und *Gender* zugeschnitten sind.

Dabei kann sichergestellt werden, dass die Schülerinnen und Schüler sich gleichmäßig auf die im Museum vorhandenen Artefakte verteilen. Im Gegensatz zu Moles, wo sich die Benutzerinnen und Benutzer ihre eigenen Pfade durch die physische Welt und die postgeographischen Räume suchen, gibt ihnen das Narrationssystem des InfoGrid vor, in welcher Reihenfolge die einzelnen Stationen besucht und damit in welcher Reihenfolge multimediale Informationen rezipiert und physische Artefakte wahrgenommen werden.

Dadurch, dass die Schülerinnen und Schüler sich an den einzelnen Stationen in das System einloggen (durch das Fotografieren der *QR-Codes*), ist es möglich, die Zeitdauer der Interaktion an den jeweiligen Orten festzuhalten. Über die Intensität der Arbeit mit den jeweils zur Verfügung gestellten multimedialen Objekten können weiterhin über die durchgeführten Interaktionsschritte Hypothesen aufgestellt werden, wenngleich dieses mit einem erheblichen Unsicherheitsfaktor belegt ist (die Intensität der Auseinandersetzung und auftretende Störungen können ohne weitergehende Sensoren und Interpretationsmechanismen nicht mit einbezogen werden).

Im Museum erwartet die Schülerinnen und Schüler an diesem Tag noch eine weitere Attraktion. In Kleingruppen von mindestens vier und maximal acht Schülerinnen und Schüler können die erworbenen Kenntnisse und Fähigkeiten in einem Simulationsmodell praktisch angewandt werden.

An einem Multitouch-Table können viermal zwei Schülerinnen und Schüler eine komplexe Simulation spielen, die die einzelnen Exponate zur Ostsee in einen neuen Zusammenhang stellt. Das Planspiel formuliert eine Problematik, die gemeinsam von den Spielenden gelöst wird: inhaltlich geht es um komplexe Zusammenhänge zwischen dem Wirtschaftsraum (Fischerei, mit der Problematik des Einsatzes von Stellnetzen etc. und Tourismus, mit der Problematik der Organisation von Events wie Powerbootrennen, etc.), globalen Umweltfaktoren (Klima, Wassertemperaturen, Wasserqualitätsveränderung, etc.) und den Auswirkungen auf die Flora und Fauna (Mikroorganismen, Wasserpflanzen, Fischen, Vögel und Meeressäugern) werden zur Diskussion gestellt und unterschiedliche Strategien des Umgangs mit den Problemen können erprobt werden. Die einzelnen Schülerinnen und Schüler vertreten im Spiel jeweils die unterschiedlichen Interessensgruppen, zum Beispiel die Position der Fischerei oder der Umweltbehörde.

Die Anmeldung zu dieser Simulation erfolgt wieder über die zentrale Benutzerdatenbank des NEMO-Systems. NEMO hat im Zusammenspiel mit den anderen Systemen wie Moles und InfoGrid bereits Informationen über die vorhergehenden Aktivitäten der einzelnen Schülerinnen und Schüler. So ist zum Beispiel bekannt, welche Aspekte in den jeweiligen Exkursionen betrachtet worden sind, oder welche Rollen die einzelnen Schülerinnen und Schüler in dem im letzten Teilszenario beschriebenen Lernspiel als Forscherinnen und Forscher gespielt haben.

Auf dieser Grundlage erfolgt die Zuordnung zu den einzelnen Rollen im Simulationsspiel: diejenigen Schülerinnen und Schüler, die die Fischereibetriebe besucht haben, können die Interessen der Fischerei vertreten, diejenigen, die in ihrer Exkursion beim Amt für Umweltschutz waren, diejenigen der Umweltbehörden, usw. Gleichzeitig werden die von den einzelnen Nutzerinnen und Nutzern selbst erstellten oder erweiterten multimedialen Objekte benutzt um das Spiel an die Spielenden anzupassen. So kann statt eines generischen Bildes von Fischerinnen und Fischern das selbst aufgenommene Foto einer Schülerin oder eines Schülers, die oder der am Spiel teilnimmt, benutzt werden.

Zurück in der Schule arbeiten die Schülerinnen auch mit den aufgezeichneten Ergebnissen des Planspiels, die ihnen webbasiert zu Verfügung stehen, im Kontext ihres gesamten Unterrichtsprojekts weiter.

Die im Laufe der Lerneinheit erstellten, erweiterten, annotierten multimedialen Objekte werden in Beziehung gesetzt zu den in der Schule vorhandenen Lehrmaterialien. Eine Dokumentation des Prozesses kann von den Schülerinnen und Schülern in Zusammenarbeit mit den Lehrenden selbst erstellt werden. Dabei kann der Zugriff nicht nur auf generische multimediale Objekte erfolgen, sondern die eigenen Objekte erlauben eine stärkere Identifikation mit den Inhalten. Ganz im Sinne der beschriebenen Theorien selbständigen, kollektiven Lernens und der vorgestellten Modelle körper- und raumbezogenen Lernens wird eine tätige Auseinandersetzung mit dem Gelernten befördert.

Das von uns beschriebene Szenario wird wie oben beschrieben in Zusammenarbeit mit Museen und Schulen weiter entwickelt und stellt eine realistische Lernsituation dar. Die einzelnen technischen Komponenten sind teilweise bereits realisiert (wie Moles, InfoGrid) oder in der Entwicklung befindlich (NEMO, Narrationssystem). Wichtig ist uns die Einbettung der technischen Lösungen in verschiedene reale Lernsituationen. Daher legen wir besonderen Wert auf ihre ständige Evaluation im pädagogischen Kontext.

EVALUATIONSKONZEPT

Der Grund für die Entwicklung und Gestaltung der hier an einem konkreten Lernszenario vorgestellten digital erweiterten Lernräume, in denen webbasierte Systeme mit körper- und raumbezogenen Schnittstellen zum Einsatz kommen, besteht darin, Schülerinnen und Schüler der Sekundarstufen 1 und 2 dabei zu unterstützen, im schulischen Kontext nachhaltig zu lernen. Konkret gilt es zu evaluieren, inwieweit die Lernszenarien und spezifischen Schnittstellen, die in einem gemeinsamen Designprozess von Lernenden und Lehrenden in der Schule, Museumsmitarbeiterinnen und -mitarbeitern und dem interdisziplinären Forschungs- und Entwicklungsteam der Universität adäquat gestaltet sind und der angestoßene Prozess erfolgreich verlief und weiterhin verläuft, das heißt: ob die entstanden Lernräume mit ihren spezifischen Applikationen, basierend auf Lernszenarien, die ortsbezogenes und mobiles Lernen miteinander verschränken, zum angestrebten Ziel führten bzw. weiterhin führen.

Neben der grundsätzlichen Fundierung der Entwicklungen durch die Sichtung entsprechender Fachliteratur oder dem Führen von Gesprächen mit Fachkolleginnen und -kollegen im interdisziplinären Forschungs- und Entwicklungsteam am IMIS, bestand und besteht die zentrale Aufgabe darin, die Designpartner an den diversen Schritten des Entwicklungsprozesses derart zu beteiligen, dass diese während der anfänglichen Erkundung und Problemdefinition, die der Herauskristallisierung der Probleme als auch der Fokussierung auf Lösungsideen dient, partizipieren. Eine weitere zentrale Aufgabe besteht darin, dass die Entwicklungspartner während des Entwicklungsprozesses helfen, die beabsichtigten Lösungen zu evaluieren.

Die Evaluation fokussiert auf Fragen zur Mathetik wie auch zur Didaktik, ob und inwieweit eine emotionale Involviertheit der Lernenden durch die Besonderheit der medialen Lernumgebung authentische Erfahrung ermöglicht, die zu einem besseren Verständnis komplexer Sachverhalte bei den Lernenden führt. Ob die be-greifbare und kooperative Manipulierbarkeit von Lernobjekten während des Lernprozesses zu einem deutlichen Zuwachs an lebensweltbezogener Handlungskompetenz führt.

Die Messzeitpunkte erstrecken sich dabei von den frühen, gemeinsamen Entwicklungsphasen der einzelnen Lernszenarien in den einzelnen Lernabschnitten, über die Entwicklung und das Design der entsprechenden Teilapplikationen bis hin zum sichtbaren Ineinandergreifen unterschiedlicher Teilapplikationen im regulären Unterrichtsprozess, par excellence vor der *Interactive School Wall*.

Unsere Methoden und Kriterien für die Evaluation zielen dabei auf das Gewinnen sowohl subjektiver als auch objektiver Daten. „Lautes Denken", halbstrukturierten Befragungen, Labortestung und der Einsatz von Fragebögen mit einer sechsstelligen Likert-Skala dienen der Gewinnung primär subjektiver Daten: Meinungen, Einschätzungen, etc. Durch Videobeobachtung, zunächst in Laborsituation und später im Schulalltag, wurden und werden primär objektive Daten gewonnen. Dabei liegt der Focus auf dem Verhalten beim gemeinsamen Lernen mit den diversen Applikationen mit ihren körper- und raumbezogenen Schnittstellen: dem miteinander Lernen, durch Beobachtung des Verwendens von Gesten und Sprechakten, und Beobachtungen im Verhalten, das etwa auch Aufschlüsse über genderspezifisches Verhalten gibt.

FAZIT UND AUSBLICK

In einem kooperativem Designprozess von Schülerinnen und Schülern, Lehrkräften, Museumsmitarbeitern, studentischen und wissenschaftlichen universitären Mitarbeiterinnen und Mitarbeitern wurden und werden weiterhin Lernszenarien und spezifisch digital angereicherte Lernumgebungen realisiert. Die miteinander verschränkten mobilen und ortsbezogenen Lernräume ermöglichen kooperatives Lernen mit plattformunabhängigen, annotierbaren Multimediaobjekten.

Erste Ergebnisse der die Forschung begleitenden Evaluationen zeugen von einer für Schule außergewöhnlichen Lernmotivation, insbesondere bei der gemeinsamen Konstruktion von Wissen bei den Lernenden. Dies ist vor allem auf den lebensweltbezogenen, multimedialen und multimodalen, Einsatz von vernetzten, körper- und raumbezogenen Lernmedien zurückzuführen.

Im Kontext der Interactive School Wall werden zurzeit eine Vielzahl weiterer Applikationen erprobt und weitere neue Applikationen entwickelt, die den oben geschilderten Modellen des Körper- und Raumbezugs sowie dem aktuellen Stand technischer Entwicklung und pädagogischer Forschung entsprechen.

LITERATUR

Aarts, E.M. 2003: The New Everyday: Views on Ambient Intelligence. Rotterdam, Niederlande: 010 Publishers

Andersen, P.B. 2007: The Semiotics of Smart Appliances and Pervasive Computing. In: R. Q. Gudwin, Semiotics and Intelligent Systems Development. Hershey, PA: Idea Group, S. 211-255

Berger, L.L. 1970: Die gesellschaftliche Konstruktion der Wirklichkeit. Eine Theorie der Wissenssoziologie. Frankfurt am Main: Fischer

Bullerdiek, S. 2008: Design und Evaluation von Pervasive Games – Wenn Spiele den Computer verlassen. Saarbrücken: VDM Verlag

Butler, M.M. 2010: Multi-touch Display Technology and Collaborative Learning Tasks. Proceedings of World Conference on Educational Multimedia, Hypermedia and Telecommunications Chesapeake, VA, USA, S. 1441-1448

Comenius, J. 1657: Didactica magna in Opera didactica omnia

Engeström, Y. 1987: Learning by Expanding: An Activity-theoretical Approach to Developmental Research. Helsinki: Orienta-Konsultit Oy

Fassler, M. 1999: Cyber-Moderne. Medienevolution, globale Netzwerke und die Künste, zu kommunizieren. Wien: Springer

Fassler, M. 2009: Nach der Gesellschaft. Infogene Zukünfte – Anthropologische Ausblicke. Paderborn: Wilhelm Fink Verlag

Han, J. 2005: Multi-Touch Interaction Wall. Proceedings of the 18th annual ACM symposium on User interface software and technology, Symposium on User Interface Software and Technology , 115 - 118. (ACM, Ed.) New York, NY, USA

Ishii, H. a. 2000: Tangible Bits: Towards Seamless Interface between People, Bits, and Atoms. Tokyo, Japan: TT Publishing Co., Ltd

Ludden, G. B. 2009: A Multi-touch Tool for Co-creation. Berlin / Heidelberg: Springer

Meltzoff, A. K. 2009: Foundations for a New Science of Learning. Science , 325 (5938), S. 284-288

Merleau-Ponty, M. 1966: Phänomenologie der Wahrnehmung. Berlin: de Gruyter

Morgan, M.B. 2009: Considering Multi-touch Display Technology for Collaboration in the Classroom. Proceedings of World Conference on Educational Multimedia, Hypermedia and Telecommunications (G. F. Siemens, Ed.) Chesapeake, VA, USA, S. 674-683.

Papert, S. 1994: Revolution des Lernens. Kinder, Computer, Schule in einer digitalen Welt. Hannover: Heise

Perceptive Pixel, I. 2010: perceptivepixel. Retrieved 07 14, 2010, from perceptivepixel: http://www.perceptivepixel.com/

Peter, O. 1998: Die Entwicklung des Mathetik-Begriffs und seine Bedeutung für den Unterricht der (Grund-)Schule. PÄDForum H4 , pp. 390-396

Röll, F. 2003: Pädagogik der Navigation. (J. R. Ertelt, Ed.) München: Kopaed

Schaller, K. 2004: Jan Amos Comenius. Ein pädagogisches Porträt. Weinheim: Beltz

Tomasello, M. 2009: Die Ursprünge der menschlichen Kommunikation. Frankfurt am Main: Suhrkamp

von Hentig, H. 1985: Wie frei sind freie Schulen? Stuttgart: Gutachten für das Verwaltungsgericht Stuttgart

Weiser, M. 1995: The Computer for the 21st Century. In R. Baecker, Readings in Human-computer interaction: toward the year 2000. San Francisco, CA, USA: Morgan Kaufmann Publishers Inc, S. 933 - 940

Wygotski, L. 1977: Denken bei Schizophrenie. (J. Helm, Ed.) Frankfurt am Main: Fischer

Die Erweiterung des be-greifbaren Raums

Interaktion in mobilen Spielwelten

BARBARA GRÜTER

EINFÜHRUNG

In meinem Beitrag untersuche ich Geoinformation und Interaktion im Raum als Kern mobilen Spielens und das Be-greifen dieser Interaktion durch Spieler und Forscher. Spiele sind ihrer Natur nach auf Raum bezogen.

> „The defining element in computer games is spatiality. Computer games are essentially concerned with spatial representation and negotiation, and therefore a classification of computer games can be based on how they represent – or, perhaps, implement – space.“ (Aarseth 2000, S. 154, vgl. Aarseth 1997, vgl. Interview von Dan Houser, Onyett 2009 I, S. 3, II).

Von Computerspielen unterscheiden sich Mobile Spiele wie „Botfighters and Geodashing [in that they – BG] take place in physical space, and this is what makes them unique compared to other computer games." (Aarseth et. al. 2003). Mobile Spiele basieren auf der physischen Bewegung von Spielern in einer gemischten Spielwelt, in der die reale Welt mit virtuellen Dimensionen verbunden ist. Geoinformation ist Information über Möglichkeiten des Denkens und Handelns im Raum. Mobile Spiele sind daher immer auch Geoinformationssysteme. Symbolische Repräsentationen wie ein Wort, ein Spiel oder ein Geoinformationssystem gewinnen und entfalten ihre Bedeutung jedoch erst im Gebrauch. Geoinformationssysteme, die Sachverhalte in Verbindung mit dem eigenen Tun erfassen, geraten zunehmend in das Zentrum der Aufmerksamkeit.

In meiner Studie geht es um unterschiedliche Arten der Wahrnehmung und des Umgangs mit Raum. Traditionell gilt der Raum als Container, in dem sich alles abspielt. Dieser Raum ist von den Objekten und Akteuren darin unabhängig und ihnen als absolute Grenze vorausgesetzt. Man nennt ihn den Absoluten

Raum. Und es ist diese Idee, die auch der Perspektive des technischen Systems zugrunde liegt. Es organisiert den Nutzer und definiert seine Grenzen. Für denjenigen, der sich physisch bewegt, wird der Raum jedoch zu einer Dimension des Erlebens, die in seiner Bewegung entsteht und sich ins Unbekannte hin öffnet. Man nennt diesen Raum, der sich im Kontext des Gebrauchs eines Systems ergibt, Topischen Raum. Untersucht werden beide Raumideen, ihr Verhältnis zueinander und ihr Übergang. Es geht um den Wandel des Raums. Es geht also um Geoinformationssysteme, die in Verbindung mit dem eigenen Tun dynamisch werden, zu Medien der Bewegung und Entwicklung derjenigen, die sie nutzen. Dieser Gedanke soll in mehreren Schritten entwickelt und empirisch verdeutlicht werden.

NAVIGATION, EIN EREIGNIS, ZWEI FORMEN UND EINE DEFINITION DES RAUMERLEBENS

Was ist nun Interaktion im Raum? Ich beginne damit, dass ich Navigation als einfache Form der Interaktion im Raum ausgehend von einem mobilen Spielereignis bestimme[1]. Das erste und bislang erfolgreichste Mobile Spiel ist *Geocaching*. Zu seinen Vorläufern zählen Schnitzeljagd und Schatzsuche. In seiner heutigen Version wurde das Spiel am 3. Mai 2000 von Dave Ulmer initiiert; zwei Tage nachdem der amerikanische Präsident Clinton GPS für private Nutzung freigegeben hatte. Die Kernmechanik des Spiels ist einfach. Ein Spieler versteckt einen Cache, eine kleine wasserdichte Box, in die er ein Logbuch und gelegentlich eine weitere Kleinigkeit gelegt hat. Der Spieler platziert die Box irgendwo in der Welt, stellt mittels eines GPS-Gerätes ihre Position fest und gibt die Existenz der Box und ihre Geokoordinaten auf der Website des Spiels bekannt. Ein anderer Spieler versucht nun mit Hilfe eines GPS Geräts die Box zu finden. Findet er sie, dann schreibt er eine kleine Notiz in das Logbuch, ersetzt die in der Box vorgefundene Überraschung durch eine gleich- oder höherwertige Überraschung und teilt zu Hause angekommen auf der Webseite seine Erfahrungen mit. Im Frühjahr 2011 waren weltweit mehr als 1 Million aktiver Geocaches versteckt.

Man stelle sich nun die Spielerin Kitty vor, die den Cache sucht und sich mittels ihres GPS-Geräts dem Ort nähert, an dem er versteckt sein soll. Angekommen zeigt ihr Gerät den Ort mit einer Fehlertoleranz von 0,5 bis 15 Metern

1 Navigation findet in allen Spielen statt, davon zu unterscheiden sind Muster der Raumnutzung wie *Challenge Space* oder *Creation Space* u.a., die an spezifische Räume gebunden sind (vgl. McGregor 2007).

an. Sie sieht sich um und sucht nach weiteren Hinweisen auf das Versteck. Ein Sonnenstrahl, der sich in diesem Moment in einem Glas bricht, lenkt ihre Aufmerksamkeit auf die Kante eines dunklen Etwas, das von Zweigen und Blättern verdeckt ist. Sie weiß nun wohin und geht dorthin. Wir wissen nicht, ob sie den Cache wirklich gefunden hat. Aber wir können ihre Geschichte als Ausgangspunkt nehmen, um die Bedeutung von Navigation und Geoinformation zu klären.

Navigation ist eine Tätigkeit wie jede andere, eine Einheit von Orientierung und Gebrauch. Die Spielerin bewegt sich. Sie gerät in eine Situation der Ungewissheit, sie orientiert sich und nutzt die Ergebnisse der Orientierung, richtet ihre Bewegung danach aus und bewegt sich (vgl. Kruschel 2005, S. 9; Klippel 2002, S. 422, Ishikawaa et. al., 2008, S. 75). Dabei lassen sich am Beispiel der Geocacherin zwei Formen der Navigation zeigen, die sich voneinander unterscheiden: Navigation mittels GPS und Navigation aus der Bewegung heraus. Beide Formen der Navigation lassen sich auf Strategien beziehen, die schon der Schriftsteller und Poligraph Anton Franscesco Doni (1513-1574) Fremden empfahl, die sich in einer Stadt zurechtfinden wollen. Der Fremde solle sich zunächst von einem Einheimischen durch die Stadt führen und alle bekannten Plätze und dann die geheimen Orte zeigen lassen. Der Fremde solle sich dann ein hoch aufragendes Gebäude oder eine geografische Erhebung suchen, und sich den Überblick über die Stadt verschaffen (vgl. Wagner 2010, S. 234).

Die GPS vermittelte Form nutzt Überblicks- bzw. Kartenwissen. Überblickswissen ist eine Abstraktion, ein Blick auf das Ganze der Stadt aus der Distanz. Dabei wird von den vielfältigen und sich ständig ändernden Aspekten und Bedingungen des städtischen Lebens vor Ort abstrahiert und städtische Strukturen, Straßen und Plätze, Gebäude und Parkanlagen werden sichtbar. Dieses Wissen lässt sich eindeutig reproduzieren. Es lässt sich in Form von Karten darstellen. Und es lässt sich durch Messungen, die mit GPS-Geräten vorgenommen werden, empirisch herstellen. Der Raum, der mit dieser Form der Navigation einhergeht, ist der *Absolute Raum*. Die Bezugsgrößen der Navigation, das hoch aufragende Gebäude, die geografische Erhebung, der Mittelpunkt der Erde, sind unabhängig von der Wahrnehmung des Einzelnen. Die Messung ist replizierbar. Der Absolute Raum, welcher den meisten Geoinformationsdiensten zugrunde liegt, wird durch das euklidische System definiert. Es ermöglicht, den Ort eines jeden Objektes im Raum exakt zu bestimmen und die Distanz zwischen zwei Objekten wie z.B. zwischen einem Ausgangs- und einem Zielpunkt auf Basis ihrer Koordinaten genau zu ermitteln. Im Absoluten Raum ist die gerade Linie zwischen zwei Standorten die kürzeste Distanz im Raum (vgl. Kruschel 2005, S. 25). Bei dieser Vorstellung fungiert der Raum als Container, der als absolut ge-

gebener Rahmen vorausgesetzt wird, in dem sich alles abspielt, der sich selbst nicht ändert und auf den die Akteure keinen Einfluss haben.

Die andere Form der Navigation entsteht direkt vor Ort, zu dem Zeitpunkt, und nur für diese Person, Kitty, die ihren Weg zu dem Cache zu finden sucht. Dieses Wissen ist einzigartig. Genau genommen ist es kein Wissen, sondern ein Komplex von Empfindungen, das Erleben des Raums und eine Intuition, die natürlich auch in die Irre führen kann. Die Empfindungen sind gebunden an den Kontext, in dem sie entstehen, und sie ändern sich mit diesem. Die Sonne scheint, wird durch den Glassplitter reflektiert, während sich Kitty zu genau diesem Zeitpunkt mit ihren besonderen Erwartungen und ihrer Körpergröße nähert und damit exakt jenen Winkel bildet, der benötigt ist, um die Reflektion der Sonne im Glas wahrzunehmen. Dieser Empfindungskomplex ist nicht replizierbar. Sollte Kitty den Cache auf diese Weise finden, können allerdings Aspekte ihrer Empfindungen verdichtet zu einem Kern von Wissen werden, dass sie an andere weitergeben kann, „eine dunkle, im Gebüsch versteckte Kiste“ zum Beispiel. So ein Wissen ist Erfahrungswissen. Diese Form ist durch das unmittelbare Erleben gekennzeichnet. Dieser Raum ist keine Hülle für das Navigationsverhalten. Der Raum entsteht erst in der Tätigkeit. Er wird durch die empirischen Instanzen gebildet, die in das Verhalten des Akteurs involviert sind, er selbst, die Bedingungen vor Ort und die anderen Akteure, seien sie ihm physisch oder psychisch gegenwärtig. Der Raum ist der sich mit der Bewegung ständig ändernde Kontext des Geschehens und der Akteur ist ein aktiver Teil dessen. Sein Körper mit seiner linken und seiner rechten Seite, seinem Oben und Unten, seinem Hinten und Vorn ist dabei die Bezugsgröße, auf deren Basis Lage und Richtungsbestimmungen erfolgen, wie schon Kant verdeutlichte (vgl. Wagner 2010, S. 235). Das sich bildende Wissen ist erfahrungsgebunden und wird als Landmarken- bzw. Routenwissen bezeichnet. Dieses Wissen bildet sich in und mit der physischen Bewegung einer Person als Verdichtung des dabei entstehenden Raumerlebens. Es wird durch Erzählungen und Wegbeschreibungen oder direkt dadurch weitergegeben, dass ein Wegkundiger den Fremden in seiner Bewegung begleitet. Ich nenne den Raum, der mit dieser Form der Navigation einhergeht, *Topischen Raum,* und unterstreiche damit, dass die Qualität des Raumerlebens im Vordergrund steht.

- Beide Formen der Navigation sind natürlich nicht voneinander zu trennen. Die GPS gebundene Form der Navigation funktioniert nur und bringt nur Resultate hervor, weil der Messende die Messung auf die konkrete Situation anwendet. Und das unmittelbare Raumerleben stellt sich umgekehrt nur ein, weil die Spielerin gezielt danach sucht und damit über ortsbezogene Annahmen verfügt und diese aktiv umsetzt, die unabhängig vom Kontext gelten.

Auf dem Hintergrund des Spielereignisses und mit Blick auf beide Navigationsformen versuche ich nun eine erste, sehr allgemeine Definition des Raumerlebens beim Navigationsverhalten. Ich gehe davon aus, dass das Raumerleben wie alles Erleben in der Tätigkeit entsteht und sich mit dieser ändert. Das Erleben lässt sich als Moment der Tätigkeit räumlich unterscheiden vom umgebenden „Rest der Welt", zeitlich als Prozess vom vorher und nachher und sozial als ich oder wir von dem oder den Anderen. Die jeweilige Qualität des Erlebens zeigt sich in den Emotionen, jenen kurzen mentalen und körperlichen Prozessen, die einen Komplex von Empfindungen umfassen, sensorische und motorische Impulse, durch die der Einzelne seine Situation erfasst und unmittelbar (re-)agiert. Jedes Erleben ist also durch Räumlichkeit gekennzeichnet. Zum Raumerleben wird es in raumbezogenen Tätigkeiten wie der Navigation. Analytisch gesehen, also aus der Vogelperspektive betrachtet, ist die Spielerin eine Instanz des Navigationsverhaltens, die mit den anderen Instanzen eine bestimmte Beziehung eingeht. Hierzu gehören neben der Spielerin, das GPS-Gerät, der gesuchte Cache und die konkreten Bedingungen vor Ort. Hinzu kommen weitere Instanzen, sofern die Spielerin diese bei ihrer Navigation tatsächlich berücksichtigt. Dies können Spaziergänger und andere Spieler sein, jene die den Cache versteckt haben, jene, die in Zukunft nach dem Cache suchen, und jene, die ihre Spielberichte im Internet verfolgen. Die Beziehung zu den empirischen Instanzen, die Kitty in der Orientierung eingeht, ändert sich mit dem Übergang zur Nutzung der Ergebnisse ihrer Orientierung. Bei ihrer Orientierung *identifiziert die Spielerin Aspekte der Welt als spielrelevante Instanzen.* Bei der Nutzung *erfährt sie die Eigenart* dessen, was sie als spielrelevant identifiziert hat. Das, was als Cache erschien, kann sich als Stein herausstellen, oder als ein interessanter Platz für zukünftige Caches. Ich definiere nun Raumerleben bei der Navigation mit Blick auf beide Phasen der Navigation, Orientierung und Gebrauch, als eine Einheit von Identität und Widerstreit der Instanzen des Navigationsverhaltens. Ich gehe die Definition im Einzelnen durch.

- Die Identität der Instanzen ist die formale Übereinstimmung, die sich in dem Moment ergibt, wo die Spielerin spielrelevante Hinweise entdeckt. Sie besteht in der Beziehung von Spielerin und empirischen Indikatoren des Zielobjekts, Kitty auf der Suche nach dem Cache. Die Identität der Instanzen ist in diesem Beispiel regelbasiert. Diese Identität zeigt sich in der Wiederholbarkeit des Navigationsverhaltens. Sie sichert, dass Kitty und jeder Spieler, der die Spielregeln kennt und umsetzt und die GPS-Geräte beherrscht, in der Umgebung des Ortes anlangt, an dem der Cache versteckt ist.
- Der Widerstreit der Instanzen des Navigationsverhaltens ergibt sich aus den Differenzen, die sich zwischen der Spielerin, dem GPS-Gerät, dem gesuch-

ten Cache, den konkreten Bedingungen vor Ort sowie den anderen Spielern ergeben. Die dunkle Kiste sieht eventuell nur aus wie ein Cache, aber ist keiner oder sie ist ein Cache, aber noch nicht der endgültige, sondern nur einer, der auf einen weiteren Cache verweist. Auch die Spieler unterscheiden sich und bringen ganz unterschiedliche Voraussetzungen in das Navigationsverhalten ein. Kitty, John und Ella sind unterschiedlich groß, haben unterschiedliche Erfahrung im Umgang mit GPS und zeichnen sich gegebenenfalls auch durch unterschiedliche Hartnäckigkeit bei der Suche nach einem Cache unter schwierigen Bedingungen aus. Nicht immer scheint die Sonne und nicht immer zur gleichen Zeit. Und selbst die Lage und Sichtbarkeit des Caches kann sich über die Zeit hin wetterbedingt ändern. Auch die Geräte funktionieren nicht immer gleich, selbst wenn sie vom gleichen Hersteller und aus der gleichen Serie stammen. Der Widerstreit zwischen den Instanzen zeigt sich in der *einzigartigen Gestalt des Erlebens*, die sich durch das Verhalten im Zusammenwirken der Instanzen einstellt.

- Die Einheit von Identität und Widerstreit der Instanzen verweist darauf, dass das Raumerleben, das sich bei einer Navigationsbewegung einstellt, durch das Zusammenspiel von beiden Dimensionen gekennzeichnet ist. Identität und Differenz der Instanzen ist ein allgemeiner Ausdruck für Zielorientierung und Kontextgebundenheit des Navigationsverhaltens. In meinem Beispiel dominiert zu Beginn der Suche von Kitty die GPS gebundene Form der Navigation und gegen Ende die kontextgebundene Form der Navigation.

Ich fasse zusammen. Das einleitende Beispiel von Kitty zeigt zwei Formen der Navigation, die ihren Ausdruck in unterschiedlichen Formen des Raumerlebens finden, die teilweise ineinander übergehen. Die auf diesem Hintergrund entwickelte Definition trägt beiden Raumkonzepten Rechnung. Das Problem ist, dass beide Formen zwar miteinander verbunden sind und ineinander übergehen, sich aber inhaltlich ausschließen. Der Raum als Container, der bei der Messung vorausgesetzt wird, ist statisch. Der Raum, der aus der Bewegung heraus entsteht, ist dynamisch. Der Raum als Container ist endlich, der entstehende Raum ist zwar begrenzt, aber seine Grenzen sind durchlässig. Ich untersuche im Weiteren das Verhältnis der beiden Raumvorstellungen zueinander. Ich stelle zunächst die Theorie der Entwicklung räumlichen Denkens von Piaget und Inhelder vor.

HIERARCHIE VON RÄUMEN: SEQUENZ

Beide Formen der Navigation und der Raumwahrnehmung finden sich in den Untersuchungen wieder, die Jean Piaget mit seinen Mitarbeitern zum Aufbau der Wirklichkeit, zum räumlichen Denken und zur natürlichen Geometrie des Kindes durchgeführt hat (1975a, b, c). Danach entwickelt sich das räumliche Denken wie alle kognitiven Strukturen aus dem Handeln heraus. Die einfache unorganisierte Form des Handelns und der Wahrnehmung von Ortsveränderungen wird zu einer zunehmend organisierten Form.

Die *senso-motorische Stufe* des Handelns kennzeichnet die Entwicklung vom Neugeborenen bis zum Kleinkind. Das Neugeborene lebt im Hier-und-Jetzt und bewegt sich unmittelbar kontextgebunden. Raum auf dieser Stufe ist keine strukturierende Invariante des Handelns, sondern eine senso-motorische Qualität seines Handelns. Das Kind kann räumliche Beziehungen wie „Nähe", die sich ihm unmittelbar erschließen, in seinem Handeln berücksichtigen. Dies gilt jedoch nicht für räumliche Beziehungen vermittelter Art. So stößt es auf Probleme, wenn der Gegenstand seines Handelns vor seinen Augen versteckt wird und damit aus seinem Gesichtskreis verschwindet. Für ein Kind dieser Stufe ist das existent, was unmittelbar gegenwärtig ist. Ich nenne sein Raumerleben topisch.

Auf der *prä-operationalen Stufe* verfügt das Kind über das Konzept des permanenten Gegenstandes. Diese Invariante erweitert seine raum-zeitlichen Beziehungen zur Welt. Es weiß nun, dass Gegenstände auch existieren, wenn sie nicht mehr sichtbar sind und es kann gezielt nach dem verschwundenen Gegenstand suchen. Die neue Stufe des Handelns ist durch Vorstellungen vermittelt. Das Kind muss auf der Vorstellungsebene die räumlichen Beziehungen, die es handelnd berücksichtigen kann, rekonstruieren. Die frühe Vorstellung des Raums ist topologisch. Topologische Relationen sind qualitative Beziehungen zwischen Objekten im Raum wie „nahe bei", „getrennt von", „Reihenfolge", „Umgebung", „Kontinuum". Topologische Relationen sind vom Kontext abhängig. Piaget und Inhelder nennen die ersten beiden Stufen *egozentrisch* und verweisen damit darauf, dass das Kind Schwierigkeiten hat, von seiner eigenen Sicht zu abstrahieren. Bei dem egozentrischen Referenzsystem werden räumliche Positionen mit Bezug zu Stellen am Körper definiert.

Auf der *konkret-operationalen Stufe* zeichnet sich das Raumerleben dadurch aus, dass das Kind von seiner eigenen Perspektive abstrahieren und die Perspektive des anderen auf den Raum berücksichtigen kann. Der Raum wird relativ wahrgenommen. Der Relative Raum ist ein Teil des Absoluten Raums, der für das Kind gleichzeitig entsteht. Das Referenzsystem wird *allozentrisch*: die Stellen, auf die sich das Kind bezieht um Positionen zu definieren, befinden sich außerhalb der Person. Die Raumkonzepte sind jedoch noch an die konkrete Situation des Kindes gebunden.

Auf der *formal-operationalen Stufe* bilden sich der Absolute Raum als koordiniertes Bezugssystem und der Relative Raum getrennt vom gegenwärtigen Erleben heraus. Die Beziehungen aller Elemente im Raum sind aufeinander bezogen. Geschehenes oder nur hypothetisch Vorgestelltes kann gedanklich durchgespielt werden, ohne dass es unmittelbar erlebt wird. Jugendliche und Erwachsenen, die sich auf den Absoluten Raum als Bezugssystem beziehen, können Karten lesen, einen Kompass oder GPS-Geräte nutzen, Reisen planen, Welten entwerfen, Gedankenexperimente vornehmen. Das Referenzsystem ist *geozentrisch* geworden.

Die hierarchisch-sequentielle Ordnung der Räume

Piaget bestimmt das Verhältnis der beiden Navigationsformen und damit das Verhältnis von Absolutem und Topischen Raum genetisch-logisch. Genetisch gesehen stehen der Topische Raum als Raumerleben am Anfang und der Absolute Raum als Handlungsstruktur und Konzept am Ende der Entwicklung. Logisch gesehen dominiert der Absolute Raum den Topischen Raum sobald er einmal entstanden ist. Das Topische Raumerleben wird zum durch den Absoluten Raum organisierten Inhalt der empirischen Messung. Die ursprüngliche Qualität des Raumerlebens geht dabei verloren. Das Leitbild ist der experimentell handelnde Wissenschaftler. Diese Ordnung der Räume kann auch hierarchisch-sequentiell genannt werden. Die GPS gebundene Form dominiert die kontextgebundene Form. Die hierarchische Ordnung tritt zeitlich als Sequenz von Stufen in Erscheinung. Piaget und Inhelder stellen fest:

> „Der kindliche Raum, der seinem Wesen nach aktiv und operatorisch ist, beginnt mit elementaren topologischen Anschauungen und wird erst viel später zugleich projektiv (das heißt auf einen anderen Blickwinkel als den eigenen bezogen – BMG, vgl. Piaget 1975b, S.188) und euklidisch" (Piaget 1975b, S. 15).

Landmarken, Routen, Karten

Zwischen der kindlichen Entwicklung und der Herausbildung von Raumvorstellungen bei Erwachsenen, die in eine neue Umgebung hineingeraten, lassen sich Ähnlichkeiten vermuten (Golledge & Zannaras 1973). Kruschel verweist auf das Dreiphasenmodell von Siegel und White (1975), das ausgehend von Lynch (1960) und Golledge (1999) mit Bezug auf Piaget entwickelt wurde (vgl. Kruschel 2005, S. 10). In der ersten Phase werden Landmarken als Bezugspunkte im Raum identifiziert. Diese spielen in der zweiten Phase als Orientierungs- und Entscheidungspunkte für Wegsegmente eine wichtige Rolle. Sie werden genutzt, um Routenwissen zu bilden. Die zunächst unverbundenen Landmarken werden erinnert und über die Zeit hinweg mit Wegsequenzen verbunden und integriert. In der dritten Phase entstehen Übersichtskarten als koordinierte Bezugssysteme, als Konfiguration von Wegen und Landmarken, die eine Gegend kennzeichnen, oder als Streckennetz einer Bahn (vgl. Kruschel 2005, S.10).

DIFFERENZ VON RÄUMEN: EMERGENZ

Für die kognitive Entwicklung und für die Erkenntnis ist nach Piaget die Struktur und nicht der Inhalt des Raumerlebens, die Organisation und nicht die Qualität entscheidend. Inhalt und Qualität des Raumerlebens liefern nur das Material für die zunehmende Organisation. In Übereinstimmung mit dem späten Piaget nehme ich jedoch an, dass es auch andere Möglichkeiten gibt, das Verhältnis der beiden Raum- und Navigationsformen zu konzipieren. Mit dem Ziel diese zu erschließen, und die entwicklungsbestimmende Qualität des Raumerlebens wahrnehmbar zu machen, beginne ich diesen Abschnitt mit einer Kritik an Piaget und verweise auf empirische und konzeptionelle Differenzen zur Idee der Dominanz des Absoluten Raums. Ich stelle den Relativen und den Relationalen Raum am Beispiel des Navigationsverhaltens von Taxifahrern vor. Und vor allem vergegenwärtige ich den Kontext als Raum, den Topischen Raum und die japanische Lehre vom Ort.

Kritik der Hierarchie der Räume

Die Annahme, dass der Absolute Raum dem Topischen Raum überlegen sei, geht traditionell mit der Annahme einher, dass mentale Prozesse der Planung und Wegfindung den motorischen Handlungen der Ausführung von Navigationsentscheidungen durch Fortbewegung überlegen sind (vgl. z. B. Kruschel 2005, S. 21f). Piaget teilt diese Annahme nicht. Handeln, senso-motorisches wie experimentell-wissenschaftliches, ist für die Theorie Piagets von Bedeutung. Aber Piaget unterscheidet zwischen der Struktur und dem Inhalt des Handelns. Der Inhalt des Handelns ist durch die empirischen Bedingungen des Handelns gegeben. Es umfasst das, was ich Kontext nenne bei der unorganisierten Form des Handelns und das, was ich Empirie oder empirische Bedingungen nenne bei der organisierten Form. Die Struktur hat in Piagets Theorie erkenntnis- und entwicklungsbestimmende Bedeutung. Der Inhalt nicht.

Dies wurde zu einem Hauptthema der Kritik an Piaget. Ein sehr guter Überblick über die Kritik und eine Verteidigung von Piaget sind bei Lourenco & Machado (1996) zu finden. Basisannahmen von Piagets Konzept sind (1) die Überlegenheit der Organisation des Denkens und Handelns gegenüber dem Inhalt, (2) die Überlegenheit von Stufen höheren Organisationsgrades gegenüber Stufen niederen Organisationsgrades, (3) die Überlegenheit des rationalen, strukturierten Denkens und Handelns gegenüber dem intuitivem, kontextgebundenen, emotionalen Denken und Handeln (vgl. Vygotsky 1981; Wertsch & Kanner 1992). (4) Piagets Annahmen gehen mit der ungewollten, aber faktischen Diskriminierung von Akteuren einher, die trotz ihrer Zugehörigkeit zu einer höheren Altersstufe einer, aus der Perspektive des Absoluten Raums gesehen, niederen Stufe angehören. Kulturvergleichende Untersuchungen des Denkens und Handelns stellen häufig eine höhere Kontextgebundenheit des Denkens und Handelns bei Mitgliedern nicht-westlicher Kulturen im Vergleich zu Angehörigen westlicher Kulturen fest. Auch der Geschlechtervergleich hinsichtlich der Möglichkeiten räumlichen Denkens und Handelns fällt in der Regel zugunsten der Männer aus, wenn der Vergleich mit Bezug auf den Absoluten Raum vorgenommen wird. (5) Piaget untersuchte das Entwicklungsproblem, „the central problem of the psychogenesis of operational structures“ (zitiert nach Laurenco 1996, S. 150). Dabei geht es um die Frage wie entsteht Neues bzw. wie entstehen höhere Formen des Denkens und Handelns aus niederen Formen. Es gelang Piaget die unterschiedlichen Stufen immer feiner voneinander abzugrenzen. Es gelang ihm jedoch nicht das Problem zu lösen. Der Übergang von den nur kontextgebundenen Formen zu den strukturierten Formen des Denkens und Handelns ist durch Äquilibration und reflektierende Abstraktion nicht erklärbar (vgl. Fodor 1980). Das Vorbild für Piagets Konzept ist der experimentell handelnde Wissenschaftler. Murray (1983) kennzeichnet die damit einhergehende Abstraktion vom Kontext zusammenfassend: „'the [Piagetian] epistemic subject has no social class, sex, nationality, culture, or personality' (S. 231).

Bezogen auf meine einleitende Definition des Raumerlebens verstehe ich Piagets Konzept als ein Konzept bei dem die Identität der Instanzen des Navigationsverhalten letztlich dominiert, während die Differenz nur den Ausgangspunkt der Entwicklung kennzeichnet, aber selbst keine entwicklungsbestimmende Bedeutung hat. Die hierarchische Ordnung der Räume führt dazu, dass der Absolute Raum dominiert und die besondere Qualität der anderen Raumvorstellungen verloren geht.

Piaget wurde sich der Grenze seiner Theorie zunehmend bewusst.

„ ... the more Piaget advanced in his career, the more he acknowledged the roles of content and context and the more sensitive he became to questions of meaning in development“ (Piaget & Garcia 1987).“ „... sensitive to his critics, Piaget admitted that his epistemic subject was not so universal and context free as he had assumed hitherto (Piaget 1972a)“ (Lourenco 1996, S. 151). Und im Kontext der Wahrnehmung kultureller Differenzen stellt er in einem Gespräch mit Bringuier fest „I got interested in Chinese science because of the book we're doing with Garcia [Piaget & Garcia 1983]. The problem was whether there is only one possible line of evolution in the development of knowledge or whether there may be different routes... Garcia, who is quite familiar with Chinese science, thinks they have traveled a route very different from our own. So I decided to see whether it is possible to imagine a psychogenesis different from our own.., and I think that it is possible. (Bringuier 1977, S. 100)“ (zitiert nach Lourenco 1996, S. 151).

Empirische Differenzen

In 2007 untersuchten Ishikawa und Kollegen die Effektivität von Navigation mittels GPS, Karte oder direktem Erleben. Verglichen wurde das Navigationsverhalten von 66 Teilnehmern, 11 Männern und 55 Frauen, die gleichmäßig auf eine GPS-, eine Karten- und eine Kontext-Gruppe aufgeteilt wurden. Im Ergebnis erwies sich die GPS basierte Navigation im Vergleich zu den anderen Formen der Navigation als weniger effektiv. Die Nutzer von GPS Geräten legten im Vergleich zu den Kartennutzern und den direkt navigierenden Personen längere Strecken zurück und mussten häufiger anhalten. Im Vergleich mit den direkt navigierenden Teilnehmern wanderten die GPS Nutzer langsamer, machten größere Richtungsfehler, zeichneten im Nachhinein Karten von geringerer topologischer Genauigkeit und schätzten die Wegfindungsaufgaben als schwieriger ein.

Auf dem Gebiet des räumlichen Denkens und Handelns liegen seit langem Hinweise auf Geschlechtsdifferenzen vor. Frauen schneiden traditionell bei raumbezogenen Aufgaben wie dreidimensionale Rotation, Finden und Lernen von Wegen, Nahrungssuche, Navigationsstrategien und geografischem Wissen schlechter ab als Männer (vgl. Pacheco-Cobos et al. 2010). Das methodologische Problem bei solchen Vergleichen ist die Frage nach dem Maßstab. Laut Pacheco-Cobos et. al. wurde die Debatte 1992 von Silverman et. al. angestoßen und in 2000 und 2007 vorangetrieben.

„Grounding their research in evolutionary theory, they argue that a critical factor in selection for human spatial sex differences was the division of labor during the Pleistocene, whereby males functioned primarily as hunters of mobile prey and females as gatherers of immobile plant foods. Consequently, whereas spatial abilities associated with hunting were likely selected for in males, spatial abilities related to gathering were likely selected for in females. A number of studies (...) now provide considerable evidence for men performing better on tasks thought to reflect an orientation strategy appropriate to hunting and for women performing better on tasks thought to reflect a landmark strategy appropriate to gathering.“ (2010).

Ein weiteres Problem war, dass bisherige Studien bis auf wenige Ausnahmen im Labor durchgeführt wurden und insofern die Bewegung im Raum nicht angemessen erfassten. Auf diesem Hintergrund haben Pacheco-Cobos et. al. die Performanz von Männern und Frauen einer mexikanischen Dorfgemeinschaft bei der Nahrungssuche verglichen. 21 Paare an Männern und Frauen haben wie gewohnt nach Pilzen gesucht. Ihre Pfade wurden per GPS getrackt und aufgezeichnet. Daten zum Energieverbrauch wurden mittels Biotelemetrie erhoben und die Ergebnisse des Sammelns wurden festgehalten. Die Messdaten bezüglich Kosten, Nutzen und Sucheffizienz wurden analysiert und auf geschlechtsspezifische Muster der Nahrungssuche bezogen. Es wurde festgestellt, dass Männer und Frauen die gleiche Menge an Pilzen gesammelt hatten, dass aber Männer dafür signifikant höhere Kosten erbrachten. Sie wanderten weitere Wege, erklommen größere Höhen und hatten höhere Mittelwerte hinsichtlich der Herzschlagfrequenz und des Kalorienverbrauchs. Sie sammelten zugleich weniger unterschiedliche Pilzarten und besuchten weniger Pilzsammelstellen als die Frauen.

Relativer und Relationaler Raum

Der Relationale Raum ergibt sich aus den Lagebeziehungen von Objekten. Er existiert also nicht ohne diese. Damit unterscheidet er sich vom Absoluten Raum, der als Container von den Objekten unabhängig ist. Bezieht man Relationalen und Absoluten Raum auf Piagets Theorie der kognitiven Entwicklung, dann ist jede niedere Stufe im Vergleich zur jeweils höheren Stufe relational insofern sie abhängiger ist von den Objekten und deren Interaktion. Dieser Idee folgend, gehe ich davon aus, dass die topische Qualität des Raumerlebens auf der senso-motorischen Entwicklungsstufe die Differenz des Relationalen zum Absoluten Raum am markantesten formulieren lässt und dass so gesehen die topische Qualität über die topologische Qualität des Raumerlebens auf der präoperationalen Stufe hinausgeht. Die handelnd erschlossene und wahrgenommene Lage von Objekten unterscheidet sich von der vorgestellten Lage von Objekten. Zu zeigen ist gegen Piaget die erkenntnis- und entwicklungsbestimmende Bedeutung des Topischen Raums: der handelnd erschlossene Raum kann die Vorstellungskraft übersteigen und den Absoluten Raum in Bewegung setzen.

In den Sozialwissenschaften hat der „spatial turn" zur Kritik des Absoluten Raums beigetragen und das Relative Raumverständnis eingeleitet. Latka folgend sind „Relativistische Raumverständnisse ... in der westlichen Philosophie stets relational gewesen, d.h. der Raum wird in Abhebung von dem absolutistischen Behälterraum-Modell als Relationsordnung beschrieben" (Latka 2010b). Umgekehrt ist der relationale Raum jedoch nicht zwingend relativistisch. Die Erfassung der Lage von Objekten im Raum kann wie Piaget zeigt aus egozentrischer Perspektive erfolgen.

Untersuchungen des Navigationsverhaltens von Taxifahrern in Paris zeigen, dass sie bei der Wegfindung mit einer Vorstellung vom Relationalen Raum arbeiten, wenn sie sich auf das ihnen vertraute, primäre Netzwerk von (Haupt-)Straßen beziehen, von dem ausgehend sie sich den weiteren Raum erschließen (Pailhous 1970, 1984). Chase (1982), der Taxifahrer in Chicago untersuchte, konnte dies nicht bestätigen. Maguire und Kollegen haben wiederum Beobachtungen des Navigationsverhaltens eines Taxifahrers machen können, die dem Relationalen Raum nahekommen. Sie untersuchten das Navigationsverhalten eines Taxifahrers im Ruhestand mit einer bilaterale Schädigung des Hippocampus bei der Wegfindung in einer virtuellen Simulation von London (Maguire, Nannery & Spiers, 2006). Der Patient konnte nur dann akkurat navigieren, wenn die Ziele über Hauptstraßen erreichbar waren.

Kontext und Topischer Raum

Ausgehend von meiner einleitenden Definition verstehe ich den Topischen Raum als Kontext, der sich für den einzelnen Akteur bei seinem Navigationsverhalten ergibt. Dieser Kontext ist für den jeweiligen Akteur immer ein physischer Kontext, ein körperlicher, sinnlich wahrnehmbarer Zusammenhang mit seiner Welt. Während die Strukturen des räumlichen Denkens nach Piaget & Inhelder durch Abstraktion vom Kontext zustande kommen, sind die Strukturen beim Topischen Raumerleben in den Kontext eingebettete Relationen von Bedingungen und Akteuren. Vorstellungen und gedankliche Beziehungen erklären sich nur im Zusammenhang mit dem Kontext. Auch die kognitive Lösung von Problemen ist daran gebunden. Gedanken sind physisch präsent (vgl. Grüter 1990b).
Bei der Rede vom Kontext des Denkens und Handelns beziehe ich mich auf eigene Arbeiten (vgl. Grüter 1990a, b), auf die japanische Lehre vom Ort von Nishida, in die Thomas Latka (2003) einführt (vgl. auch 2006, 2010a, b, c), der auch eine Übersicht über alle vier Raumvorstellungen erstellt hat[2], und auf Songlines, das Geoinformationssystem der Aborigines.

Kitarō Nishida (1870-1945) gilt als Begründer der modernen japanischen Philosophie. Er versucht die spezifische Differenz der japanischen zur westlichen Philosophie auszudrücken. Seine Frage ist wie Einzelne aufeinander wirken und sich vermitteln. Seine Antwort ist die Lehre vom Ort, der im westlichen Denken zu kurz gekommen sei. Ich verstehe die japanische Lehre vom Ort als Lehre vom Kontext. Der Ort bei Nishida ist nicht ein Schnittpunkt von Koordinaten, sondern der Kontext, in dem die unterschiedlichen Instanzen des Verhaltens wie einleitend beschrieben zusammenwirken. Der Einzelne, die Bedingungen und die Akteure, auf die er sich bezieht, sind aktiv eingebunden in den Kontext, der sich beim Handeln für den Einzelnen entfaltet. Im Folgenden kennzeichne ich den Topischen Raum und verdeutliche Merkmale des damit verbundenen Denkens und Handelns.

Sprache ist immer *in den Kontext eingebunden*, in dem sie geäußert wird. Sprachliche Äußerungen werden letztlich erst mit Bezug auf den Kontext verständlich. Dennoch gibt es Unterschiede. Während die japanische Sprache strukturell kontextgebunden ist, abstrahiert die deutsche Sprache strukturell vom

2 Siehe http://www.jawiki.de/wiki/display/BA/Die+vier+Raumvorstellungen

Kontext. Latka demonstriert dies an dem einfachen Satz „Ich liebe Dich". „Im Japanischen sagt man einfach nur „aishiteru (lieben)", eine nicht konjugierte Form des Verbs ohne Subjekt und Objekt. Dies bleibt dennoch ein vollständig verständlicher Satz, ... Die japanische Sprache ... abstrahiert nicht von den räumlichen Kontexten, sondern lebt darin." (Latka 2006, S.2).

Grenzen sind beim topischen Raumerleben *durchlässig*. Innen- und Außenwelt sind miteinander verbunden. Wer mit der Architektur des japanischen Wohnhauses vertraut ist, nimmt wahr, dass die Raumgrenzen innerhalb eines Hauses als auch zwischen dem Haus und seiner Umgebung durchlässig und fließend sind. Die Innenräume des deutschen Wohnhauses sind demgegenüber deutlich voneinander und von der Außenwelt abgegrenzt.

Der Topische Raum ist nicht leer, sondern ein *Feld von Kräften*, die alles durchdringen. Für den Philosophen Tetsuro Watsuji (1889-1960) werden die Unterschiede durch das Klima verständlich. Die Erfahrung der Natur im europäischen Wiesenklima sei auf den Ackergrund und die regelmäßige Folge der Jahreszeiten gegründet. Im japanischen Monsunklima bestehe die Erfahrung der Natur dagegen in der Begegnung mit Monsunwinden.

„Natur wird nicht primär als Boden, sondern als Wind erfahren, in dem man sich befindet. Der Wind kommt aus verschiedenen Richtungen, ist unberechenbar und so feucht, dass man sich in ihm gefangen sieht, und ihm nicht ausweichen kann. Die Menschen versuchten daher gar nicht erst, Häuser zu bauen, die diesem Wind trotzten, sondern durch Offenheit dafür zu sorgen, dass man sich wenigstens durch die abendlichen kühleren Winde etwas Linderung verschaffen kann". (vgl. Latka 2003, 2006).

Das hierarchische Rangsystem der japanischen Gesellschaft kennzeichnet nicht das Verhalten in der Gruppe, sondern den Umgang der Gruppenmitglieder im Kontakt mit Außenstehenden. Für das Verhalten im Kontext der Gruppe ist nicht die formale Arbeitsteilung und nicht der soziale Rang entscheidend. Das Verhalten des Einzelnen in der Gruppe ist aktiver Teil des ausgleichenden Zusammenwirkens aller. Es findet seinen Ausdruck in dem gemeinsamen Erfahrungswissen, dem impliziten Wissen, über das die Mitglieder der Gruppe nur im Zusammenhang miteinander verfügen. In der Gruppe hat der Ranghöhere die Aufgabe für die ausgewogene Qualität des Gruppenverhaltens zu sorgen. Für den Psychologen Kawai Hayao ist im japanischen Umgang mit dem Einzelnen ein mütterliches Prinzip wirksam, während in der westlichen klassifizierenden Sicht auf den Einzelnen ein väterliches Prinzip wirksam ist (zitiert nach Latka 2003, S.180, 238).

Die Annahme von der Überlegenheit des Absoluten Raums ist nicht zuletzt in der Gewissheit begründet, dass hochentwickelte kulturelle Leistungen die

Abstraktion vom Kontext zwingend voraussetzen. Dass es auch anders geht, zeige ich hier an Beispielen der *Architektur* und der *Navigation über weite Distanzen hinweg*. Damerow (1993, S. 217-221) verweist mit Bezug auf Koch & Schiefenhövel (1987) auf einen Bergstamm aus Neu-Guinea, dessen Angehörige als einzelne Individuen über ein Abstraktionsniveau verfügen, das komplexe Leistungen wie den Bau eines Hauses ausschließt. Ihnen fehlt z. B. die Rechenfertigkeit, die für uns ein Merkmal des Zahlbegriffs und der damit einhergehenden Abstraktionsleistung ist. Die anspruchsvollen *Rundbauten* des Stammes, in diesem Fall ein sakrales Männerhaus, *entstehen* nun nicht wie bei uns als Resultat einer arbeitsteiligen, hierarchisch-sequentiell organisierten Folge von Planungs- und Ausführungshandlungen verschiedener Stammesmitglieder, die Abstraktionsvermögen voraussetzen, sondern *als Resultat eines Rituals*. Eine große Anzahl von Stammesmitgliedern kommt zusammen und formiert sich in der ritualisierten, über Gesang vermittelten gemeinschaftlichen Handlung beim Bau des Männerhauses (vgl. auch Wertheimer 1925, S. 144).

Aborigines, australische Ureinwohner, navigieren durch die Weiten Australiens mittels Songlines. Songlines beziehen sich auf zahllose Pfade, die sich kreuz und quer durch Australien ziehen. Der einzelne Song bezieht sich auf eine Episode, die an einen bestimmten Ort gebunden ist. Die Songline ist wie die Odysee eine Folge von Episoden. Die Entstehungsmythen der Aborigines erzählen von Traumwesen, die in der Traumzeit über den Kontinent gewandert sind und alles, was ihren Pfad kreuzte, Pflanzen, Bäume, Tiere, Felsen, Wasserstellen, besungen haben. Durch das Singen erschufen sie die Welt. Jede Songline, jeder Pfad ist an einen Stamm und wird durch das Stamm-Totem bezeichnet. Indem die Aborigines singend ihre Stammespfade entlang wandern, erschaffen sie die Welt, die von den Traumwesen erschaffen wurde, aufs Neue. Ohne gesungen zu werden existiert diese Welt nicht. Die *Songlines sind Navigationsinstrumente*. Werden sie beim Wandern gesungen, dann leiten sie die Orientierung und Bewegung des Wanderers. Das Erstaunliche ist, dass sie auch über die Grenzen der lokalen Sippe und über Sprachgrenzen hinaus funktionieren. So wie internationale Popsongs auch ohne Sprachkenntnisse verstanden, aufgenommen und gesungen werden, erfüllen Songlines ihre Orientierungsfunktion auch unabhängig von der Sprache. Informationen über den Boden, die Entfernung, die Zeit, die man braucht, die Gefahren, die unterwegs lauern, die Zwischenstationen teilen sich dem Singenden implizit mit durch Klang, Melodie und Rhythmus im Zusammenhang mit der Körperbewegung und dem sich entfaltenden Kontext. Sie sind von einer solchen Präzision, dass sich der Sänger weit über seinen eigenen Lebensraum hinaus orientieren kann. Eine Songline ist keine Karte. Das implizite Wissen teilt sich beim Singen und der Bewegung des Wanderns mit. Es spricht einiges dafür, dass Aborigines eine besondere Expertise und Differenziertheit in der Wahrnehmung raum- und bewegungsbezogener Reize entwickelt und in den Songlines verdichtet haben, die sie beim Singen und Wandern aktivieren. Die Raumbeziehung eines Aborigines entsteht mit der Geburt und damit, dass er einen Namen erhält, der auf einen Ort bezogen und in die Songline integriert ist. Sie entwickelt sich mit dem Leben und dem Aufwachsen in der Sippe und den Treffen des Stammes an den heiligen Orten, bei denen die Episoden der Songlines gesungen werden. Die Raumbeziehung ist nicht wie bei uns an eine umrissene Fläche gebunden, sondern an Orte, durch die sich Pfade ziehen, die vernetzt sind. Es gibt durch Orte definierte Grenzen des jeweiligen Lebensraums einer Sippe, aber nicht als Abgrenzungen gegenüber dem Gebiet einer fremden, potentiell feindlichen Sippe, sondern als weiterer Ort und Station des Durchgangs zum Raum der Nachbarsippe. Diese Art der Verbindung von Räumen wird durch das verwandtschaftliche System und die wechselseitige Verantwortung für heilige Orte gestützt (vgl. Chatwin 1987, Helbling 1997).

WANDEL VON RÄUMEN UND MOBILES SPIELERLEBEN

In den vorangehenden Abschnitten habe ich Raumvorstellungen der Navigation mit Bezug auf den Absoluten Raum und alternativ mit Bezug auf den Topischen Raum erarbeitet. Ich nehme nun den einleitend entwickelten Gedanken auf, dass mobile Spielereignisse an beide Raumvorstellungen geknüpft sind. Ich führe diesen Gedanken weiter und zeige, dass die Ästhetik mobilen Spielens wesentlich darin besteht, dass Spieler den Wandel von Räumen erleben und gestalten.

Mobile Spiele

Spiele lassen sich laut Huizinga (1872-1945) dadurch definieren, dass Spieler freiwillig und mit Intensität Regeln befolgen, durch die sich die Spielwelt von der Alltagswelt abgrenzen lässt (vgl. Huizinga 1938, S. 13). Mit Bezug auf Huizinga haben Salen & Zimmerman den Spielraum *Magic Circle* genannt (2004, S. 95). Mobile Spiele stehen jedoch im Widerspruch zu dieser Definition. Sie basieren auf der physischen Bewegung von Spielern in einer Spielwelt, in der die reale Welt mit virtuellen Dimensionen verbunden ist. Die Welt des Mobilen Spiels lässt sich nicht mehr klar abgrenzen von der Alltagswelt (vgl. im Einzelnen Grüter & Mielke 2004, S. 154). Mobile Spiele lassen sich daher auch als Pervasive Spiele kennzeichnen, die von Markus Montola wie folgt definiert wurden:

> „Pervasive game is a game that has one or more salient features that expand the contractual magic circle of play socially, spatially or temporally“ (2005, S. 3).

Die Durchlässigkeit der Grenzen von Spielwelt und Alltagswelt führen dazu, dass das Spielerische in den Alltag eindringt und dass die Ernsthaftigkeit und auch das Risiko des Alltagslebens in die Spielwelt Einzug hält.

Ästhetik Mobiler Spiele

Es lassen sich drei verschiedene Typen von Spielen unterscheiden, die sich teilweise überschneiden: Alternate Reality Games, Pervasive Games und Mobile Spiele wie ich sie hier vorstelle. Die Designer dieser Spiele befassen sich alle mit Themen, die sich aus der Durchlässigkeit der Grenze zum Alltagsleben ergeben. Sie unterscheiden sich allerdings durch den Fokus, den sie dabei setzen: das Alltagsleben, die Grenze und das Spiel.

Alternate Reality Games (ARG) werden unter anderen von Jane McGonigal realisiert und vorgestellt. Der Fokus ist das Alltagsleben. ARGs gehören zu den kommerziell erfolgreichsten Spielereignissen, an denen zehntausend Spieler und mehr teilnehmen. Sie werden oft im Rahmen des viral marketing eingesetzt. Die Spiele basieren auf der „This is Not A" Designphilosophie, die Gold (1993) im Xerox Parc Center mit Bezug auf Rene Magritte's Bild einer Pfeife entwickelte (vgl. McGonigal 2006, S. 1), und sind transmedial. Die Spiele sind unmittelbar nicht als Spiel erkennbar. Sie entstehen im Alltagsleben. Den Akteur erreicht eine unterschwellig irritierende Nachricht per Mail, Telefon, ein Zeichen an der Häuserwand. Geht er dieser Nachricht nach, dann landet er unter Umständen auf einer Website, die weitere Irritationen auslöst. So wird er Schritt für Schritt in das Spielgeschehen einbezogen und treibt dies durch seine eigenen Aktionen gemeinsam mit anderen voran, ohne dass das Spiel jemals als Spiel gekennzeichnet wird. Der transmediale Charakter der Spiele ergibt sich daraus, dass sich Nachrichten viral verbreiten, dass sich das Spieluniversum durch den Einsatz verschiedenster Medien entfaltet, Telefon, Mobiltelefon, Film, Print, Webseite, Soziale Medien etc., und dass die Spieler das Geschehen vorantreiben. Dahinter stehen Puppetmaster, die das Spielgeschehen für die Spieler nicht direkt wahrnehmbar gestalten, indem sie Ereignisse auslösen, gezielt auf Aktionen von Spielern reagieren und neue Richtungen entwickeln. Aufgrund ethischer Probleme der Grenzverletzung und der Gefahr des Hijacking eines Spiels wurden Regeln und Guidelines für Puppetmaster entwickelt (Stacey 2002).

Designer von *Pervasive Games* sind Grenzgänger. Sie fokussieren die Auflösung der räumlichen, zeitlichen und sozialen Grenzen zwischen Spiel- und Alltagswelt. Es ist nicht immer klar, ob der Mitspieler tatsächlich ein Mitspieler oder doch nur ein harmloser Zuschauer ist. Der Campus, ein alltäglicher Ort wird zugleich zu einem Raum, in dem unbekannte Gefahren lauern und jeder Unbekannte ein Verfolger und Mörder sein kann. Pervasive Games reichen wie alle anderen Spiele weit in die Geschichte zurück. Eine wichtige Wurzel ist die skandinavische Tradition der Rollenspiele. In ihrer gegenwärtigen Form wurden sie vor allem durch das Europäische Projekt IPerG bekannt. Im Kontext dieses Projektes entstanden eine Reihe von Spielen, das Konzept der Pervasive Games von Markus Montola (2005), das Buch (Montola et al. 2009) und der Blog, der von den Autoren betrieben wird.

Die Gruppe Gangs of Bremen entwickelt *Mobile Spiele* seit 2003. Unser Fokus ist das Spiel im Wandel. Diese Designstrategie kann in Übereinstimmung mit dem Ansatz der Alternate Reality Games im Alltag ansetzen oder in Übereinstimmung mit den Pervasive Games an der Grenze ansetzen und die Mischung der Welten nutzen oder ganz im Sinne des traditionellen Spieldesigns beim Spiel direkt ansetzen[3]. In jedem der drei Fälle fokussieren wir das Spiel in seiner Grenze zum Alltagsleben. Ausgangspunkt dieser Überlegung ist, dass bei allen genannten Alternativen der Magic Circle nur wirksam wird, weil die Spieler Regeln berücksichtigen. Die Spieler grenzen die Spielwelt von der Alltagswelt ab. Die Grenzen der Spielwelt werden durch das Spielhandeln des Spielers in seiner Interaktion mit anderen hergestellt, und werden so für alle Beteiligten als empirische, physische Grenzen wahrnehmbar (vgl. Grüter, Oks 2007). Sofern diese Grenzen durchlässig werden und sich die Welten mischen, ist es Sache der Spieler die Spielwelt unter den sich ändernden Bedingungen erneut herzustellen. Tun sie es nicht, ist das Spiel tot. Der Magic Circle, die Spielwelt und die Spieler selbst entwickeln und verändern sich auf diese Weise beim Spielen. Wir nennen eine Designstrategie, die sich auf Entwicklung richtet Developmental Design.

MOBILES SPIELERLEBEN

Die Ästhetik von Spielen basiert auf der Differenz von Spielsystem und Kontext des Spiels.

„How does pleasure emerge and evolve over time in a game? All of the possible states and experiences of a game are contained within the theoretical construct called the space of possibility. A game player begins his or her journey through the space of possibility at the same place every time: the start of the game. But the experiential path that a player takes through the space will vary each time the game is played. Every play of the game will be unique, even though the rules of the game, its formal structure, remain fixed. This quality of games, that a game provides the *same* consistent structure each time but a *different* ex-

3 So haben wir zum Beispiel die Grenze des Spiels On the Streets durch die Kleidung der Spieler deutlich markiert, um deren direkte Interaktion bei der Begegnung in der Stadt zu unterstützen.

perience and outcome every time it is played, is a powerful engine that sustains and encourages play. We refer to this concept by the shorthand term *same–but–different*." (Salen et al. 2004, S. 340).

Ich komme damit zur einleitenden Definition des Navigationserlebens zurück. Diese Definition wird in dem Moment zu einer Definition Mobilen Spielerlebens, in dem sie nicht mehr nur die empirischen Instanzen des Navigationsverhaltens, sondern die Instanzen der Spieltätigkeit berücksichtigt. Ich definiere Mobiles Spielerleben als eine Einheit von *same-but-different* oder mit meinen Worten, als Einheit von Identität und Widerstreit der Bedingungen des Spiels. Damit nehme ich ähnlich wie Juul an, dass jedes einzelne Objekt, jede Handlung, und jeder Spieler doppelt bestimmt ist (vgl. Juul 2007, S. 514), durch das Spielsystem, den Absoluten Raum, und durch den Kontext des Spielens, den Topischen Raum. Die Art und Weise wie sie miteinander verbunden sind, ist Sache der Spieler. Bei allen Spielen entsteht eine Spannung zwischen Spielsystem und Kontext. Und bei allen Spielen gibt es Arten die Spannung zu lösen. Es gibt die regulären Möglichkeiten Spannung im Rahmen des Spiels zu lösen. Es gibt den Spielabbruch, es gibt den Betrug, es gibt die Verletzung von Regeln, es gibt Schiedsrichter. Und es gibt die Möglichkeit das Spiel zu ändern. Beim Mobilen Spiel wird die Spannung über kurz oder lang durch vorübergehende oder sogar durch anhaltende Änderungen des Spielsystems gelöst. Wie aber soll das bei einem Mobilen Spiel geschehen, dessen Logik in einem technischen System, oft einem Client-Server-System verkörpert ist? Die Regeln, technisch implementiert oder nicht, definieren die Spielwelt als Absoluten Raum, in dessen Grenzen sich der Spieler bewegt. Eine Änderung des Regelwerks ist einfacher vorstellbar, wenn es nur „sozial" implementiert ist. Bei Mobilen Spielen reguliert das technische System den Spielprozess. Das Handeln des Spielers gewinnt jedoch nur an Bedeutung, und das Spiel funktioniert auch nur, *insoweit die Spieler das Handeln in ihrem physischen Kontext situieren* (vgl. Grüter, Oks 2007). Dies lässt sich nicht nur für mobile Spieler zeigen. Wir beobachteten es auch an einem PC Spieler, der an einem mobilen Spiel beteiligt in einem Gebäude am PC sitzend mit einem Spieler kämpfte, der sich außerhalb des Gebäudes auf der Straße befand (Grüter, Oks 2007).

Wie Aborigines den Songlines folgend ihre Welt beim Singen und Wandern erschaffen, *erschaffen mobile Spieler ihre Spielwelt in der physischen Bewegung beim Spielen.* Beim Spielen entsteht erst die gemischte Spielwelt, die jeweilige Verbindung des Absoluten mit dem Topischen Raum. In unseren Untersuchungen fanden wir zwei Arten von Spielhandlungen: Handlungen, die sich auf das Spielziel richteten und sich im Rahmen des Magic Circle bewegten, und Handlungen, die den Magic Circle herstellten und sicherten. So wurden Feinde vorübergehend zu Freunden, um ein technisches Problem zu lösen, das den Spielfluss für Sekunden unterbrach, um unmittelbar danach in den Kampfmodus zurückzukehren (Grüter, Oks 2007). Spieler erschaffen die mobile Spielwelt. Damit ist jedoch noch nicht geklärt, dass sie das Spielsystem ändern.

Bei einem Vergleich von chinesischen und deutschen Spielern ließ sich zeigen, wie die gleiche Kampfmechanik des Spiels *On the Streets*, technisch implementiert, beim Spielen im jeweiligen Kontext der chinesischen bzw. der deutschen Spieler in einer besonderen Art und Weise des Kämpfens resultierte (vgl. Grüter et al. 2010a). Die Wahrnehmung dieser empirischen Differenz änderte unsere Sicht auf die Interaktion im Raum. Spontan hatten wir die expressive Art des Kampfes absolut gesetzt bis wir von den chinesischen Spielern eines besseren belehrt wurden. Vor allem aber eröffnete uns diese Beobachtung die Möglichkeit über neue Ansätze der Spielentwicklung durch Spieler nachzudenken „Emergent game play is the first step of transforming a game logic. The identical fight mechanics in our case study worked with different cause-effect relations established within the emerging context of play. Repeated over time players develop implicit rituals and rules by means of which they adapt the game logic to their particular context of play. Families playing a card game do that all the time. These implicit rules become explicit as soon as an outsider suddenly interrupts the flow and a conflict on how to interpret the rules has to be resolved by negotiation. Operative rules may result in a redefined game within which the old logic becomes a restructured part of a new system implemented either socially and/or technically.“ (Grüter et al. 2010a). Kurz, Veränderungen des technischen Systems sind ausgehend vom emergent game play[4] und sich bildenden kontextgebundenen Ritualen und Mustern des Spielens vorstellbar. Für die Untersuchung solcher Prozesse, sind jedoch Studien erforderlich, die wiederholtes Spielen verschiedener Gemeinschaften über einen längeren Zeitraum erfassen lassen (vgl. das Vorhaben Grüter et al. 2010b). Bislang konzentrieren sich unsere Studien auf die Erfassung von emergent game play also auf Ansatzpunkte der Veränderung im Rahmen des gegebenen Systems.

---

4 Wir kennen keinen geeigneten deutschen Ausdruck für *emergent game play*. Gemeint ist die jeweils besondere Lösung der Spannung im Spiel durch kontextspezifische Situierung des Spielhandelns und damit des Spielsystems.

SCHLUSS

Ausgehend von einem Mobilen Spielereignis habe ich eine Definition des Navigationserlebens vorgestellt, die zwei Arten des Raums verbindet, den Absoluten und den Topischen Raum. Fragt man nun nach der Be-greifbarkeit vom Interaktion im Raum, dann lässt sich aus den bisherigen Schritten die Richtung ableiten, in der wir Antworten suchen. Bei Piaget wird Entwicklung und Be-greifen als ein Vorgang der Abstraktion vom Kontext vorgestellt. Diese Entwicklung wird in Richtung auf den Absoluten Raum diachron konzipiert, als ein Nacheinander von Stufen. Piagets Theorie versagt, wenn es darum geht, die Entstehung der neuen Stufe zu erklären. Sein Konzept der Reflektierenden Abstraktion geht zwar an die Grenze einer gegeben Stufe, aber bleibt im Rahmen des gegebenen Raums. Im Topischen Raum ist Entwicklung und Be-greifen als Emergenz synchron konzipiert. Im Mit- und Nebeneinander der empirischen Instanzen entsteht eine Gestalt. Es ergibt sich unmittelbare Einsicht. Die von mir hier vorgestellte Sicht, geht nun davon aus, dass die Aufhebung der Abstraktion durch Konkretion und damit der Wandel des Spielsystems eintreten kann, wenn beide Raumvorstellungen *gleichzeitig* und *gleichwertig* wirksam werden. Die Untersuchung solcher Entwicklungen setzt eine entsprechende Methodik voraus.

LITERATUR

Aarseth, E. 2000: Allegories of Space. The Question of Spatiality in Computer Games. In Eskelinen, M. & R. Koskimaa (Eds.) 2000: Cybertext Yearbook, S. 152-171, http://cybertext.hum.jyu.fi/articles/129.pdf

Dt. Allegorien des Raums. Räumlichkeit in Computerspielen. In: Zeitschrift für Semiotik 23/1 2001, S. 301-318

Aarseth, E. 1997: Cybertext: Perspectives on Ergodic Literature. Baltimore, Maryland: The John Hopkins University Press

Aarseth, E. 2003: Mobile Entertainment - Concepts and Cultures, S.24, EU Project mgain, Deliverable D3.2.1, Chap. 4, http://www.mgain.org/mgain-wp3-D321-delivered.pdf

Bringuier, J. 1977, 1980: Conversations with Piaget. University of Chicago Press

Chase, W. G. 1982: Spatial Representations of Taxi Drivers. In D. Rogers, & J. A. Sloboda (Eds.): Acquisition of symbolic skills, New York: Plenum Press, S. 391–405

Chatwin, B. 1987: The Songlines. London: Random House

Damerow, P. 1993: Zum Verhältnis von Ontogenese und Historiogenese des Zahlbegriffs. In: Edelstein, W., Hoppe-Graf, S. (Hgs.): Die Konstruktion

Kognitiver Strukturen: Perspektiven einer Konstruktivistischen Entwicklungstheorie. Bern: Huber, S. 195-259

Fodor, J. 1980: Fixation of Belief and Concept Acquisition. In Piattelli-Palmarini, M. (Ed.): Language and Learning. The Debate between Jean Piaget and Noam Chomsky. London and Henley: Routledge & Kegan Paul

Golledge, R., Zannaras, G. 1973: Cognitive approaches to the analysis of human spatial behaviour. In W. H. Ittelson (ed.) Environment and Cognition. New York: Seminar Press, S. 59-94

Grüter, B. 1990a: Widerspruch. Individuelle Entwicklung als Systemerneuerung. Heidelberg: Asanger Verlag

Grüter, B. 1990b: Individuelle Entwicklung als Systemerneuerung – Zu einigen Problemen der genetischen Erklärung. In: Oser, F. & H. Reich (Hrsg.): Entwicklung von Denkprozessen und Argumentationsfiguren, 9. Tagung Entwicklungspsychologie München 16.-20. Sept. 1989. Proc. AG 3. S. 13-21. Fribourg: Pädagogisches Institut der Universität Fribourg, http://www.informatik.hs-bremen.de/grueter/?cat=49

Grüter, B., Mielke, A. 2004: On the development of a mobile play mechanics. In: Moore, J. Rutter (Eds.). Mobile Entertainment. User-Centred Perspectives. Proceedings Conference „mgain – Mobile Entertainment: User Centered Perspectives" Manchester March, 24th – 27th 2004, Manchester: Center for Research on Innovation and Competition, S. 133-148

Grüter, B., Oks, M. 2007: Situated Play and Mobile Gaming. In Baba, Akira (Hg.) Situated Play. Proceedings of the DiGRA 2007, Third International Conference of the Digital Games Research Association, September 24th – 28th, 2007, The University of Tokyo, Tokyo, Japan, S. 103-112

Grüter, B., Oks, M. & A. Lochwitz 2010a: System and context - on a discernable source of emergent game play and the process-oriented method. ICEC 2010: 9th International Conference on Entertainment Computing in COEX Seoul Korea, Sep 8-11, 2010

Grüter, B., Vatterrott, H.-R., Oswald, D. 2010b: Landmarken Mobiler Unterhaltung. Forschungsvorhaben BMBF Projekt. http://www.informatik.hs-bremen.de/gob/index.php?page=projects (16.8.10).

Helbling, J. 1997: Die Organisation des sozialen und natürlichen Raumes bei den australischen Aborigines. In: Michel, P. (Ed.): Symbolik von Ort und Raum. Bern: P. Lang, S. 281–303

Huizinga, J. 1938, 1955: Homo ludens; a study of the play-element in culture. Boston: Beacon Press

Ishikawa, T., Fujiwara, H., Imaic, O. & A. Okabec 2008: Wayfinding with a GPS-based mobile navigation system: A comparison with maps and direct experience. Journal of Environmental Psychology 28, S. 74–82

Juul, J. 2007: A Certain Level of Abstraction. In: Baba, A. (ed.). Situated Play: DiGRA 2007 Conference Proc., 510-515. Tokyo: DiGRA Japan. See also http://www.jesperjuul.net/text/acertainlevel/

Klippel, A. 2002: Wegfinden. Lexikonstichwort. In: Lexikon der Kartographie und Geomatik. Heidelberg, Bd. 2 S. 422-423.

Koch, G., Schiefenhövel, W. 1987: Eipo (West-Neuguinea, Zentrales Hochland) -Neubau des sakralen Männerhauses in Munggona. Publikationen zu wissenschaftlichen Filmen, Sektion Ethnologie. Institut für den wissenschaftlichen Film, Göttingen: Sonderserie 7,9: S. 131-156

Kruschel, K.2005: Kontextspezifische Landmarken für die Fußgängernavigation. Humboldt-Universität zu Berlin. München: GRIN Verlag

Latka, T. 2010a: Die Topologische Wende im 21. Jahrhundert, http://www.jawiki.de/wiki/display/BA/Der+Topological+Turn+in+der+Systemtheorie (28.6.10)

Latka, T. 2010b: Die vier Raumvorstellungen. http://www.wadoku.de/wiki/display/BA/Die+vier+ Raumvorstellungen (25.6.10).

Latka, T. 2010c: Ding, Ereignis, Feld, www.jawiki.de/wiki/display/BA/Ding%2C+Ereignis+und+Feld (28.6.10)

Latka, T. 2006: Das Denken in Räumen. Was wir von den Japanern lernen können. In: „Praxis der Systemaufstellung“ 2/ 2006

Latka, T. 2003: Topisches Sozialsystem. Heidelberg: Carl-Auer

Lourenco, O., Machado, A. (1996). In defense of Piaget's theory: A reply to 10 common criticisms. In Psychological Review, 103 (1). S. 143-164

Maguire E.A., Nannery R., Spiers H.J. 2006: Navigation around London by a taxi driver with selective bilateral hippocampal lesions. In: Brain, 129 (11), 2894-2907

McGonigal, J. 2006: This Might Be A Game. Diss. University of California, Berkeley

McGregor, G.L. 2007: Situations of Play: Patterns of Spatial Use in Videogames. In: Situated Play, Proc. DiGRA 2007 Conference. Tokyo, Japan, September 24-28th, S. 537-545

Montola, M. 2005: Exploring the Edge of the Magic Circle. Defining Pervasive Games. DAC 2005 conference, December 1.-3. IT University of Copenhagen

Montola, M., Stenros, J. & Waern, A. 2009: Pervasive Games: Theory and Design. Morgan Kaufmann

Murray, E. 1983: Learning and development through social interaction and conflict: A challenge to social learning theory. In L. Liben (Ed.), Piaget and the foundations of knowledge. S. 231-247. Hillsdale, N J: Erlbaum.

Onyett, C. 2009: Red Dead Redemption: A Man and His Horse. Interview with Dan Houser. I, May 8, 2009, URL: http://uk.xbox360.ign.com/articles/981/981349p1.html; II, May 11, 2009, URL: http://uk.xbox360.ign.com/arti cles/981/981807p1.html

Pacheco-Cobosa, L. , Rosetti, M., Cuatianquiz, C. Hudson, R. 2010: Sex differences in mushroom gathering: men expend more energy to obtain equivalent benefits. Evolution and Human Behavior. Volume 31, Issue 4, S. 289-297

Pailhous, J. 1970: La representation de l'espace urbain: l'example du chauffeur de taxi. Paris: Presses Universitaires de France

Pailhous, J. 1984: The representation of urban space: Its development and its role in the organisation of journeys. In R. Farr, & S. Moscovici (Eds.), Social representation. Cambridge: Cambridge University Press.

Piaget, J. 1937, 1975a: Der Aufbau der Wirklicheit beim Kinde. GW 2, Stuttgart: Klett

Piaget, J., Inhelder, B. 1948, 1975b: Die Entwicklung des räumlichen Denkens beim Kinde. GW 6 Stuttgart: Klett

Piaget. J., Inhelder, B., Szeminska, A. 1948, 1975c: Die natürliche Geometrie des Kindes. Stuttgart: Klett

Piaget, J., & Garcia, R. 1987: Vers une logique des significations. [Toward a logic of meanings]. Geneva: Murionde

Salen, K., Zimmerman, E. 2004: Rules of Play. Game Design Fundamentals. Cambridge, MA: The MIT Press

Stacey, S. 2002: Unfiction Terms of Service. Last edited by SpaceBass on Wed May 26, 2010, URL: http://forums.unfiction.com/forums/viewtopic.php?t=5 (Abgerufen: 12. August 2010)

Vygotsky, L. 1934, 1981: Thought and language. Cambridge, MA: MIT Press

Wagner, K. 2010: Kognitiver Raum: Orientierung – Mental Maps – Datenverwaltung. In: Günzel, S. (Hrsg.): Raum. Ein interdisziplinäres Handbuch. Stuttgart: Verlang Metzler

Wertheimer, M. 1925: „Über das Denken der Naturvölker, Zahlen und Zahlgebilde." In Wertheimer: Drei Abhandlungen zur Gestalttheorie. Erlangen: Palm & Enge, 1925, S. 106-163

Wertsch, J., & Kanner, B. 1992: A sociocultural approach to intellectual development. In R. Sternberg & C. Berg (Eds.). Intellectual development. S. 328-349. Cambridge, England: Cambridge University Press

Bottom-Up MixedReality

Emergente Entwicklung, Unkontrollierbarkeit und soziale Konsequenzen[1]

KARSTEN WEBER

EINLEITUNG: QUELLEN INNOVATIVER IDEEN

Science Fiction wird oft genannt, wenn nach Quellen innovativer Ideen der technischen Entwicklung gefragt wird. So kann man immer wieder die Behauptung finden, dass die Entwickler[2] des ersten Mobilfunktelefons, das diesen Namen wirklich verdient, durch die Kommunikationstechnologie inspiriert worden wären, die in der US-amerikanischen Fernsehserie *Star Trek* aus den Jahren 1966 bis 1969 gezeigt wurde. Doch es gibt zumindest in diesem konkreten Fall und wohl auch generell gute Gründe, das unterstellte Wirkungsverhältnis zu bezweifeln bzw. zumindest stark zu relativieren. Schaut man sich nämlich die in *Star Trek* gezeigte Technik genauer an, so verschwindet die Ähnlichkeit mit einem Mobilfunktelefon fast vollständig. So gibt es in der Fernsehserie nicht die Notwendigkeit des Wählens einer Nummer, aber dafür muss die Sendefrequenz manuell justiert werden. Ebenso fehlt der Netzwerkgedanke; das Kommunizieren in *Star Trek* basiert auf einer Punkt-zu-Punkt-Verbindung, unabhängig von jeder Art eines Netzwerks. Allein der Aspekt der Tragbarkeit und vielleicht die Größe der genutzten Geräte erinnert an das heutige Mobiltelefon. In der Rückschau mag es nun so aussehen, als ob *Star Trek* – mutatis mutandis gilt dies für alle vermeintlichen literarischen oder filmischen Vorbilder für technische Innovationen – etwas von der realen Zukunft vorweggenommen hätte.

---

1 Wesentliche Anstöße zu den hier geäußerten Ideen verdanke ich Frank Pallas (2009), der im Rahmen einer Tagung die Unterscheidung von Top-Down- und Bottom-Up-Innovationen vorgestellt hatte.

2 In diesem Text wird um der Lesbarkeit und Kürze willen immer die maskuline Form genutzt, gemeint sind jedoch stets alle Geschlechter.

Auch in Bezug auf Technologien zur be-greifbaren Interaktion kann die Technik in *Star Trek* vermeintlich herangezogen werden, denn zuweilen wird in den einzelnen Folgen von „internen Sensoren" gesprochen, mit deren Hilfe Personen lokalisiert werden. Erst vor dem Hintergrund heute diskutierter Technologien wie *Ambient Intelligence*, *Ubiquitous Computing* oder auch *Pervasive Computing* wird die Bedeutung dieser Idee gänzlich ersichtlich: Die Umgebung selbst ist zu einer Benutzerschnittstelle mutiert. Doch wiederum wäre es ein Fehler, den Machern von *Star Trek* im engeren Sinne eine Vorwegnahme von *Ambient Intelligence*, *Ubiquitous Computing* oder *Pervasive Computing* zu unterstellen.

Science Fiction ist daher kaum eine geeignete Quelle für konkrete technische Entwürfe, ihr Nutzen als Zukunftsszenario zur Evaluierung sozialen Auswirkungen von Technik ist begrenzt, ihre Reliabilität und Validität gering einzuschätzen. So ist es zur Erzielung größerer Verlässlichkeit bei der Vorausschau möglicher technischer Entwicklungen und deren sozialen Folgen unabdingbar, andere Methoden zu nutzen. Doch Technikfolgenabschätzung bzw. Technikfolgenforschung (TA), die solche Methoden liefern sollen, bauen auf Voraussetzungen, deren Geltung im Falle von Informations- und Kommunikationstechnologien im Allgemeinen und von Technologien zur be-greifbaren Interaktion im Speziellen grundsätzlich infrage gestellt werden kann. Anhand von Beispielen und Szenarien soll im Folgenden aufgezeigt werden, dass sich Innovationen in diesem Bereich nur schwer oder gar nicht voraussehen lassen und auch nur bedingt regulieren lassen wird. Dabei wird sich jedoch auch zeigen, dass utopische Ideen zu sozialen Entwicklungen im Bereich der be-greifbaren Interaktion durchaus bedacht werden sollten, denn insbesondere Subkulturen wie die Cyberpunk-Szene geben Impulse zur Entwicklung innovativer Schnittstellen, die über die herrschenden Nutzungsparadigmen hinausgehen.

BE-GREIFBARE INTERAKTION UND ANDERE BENUTZUNGSKONZEPTE

Ambient Intelligence, *Ubiquitous Computing* und *Pervasive Computing* stehen für Technologien, die informations- und kommunikationsorientierte Dienstleistungen erbringen, ohne dass die entsprechenden Geräte als technische Artefakte erkennbar wären (vgl. Beigl 2001). Die entsprechenden Funktionen werden nicht von klar identifizierbaren und eng lokalisierten einzelnen Geräten ausgeführt, sondern die jeweilige Umgebung selbst soll mit technischer Funktionalität aufgerüstet sein; unzählige sehr kleine und meist auch einfache Geräte sollen sich je nach Anforderung spontan und ohne menschliche Eingriffe vernetzen und interagieren, um Benutzerwünsche zu erfüllen. Marc Weiser hatte diese Idee in seinem Aufsatz *The Computer for the Twenty-First Century* bereits im Jahr 1991 entwickelt und dabei eine Technologie skizziert, die in Bezug auf ihre Funktionalität einen hohen Grad an Autonomie besäße und gleichzeitig nicht mehr als Technik erkennbar wäre, sondern unsichtbar in der Umwelt aufginge:

„The most profound technologies are those that disappear. They weave themselves into the fabric of everyday life until they are indistinguishable from it." (Weiser 1991, S. 94)

Für diese Technologie findet sich inzwischen eine große Zahl von Bezeichnungen; *Ubiquitous Computing*, *Pervasive Computing* oder *Ambient Intelligence* sind beileibe nicht die einzigen. Im Moment findet man sehr häufig die Benennung als *Anytime Anywhere Communication and Computing* (AACC, vgl. Neitzke et al. 2008); außerdem wird oft vom *Internet der Dinge* gesprochen (vgl. die Beiträge in Fleisch 2005). Auch die Rede vom *Smart Home* gehört in dieses Umfeld (vgl. Park et al. 2003). Die verschiedenen Bezeichnungen verweisen zum Teil auch auf verschiedene Phänomene und Verwendungsweisen, besitzen aber gleichzeitig große Überschneidungen hinsichtlich ihrer Bedeutung – als Bedeutungskern kann man die Idee Marc Weisers identifizieren, dass Computertechnologie in die Umgebung eingebettet werden soll.

Die Bezeichnung *Ubiquitous Media* taucht seltener in der Literatur auf. Der Unterschied zu den bereits genannten Technologien ist vor allem darin zu sehen, dass im Fall von *Ubiquitous Media* viel stärker auf mediale Aspekte verwiesen wird und nicht so sehr auf Dienstleistungen; allerdings finden sich vereinzelt Texte, die *Ubiquitous Media* in den Kontext von *Ambient Intelligence* und *Smart Homes* bringen *(vgl. Drews 2004)*. Meist wird von *Ubiquitous Media* jedoch im Sinne eines Mediums zur Konstruktion und Vermittlung von Wirklichkeit gesprochen *(vgl. Weber et al. 2009)*. Andere Bezeichnungen, die diesen medialen Aspekt stark hervorheben, sind *Mixed* bzw. *Augmented Reality* (vgl. Kabisch 2008: 227). Neu sind diese Ideen nicht: Obwohl in den späten 1990er Jahren weder die Bezeichnung *Ubiquitous Media* genutzt wurde noch die adäquate Technologie zur Umsetzung der dahinterstehenden Ideen zur Verfügung stand, gab es bereits zu dieser Zeit umfangreiche Forschungsprojekte in diesem Bereich (vgl. Mann 1997).

Konzepte der *Mixed* bzw. *Augmented Reality* heben nun stärker auf Dezentralisierung und Benutzerzentrierung ab: Beispielsweise die Konzeptionen von Steve Mann (2004) laufen darauf hinaus, dass Menschen mithilfe von Sensoren und tragbaren Computern die Chance bekommen, ihre Sicht auf die Welt zu ergänzen und zu erweitern; sie werden daher oft unter der Bezeichnung *Computer Mediated Reality* (vgl. Rekimoto, Ayatsuka 2000) diskutiert. Informations- und Kommunikationstechnologien soll dazu genutzt werden, die menschlichen Sinne und deren Fähigkeiten zu ergänzen, zu erweitern oder – etwa im Falle gehandicapter Menschen – auch zu ersetzen; der Bezug zu Technologien für be-greifbare Interaktionen tritt an dieser Stelle besonders deutlich zutage.

Die Forschung rund um informationstechnische Implantate zur Steigerung kognitiver, sensorischer und motorischer Fähigkeiten (Warwick 2003; Benford 2008) gehört ebenfalls in diesen Bereich. Vor allem die Erweiterung (engl.: *Enhancement*) menschlicher Fähigkeiten wird nicht nur wissenschaftlich-technisch untersucht; seit geraumer Zeit existieren Gruppierungen wie die Transhumanisten oder die Extropianer (Bostrom 2005), die in der gezielten technischen Modifikation des Menschen einen notwendigen und auch wünschenswerten evolutionären Schritt sehen.

Die Rede von be-greifbaren Interaktionen von Menschen mit Geräten hebt nun einen Aspekt hervor, der in den meisten bisher angesprochenen Entwürfen nur eine nachrangige oder keine Rolle spielt. Denn die geläufige Mensch-Maschine-Interaktion basiert auf der Ausgabe durch Visualisierung und der Eingabe über Tastaturen. So kann es kaum überraschen, dass zum Beispiel wissenschaftliche Arbeiten, die haptische Benutzerschnittstellen thematisieren, als Zielgruppe Menschen mit einem visuellen Handicap benennen:

> „The explosion of software applications, digitally stored data and the subsequent growth in on-line communities, has frequently been denied to visually impaired and blind computer users due to the visual-centric nature of presentation methods employed." (Wall 2005, S. 2140)

In jüngerer Zeit bricht sich allerdings zunehmend die Idee Bahn, dass alternative Benutzerschnittstellen, die mehr als den visuellen Kanal ansprechen, in vielen Situationen nicht nur für gehandicapte Menschen mit erheblichen Vorteilen verbunden sein können (vgl. Cheng et al. 2010; McGookin et al. 2010; Shaer et al. 2010). In diesen Bereich gehört die Forschung zu *Tangible Media* bzw. *Tangible Interfaces* (Brereton 2001; Shaer et al. 2004).

INNOVATION IN DER TECHNIKFOLGENFORSCHUNG

Doch wie in der Einleitung schon angekündigt, soll es im Folgenden gar nicht im Detail um die genannten Technologien und deren Anwendungen gehen, sondern um die Frage, ob es im Rahmen der Technikfolgenforschung und -abschätzung (TA) möglich ist, in diesem Bereich Technologiepfade wenigstens mit einiger Verlässlichkeit vorauszusagen, damit von politischer Seite, durch die Zivilgesellschaft oder von Unternehmen regulierend eingegriffen werden kann, um gewünschte Entwicklungspfade zu verstärken und ungewünschte Pfade möglichst zu versperren, sei es durch gesetzliche Regelungen, soziale Normen oder ökonomische Mechanismen. Um die technische Entwicklung zu gestalten, müssen allerdings Adressaten für Regulierungsmaßnahmen identifiziert werden, sei es im positiven Sinne für die Vergabe von Fördermitteln, sei es im negativen Sinne für die Verhängung von Sanktionen. Traditionelle Konzepte der TA sehen hier insbesondere Wissenschaft und Unternehmen als Innovationsakteure bzw. -systeme, die in einem institutionellen Rahmen agieren und so regulatorischen Maßnahmen zugänglich sind; Shang und Fagan (2006) nennen außerdem noch Nichtregierungs- und Nonprofitorganisationen, betonen aber, dass Innovationen in institutionellen Zusammenhängen erzielt werden.

Erst in zweiter Linie sind es die Nutzer von (Informations- und Kommunikations-)Technologie, die als Adressaten von Regulierungsmaßnahmen herangezogen werden, wobei sie in der Regel durch gesetzliche Regelungen vor Missbrauch der Anbieter geschützt, durch Verbote von bestimmten Nutzungsformen abgehalten oder – wieder im Falle gehandicapter Menschen – durch Fördermaßnahmen unterstützt werden sollen. Daher stellt sich die Frage, was passieren könnte, wenn ein entsprechender institutioneller Rahmen nicht mehr existierte und sowohl Förderung als auch Sanktionierung ins Leere liefen. Aus TA-Perspektive fielen dadurch wesentliche Vorbedingungen der Möglichkeit von Technikfolgenabschätzung ebenso wie für Technikgestaltung weg.

Um hierauf eine Antwort zu geben, müssen Innovationsprozesse zunächst etwas genauer betrachtet werden, denn Technologien können auf sehr verschiedenen Wegen entwickelt und implementiert werden. Im Folgenden wird eine dichotome Unterscheidung genutzt, die für die Beschreibung realer Prozesse zu grob wäre, aber für eine grundsätzliche Analyse durchaus hilfreich sein kann: Es wird davon ausgegangen, dass Innovationsprozesse im Wesentlichen entweder *top-down* oder *bottom-up* (vgl. Pallas 2009) betrieben werden. Im Rahmen der Innovationsforschung wird eine etwas andere Terminologie genutzt (vgl. Dal Fiore 2007); hier wird von *communities* als Ort von Top-Down-Innovationen und von *networks* als Ort von *Bottom-Up*-Innovationen gesprochen – dazu später mehr.

Top-Down-Innovation soll bedeuten, dass Technologie in einem gesteuerten Prozess, angestoßen von einem oder wenigen Akteuren, Unternehmen oder staatliche Institutionen, entwickelt und implementiert wird, um ein konkretes und explizit formuliertes Ziel zu erreichen. Paradigmatisch hierfür ist die Großforschung in Deutschland mit Growian, Hochtemperaturreaktor, Transrapid und ähnlichen Projekten. Top-Down-Innovation muss jedoch nicht diese Dimensionen annehmen, sondern kann sich auch in kleineren Maßstäben bewegen. Beispiel hierfür könnte sein, dass das US-amerikanische Unternehmen Wal-Mart vor einigen Jahren ankündigte, dass innerhalb bestimmter Fristen alle Warenlieferungen von Partnerunternehmen mit RFID-Chips markiert sein müssen (Wu et al. 2006). Top-Down-Innovationen zeichnen sich dadurch aus, dass es ein vergleichsweise klar definiertes Ziel gibt und dass die zur Erreichung dieses Ziels entwickelte und eingesetzte Technologie (zunächst) nur für dieses Ziel verwendet werden soll. Dass in den Science & Technology Studies (STS) Mode 2- oder Triple-Helix-Modelle der Innovation (vgl. Leydesdorff 2000; Etzkowitz, Leydesdorff 2000; Etzkowitz 2003) diskutiert und als adäquate Beschreibung des Entwicklungsgeschehens angesehen werden, öffnet zwar den Blick auf wechselseitige Abhängigkeiten von Wissenschaft, Politik und Wirtschaft als Akteure im Innovationsgeschehen. Doch selbst diese Modelle, die mehr Akteure als klassische Innovationsmodelle in den Blick nehmen, implizieren letztlich, dass Innovation zentral reguliert und betrieben wird.

Bottom-Up-Innovation soll im Gegensatz dazu nun heißen, dass Technologie in einem allenfalls lokal gesteuerten Prozess von einer nicht klar zu benennenden Zahl von Akteuren angestoßen, entwickelt und implementiert wird, um ein wiederum allenfalls lokal definiertes Ziel zu erreichen. Paradigmatische Beispiele hierfür sind Netzwerke im Bereich der IuK-Technologie: Selbst wenn die Anfänge des Internet durch eine Behörde initiiert, gesteuert und finanziert wurden (vgl. Hafner, Lyon 1996), zeigt sich im weiteren Verlauf, dass unzählige Akteure einen Beitrag zur Weiterentwicklung leisteten und dass der Innovationsprozess lokal zielgerichtet, global jedoch eher ungeordnet und ungerichtet verlief. Ein aktuelleres Beispiel ist Google Maps: Zwar hat das Unternehmen Google als einzelner Akteur diesen Dienst implementiert und es ist davon auszugehen, dass das Unternehmen damit auch einen konkreten Zweck verfolgte. Doch die Offenheit und Interoperabilität des Services erlaubt es weiteren Akteuren, andere Dienste darauf aufzusetzen, ohne dass diese von Google mitgeplant gewesen wären.

ZWEI SZENARIEN

Die folgenden Beispiele skizzieren keine realen, sondern denkbare Einsatzmöglichkeiten für Technologien, die auch für be-greifbare Interaktionen genutzt werden könnten. Für beide Szenarien gilt, dass sie sicherlich nicht in genau der beschriebenen Weise realisiert werden, doch ist die Wahrscheinlichkeit, dass die Entwicklung und der Einsatz entsprechender Technologien in die angedeutete Richtung gehen, sehr hoch. Bereits jetzt lassen sich erste Anfänge beobachten (vgl. Ishii 1997; Andrejevic 2005).

Szenario 1: Kang und Cuff (2005) beschreiben den Einsatz von UbiComp- bzw. PerC-Technologie zur Überwachung und Kontrolle einer Shopping Mall sowie eine Reihe der daraus entstehenden sozialen Konsequenzen. Sie zeigen, dass die Handlungsmöglichkeiten der Konsumenten und Besucher der Shopping

Mall sowohl eingeschränkt als auch erweitert werden könnten; sie behandeln nicht nur technische oder ökonomische Fragen, sondern machen sich ebenso Gedanken darüber, wie sich die Nutzung des öffentlichen Raums aus soziologischer und politikwissenschaftlicher Perspektive verändern könnte. Eine wichtige Konsequenz der Nutzung von UbiComp- und PerC-Technologien verdeutlicht folgendes Zitat:

> „Generally, PerC helps the mall identify ‚undesirables' by examining individuals' immediate attributes for disliked characteristics. A person might fall into a pariah category because of what she is wearing, who she is „hanging out" with, or her demographic category." (Kang 2005, S. 122)

Es geschieht also das, was im Englischen prägnant als „social sorting" bezeichnet wird: Bestimmte Menschen werden aufgrund von tatsächlichen oder zugeschriebenen Eigenschaften von der Nutzung bestimmter Plätze oder Räume ausgeschlossen (vgl. die Beiträge in Lyon 2003). Entscheidend für das Szenario, das Kang und Cuff skizzieren, ist, dass dieses „social sorting" gewollt ist, also gezielt angestrebt und durch den Einsatz von Technologie erreicht wird. Doch möglich wird es erst dadurch, dass der Shopping Mall-Betreiber durch rechtlich kodifizierte Verfügungsgewalt die Definitionsmacht darüber besitzt, wer in den Räumen der Mall als „undesirable" eingestuft werden darf. Dies legt den Schluss nahe, dass Top-Down-Innovationen nur dann erfolgreich sein können, wenn sie durch entsprechende juristische Regulierungsmaßnahmen flankiert werden – dieser Aspekt wird weiter unten noch einmal wichtig sein.

Szenario 2: Ausgangspunkt von Weber et al. (2009) ist die Beobachtung, dass die Unternehmen der Medien- und Contentindustrie vor dem aus ihrem Geschäftsmodell erwachsenden Problem stehen, kontinuierlich neue Inhalte bereitstellen zu müssen. Wenn der Nachschub an Content versiegen sollte, gerieten die Unternehmen der Medien- und Contentindustrie ökonomisch in sehr gefährliches Fahrwasser. Weber et al gehen nun davon aus, dass Contentprovider Inhalte liefern müssen, die sie in der nachgefragten Menge und vor allem zu den nachgefragten Preisen (dauerhaft) nicht selbst produzieren können. Das von den Autoren entwickelte Szenario läuft darauf hinaus, dass die Provider sich den Trend zu *User Generated Content* (vgl. Lee 2008) zunutze machen und die bereits bestehende Infrastruktur der mobilen Multimediageräte neu nutzen werden: Jeder Besitzer eines solchen Geräts wird zum Produzenten von Inhalt.

Wichtig daran ist, dass es zur Entwicklung einer allgemein verbreiteten, eben ubiquitären, und dabei äußerst leistungsfähigen multimedialen Infrastruktur keinerlei zentraler Steuerungsinstanz bedarf. Die beteiligten Akteure werden jeweils ihre eigenen, vor allem ökonomisch definierten, Ziele verfolgen und dazu lokal

Technologie entwickeln und implementieren. Dabei wird der innovative Teil dieser Entwicklung vor allem in Form der Neukombination bereits existierender Technologien stattfinden; es wird eine vorgefundene Infrastruktur verwendet; in diesem konkreten Fall das Internet, Mobilfunknetze und multimedial ausgestattete mobile Endgeräte. Mit Hilfe von Software, die vorhandene Schnittstellen auf kreative Weise nutzt, werden neuartige Dienstleistungen angeboten.

INTENDIERTE UND UNINTENDIERTE TECHNOLOGIENUTZUNG

Kang und Cuff nehmen eine Top-Down-Sichtweise ein: Ihr Szenario baut darauf auf, dass ein Shopping Mall-Betreiber gezielt eine technische Infrastruktur aufbaut, die zur Überwachung und Kontrolle der Besucher und Kunden genutzt werden kann; darauf basierend werden die möglichen sozialen Folgen des Technikeinsatzes evaluiert. Weber et al. hingegen betrachten die Entstehung einer Ubiquitous Media-Umgebung aus einer Bottom-Up-Perspektive und fragen, was passieren könnte, wenn viele Akteure eine vorhandene Infrastruktur auf eine neue Weise nutzen und ihr Handeln nur durch Marktmechanismen koordiniert wird.

Angesichts der sehr unterschiedlichen Herangehensweise kann es nicht verwundern, dass die beiden Texte zu teilweise kategorial unterschiedlichen Schlussfolgerungen kommen. Zum einen sind ihre Ausgangspunkte unterschiedlich, zum anderen auch Teile ihrer Fragestellung. Überraschend ist hingegen, dass auch Kang und Cuff eine mögliche Entwicklung andeuten, die zumindest lokal, im Kontext der schon genannten Shopping Mall, große Ähnlichkeit zu dem Technologiepfad aufweist, den Weber et al. skizzieren. Denn auch erstere betonen, dass die Technologie, die ursprünglich zur Überwachung und Kontrolle genutzt werden sollte, ganz anderen Zwecken zugeführt werden könnte.

Ein Beispiel, angelehnt an das Szenario von Kang und Cuff, mag dies verdeutlichen: Die Produkte, die ein Lebensmittelladen innerhalb der Shopping Mall verkauft, sind mit RFID-Chips versehen; dies gilt für jede Milchpackung, Coladose, Bierflasche, Chipstüte, Kekspackung und jeden Müsliriegel. Das Szenario läuft nun darauf hinaus, dass der Shopping Mall-Betreiber versucht sein könnte, mithilfe der RFIDs die Häufung von Bierflaschen an einem Ort zu detektieren, um so zu prüfen, ob womöglich Alkohol von einer Gruppe von Personen konsumiert wird, so dass diese ein potenzielles Unruhe- oder gar Sicherheitsrisiko darstellen.[3] Das Sicherheitspersonal der Shopping Mall könnte nun präventiv

3 Dazu wäre es nicht einmal notwendig, dass jede Bierflasche eineindeutig gekennzeichnet ist, sondern es reichte aus, dass die Bierflaschen durch einen Produktgruppencode markiert wären.

tätig werden und die betreffenden Personen mehr oder minder sanft zum Verlassen der Mall bewegen.

Ebenfalls und weitaus weniger repressiv ausgerichtet wäre vorstellbar, dass die Produkthersteller den Endkunden die Möglichkeit böten, mithilfe eines mobilen Scanners, der im Mobiltelefon oder Smartphone integriert sein könnte, die RFID-Kennung auszulesen und über das mobile Internet den Zugriff auf Datenbanken zu gewähren, in denen Informationen wie die Herkunft der Inhaltsstoffe, das Produktions-, Verpackungs- und Auslieferungsdatum und vieles mehr gespeichert sind (vgl. Frank et al. 2008). Diese Dienstleistung könnte kostenpflichtig angeboten werden; es ist jedoch wahrscheinlicher, dass sie mittel- bis langfristig als Maßnahme zur Kundenbindung kostenfrei angeboten werden würde.[4] In jedem Fall wäre ein solcher Service auch der Technologie zur be-greifbaren Interaktion zuzurechnen, wobei „be-greifbar“ sowohl mit „durch einfache Interaktion umfassender informiert“ zu übersetzen wäre als auch im Sinne einer Benutzerschnittstelle, die nicht nur auf visuelle Kanäle setzt, sondern situations- und ortsabhängige Informationen in die Interaktion einfließen lässt und den akustischen oder haptischen Kanal zur Übermittlung von Informationen nutzt.

Zunächst könnten die potenziellen Kunden diese Dienstleistung dazu nutzen, um besser informiert ihre Konsumentscheidungen zu treffen: Vielleicht möchten Sie keine Produkte mit Inhaltsstoffen aus asiatischen Ländern kaufen, weil sie protektionistisch gestimmt sind.[5] Oder aber es sollen keine Produkte mit Inhaltsstoffen aus Ländern sein, in denen kein Mindestlohn gezahlt wird – edel sei der Mensch, hilfreich und gut. Eine weitere Möglichkeit wäre, Menschen mit Aller-

---

4 „There is no such thing as a free lunch“: Natürlich stimmt es nicht, dass die Nutzung eines entsprechenden Services kostenfrei wäre. Denn zum einen würden die Nutzer wahrscheinlich mit der Preisgabe von personenbezogenen Informationen bezahlen, die als handelbares Gut mit einem Preis verstanden werden können. Außerdem werden die betreffenden Unternehmen ihre eigenen Kosten auf die Konsumenten abwälzen. Die Rede von der Kostenfreiheit darf also nur so verstanden werden, dass nicht jede Nutzung eines solchen Services unmittelbar zur Abbuchung eines bestimmten Betrags vom Konto der Nutzer führt.

5 Oder gar rassistisch: Ob die Intentionen der Konsumenten moralisch akzeptabel sind oder nicht, kann und soll hier nicht weiter diskutiert werden. Ebenfalls soll nicht versucht werden, die Frage zu beantworten, ob Technik moralisch neutral oder normativ geladen ist. Doch wird an diesem Punkt bereits deutlich, dass die Frage, wie und zu welchen Zwecken eine Technologie tatsächlich genutzt wird, nicht vorab beantwortet und auch nicht gesteuert werden kann. Schon allein dies muss zu eher bescheidenen Erwartungen an TA beitragen.

gien automatisch vor bestimmten Inhaltsstoffen zu warnen. Es ist zwar eher unwahrscheinlich, dass Informationen über Mindestlöhne, Menschenrechtsverletzungen oder umweltschädliche Produktionsmethoden in den Datenbanken der Hersteller dieser Produkte zu finden sein werden. Doch ist es zumindest denkbar, dass andere Datenbankanbieter – NGOs und Organisationen wie Attac, Human Rights Watch oder die ILO – solche Zusatzinformationen bereitstellten; schon heute wäre es möglich, mithilfe von Google Maps eine Landkarte des Herkunftsortes aufzurufen oder in Wikipedia Informationen über den Ort zu suchen.

Solche Formen des *Mash-Ups* waren weiter oben gemeint, als davon gesprochen wurde, dass der schöpferische Part einer Bottom-Up-Innovation vor allem in Form der Neukombination bereits existierender Technologien stattfinden wird. Die gerade skizzierten Anwendungen und Services wären technisch sofort realisierbar, statt auf RFIDs aufzusetzen könnten die auf den Produktverpackungen aufgedruckten Barcodes mit den Kameras heutiger Mobiltelefone aufgenommen und dann decodiert werden. Auf der Hardwareseite existiert die Technik, auf der Softwareseite müssten wahrscheinlich noch Programme erstellt werden, doch grundsätzliche Hindernisse existieren nicht. Einer bottom-up verlaufenden Innovation sind in diesem Fall nur sehr niedrige Hürden gesetzt, die denkbaren sozialen und ökonomischen Konsequenzen könnten jedoch sehr umfangreich oder gar „disruptiv" sein – dazu später mehr.

Tatsächlich kann man mit Apples App Store und dem Android Marketplace kommerzielle Entwicklungen beobachten, die darauf hinauslaufen, dass ein Anbieter eine Plattform auf den Markt bringt, die eine komplexe technische und organisatorische Infrastruktur bieten, aber deren Nutzung nicht determinieren. Noch versucht insbesondere Apple stark regulierend auf die Gestaltung der Apps Einfluss zu nehmen, doch ist absehbar, dass dies auf alternativen Plattformen, die auf *Open Source* basieren, nicht funktionieren wird. Im Grunde wird damit ein Prozess wiederholt, der bei der Einführung von PCs ablief: Eine unglaublich große Zahl von Anwendungen wird von ganz unterschiedlichen Akteuren entwickelt und angeboten. Die Kontrolle des Entwicklungspfades der Technik liegt dann nicht mehr in den Händen einer oder weniger Firmen, sondern wird bottom-up von einer unübersehbaren Zahl von Akteuren (mit-)bestimmt.

Der große Unterschied im Vergleich zur Einführung der PCs liegt heute darin, dass zum einen die betreffende technische Infrastruktur von vornherein hochgradig vernetzt ist und zum anderen die Anwendungen viel stärker und unmittelbarer auf die materielle Welt Bezug nehmen. Die Nutzung von PCs hingegen war zu Beginn völlig von der realen Welt entkoppelt, in dem Sinne, dass alle Informationen, die in einem PC verarbeitet werden mussten, relativ mühsam in diesen manuell eingegeben werden mussten. Aktuelle mobile Informations- und

Kommunikationstechnik hingegen ist durch eine Vielzahl von Sensoren in die reale Welt eingebettet und bietet dadurch überhaupt erst das Potenzial, begreifbare Interaktionen mit dieser Welt zu ermöglichen; könnten Multitouchscreens als Benutzerschnittstellen moderner Smartphones und ähnlicher Geräte die Basis be-greifbarer Interaktionen bieten. Auch hier liefern die Anbieter entsprechender Geräte eine technische Infrastruktur, die nicht nur im Rahmen von Bottom-Up-Innovationsprozessen genutzt, sondern auch in Mash-Ups unvorhersehbaren Nutzungsweisen zugeführt werden kann.

SUBKULTUREN ALS QUELLE VON INNOVATION

Denn das dafür notwendige Know-how ist weitverbreitet: Nicht nur die Angehörigen der *Open Source*-Gemeinde sind potenzielle Beteiligte an innovativen Bottom-Up-Entwicklungen für Technologien zur be-greifbaren Interaktion. Technisches Wissen, das notwendig ist, hier Beiträge leisten zu können, ist nicht nur in solchen Subkulturen verbreitet, die ganz offensichtlich und weithin bekannt als technikaffin gelten, sondern auch in anderen subkulturellen Zusammenhängen, in der so genannten Cyberpunk-Szene: Die Möglichkeit zur (technischen) Modifikation des eigenen Körpers (engl.: body modification) wird dort als Ausdruck personaler Autonomie verstanden, gerade auch in Hinblick auf Frauen, die selbstbestimmt ihrem eigenen Körperideal folgen (vgl. Pitts 2003).

In der Cyberpunk-Szene mischen sich technikaffine Sichtweisen mit feministischen Perspektiven; zentral ist die Idee, dass der menschliche Körper und seine Biologie nichts Unveränderbares und schicksalhaft Gegebenes, sondern der sozialen und technischen Gestaltung zugänglich sind.[6] Dabei spielen neue Zugänge zur Realität durch die Erweiterung bestehender oder das Hinzufügen neuer Sinne eine wichtige Rolle, wie es Steve Mann oder noch radikaler der Künstler Stelarc in ihren Arbeiten aufzeigen. Be-greifbare Interaktion ist in diesem Zusammenhang aber nichts, das extern zum menschlichen Körper zu denken wäre, sondern in diesen integriert werden kann und soll – hier sind die Arbeiten von Kevin Warwick sehr instruktiv. Das ist natürlich ein wesentlich radikaleres Konzept als die Nutzung von Nutzerschnittstellen, die zunächst einmal nur mehr als den

---

6 Die Wurzeln dieser Überlegungen liegen in Überlegungen, wie der menschliche Körper an die Bedingungen des Weltraums angepasst werden könnte (vgl. Clynes, Kline 1960 und Kline, Clynes 1961). In der feministischen Umdeutung der Möglichkeit der technischen Gestaltung des menschlichen Körpers von Donna Haraway (1991) oder in den Analysen von N. Katherine Hayles (1999) stehen letztlich ganz andere Fragen im Zentrum.

akustischen und visuellen Kanal ansprechen sollen, vor allem hinsichtlich der individuellen und sozialen Folgen und Nebenfolgen.

Für die Frage nach der Steuerbarkeit von technischen Innovationen sind solche Fragen aber nicht von allzu großer Bedeutung, sondern wiederum steht im Vordergrund, dass sich Subkulturen, die Körpermodifikation und informationstechnisches Enhancement betreiben, sich explizit vom kulturellen Mainstream abtrennen, sich als subversiv sehen und dabei personale Autonomie in einer Weise betonen, wie dies wohl nur wenige Subkulturen tun, da der Körper selbst zur Gestaltungsmaße wird, nicht nur dessen Äußeres. Solche sozialen Verbände sind in ihrem Handeln und kreativem Potenzial kaum einschätzbar; ebenso ist die Wirkung, die subkulturelle Phänomene auf den kulturellen Mainstream haben, praktisch nicht vorhersehbar.[7]

REICHWEITE UND GRENZEN DER TA

Sofern sich die Welt auch nur ansatzweise in eine Richtung entwickeln wird, wie sie durch die weiter oben diskutierten Szenarien angedeutet wurde – und viele aktuelle Dienstleistungen, Services und Produkte gehen bereits in diese Richtung – sind die Konsequenzen, die Kang und Cuff sowie Weber et al. skizzieren, nicht nur plausibel, sondern sogar sehr wahrscheinlich. Die Nutzung des physischen wie des sozialen Raums wird sich durch den Einsatz von AI, UbiComp und PerC massiv verändern; in diesem Punkt herrscht in den einschlägigen Debatten weite Übereinstimmung.[8] Es ist auch kein großes Wagnis zu prognostizieren, dass der PC als Sinnbild einer bestimmten Nutzungsweise abgelöst werden wird durch hoch vernetzte mobile Endgeräte, die sich unter anderem auch durch neue Nut-

---

7 Diese Unvorhersehbarkeit lässt sich wiederum gut an den eingangs gemachten Bemerkungen zum (vermeintlichen) Nutzen der Science Fiction für die Vorwegnahme zukünftiger Entwicklungen aufzeigen. Es würde ein einfaches Unterfangen sein, all die technischen Entwicklungen aufzuzeigen, die in der Science Fiction vorhergesagt wurden, aber nie eintrafen. Dies gilt ebenfalls für jene Technologien, die tatsächlich entwickelt wurden, aber in einem ganz anderen sozialen Kontext eingesetzt werden und auch nicht jene sozialen Folgen nach sich zogen, wie sie in den entsprechenden Texten oder Filmen gezeigt wurden.

8 Natürlich machte es keinen Sinn, hier den Versuch zu unternehmen, dies durch die Nennung einer Unzahl von Publikationen zu untermauern. Da Friedemann Mattern jedoch allgemein als guter Gewährsmann bzgl. des hier diskutierten Themas angesehen wird, liegt es nahe, einen Blick auf seine Überlegungen zu werfen. Viele seiner Publikationen sind unter <http://people.inf.ethz.ch/mattern/publ.html>, zuletzt besucht am 14.07.2010, frei zugänglich.

zerschnittstellen zur be-greifbaren Interaktion auszeichnen werden. Doch schon die Antwort auf die Frage, ob sich UbiComp, PerC oder AI tatsächlich als flächendeckende Phänomene durchsetzen werden, dass unsere Umwelt tatsächlich *ubiquitär* und *ambient* mit Technik durchsetzt sein wird, ist unsicher, da dazu soziale, rechtliche und nicht zuletzt ökonomische Rahmenbedingungen gegeben sein müssten, deren Eintreffen wiederum von sehr vielen anderen Parametern abhängen.

Daher muss aus der Perspektive der TA – in einem weiten Sinne gedacht, da hiermit auch Technology Forecasting bzw. Foresighting, Innovations- und Technikanalyse und Ähnliches gemeint ist – die zentrale Frage sein, wie weit voraus und wie präzise zukünftige Technologie und ihre Folgen vorhergesehen werden können. Die Antwort, die aus dem bisher Gesagten abgeleitet werden kann, ist in doppelter Hinsicht negativ: Weder kann TA besonders weit schauen noch kann sie dies sonderlich präzise. Diese Aussage gilt jedoch nur unter einem, allerdings sehr wichtigen, Vorbehalt: Die betrachtete Technologie ist netzwerkartig. Es mag sein, dass TA im Falle von „klassischen" Großtechnologien wie der CO_2-Abscheidung und -Speicherung (engl.: Carbon Dioxide Capture and Storage, CCS) oder Projekten wie dem Drei-Schluchten-Damm in China, bei Themen der Umwelt- und Gesundheitsgefahren wie bei Nanomaterialien sowie in Bezug auf bestimmte Aspekte auch von netzwerkartigen Technologien wie der Strahlenbelastung durch die Mobiltelefoninfrastruktur und der daraus erwachsenden gesundheitlichen Gefährdungen langfristige und auch vergleichsweise präzise Vorhersagen treffen kann, weil in solchen Fällen ein Großteil der Folgen in den empirisch-wissenschaftlich erforschbaren Bereich fallen: Ob die CO_2-Abscheidung und -Speicherung funktionieren wird, ist eine Frage, die Disziplinen wie Physik, Chemie oder Geologie beantworten können. Doch schon die Frage, ob sich solch ein Unterfangen wirtschaftlich rechnet bzw. welche Auswirkungen diese Technologie auf den zukünftigen (Energie-)Markt haben wird, ist nicht mehr eindeutig zu beantworten, da hier der Faktor Mensch erhebliche Bedeutung bekommt – TA bekommt es bei solchen Fragen mit Netzwerken zu tun: sozialen, ökonomischen, juristischen, technischen Netzwerkstrukturen, die zudem untereinander verbunden sind und miteinander wechselwirken.

Mit der rasanten Verbreitung hoch vernetzter (mobiler) IuK-Technologien ist die Hoffnung, so etwas wie TA jenseits der Darstellung plausibler Zukünfte im Sinne von Szenarien betreiben zu können, verfehlt. Selbst im Fall der Top-Down-Innovation wird es schwierig sein, die von den Schöpfern einer Technologie nicht intendierten Verwendungsweisen und Weiterentwicklungen mit in Rechnung zu stellen. Bei IuK-Technologien sind die Innovationszyklen so kurz und folgen so rasch aufeinander, dass Voraussagen über die Distanz von Jahren hinweg schlicht illusionär sind, da bereits nach sehr wenigen Iterationen zu viele Akteure, zu viele Interessen und zu viele Interdependenzen zwischen diesen Faktoren auftauchen, die in der Folge zu viele mögliche und sehr wahrscheinliche Entwicklungspfade erzeugen. Das gilt nicht nur für Netzwerke der Informations- und Kommunikationstechnik, sondern auch für andere Technologien, die netzwerkartig strukturiert sind, im Bereich der Energieerzeugung und -distribution, bei Transport und Logistik oder allgemein im Bereich der Mobilität.

INKREMENTELLE, RADIKALE UND DISRUPTIVE INNOVATIONEN

In der Innovationsforschung werden – wie weiter oben schon angemerkt – verschiedene Innovationstypen unterschieden: Für die Überlegungen in diesem Text ist dabei insbesondere die Unterscheidung in inkrementelle Innovationen auf der einen und radikale bzw. disruptive Innovationen auf der anderen Seite von Bedeutung (vgl. die tabellarische Gegenüberstellung in Latzer 2009, S. 606). Es wurde weiter oben bereits angedeutet, dass es Orte der Innovation gibt: *communities* für Top-Down-, *networks* für Bottom-Up-Innovationen. Gleichzeitig können Top-Down-Innovationen mit inkrementellen Innovationen identifiziert werden, Bottom-Up-Innovationen wiederum mit radikalen bzw. disruptiven Innovationen.

Inkrementelle Fortentwicklung baut nicht nur auf bestehenden Technologien auf, sondern hat dabei ein stark bewahrendes Element – es wird auch von „sustaining technologies" gesprochen (vgl. Christensen 1997). Das heißt, dass ein bereits existierender Technologiepfad nicht komplett verlassen wird, sondern eine schrittsweise Entwicklung betrieben wird, die für Anbieter wie für Nutzer der Technologie keine großen Änderungen impliziert. Für dieses Vorgehen sprechen viele Gründe, die aus der Informations- und Netzwerkökonomie (vgl. Shapiro 1999) abgeleitet werden können. Grob gesprochen können durch inkrementelle Innovationen insbesondere auf Anbieterseite Kosten vermieden werden. Daher ist es auch kein Zufall, wenn als Ort solcher Innovationen *communities* identifiziert werden. Diese stellen einen institutionellen Rahmen dar, der radikalen Veränderungen entgegensteht und jenen Innovationen, die an bereits existierende Technologien anknüpfen, ein geeignetes Umfeld bietet.

Im Bereich der Nutzerschnittstellen ist dies gut erkennbar: Multitouchscreens implizieren keinen radikalen Bruch mit existierenden Technologien, sondern stellen letztlich nur nahe liegende Fortentwicklungen von breit eingeführten Nutzerschnittstellen dar.[9] Für die Anbieter stellt ihre Produktion keine wirklich

9 Ein anderes Beispiel ist die Fortentwicklung der Breitbandtechnologie. Hieran ist insbesondere das Problem der Vorhersehbarkeit von Entwicklungslinien erkennbar:

neue Herausforderung dar, für die Nutzer erfordert ihre Nutzung keine Adaption an eine völlig neue Semantik, sondern es kann auf bestehendes Know-how zurückgegriffen werden. Den Vorteilen inkrementeller Innovationen stehen aber auch Nachteile gegenüber: Da kein radikaler Bruch mit etablierten Nutzungskonzepten vollzogen wird, werden deren Schwächen perpetuiert.

Radikale bzw. disruptive Innovationen bieten nun die Chance, das nachteilige Erbe etablierter Technologien komplett zu verwerfen – Nutzerschnittstellen zur be-greifbaren Interaktion von Menschen mit Geräten können – zumindest teilweise – zu dieser Kategorie gezählt werden. Solche Umbrüche können als Instanzen der Schumpeter'schen kreativen Destruktion verstanden werden (Latzer 2009, S. 602ff.), wenn auch bedacht werden muss, dass Schumpeter in erster Linie Basistechnologien in Betracht gezogen hatte. Allerdings gehen jene, die von einem radikalen bzw. disruptiven Technologiewandel sprechen, in der Regel nach wie vor davon aus, dass dieser letztlich in Form von Top-Down-Innovationen stattfindet, also in einem institutionellen Rahmen bzw. in einer *community*.

Dem steht das Konzept der Bottom-Up-Innovation gegenüber, in dem davon ausgegangen wird, dass die Innovationsakteure eben nicht zu einer *community* im Sinne Dal Fiores (2007) gehören und damit auch nicht an den dadurch gegebenen institutionellen Rahmen gebunden sind, sondern dass Bottom-Up-Innovationen netzwerkartik ablaufen: Lokal werden auf Basis bestehender Infrastrukturen neuartige Mash-ups entwickelt, die zunächst lokalen Erfordernissen und Ansprüchen genügen sollen und dabei auch mit etablierten Nutzungsweisen, Standards, Regeln u. Ä. brechen können. Die Eigenart von IuK-Technologie, durch Vernetzung und Kombination bestehender Dienste und Anwendungen neue Produkte erstellen zu können, erleichtert Bottom-Up-Innovationen erheblich. Zudem lassen sich in Netzwerken produktive Ressourcen erschließen, die klassischen Innovationsakteuren wie staatlichen Institutionen, akademischen

Wenn davon ausgegangen wird, dass sich eine bestimmte Technologie ausschließlich inkrementell entwickeln wird, mag es sein, dass sich einigermaßen verlässliche (Diffusions-)Analysen erstellen lassen (vgl. Stordahl 2004; Vanston 2004). Doch es ist zu bezweifeln, dass dies möglich ist, wenn davon ausgegangen wird, dass in dem entsprechenden Bereich ein disruptiver Wandel stattfindet, dessen Natur und daher auch dessen Folgen man schon per definitionem nicht kennen kann: „Long-term broadband technology forecasting is not a very easy subject. Experience has shown that it is nearly impossible to make long-term forecasts without understanding the evolution of new broadband technologies and new broadband network platforms." (Stordahl 2004, S. 29).

Einrichtungen und Firmen (oft) verschlossen sind. Dabei ist auf ein mögliches begriffliches Missverständnis hinzuweisen: Wenn Dal Fiore und andere Autoren von *community* sprechen, wird damit etwas anderes gemeint als in der Rede von der *Open Source-Community* – diese müsste aus Sicht der Innovationsforschung eigentlich *Open Source-Network* heißen.

SCHLUSSFOLGERUNGEN

In der Technikfolgenabschätzung wird häufig das so genannte Collingridge-Dilemma (Collingridge 1980) angeführt, wenn auf ein wesentliches Problem der Vorhersage von Folgen und Nebenfolgen technischer Innovationen sowie auf die Probleme der Regulierung der technischen Entwicklung hingewiesen wird: Das Wissen über die Folgen einer Technologie ist vor deren Innovation und selbst in der frühen Implementierungsphase zu gering, als dass auf dieser Basis sinnvolle regulatorische Eingriffe möglich wären. Dann aber, wenn dieses Wissen vorhanden ist, können solche Eingriffe in aller Regel nicht mehr vorgenommen werden, da der eingeschlagene Technologiepfad zu vertretbaren volkswirtschaftlichen Kosten nicht mehr verlassen werden kann – ein Lock-In hat stattgefunden. Das Collingridge-Dilemma setzt aber voraus, dass die eigentliche technische Innovation als solche bekannt ist; gerade dieses Wissen ist es aber, das im Zusammenhang mit Bottom-Up-Innovationen nicht verfügbar ist, da die entsprechende Technologie in sozialen Kontexten entwickelt wird, die sich einer systematischen Untersuchung oft genug entziehen. Radikale bzw. disruptive Innovationen, die soziale Netzwerke ermöglichen und die durch die Eigenschaften hoch vernetzter Basistechnologien zusätzlich gefördert werden, entziehen sich daher jeder Vorwegnahme durch die Methoden der TA.

So lässt das bisher Gesagte nur den Schluss zu, dass eine Übersicht der aktuellen Forschungsliteratur zwar zahlreiche Entwicklungen im Bereich alternativer Benutzerschnittstellen und zur be-greifbaren Interaktion erkennen lässt. Daraus kann und sollte aber nicht der Schluss gezogen werden, dass damit bereits bekannt wäre, wie Computer oder computerähnliche Geräte in Zukunft genutzt werden. Es ist durchaus wahrscheinlich, dass sich radikale Neuerungen in Bezug auf Nutzerschnittstellen in absehbarer Zeit nicht durchsetzen können, weil sie keine Akzeptanz aufseiten der Nutzer finden werden – die dabei entstehenden Wechselkosten könnten ihnen zu hoch sein. Es ist aber ebenso denkbar, dass gerade in diesem Augenblick jemand eine Idee hat, wie der Umgang mit Informations- und Kommunikationstechnologie revolutioniert werden kann und dass sich diese Idee dann tatsächlich durchsetzen wird, weil sie aus Sicht von Anbietern wie Nutzern mit ausreichend hohem Nutzen verbunden ist. In diesem Fall ist es sehr wahrscheinlich, dass dies eine bottom-up verlaufende, radikale bzw.

disruptive und netzwerk-basierte Innovation sein wird. Vielleicht verwandeln wir uns alle in Cyborgs und sind selbst die Schnittstelle zwischen Mensch und Maschine, vielleicht wird Gestensteuerung à la „Minority Report" en vogue sein. Aber es könnte eben auch ganz anders kommen.

LITERATUR

Andrejevic, M. 2005: Nothing Comes Between Me and My CPU: Smart Clothes and 'Ubiquitous' Computing. In: Theory, Culture & Society 22 (3), S. 101-119

Beigl, M., Gellersen, H.-W., Schmidt, A. 2001: Mediacups: Experience with Design and Use of Computer-augmented Everyday Artefacts. In: Computer Networks 35 (4), S. 401-409

Benford, Gr., Malartre, E.2008. Beyond Human: Living with Robots and Cyborgs. New York: A Tom Doherty Associates Book, reprint

Bostrom, N. 2005: A History of Transhumanist Thought. Journal of Evolution and Technology 14 (1), S. 1-25

Brereton, M. 2001: Drawing Lessons in the Design of Tangible Media from a Study of Interactions with Mechanical Products. In: Proceedings of the 2nd Australasian conference on User interface. Queensland: IEEE Computer Society, S. , 124-131

Cheng, K.-Y., Liang, R.-H., Chen, B.-Y., Laing, R.-H., Kuo, S.-Y. 2010: iCon: Utilizing Everyday Objects as Additional, Auxiliary and Instant Tabletop Controllers. In: Proceedings of the 28th international conference on Human factors in computing systems. Atlanta/Georgia: ACM, S. 1155-1164

Christensen, C. M. 1997: The Innovator's Dilemma: When New Technologies Cause Great Firms to Fail. Boston: Harvard Business School Press.

Clynes, M. E.; Kline, N. S. 1960: Cyborgs and Space. In: Astronautics 5 (9), S. 26-27 & 74-76

Collingridge, D. 1980: The Social Control of Technology. New York: St. Martin's Press

Dal Fiore, F. 2007: Communities Versus Networks: The Implications on Innovation and Social Change. In: American Behavioral Scientist 50 (7), S. 857-866

Drews, S. 2004: Ubiquitous Media – Vision des Digital Home der Zukunft und Anforderungen hinsichtlich seiner Realisierung. München: Grin.

Etzkowitz, H. 2003: Innovation in Innovation: The Triple Helix of University-Industry-Government Relations. In: Social Science Information 42 (3), S. 293-337

Etzkowitz, H., Leydesdorff, L. 2000: The Dynamics of Innovation: From National Systems and „Mode 2" to a Triple Helix of University–industry–government Relations. In: Research Policy 29 (2), S. 109–123

Fleisch, E., Mattern, Fr. (Hrsg.) 2005: Das Internet der Dinge – Ubiquitous Computing und RFID in der Praxis. Berlin: Springer

Frank, Chr., Bolliger, Ph., Mattern, Fr., Kellerer, W. 2008: The Sensor Internet at Work: Locating Everyday Items Using Mobile Phones. In: Pervasive and Mobile Computing 4 (3), S. 421-447

Hafner, K.; Lyon, M. 1996: Where Wizards Stay Up Late. The Origins of the Internet. New York: Simon & Schuster

Haraway, D. 1991: Simians, Cyborgs, and Women: The Reinvention of Nature. London: Free Association Books.

Hayles, N. K. 1999: How We Became Posthuman: Virtual Bodies in Cybernetics, Literature, and Informatics. Chicago: University of Chicago Press.

Ishii, H., Ullmer, Br. 1997: Tangible bits: towards seamless interfaces between people, bits and atoms. In: Proceedings of the SIGCHI conference on Human factors in computing systems. Atlanta/Georgia: ACM, S. 234-241

Kabisch, E. 2008: Datascape: A Synthesis of Digital and Embodied Worlds. In: Space and Culture 11 (3), S. 222-238

Kang, J., Cuff, D. 2005: Pervasive Computing: Embedding the Public Sphere. In: Washington and Lee Law Review 65, S. 93-146

Kline, N. S., Clynes, M. E.: Drugs, Space, and Cybernetics: Evolution to Cyborgs. In: Flaherty, B. E. (Hrsg.) 1961: Psychophysiological Aspects of Space Flight. New York: Columbia University Press, S. 345-71

Latzer, M. 2009: Information and Communication Technology Innovations: Radical and Disruptive? In: New Media & Society 11 (4), S. 599-619

Lee, E. 2008: Warming Up to User-Generated Content. In: University of Illinois Law Review 5, S. 1459-1548

Leydesdorff, L. 2000: The Triple Helix: An Evolutionary Model of Innovations. In: Research Policy 29 (2), S. 243-255

Lyon, D. (Hrsg.) 2003: Surveillance and Social Sorting. Privacy, Risk, and Digital Discrimination. London und New York: Routledge.

Mann, St. 1997: Wearable computing: A First Step toward Personal Imaging. In: IEEE Computer 30 (2), S. 25-32

Mann, St. 2004: „Sousveillance": Inverse Surveillance in Multimedia Imaging. In: Proceedings of the 12th annual ACM international conference on Multimedia. New York/NY: ACM, S. 620-627

McGookin, D., Robertson, E., Brewster, S. 2010: Clutching at Straws: Using tangible interaction to provide non-visual access to graphs. In: Proceedings of the 28th international conference on Human factors in computing systems. Atlanta/Georgia: ACM, S. 1715-1724

Neitzke, H.-P. Calmbach, M., Behrendt, D., Kleinhückelkotten, S., Wegner, E., Wippermann, C. 2008: Risks of Ubiquitous Information and Communication Technologies. In: GAIA – Ecological Perspectives for Science and Society 17 (4), S. 362-369

Pallas, Fr.: 4 Thesen zu RFID, Cookies & Co. In: Aufderheide, D., Dambrowski, D. (Hrsg.) 2009: Internetökonomie und Ethik. Wirtschaftsethische und moralökonomische Perspektiven des Internets. Volkswirtschaftliche Schriften, Heft 556. Berlin: Duncker & Humblot, S. 167-178.

Park, S. H., Won, S. H., Lee, J. B., Kim, S. W. 2003: Smart Home – Digitally Engineered Domestic Life. In: Personal and Ubiquitous Computing 7 (3), S. 189-196

Pitts, V. L. 2003. In the Flesh: The cultural politics of body modification. New York: Palgrave Macmillan

Rekimoto, J., Ayatsuka, Y. 2000: CyberCode: designing augmented reality environments with visual tags. In: Proceedings of DARE 2000 on Designing augmented reality environments. Elsinore/Denmark: ACM, S. 1-10.

Shaer, O., Kol, G., Strait, M., Fan, Chl., Grevet, C., Elfenbein, S. 2010: G-nome Surfer: A tabletop interface for collaborative exploration of genomic data. In: Proceedings of the 28th international conference on Human factors in computing systems. Atlanta/Georgia: ACM, S. 1427-1436

Shaer, O., Leland, N., Calvillo-Gamez, E. H., Jacob, R. J. K. 2004: The TAC Paradigm: Specifying tangible user interfaces. In: Personal Ubiquitous Computing, 8 (5), S. 359-369

Shang, Y., Fagan, M. 2006: Catalysing Institutional Innovation. In: International Journal of Technology and Globalisation 2 (3), S. 340-361

Shapiro, C., Varian, H. 1998: Information Rules: A strategic guide to the network economy. Boston: Harvard Business School Press

Stordahl, K. 2004: Long-term Broadband Technology Forecasting. In: Teletronikk 4, S. 13-31

Vanston, L. K., Hodges, R. L. 2004: Technology Forecasting for Telecommunications. In: Telektronikk 3, S. 32-42

Wall, S., Brewster, S. 2005: Hands-on Haptics: Exploring non-visual visualization using the sense of touch. In: CHI '05 extended abstracts on Human factors in computing systems. Portland/Oregon: ACM, S. 2140-2141

Warwick, Kevin (2003). Cyborg Morals, Cyborg Values, Cyborg Ethics. Ethics and Information Technology 5, S. 131-137.

Weber, K., Nagenborg, M., Drüeke, R., Langewitz, O. 2009: Ubiquitous Media – Ökonomische und technische Rahmung sozialer Handlungsmöglichkeiten. In: Merz Medien + Erziehung, Zeitschrift für Medienpädagogik 53 (6), S. 102-110

Weiser, M. 1991: The Computer for the Twenty-First Century. In: Scientific American 265 (3), S. 94-104

Wu, N.-Ch., Nystrom, M. A., Lin, T.-R., Yu, Hs.-Ch. 2006: Challenges to Global RFID Adoption. In: Technovation 26 (12), S. 1317-1323

Der Raum der be-greifbaren Interaktion

BERNARD ROBBEN

> Der Raum selbst verändert sich und verlangt andere Weltkarten.
>
> SERRES 2005, S. 9

> Die nobelsten Spiele wie Schach bilden eine Kombinatorik von Orten in einem reinen Spatium, das unendlich viel tiefer ist als das reale Ausmaß des Schachbretts und die imaginäre Ausdehnung jeder Figur.
>
> DELEUZE 1992, S. 19

Wir leben in Raum und Zeit. Solange man nicht darüber grübelt, was die Aussage bedeutet, erscheint sie lapidar und völlig klar. Aber wenn man anfängt, sie zu reflektieren, wird plötzlich alles kompliziert. Auch Designerinnen und Designer, die im Zeitalter des *Ubiquitous Computing* (Weiser 1991) in die Alltagsräume eindringende Digitale Technik gestalten, werden sich notwendiger Weise in unterschiedliche Raumauffassungen verstricken. Für sie erscheint der Raum zunächst wahrscheinlich als ein Behältnis, in das sie ihre Objekte platzieren. Eine orientierende Raumauffassung liefert das CAD-Programm[1], mit einem dreidi-

1 CAD = Computer Aided Design.

mensionalen Koordinatensystem, das jedem Objekt sechs Freiheitsgrade zuweist, drei für die Positionskoordinaten, drei für die Orientierungskoordinaten. Ein Quader liegt dann an einer Position (x,y,z) und ist um (x',y',z') gegenüber einer in allen Achsen senkrechten Ausrichtung gedreht.

Diese Vorstellung vom Raum als einem leeren Behälter entspricht in etwa der Raumauffassung von Isaac Newton. Ist ein solches Raumkonzept für Interaktionsdesigner ausreichend klar? Ihr Beruf verlangt, Szenarien in räumlichen Umgebungen zu modellieren. Designer be-greifbarer Interaktion entwerfen nicht nur mit CAD-Programmen Modelle am Bildschirm, sondern gestalten Umgebungen für konkrete Orte. Um in der realen Welt Ortskoordinaten zu ermitteln, werden sie vielleicht ein GPS-System benutzen. Ortskoordinaten werden aus den Laufzeiten von Signalen zu stationären in etwa 36000 km Höhe um die Erde kreisenden Satelliten errechnet. Algorithmen, die auf Newtons Raumkonzept beruhten, würden hier zu falschen Ergebnissen führen. Bei Signalen, die sich in etwa mit Lichtgeschwindigkeit ausbreiten, sind stattdessen zwingend Formeln der Einsteinschen Relativitätstheorie zu verwenden. Bei jedem neuen Nachdenken über das Beispiel verkompliziert sich die Problemsicht.

Algorithmen zur Berechnung von Ortskoordinaten für Navigationsgeräte auf GPS-Basis zu schreiben, mag für Interaktionsdesigner vielleicht eine etwas exotische Aufgabe sein. Aber es ist die Frage, ob die Vorstellung eines homogenen, durch Koordinaten beschriebenen Raums, bei dem alle Richtungen gleichwertig sind, für die Erarbeitung eines raumbezogenen Designs hinreichend ist. Auf wirklichen Plätzen sind oben und unten, rechts und links, vorn und hinten, oder Norden und Süden gewohnheitsmäßig vorbestimmte Orientierungen und nicht gleichwertig. Auch Objekte wie Straßen, Häuser und Plätze haben jeweils besondere Bedeutungen und sind nicht beliebig austauschbar. Hier geht es eher um einen topologischen als einen geometrischen Raumbegriff. Bei alltäglichen Aufgaben von Interaktionsdesignern sind Digital hergestellte Bilder oder Töne so mit der physikalischen Umgebung zu verknüpfen, dass die Verbindung als natürlich empfunden wird. Dafür bedarf es eines Verständnisses von kulturell geprägten Bild- und Klangräumen.

Wer einmal mit der Reflexion über den Raumbegriff anfängt, begibt sich in ein vielfältiges Gefüge komplexer und sehr unterschiedlicher Konzepte von Orten, Plätzen, Territorien und Räumen.[2] In der beginnenden Ära des *Ubiquitious Computing* bedeutet ein Design für Interaktion immer räumliches Design. Des-

2 Das gilt spätestens nach Ausrufung des Spatial Turn durch Sozialgeographen, Kulturwissenschaftler und Philosophen (Döring 2008). Einen allgemeinen Überblick über die kulturwissenschaftliche Raumdebatte gibt (Günzel 2010).

halb bedarf es eines Verständnisses von Raum und Räumlichkeit und einer Auseinandersetzung mit verschiedenartigen Raumkonzepten. Ein grobes Framework (Hornecker 2006) reicht dafür nicht aus. In einer allgemein ausufernden Raumdebatte versucht dieser Artikel, einige Wegmarken zu setzen, um zu einem umfassenderen theoretischen Verständnis des Raums der be-greifbaren Interaktion zu gelangen. Er wendet sich also an theoretisch interessierte Leserinnen, denen er einen kursorischen Überblick – zur weiteren Beschäftigung – bieten und Anstöße zum Weiterdenken geben will.

In einem einführenden beispielhaften Designproblem versuche ich die vielfältigen Ebenen des zu erarbeitenden Raumkonzepts anschaulich zu beschreiben. Weil darin notwendig historische Raumauffassungen einfließen, werfe ich Schlaglichter auf bedeutende historische Theorien des Raums: vom abstrakten Raumbegriff der griechischen Antike bis zu Newtons Raumtheorie der Neuzeit, von der Geometrie zur Topologie. Dabei vollziehe ich einen Übergang von der Frage nach dem Raum zur Frage der Räumlichkeit. Auf diesem Weg gelange ich zu phänomenologischen Raumtheorien, in denen das Problem der be-greifbaren Interaktion für eine Untersuchung erst zugänglich wird. Ausgewählte räumliche Darstellungen, nämlich Karten und Diagramme, führen dann über die Einführung des medialen Raums zu einem dynamischen Raumbegriff, dem Konzept eines produzierten Raums, der mentale, mediale und stofflich materielle Sphären prozessierend miteinander verflicht.

ÜBERSETZUNG UND RAUM

Welche Art von Wegweisern brauchen Interaktions-Designer im Geflecht von Raumkonzepten? Wie haben sie „ihren“ Raum zu konzipieren? Für die Beantwortung dieser Frage möchte ich meine Leser zunächst auf einen Umweg locken, auf eine Reise im modernen Verkehrsraum der Autobahn. Wer sich hier bewegt und nach links will, muss zunächst nach rechts abbiegen. Nur eine Änderung der Raumdimension nach oben oder unten ermöglicht dann den Richtungswechsel nach links. Beim Richtungswechsel kommt man noch einmal an einen schon befahrenen Punkt zurück, zumindest bei den am häufigsten anzutreffenden Autobahnkreuzen in Deutschland.

Für eine derartige Über-Setzung von einem Ort zu einem anderen gestalten in unserer Kultur verschiedene Designer die Grundlagen des Verkehrs: Der Verkehrsdesigner entwirft die Kleeblattordnung als die standardmäßig günstigste Ordnung für Autobahnkreuze, der Produktdesigner gestaltet für diesen Verkehr geeignete Autos und die Interaktionsdesignerin entwirft dafür Navigationssysteme. Sie benötigt dafür eine komplexe Vorstellung vom Raum des Verkehrs, die neben dem physikalischen Raum weitere Raumdimensionen umfasst. Erforderlich ist erstens ein Designwissen zur Gestaltung des physischen Raums der Umgebung des Autobahnkreuzes, *zweitens* ein Verständnis für die Repräsentation des Raumes in der Vorstellung der Autofahrerin, die von der Autobahn zu einem Ziel kommen will und *drittens* eine Kenntnis über die Erweiterung des geographischen Raums durch moderne Verkehrsleitsysteme. Die Designerin muss also sowohl die wesentlichen Merkmale des Innenraums des Fahrzeugs, als auch die Beschaffenheit des Außenraums der Straße berücksichtigen und darüber hinaus die Beziehungen zwischen Fahrzeug und Fahrbahn, den Zustand des Verkehrs, erfassen. Nur so lässt sich ein Navigationssystem entwerfen, das den Bedürfnissen von Verkehrsteilnehmern entspricht. Die Interaktionsdesignerin hat *Möglichkeitsräume*, die Potenzialität aller Über-Setzungen von einem Ort zum anderen, zu modellieren. Zu entwerfen sind wohl GPS-gestützte Navigationsgeräte, die Verkehrsteilnehmerinnen nicht nur eine dem augenblicklichen Kontext angepassten Ausschnitt der benötigten Straßenkarte zur Verfügung stellen, sondern auch Wetterberichte, Meldungen über Baustellen und Staus, etc. Und vermutlich behält die traditionelle Karte auf Papier auch weiterhin ihre Relevanz.

Allgemein lässt sich sagen, dass ein Design für Interaktion die Fähigkeit der Übersetzung zwischen unterschiedlichen Perspektiven, Dimensionen und Repräsentationen von Räumen verlangt. Interaktion muss be-greifbar in einem weiten Sinne dieses Wortes sein. Es geht nicht nur um *Tangibles*, um das Greifbare im wörtlichen Sinne, sondern um das Geflecht der Übersetzungen zwischen den einsichtigen und begreifbaren Sphären der Kognition und den erfahrbaren und greifbaren Ebenen der Wahrnehmung. Der Raum der *be-greifbaren Interaktion* erschöpft sich nicht in einem Newtonschen Begriff des überall homogenen leeren Raumes, in dem Gegenstände zu platzieren sind, sondern er hat eine Geschichte, weil sich in ihm die gestalteten Räume von vielen Generationen von Architekten und Designern abgelagert haben. Die Geschichte derartiger Ablagerungen und Einschreibungen und der Übersetzung zwischen ihnen in Raum und Zeit gilt es zu verstehen. In diesen Raum sind wir immer schon eingetaucht, und sicherlich gibt es davon keinen wirklichen Ursprung. Aber versuchen wir einen Anfang zu finden.

ENTSTEHUNG DES ABSTRAKTEN RAUMBEGRIFFS

Beginnen wir mit der Geometrie, der Landvermessung, als sich entwickelndes Geflecht zwischen der stofflichen Erde und der Mathematik. Raum wird zum Ort geometrischer Körper. Solche Art von Mathematik entsteht gemeinsam mit Aufschreibsystemen, welche die Landvermessung be-greifbar macht und als Übersetzung zum dabei konstruierten Raum der Aufzeichnung fixiert (Ritter 1994, S. 74ff). An derartigen Übersetzungen schreibt auch der Zeiger der Sonnenuhr, das so genannte Gnomon, mit, indem es Schatten auf den Boden oder auf eine irgendwo sonst angebrachte Projektionsfläche wirft, je nach Position der Sonne im Jahresverlauf. „Seit Anaximander, heißt es, vermochten die griechischen Physiker diesen Projektionen einige Himmelsereignisse abzulesen. Das Licht, das von oben über die Spitze der Nadel fällt, schreibt auf die Erde oder die Seite eine Zeichnung, welche die realen Formen und Orte des Universums nachbildet oder wiedergibt.“ (Serres 1994, S. 117) Der Gnomon wird zum wissenschaftlichen Forschungsinstrument, das ein Modell der Welt liefert; denn die Länge der Schatten, welche er um die Mittagszeit an den längsten und kürzesten Tagen anzeigt, ermöglicht es, die Tagundnachtgleiche, die Sonnenwenden und den Breitengrad des Ortes zu bestimmen.

Etwa um 325 v. Chr. synthetisiert Euklid aus solchen Übersetzungen allgemeine einfache Axiome als Grundlegung einer theoretischen Fundierung der Raumvermessung. Sein Modell bildet das bis heute bekannteste Konzept der Geometrie. Die äußerst wirksame Suggestivkraft dieses Modells verleiht ihm im Alltagsbewusstsein immer noch die Kraft, die einzig gültige Raumvorstellung darzustellen. Daran vermögen auch die Ergebnisse von Mathematikern im 19. Jahrhundert nicht viel zu ändern, die beweisen, dass diese Vorstellung falsch ist und dass es ebenso gültige elliptische und hyperbolische Geometrien gibt, die das Parallelenaxiom von Euklid negieren – zum Beispiel von Felix Klein und Henri Poincaré.

Die griechische Antike überliefert uns außer der Geometrie noch zwei weitere grundlegende Begriffe vom Raum, die *Chora* (welche bei uns etwas in Vergessenheit geraten ist) und den *Topos*. Den Begriff *Chora* definiert Plato im Dialog Timaios (48e) auf dem Hintergrund einer unter den frühen griechischen Philosophen entflammten Diskussion über die Möglichkeit von unendlichen oder leeren Räumen als eine Art dritte Gattung, als die Amme, die zwischen der Ideen- und der Sinnenwelt vermittelt und damit den Raum schafft.[3] Auch wenn der Begriff *Chora* aus der Diskussion heute weitgehend verschwunden ist, bleibt Platos theoretisches Konzept des Raums doch einflussreich und die Vorstellung von einem Werden (statt einem statischen Sein) des Raums als Vermittler zwischen Ideen- und Sinnenwelt für ein Konzept des Raums be-greifbarer Interaktion interessant. Aristoteles übersetzt Platos kosmologische Theorie in eine pragmatische Ort- oder Platz-Theorie vom *Topos*:

3 Weitergehende Analysen mit ausführlichen Reflexionen zur Weiblichkeit der *Chora*, sowie vielen Assoziationen zur Gebärmutter finden sich bei Kristeva 1978: S. 36ff und Derrida 2005.

„α) Ein Ort muß den Gegenstand, dessen Ort er ist, unmittelbar umfassen …; β) ein Ort muß von dem Gegenstande in ihm verschieden sein; γ) ein Ort muß so groß sein wie der Gegenstand in ihm; δ) ein Ort muß von dem Gegenstande abgelöst werden können; ε) jeder Ort soll auf den Lageunterschied oben/unten … zu beziehen sein; ζ) es gibt natürliche Orte …, zu denen hin Elementarkörper eine Bewegungstendenz haben, die sich bei deren Erreichung in ein Zur-Ruhe-Kommen wandelt (Stichwort Raum in: Ritter 1992, S. 74).

In die Neuzeit transformiert lassen sich dann nach Albert Einstein die „beiden begrifflichen Raum-Auffassungen einander gegenüberstellen als a) Lagerungs-Qualität der Körperwelt und b) Raum als „Behälter“ (im Original: „Container“) aller körperlichen Objekte“ (Jammer 1980, S. XV).

NEWTONS RAUMBEGRIFF UND DER PERSPEKTIVISCHE RAUM

Beide Raumauffassungen sind – wie Einstein im Vorwort zu Jammers Darlegung der Geschichte des Raumbegriffs erklärt – natürlich Konstruktionen des menschlichen Geistes, um unser sinnliches Erleben zu verstehen. Galileo und Newton brauchten im Gegensatz zu Leibniz den logisch komplexeren Container-Begriff vom Raum, um den Raum als selbständige Ursache des Trägheitsverhaltens von Körpern einführen zu können. Dieser absolute Raum ist sowohl vom Beobachter als auch von den darin enthaltenen Objekten und darin stattfindenden physikalischen Vorgängen unabhängig. Er ist völlig homogen und ihm entspricht eine ebenso homogene Zeit, die durch Uhren gemessen wird. Descartes verknüpft den so gedachten homogenen physikalischen Raum mit dem euklidischen Raum durch die Einführung eines dreidimensionalen Koordinatensystems, dessen Achsen durch das reelle Zahlenkontinuum gebildet werden. Dieses Koordinatensystem findet auch heute noch in der Schulgeometrie und in CAD-Programmen Gebrauch.

Wenn diese Raumauffassungen „freie Schöpfungen der menschlichen Phantasie“ (Jammer 1980, S. XV) und darüber hinaus falsch sind – wie wir alle nach der Erfindung der Relativitätstheorie von Einstein wissen –, warum bestimmen sie dann doch so hartnäckig unsere Vorstellung vom Raum? Eine Annäherung an eine Antwort auf diese Frage lässt sich in den Argumentationen des Kunsthistorikers Erwin Panofsky finden. In seinem berühmten Aufsatz über die Perspektive als symbolische Form (Panofsky 1992) fragt er sich, inwieweit die durch Brunelleschi und Alberti begründete Form der perspektivischen Bildkonstruktion dem menschlichen Sehen entspricht und kommt zu dem Ergebnis: Wer gemäß den Regeln perspektivischer Korrektheit Bilder herstellt, für den ist Sehen eine „Durchsehung“ durch ein „Fenster“ auf die Welt. Aber „die Struktur eines unendlichen, stetigen und homogenen, kurz rein mathematischen Raumes ist derjenigen des psychophysiologischen geradezu entgegengesetzt“ (Panofsky 1992, S. 101). Es handelt sich um „eine kühne Abstraktion“ und mitnichten um die natürliche Art unseres Sehens. – schließlich sehen wir mit zwei sich dauernd bewegenden Augen. Die Perspektive ist nach Panofsky eine „symbolische Form“, welche die kulturelle Prägung des Blicks des neuzeitlichen Menschen bestimmt. Das Mittelalter kannte keine perspektivische Bildkonstruktion. Durch den Verzicht auf die Raumillusion gelangten Künstler dieser Epoche jedoch zu einem eigenen Systemraum des Bildes, dadurch dass sie „Körper und Raum auf Gedeih und Verderb miteinander verbunden“ hatten, indem sie beide auf die Fläche reduzierten (Panofsky 1992, S. 113). Und die antike Planperspektive, die völlig anderen Gesetzen als die Konstruktionen von Brunelleschi und Alberti gehorchte, formierte ein Dispositiv des Sehens, welches der Architektur von Tempeln besondere Formen vorschrieb, die im Einklang stand mit der planperspektivischen Prägung des Sehens.

Raumauffassungen wandeln sich und es gibt nicht *einen* fest definierten Raumbegriff, der für alle Kontexte Gültigkeit beanspruchen kann. Zu begreifen sind die Übergänge und Übersetzungen zwischen naturwissenschaftlichen Raumtheorien von Newton oder Einstein und Raumkonzepten der Kunstgeschichte wie sie Panofsky (basierend auf den kulturwissenschaftlichen Raumtheorien von Ernst Cassirer) formuliert. Raumvorstellungen wandeln sich im Verlauf der Zeit. Die abstrakte bildende Kunst des 20. Jahrhunderts steht nicht mehr unter dem Blickregime der Perspektive. Das Dispositiv des perspektivischen Blicks ist in der Postmoderne aufgehoben, aufgehoben im Sinne einer Hegelschen Dialektik: Zum einen ist es aufgehoben im Sinne von bewahrt. Es konserviert sich im technischen Apparat des 19. Jahrhunderts, dem Fotoapparat und auch noch in den Konstruktionen zweidimensionaler Bilddarstellung auf dem *Screen* in digitalen Visualisierungstechniken des 21. Jahrhunderts. Aber es löst sich auf in den Bildformen der abstrakten Kunst, den montierten Bildern des Films und den bewegten digitalen Bildern.[4]

Mit dem Übergang von Newtons Begriff des absoluten Raums zum historisch geprägten kulturwissenschaftlichen Raumkonzept der Perspektive als symbolische Form habe ich eine Übersetzung vollzogen von der Frage des Raums als Begriff physikalischer Entitäten zur Frage der Räumlichkeit.

4 Die These der Aufhebung des perspektivischen Blickregimes in einem neuen Sehen, das ich als Aspekt-Sehen konzeptualisiere, formuliere ich in Robben 2006: S. 204ff.

DER TOPOLOGISCHE RAUM

In der Mathematik entspricht dieser Übersetzung ein Übergang von der Frage nach den Grundlagen *der* Geometrie hin zu den Konstruktionen von unterschiedlichen Geometrien – euklidischen und nicht-euklidischen. Im Fokus steht nicht mehr das Problem der Erdvermessung (Geometrie) und die Frage nach der räumlichen Ausdehnung, sondern das Problem der räumlichen Struktur und Lagebeziehungen. Diese allgemeine Raumtheorie, die Umgebungen und Nachbarschaften formulieren kann ohne auf ein Maß zu fußen, das räumliche Entfernungen in einer Metrik misst, ist die Topologie (vgl. Benagel 2009). Gauß, Bolyai, Lobatschewskij, Riemann und andere überwinden die Befangenheit in Gewohnheiten der euklidischen Schulgeometrie beim Nachdenken über die Notwendigkeit von Euklids unanschaulichem Parallelenaxiom. Körper werden nicht mehr starr und statisch, sondern elastisch und in Bewegung gedacht. Die interessanten Objekte bilden Krümmungen aus: Riesige Dreiecke von Sternen gebildet oder komplexe Knoten, von denen das Möbius-Band die einfachste zweidimensionale Variante ist.

Die Topologie als Lehre vom Raum stellt eine Reflexion über Räumlichkeit dar, stellt Fragen über die Bedingungen der Produktion und über die Dynamik des Raums. Topologisches Denken fragt nicht mehr, was der Raum ist. Raum gilt nicht mehr als ein „etwas“, als eine Substanz, als absolut. Stattdessen wird Raum anhand von Elementen beschrieben, die relational zueinander bestimmt werden. Auch in der Relativitätstheorie des Raums (vgl. Einsteins Vorwort zu Jammer 1980) wird Newtons absoluter Raum aufgehoben in einer Wiederkehr des Raumbegriffs von Leibniz. Bei Leibniz bilden Ordnungsbeziehungen in der materiellen Welt Raum und Zeit. Sie haben keine absolute Existenz, sondern konstituieren sich als Relationen. Leibniz wendet sich in einem berühmten Briefwechsel mit Samuel Clarke streitbar gegen Newtons Raumverständnis (zur Einordnung dieser Kontroverse in die heutige Raumdiskussion vgl. Buschauer 2010, S. 131-191).

Ausführlich reflektiert der französische Poststrukturalist Gilles Deleuze diesen topologischen und relationalen Raumbegriff von Leibniz (Deleuze 1995, vgl. auch Deleuze 1997). Nach Deleuze basiert das symbolische Element einer Struktur weder auf präexistenten Realitäten, noch auf imaginären oder begrifflichen Inhalten. Sinn geht aus der Stellung hervor: „Es handelt sich nicht um einen Platz in einer realen Ausdehnung noch um Orte in imaginären Bereichen, sondern um Plätze und Orte in einem eigentlich strukturellen, das heißt topologischen Raum. Was struktural ist, ist der Raum, aber ein unausgedehnter, präextensiver Raum, reines *spatium*, das allmählich als Nachbarschaftsordnung herausgebildet wurde, in der der Begriff der Nachbarschaft zunächst genau einen ordinalen Sinn hat und nicht eine Bedeutung der Ausdehnung." (Deleuze 1992, S. 15)

An Leibniz knüpft auch Michel Serres an mit seiner Beschreibung, „daß der Raum unerwartbar ist. Bevölkert, wimmelnd, fremdartig und wundersam. Überall unwahrscheinlich heterotop. Der Raum ist wie die Büchse der Pandora. Abzählbare Anhäufung heterokliter Wesen, von den Abwandlungen des Trivialen bis hin zum Unvorstellbaren, vom schwarzen Strahler bis hin zur Falle der Elemente, von der euklidischen Kreisbewegung bis hin zur krankhaften Abweichung." (Serres 1992, S. 7f). Ausgangspunkt seiner topologischen Begriffsbildungen ist eine mathematisch begründete Theorie der Netze, die zu einem Konzept er Übersetzung, Interferenz und Verteilung führt und cartesianische Dualismen wie Geist und Körper, Mensch und Technik verabschiedet. Räumlichkeit und Zeitlichkeit wandele sich, seitdem wir nicht mehr in einem Raum des in Bibliotheken, Labors und Universitäten zentralisierten Wissens, sondern in Netzwerken des verteilten Wissens leben, die dem Prinzip einer variablen Topologie folgen. Eine solche Theorie der Übersetzung im Raum hat sein Schüler Bruno Latour zur einflussreichen „Actor-Network Theory" ausgearbeitet.[5] Wenn man die Frage nach dem Raum nicht mehr allein aus einer naturwissenschaftlichen Perspektive stellt, sondern nach dem erlebten Raum des Menschen fragt, in dem Körper oder Leib nicht ein Gegenstand unter anderen, sondern der zentrale Bezugspunkt sind, dann findet man dazu großartige Beschreibungen bei Philosophen der Phänomenologie.

PHÄNOMENOLOGISCHE RAUMTHEORIEN

Unsere Erfahrung der Räumlichkeit enthüllt, dass unser Leib nicht im Raum ist, sondern „Er ist zum Raum." Mit diesen Worten drückt es der französische Phänomenologe Merleau-Ponty aus und behauptet weiter, dass „die Erfahrung des eigenen Leibes uns die Verwurzelung des Raumes in der Existenz lehrt" und eine „primordiale Räumlichkeit" offenbart (Merleau-Ponty 1996, S. 178). Tiefenwahrnehmung erklärt sich bei ihm nicht mehr vollständig aus der richtigen Konstruktion perspektivischer Wahrnehmung durch eine objektive Linse, sondern ergibt sich aus dem Bewegungsvermögen des Leibes. Räumliche Tiefe wird bei ihm konstruiert als ein Möglichkeitsraum des Leibes, das Raumerlebnis mit psychischen Erlebnisweisen und Gegebenheiten zu verflechten.

Wunderschöne poetische Beschreibungen des Raumerlebens findet man bei Bachelard 2003. Das Haus vom Keller zum Dachboden und zum All, das Nest,

5 Es würde den Rahmen dieses Aufsatzes sprengen, die Akteur-Netzwerk-Theorie hier genauer zu beschreiben (vgl. Belliger 2006).

die Muschel und den Baum unterzieht er seiner „Zerstückelungsdialektik" des Draußen und Drinnen, indem er sie mit anschaulichen Bildern von Poeten – von Rilke bis Mallarmé – analysiert.

In einer ähnlichen Tradition beschreibt Otto Friedrich Bollnow den „konkreten vom Menschen erlebten und gelebten Raum" und das „Problem der räumlichen Verfassung des menschlichen Daseins" (Bollnow 2004, S. 13) mit deutlichem Anklang an Heideggers Philosophie von Sein und Zeit. Seine weit gefächerte Analyse widmet sich den sprachlichen Begriffen und Metaphern von Räumlichkeit, den Orientierungsmöglichkeiten von Räumen – wie Achsensystemen, wie die Frage nach der Mitte des Raums, wie die Frage der Himmelsrichtungen –, den Erschließungen des Raums durch Straßen und Wege, durch Fahren und Wandern, sowie zentral der Wohnlichkeit des Raums.

Phänomenologische Theorien werden zu Recht im Forschungsfeld der begreifbaren Interaktion viel zitiert, allerdings häufig in der eingeschränkten Weise, dass mit ihnen die körperliche Dimension der Interaktion begründet wird (vgl. Dourish 2001). Damit wird die Dimension der Be-greifbarkeit auf die Greifbarkeit verkürzt und auch unterschlagen, dass etwa Merleau-Ponty nie mit einem substanziellen Begriff vom Körper hantiert, sondern immer den Leib in einer chiastischen Argumentationsfigur einführt, in der viele Stränge durch immer wieder neu einsetzende phänomenologische Beschreibungen kreuzweise miteinander verflochten werden. Für den Begriff des Raums der be-greifbaren Interaktion sind Vermittlung und Übersetzung zwischen den unterschiedlichen Sphären des Sinns und der Sinne, der Erfahrung und der Emotion von zentraler Bedeutung. Statt um einen Substanzbegriff vom Leib und eine Essentialisierung der Begreifbarkeit im physischen Raum geht es um eine Vermittlung im dynamischen Raum, etwa um den Zusammenhang zwischen Ort und Zeitverlauf der Erzählung.

Michail Bachtin hat für eine derartige Räumlichkeit den schönen Begriff Chronotopos geprägt. Strukturierungen von Raum und Zeit in einer Erzählung bilden eine wechselseitige untrennbare Figur der Verflechtung. Sie durchdringen sich gegenseitig. Der Raum gliedert den chronologischen Fortgang der Erzählung. Die Zeit erfüllt den Raum mit Sinn. Der Chronotopos legt die Bedingungen der Möglichkeiten der Erzählung fest. Er formt ihr internes Orientierungssystem in Zeit und Raum und bildet das Orientierungs- und Wahrnehmungsmuster ihrer Charaktere (Bachtin 2008).

Jurij M. Lotman analysiert die Formungen der Erzählstruktur vom Konzept der Sprachlichkeit aus. Ihr grundlegender Funktionsmechanismus „ist nicht die einzelne Sprache, sondern der gesamte semiotische Raum einer Kultur. Ebendiesen Raum bezeichnen wir als Semiosphäre." (Lotman 2010, S. 165) Die

Semiosphäre definiert Lotman nach dem Vorbild der Biosphäre. Kennzeichnend für sie ist ein vielfältiges Spiel zwischen dem Innen und Außen differierender räumlicher Formen mit membranartigen – mal durchlässigen, mal undurchlässigen – Grenzen. Im semiotischen Raum zirkulierende Mitteilungen generieren „lawinenartig immer neue Information", dadurch dass sie „immer wieder neu übersetzt und transformiert werden (Lotmann 2010, S. 187).

Diese beiden von Literaturwissenschaftlern geprägten Begriffe des Chronotopos und der Semiosphäre, lassen sich im Forschungsfeld der be-greifbaren Interaktion fruchtbar einsetzen, um die Einschreibungen von kulturellen Formen im Raum zu verstehen. Aus der Design-Perspektive als Stadtplaner formte Kevin Lynch ähnliche topologische Verknotungen zwischen unterschiedlichen Sphären. Die Ordnung des städtischen Raumes zeichnete er als Komposition verschiedenartiger Elemente: einerseits sichtbare Straßen, Plätze, Brücken und Gebäude, andererseits unsichtbare Grenzen, Knotenpunkte und Linien. Bewohner ließ er ihr jeweils eigenes Bild ihres Stadtteils zeichnen. Diese subjektiven Visualisierungen machten in so genannten mentalen Karten (mental maps) Vorstellungen sichtbar (Lynch 2001). Lynch schafft mit dieser Analyse des „Bildes der Stadt" viel mehr als einen Stadtplan. Er konstituiert Methoden für Designer, um einen dynamischen Stadt-Raum zu erfassen, seine Orte und seine Geschichte(n). Ein wesentliches Element sind dabei Kartierungen.

KARTEN UND DIAGRAMME

Karten erscheinen auf den ersten Blick als relativ flüchtige Darstellungen des festen und unverbrüchlich gegebenen Raums, den sie darstellen. Topografische Darstellungen sind aber häufig länger an einen Ort gebunden, als die dort lebenden Kulturen. Im gelebten Raum können sie also zuverlässiger für die Beständigkeit einer Tradition sein, als die alten Bäume oder Gebäude des Ortes. Was macht Karten zu einem derart perfekten Medium der Räumlichkeit. Jorge Luis Borges erzählt dafür ein Paradox: „... In jenem Reich erlangte die Kunst der Kartographie eine solche Vollkommenheit, daß die Karte einer einzigen Provinz eine ganze Stadt einnahm und die Karte des Reichs eine ganze Provinz. Mit der Zeit befriedigten diese maßlosen Karten nicht länger, und die Kollegs der Kartographen erstellten eine Karte des Reichs, die die Größe des Reichs besaß und sich mit ihm in jedem Punkt deckte." (Borges 2005, S. 131) Durch ihre Absurdität macht die Geschichte ganz klar: Die besondere Kraft der Karten liegt nicht in ihrer perfekten Abbildungseigenschaft, obwohl es um die auch geht, soll doch die Wanderin, die sich auf sie verlässt, sich nicht im Gelände verlieren. Aber die Karte muss ins Handgepäck passen. Gleichzeitig müssen Karten Übersicht über das Ganze geben und Einsicht in das Einzelne vermitteln. „Karten verkörpern sowohl Bewegung als auch Stillstand. Die Kartografie schafft künstlich einen allgemeinen Überblick und einen speziellen Ausschnitt – eine Kombination (oder ein Widerspruch), die sie zu einer faszinierenden menschlichen Erfindung macht und sich gleichermaßen in der soziokulturellen wie der physikalischen Kartierung nutzen lässt." (Lippard 2004, S. 84) Karten vermitteln zwischen Gesellschaft und Raum, dokumentieren präzise Möglichkeiten der Raumaneignung. Karten müssen – wie das Beispiel von Lynch zeigt – nicht geografische Territorien abbilden, sondern können in mentalen Karten Vorstellungen Ausdruck geben. Abstrakte Sachverhalte zu visualisieren, bildet das Formgesetz der Erstellung von Landkarten, aber auch von einer großen Klasse von Diagrammen. Seit etwa 200 Jahren beruht deren Form der Visualisierung auf exakten numerischen Berechnungen vielfältiger Beziehungen von in systematischen Forschungsprojekten erhobenen Größen. Der Chemiker Joseph Priestley entwickelt 1765 ein biographisches Zeitlinien-Diagramm, worin der Lebenslauf von circa 2000 Personen in Form von Zeitlinien visualisiert wird. Der Volkswirtschaftler William Playfair führt die Visualisierung von Statistiken in Form von Kreisdiagrammen (1801) und Kuchendiagrammen (1805) ein. Außerdem entwickelt er die Darstellungsmethode von Balkendiagrammen und Zeitserien weiter. Die englische Krankenschwester Florence Nightingale stellt 1858 in einem Polar Area Diagramm die Sterblichkeitsrate der Soldaten im Krimkrieg und die durchschnittliche Sterberate eines Krankenhauses in London gegenüber. Damit macht sie den Zusammenhang zwischen den Todesfällen und den Hygienebedingungen in einer Grafik sichtbar. Der Geograph und Statistiker Michael George Mulhall (1836 - 1900) verwendet Piktogramme in seinen Statistiken, um quantitative Verhältnisse darzustellen. Der österreichische Sozialwissenschaftler Otto Neurath (1882 - 1945) systematisiert Mulhalls Piktogramme. Seiner Meinung nach sind Bilder ein besseres Mittel der Kommunikation und Informationsvermittlung als Sprache, da sie von allen Menschen verstanden werden können. Er nennt seine Systematik ISOTYPE (International System Of Typographic Picture). Karten und Diagramme formen (Bild-)Räume der Wahrnehmung von zunächst unsichtbaren Eigenschaften. Mit heutigen technischen Apparaturen und Computerbildern wird dieses Vermögen potenziert, etwa in der Beobachtung unsichtbarer Galaxien:

„Zwischen dem Auge des Astronomen und der Galaxie, die er beobachten will, liegt ein ganzes Areal verketteter Apparaturen, die die ursprüngliche Information Schritt für Schritt auswählen, transformieren und übersetzen, bis sie schließlich als eine visuelle Konfiguration das Auge des Betrachters erreicht: Satelliten, Spiegelanlagen, Teleskoplinsen, Fotovorrichtungen, Abtastgeräte, Computer, Übertragungsgeräte, Computerprogramme usw." (Heintz 2001, S. 15)

In solcher Vermittlung der Sphären zwischen dem Kognitiven und dem Perzeptiven liegt die eigentliche Herausforderung für das Design be-greifbarer Interaktion. Bisher nicht sinnlich Erfahrbares wird be-greifbar. Das Aufgabengebiet ist vielfältig. Der Bau des perfekten Flugsimulators, in dem Piloten fliegen lernen können, ist davon nur eine. Noch ambitionierter wäre die Gestaltung von Simulatoren, mit denen man etwas über die Gesetze des Fliegens be-greifen kann. Das Beispiel aus der Astronomie zeigt, worum es geht: um den Entwurf von Computerexperimenten (vgl. Gramelsberger 2010). Allgemein gesprochen geht es um die be-greifbare Gestaltung der Relation zwischen prozessierendem Programmcode und von ihm produzierten aisthetischen Oberflächen. Grundlegendes Beispiel von ästhetischen Oberflächen sind die graphischen Benutzungsoberflächen, die das Betriebssystem oder Anwendungsprogramme mit der Maus be-greifbar machen.

Aisthetische Oberflächen ←→Unsichtbarer Programmcode

Abbildung 1: Dialektik von Oberflächen und Programmcode

Es wäre völlig falsch, graphische Benutzungsoberflächen auf die Visualität zu reduzieren und ihnen gegenüber ein Prinzip der Direktheit haptischer Begreifbarkeit zu postulieren, wie das zum Teil im Forschungsfeld der be-greifbaren Interaktion geschieht. Die Welt lässt sich genauso wenig unmittelbar greifen, wie sie in den künstlichen Bildern von *Virtual Reality* vollständig verschwinden kann. Stattdessen geht es im Feld der be-greifbaren Interaktion darum, die Vermittlung zwischen den Sinnen zu erfassen und weitere Möglichkeiten zu erkunden, die aisthetische Dimension, also den Anteil der Aisthesis, der Wahrnehmung, in Computersystemen und Digitalen Medien auszudehnen. Die neuen Formen des Computerbildes in seiner Darstellung von Raum und Zeit sind auszubilden. Abstrakte und verborgene Räumlichkeit des prozessierenden Programmcodes eröffnet die immer unfertigen Gestaltungsmöglichkeiten aisthetischer Oberflächen als neue Wahrnehmungssphäre. Die im Code programmierten Repräsentationen abstrakter mathematischer Räume prozessieren interaktive Bilder einer künstlichen Raum-Zeit. Zum Beispiel (re)präsentiert der Code eines Würfels nicht eine Ansicht, die dem Auge als dreidimensionales Objekt erscheint, sondern einen virtuellen Würfel, der sich von allen Seiten betrachten lässt, je nachdem welchen Blickwinkel der Betrachter wählt. Ein nur im Computerbild möglicher Wechsel des Blickwinkels bedeutet ein Be-greifen des virtuellen Würfels. Designer be-greifbarer Interaktion machen die Dialektik aisthetischer Oberflächen mit dem unsichtbaren Programmcode erfahrbar und machen so die kognitive Seite der Konstruktion des Würfelbildes transparent.

Be-greifbares Interaktionsdesign will die Welt nicht unmittelbar greifbar machen, sondern die Vermittlung, also Medialität be-greifbar gestalten. Räumlichkeit und Medialität sind zu verstehen.

DER MEDIALE RAUM

Ein besonderes Augenmerk auf die räumliche Dimension des Medialen hat die kanadische Schule der Medientheorie gelegt. Harold Innis interpretiert Mediengeschichte als eine Geschichte der Raumüberwindung (Innis 1997): Der Bote trägt die mündliche Nachricht weiter, schriftliche Überlieferung prägt unsere Kenntnis von Kulturen, die Durchsetzung der Fluchtpunktperspektive bringt eine neue Architektur hervor. In seinem Gefolge spitzt Marshall McLuhan diese Gedanken in der These von der Entstehung des Globalen Dorfes im Gefolge elektronischer Medien zu. Raum ist in seinem Verständnis nichts Vorgegebenes, sondern sozial und medial konstituiert. Mit der Dominanz bestimmter Medien in historischen Epochen wandelt sich das Gefüge unserer Sinne.

„Auditiver (akustischer) und taktiler (visueller) Raum, *HörRaum* und *SehRaum*, sind in Wirklichkeit untrennbar. Aber in den Zwischenflächen, die von diesen Sinnen erzeugt werden, befinden sich Figur und Grund in einem dynamischen Gleichgewicht, in dem jeder auf den anderen über den Zwischenraum, der sie voneinander trennt, hinweg Druck ausübt. Die Zwischenfläche ist nicht statisch, sondern sie resoniert. Jener Druck führt zu einem Prozeß unablässigen Wandels; Wandelsprozesse liegen auch latent zugrunde, wenn sie nicht erkennbar sind. Diesen Prozeß kontinuierlichen und latenten Wandels nennen wir Chiasmus (abgeleitet vom griechischen Buchstaben Chi (χ) = kreuzweise).“ (McLuhan 1995, S. 28f)

McLuhan verknüpft diese Idee mit der These eines ursprünglichen auditiven Raums, der von Dialogizität gekennzeichnet sei. Mit der Dominanz der Schriftkulturen entstehe ein einseitig visuell geprägter Raum, der die Menschen voneinander distanziere. Mit dem Aufkommen elektronischer Medien implodiere dieser Raum und mache die Rückkehr zu einem dialogischen auditiven Raum möglich. Auch wenn diese Thesen holzschnitzartig und spekulativ sind (für eine umfassendere Bewertung von McLuhans Raumkonzepten vgl. Cavell 2003), so eröffnen sie doch eine breit geführte Debatte um die Beziehungen zwischen Medialität und Räumlichkeit. „Die virtuelle Welt der Kommunikation löst die alten Grenzen auf und erobert neue Räume. (...) Die Seiten des alten geographischen Atlas verlängern sich in die Netze hinein, die sich nicht um jene Küsten, Grenzen, jene natürlichen und historischen Hindernisse scheren, deren komplizierten Verlauf die Karten einst aufzeichneten. Die Botschaften halten sich nicht an die Pilgerwege.“ (Serres 2005, S. 10) Anfangs waren diese Debatten häufig getragen von kulturpessimistischen Befürchtungen des Verschwindens des Raums in den neuen Informations- und Kommunikationstechnologien (vgl. Virilio 1986). Solche Töne sind heute in der Diagnose der globalen Medienkultur (Hartmann 2006) kaum noch zu hören. Wenn Interaktionsdesignerinnen der medialen Prägung der Sinne nachspüren, müssen sie die Verflechtung der Relation von aisthetischen Oberflächen und unsichtbarem Programmcode im globalen Internet verstehen. Im Zeitalter des *ubiquitous computing* ist das Konzept der Be-greifbarkeit mit der Präsenz des Internets zu verbinden.

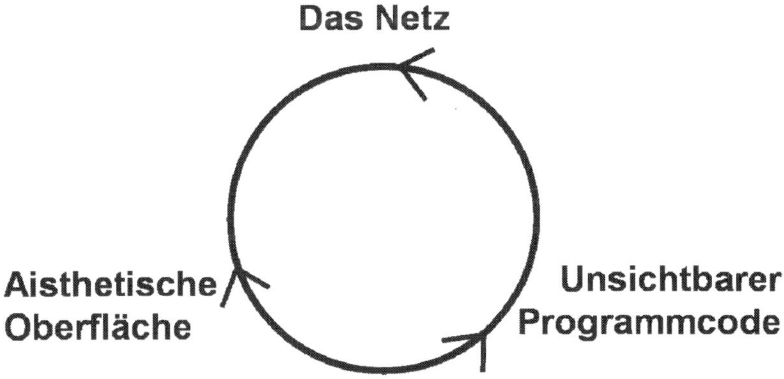

Abbildung 2: Räumlichkeit des Computers als Medium

Interaktionsdesignerinnen haben das Übermitteln, Darstellen und Speichern von Information im Medium des Computers zu modellieren. Die hier zu lösenden Modellierungsaufgabe lässt sich im Raum des *ubiquitous computing* nur in einer Anordnung lösen, die den globalen Raum mit flotierenden semiotischen Umgebungen verbindet. „Die mit der digitalen Codierbarkeit möglich gewordene Übersetzbarkeit je singulärer Weisen der Speicherung, Übertragung und Verbreitung, die beispielsweise der Photographie, dem Film und dem Fernsehen eigen waren, ist nicht mehr nur ein ‚lokales' Übertragungsgeschehen zwischen den Einzelmedien und ihren angestammten ästhetischen Formbildungen." (Tholen 2002, S.21f) Wer mit Digitalen Medien umgeht, hat immer schon Erfahrungen mit Medien gemacht. Der Umgang mit dem Computer hat einen Zeichenraum erzeugt, der nicht einfach die Summe der ästhetischen Formbildungen von Einzelmedien ist. Stattdessen konstituieren die Digitalen Medien eine vielfältig verflochtene Semiosphäre, die einen Möglichkeitsraum bildet, in dem Digitale Medien überhaupt erst existieren und funktionieren. Ein funktionierendes Modell be-greifbarer Interaktion wird erzeugt in einem Übersetzungsakt zwischen erfahrbaren Medien. Interaktionsdesigner bilden immer neue kreative Übersetzungen. Als Design-Aufgabe formuliert heißt das, dass Interaktions-Design den engen Fokus der Schnittstellengestaltung überwindet zugunsten des Konzepts eines Designs aisthetischer Übersetzungen in Möglichkeitsräumen der Semiosphäre.

DIE PRODUKTION DES RAUMS

Für das Forschungsfeld der be-greifbaren Interaktion plädiere ich damit sowohl für eine Erweiterung als auch für eine Präzisierung des Raumbegriffs. Zu erarbeiten ist ein Raumbegriff, der eine Verknüpfung von mentalen Sphären mit der materiellen Ebene der gesellschaftlichen Praxis herstellt und eine Verflechtung des Möglichkeitsraums digitaler Daten mit dem Wahrnehmungsraum programmierter Darstellungen erklärt. Für viele technisch orientierte Experten der Mensch-Computer-Interaktionsforschung klingt diese Forderung wahrscheinlich wie eine Zumutung. Im Bereich von vielen Designerinnen und Künstlern ist diese Debatte jedoch längst angekommen (vgl. Flügge 2007, Lammert 2005a, Lammert 2005b)

Ein umfassendes theoretisches Konstrukt liefert dafür Henri Lefèbvres Raumtheorie, die den Raum für gesellschaftlich produziert hält (Lefèbvre 1991). An Lefèbvres Gesamtentwurf, der die Transformationen des Raums von der Vorgeschichte bis ins 20. Jahrhundert als große Epochenwandlungen beschreibt, kann man sicherlich im Einzelnen viel Kritik üben.

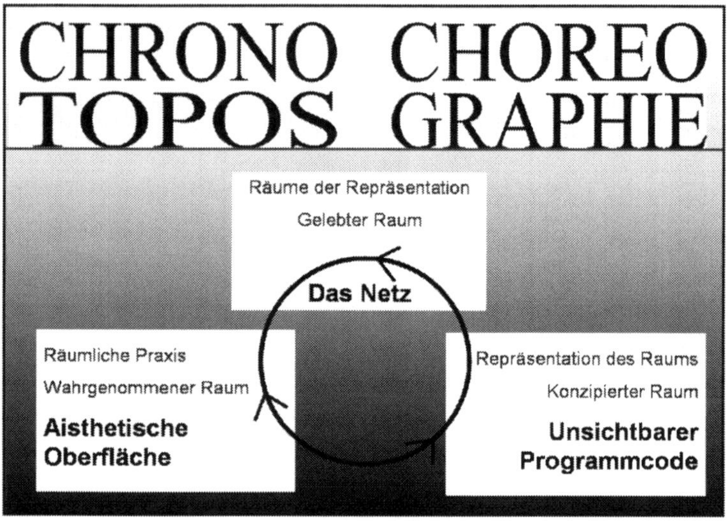

Abbildung 3: Übersetzungen in Räumen der Interaktion

Fruchtbar für einen umfassenden Raumbegriff für Designer be-greifbarer Interaktion können aber die basalen Begriffe sein, mit denen Lefèbvre die Raumproduktion definiert als die Dialektik einer Triade: erstens die räumliche Praxis im wahrgenommenen Raum, zweitens die Repräsentation des Raums im konzipierten Raum der Wissenschaftler, Raumplaner, Technokraten und Künstler und drittens die Räume der Repräsentation des durch Bilder und Symbole vermittelten gelebten Raums.

Dieser dynamische Raumbegriff beschreibt einen Ort nicht allein durch seine Koordinaten in einem dreidimensionalen geometrischen Raum, sondern situiert ihn in einer historischen und lebensweltlichen Zeitlichkeit. Er ermöglicht ein tiefes Verständnis vom Kontext als gesellschaftlich produziertes, räumlich strukturiertes Bezugsystem für den Möglichkeitsraum der Gestaltung. Die Entwicklung der Triaden der Lefebvrescher Raumproduktion vermittelt eine Choreografie chronotopischer Einschreibungen im Raum. Die dialektische Struktur dieses Raumbegriffs macht deutlich, dass der Raum selbst schon Produkt von Vermittlungen ist. Er ist nur be-greifbar, aber nicht unmittelbar greifbar. Um ihn sich zu verdeutlichen, mag die Leserin ihn am anfangs zitierten Beispiel der Navigation auf der Autobahn durchdeklinieren. Ich möchte ihn noch an einem anderen Beispiel verdeutlichen:

Wie sieht ein be-greifbares Interaktionsdesign für Passanten des Markplatzes einer Großstadt aus? Die erste Frage wäre die nach der räumlichen Praxis der Passanten, die sich sehr unterschiedlich stellt, je nachdem, ob es sich um Touristen, Angestellte aus dem Büro um die Ecke, Ratsherren oder Demonstranten handelt. In den Architekturen des Platzes und seiner Häuser begegnet der Passant dem geronnenen konzipierten Raum, während der Raum der gelebten Repräsentation hier noch ganz andere Elemente einbezieht, wie etwa den Medienraum des Handys, mit dem der Passant mit anderen Nicht-Anwesenden kommuniziert, mit dem er Fotos macht oder Informationen zum Platz aus dem Internet abfragt. Es geht weniger darum, wie man eine neue haptische Schnittstelle für den Passanten einführt, die den realen Raum des Marktplatzes greifbar in einer Digitalen Darstellung abbildet. Viel fruchtbarer erscheint es, darüber nachzudenken, wie vorhandene Digitale Medien wie Handy, Kamera oder Urban Screens so verwendet werden können, dass sie für diesen Kontext eine be-greifbare Interaktion ermöglichen. Das vom Passanten benutzte Digitale Medium muss dafür nicht unbedingt ein Greifen im wörtlichen Sinn ermöglichen. Designer für be-greifbare Interaktion setzen sich in diesem Kontext weniger mit Problemen der Haptik auseinander als mit Fragen der Art, was das Bild der Stadt ausmacht und welche Zeit auf dem Marktplatz eigentlich herrscht.

FAZIT

Das Konzept der be-greifbaren Interaktion verknüpft die Sphäre des Kognitiven mit der Sphäre der Wahrnehmung und ist eingebunden in eine Theorie der *embodied interaction* (vgl. meinen Artikel zur Bedeutung der Körperlichkeit in diesem Band). Ein-sehen und Be-greifen machen den Ton für ein Interaktionsdesign in einem Möglichkeitsraum der Beziehungen zwischen dem Sinn und den Sinnen der Menschen in ihrer Lebenswelt. Be-greifbare Interaktion definiert so verstanden ein Bezugsystem von Räumlichkeit und sozialer Interaktion, ein Beziehungsgefüge, in das stoffliche, mentale und perzeptive Konfigurationen eingehen. Be-greifbarkeit ist nicht von einer Perspektive der Schnittstelle aus zu betrachten, sondern von einer breiteren Sichtweise des Interaktionsdesigns eines Möglichkeitsraums. Im Raum be-greifbarer Interaktion verknüpft sich unmittelbare Wahrnehmung mit be-greifbarer Vermittlung. Dualismen zwischen Körper und Geist, Wahrnehmung und Kognition, *place* und *space* sind in ihm aufgehoben (im doppelten Wortsinn nach Hegel).

LITERATUR

Bachelard, G. 2003: Poetik des Raumes. Frankfurt am Main: Fischer Verlag (Original 1957: La poétique de l'espace, Presses Universitaires de France)

Bachtin, M. 2008: Chronotopos, Suhrkamp Verlag Frankfurt am Main (Russisches Original 1975 in Moskau erschienen)

Belliger, A., Krieger D. (Hg.) 2006: ANThology Ein einführendes Handbuch zur Akteur-Netzwerk-Theorie. Bielefeld: transcript Verlag

Benagel, M. 2009: Mathematik/Topologie, in: Günzel 2009: Raumwissenschaften. Frankfurt am Main: Suhrkamp Verlag

Benjamin, W. 1991: Das Kunstwerk im Zeitalter seiner technischen Reproduzierbarkeit, Gesammelte Schriften, Band I,2. Frankfurt am Main: Suhrkamp Verlag

Bollnow, O.F. 2004: Mensch und Raum. Stuttgart: Verlag Kohlhammer (Originalausgabe1963)

Bolter, J. D. 2001: Writing Space: Computers, Hypertext and the Remediation of Print. New York: Lawrence Erlbaum

Borges, J.L. 1993: Borges und ich – Gedichte und Prosa, Frankfurt am Main: Fischer Verlag

Buschauer, R. 2010: Mobile Räume – Medien- und diskursgeschichtliche Studien zur Tele-Kommunikation. Bielefeld: transcript Verlag

Cavell, R. 2003: McLuhan in Space – A Cultural Geography. Toronto und London: University of Toronto Press

Coyne R. 1995: Designing Information Technology in the Postmodern Age. Cambridge, Massachusetts, London, England: The MIT Press

Deleuze, G., Guattari, F. 1997: Tausend Plateaus – Kapitalismus und Schizophrenie. Berlin: Merve Verlag (Original 1980: Mille plateau. Paris: Les éditions de Minuit)

Deleuze, G. 1995: Die Falte – Leibniz und der Barock. Frankfurt am Main: Suhrkamp Verlag (Original 1988: Le Pli – Leibniz et le baroque. Paris: Les éditions de Minuit)

Deleuze, G. 1992: Woran erkennt man den Strukturalismus? Berlin: Merve Verlag

Derrida, J. 2005: Chora. Wien: Edition Passagen

Döring, J., Thielmann, T. (Hg.) 2008: Spatial Turn – Das Raumparadigma in den Kultur- und Sozialwissenschaften: Bielefeld: transcript Verlag

Dourish, P. 2001:Where the Action Is – The Foundations of Embodied Interaction: Cambridge, Massachusetts, London, England The MIT Press

Dyson, F. 2009: Sounding New Media – Immersion and Embodiment in the Arts and Cultures. Berkeley, Los Angeles: London University of California Press,

Flügge, M., Kudielka, R., Lammert, A. 2007: Raum. Orte der Kunst. Berlin: Akademie der Künste

Gramelsberger, G. 2010: Computerexperimente: Zum Wandel der Wissenschaft im Zeitalter des Computers. Bielefeld: transcript Verlag

Günzel, S. 2009: Raumwissenschaften. Frankfurt am Main: Suhrkamp Verlag

Günzel, S. 2010: Raum. Ein interdisziplinäres Handbuch. Stuttgart und Weimar: J.B. Metzler

Hartmann, F. 2006: Globale Medienkultur – Technik, Geschichte, Theorien. Wien: Facultas Verlag

Heintz, B. und J. Huber 2001: Der verführerische Blick: Formen und Folgen wissenschaftlicher Visualisierungsstrategien. In: Heintz, B. und J. Huber (Hg.): Mit dem Auge denken. Strategien der Sichtbarmachung in wissenschaftlichen und virtuellen Welten. Zürich, Wien und New York: Edition Voldemeer

Hornecker, E., Buhr, J. 2006: Getting a Grip on Tangible Interaction: A Framework on Physical Space and Social Interaction, Proceedings of CHI April 22-27 2006 Montreal, Quebec Kanada, S. 437-446

Innis, H. 1997. Das Problem des Raums, in: Barck (Hg.): Harold A. Innis – Kreuzwege der Kommunikation. Ausgewählte Texte. Wien und New York: Springer Verlag

Jammer, K. 1980: Das Problem des Raumes – Die Entwicklung der Raumtheorien. Darmstadt: Wissenschaftliche Buchgesellschaft (Original 1950: Concepts of Space, Havard University Press)

Kristeva, J. 1978: Die Revolution der poetischen Sprache. Frankfurt am Main: Suhrkamp (Original 1974: La révolution du laguage poétique. Paris: Edtion du Seuil)

Lakoff, G., Johnson, M. 2000: Leben in Metaphern – Konstruktion und Gebrauch von Sprachbildern. Heidelberg: Carl-Aurer-Systeme Verlag (Original 1980: Metaphors We Live By, The University of Chicago Press)

Lammert, A., Diers, M., Kudielka, R, Mattenklott, G. 2005a: Topos Raum. Die Aktualität des Raumes in den Künsten der Gegenwart. Berlin: Akademie der Künste

Lammert, A., Meister, C., Frühsorge, J.-P, Schalhorn, A. 2005b: Räume der Zeichnung. Berlin: Akademie der Künste

Lefebvre, H. 1991: The Production of Space. Oxford: Blackwell Verlag

Lippard, L. 2004: Alles auf einen Blick, in: Möntmann, N., Dziewior, Y. (Hg.) Mapping a City. Ostfildern Ruit: Hatje Cantz

Lotman, J. 2010: Die Innenwelt des Denkens – Eine semiotische Theorie der Kultur. Frankfurt am Main: Suhrkamp Verlag

Lynch, K. 2001: Das Bild der Stadt. Basel: Birkhäuser Verlag (Original 1960: The Image of the City. Cambridge, MA: The MIT Press)

Lynch, K.1972: What Time Is This Place? Cambridge, MA und London, England: The MIT Press

McLuhan, M., Powers, B. 1995: The Global Village – Der Weg der Mediengesellschaft in das 21. Jahrhundert. Paderborn: Junfermann Verlag (Original 1989: The Global Village, Oxford University Press)

McLuhan, M., Fiore, Q. 1984: Das Medium ist Massage. Frankfurt am Main, Berlin, Wien: Ullstein Verlag (Original 1967: The Medium is the Massage)

Merleau-Ponty, M 1966: Phänomenologie der Wahrnehmung. Berlin: de Gruyter (Original 1945: Phénoménologie de la Perception. Paris: Gallimard

Panofsky, E. 1992: Die Perspektive als „symbolische Form". In: Panofsky, E. Aufsätze zu Grundfragen der Kunstwissenschaft. Berlin: Hessling

Plato 1991: Philebos.Timaios. Kritias, Griechisch und deutsch. Sämtliche Werke VIII. Frankfurt am Main und Leipzig: Insel Verlag

Ritter, J. 1994: Jedem seine Wahrheit: Die Mathematiken in Ägypten und Mesopotamien, in: Serres, M. (Hg.): Elemente einer Geschichte der Wissenschaften. Frankfurt am Main: Suhrkamp Verlag

Ritter, J., Gründer, K. 1992: Historisches Wörterbuch der Philosophie (Band 8). Basel u.a.: Schwabe Verlag

Robben, B. 2006: Der Computer als Medium – Eine transdisziplinäre Theorie. Bielefeld: transcript Verlag

Sennett, R. 1995: Fleisch und Stein – Der Körper und die Stadt in der westlichen Zivilisation. Berlin: Berlin Verlag (Original 1994: Flesh and Stone. New York: W.W. Norton & Company)

Serres, M. 2005: Atlas. Berlin: Merve Verlag (Original 1994: Atlas. Paris: Editions Julliard)

Serres, M. 1998: Die fünf Sinne – Eine Philosophie der Gemenge und Gemische. Frankfurt am Main: Suhrkamp Verlag (Original 1985: Les cinq sens. Philosophie des corps mêlés. Paris: Editions Grasset et Fasquelle)

Serres, M. 1994: Gnomon: Die Anfänge der Geometrie in Griechenland, in: Serres, M. (Hg.): Elemente einer Geschichte der Wissenschaften, Frankfurt am Main: Suhrkamp Verlag

Serres, M. 1992: Übersetzung – Hermes III. Berlin: Merve Verlag (Original 1974: La traduction – Hermes III. Paris: Les éditions de Minuit)

Tholen, C. 2002: Die Zäsur der Medien. Kulturphilosophische Konturen. Frankfurt am Main: Suhrkamp Verlag

Virilio, P. 1986: Ästhetik des Verschwindens, Berlin: Merve Verlag (Original1980: Esthétique de la disparition. Paris: Editions Balland)

Waffender, M. (Hg.) 1991: Cyberspace – Ausflüge in virtuelle Wirklichkeiten: Reinbek bei Hamburg: Rowohlt Verlag

Weiser, M. 1991: The Computer for the 21st Century, Scientific American September 1991: http://wiki.daimi.au.dk/pca/_files/weiser-orig.pdf (1.6.2011)

Winograd, T. 1996: Bringing Design to Software: New York: ACM Press und Reading, Massachusetts et al.: Addison-Wesley

Autorinnen und Autoren

Bruns, Willi Prof. Dr. kam 1987 als Professor an die Universität Bremen, zunächst für das Lehramtsstudium in Metall- und Elektrotechnik, dann für Arbeit- und Technikgestaltung mit Lehre im Bereich Produktionsinformatik. Seine Forschungsschwerpunkte liegen im Bereich be-greifbare Mensch-Maschine-Interaktion, Modellierung und Simulation von Produktionssystemen, Mechatronik und Mixed Reality.

Cassens, Jörg Dr. ist Wissenschaftlicher Mitarbeiter am Institut für Multimediale und Interaktive Systeme an der Universität zu Lübeck. Sein Fokus liegt auf ambient-intelligenten, semantisch reichhaltigen Systemen und deren Wirkung und Gestaltung als soziale Technologien in den Bereichen Arbeit und Lernen.

Dittert, Nadine ist Wissenschaftliche Mitarbeiterin in der Arbeitsgruppe Digitale Medien in der Bildung in der Informatik an der Universität Bremen. Sie konzipiert TechKreativ-Workshops und hat zahlreiche Workshops mit Kindern und Jugendlichen sowie mit Erwachsenen in Bremen und Umgebung sowie im Ausland durchgeführt. Ihr besonderes Forschungsinteresse bezieht sich auf Tangibles für Sportanwendungen mit Kindern und Jugendlichen.

Döring, Tanja hat in Hamburg und Valladolid (Spanien) Informatik und Kunstgeschichte studiert. Sie ist Wissenschaftliche Mitarbeiterin in der Arbeitsgruppe Digitale Medien an der Universität Bremen und beschäftigt sich mit neuen Formen der Mensch-Computer-Interaktion, mit den Forschungsschwerpunkten Tangible Interaction, Gesten-, Multi-Touch Interaktion, mobile Interaktion und interaktive Oberflächen.

Geelhaar, Jens Prof. Dr. ist seit 1999 als Professor für Interface Design an der Bauhaus-Universität Weimar tätig und ist Gastprofessor am College of Communication and Art der Tongji Universität in Shanghai. Er beschäftigt sich mit künstlerischen Fragestellungen zur Wahrnehmung und zu Prozessen der Kognition und des Bewusstseins. Seine Arbeitsschwerpunkte liegen im Bereich der Mensch-Computer-Interaktion in Bezug auf die Vermittlung von Inhalten mittels vernetzter Digitaler Medien sowohl im Internet als auch in mobilen Netzwerken (Schwerpunkt Museen und Kulturinstitutionen), im Bereich der Wahrnehmungsforschung mit bildgebenden Verfahren der Hirnforschung und der Konzeption und Umsetzung von interaktiven Lernmedien für Kinder und Jugendliche.

Grüter, Barbara Prof. Dr. ist Professorin für Mensch-Computer-Interaktion und Medientheorie an der Hochschule Bremen und Assoziierte Professorin des Graduiertenkollegs Advances in Digital Media der Universität Bremen. Sie ist Entwicklungspsychologin, Designerin und Forscherin. Gegenstand ihrer Arbeit ist Mensch-Computer-Interaktion und die Entstehung von neuen Möglichkeiten des Denkens und Handelns beim Gebrauch Digitaler Medien. Sie leitet seit 2003 die Forschungsgruppe Gangs of Bremen, die mobiles Spielerleben und dessen konzeptionelle, ästhetische und technische Voraussetzungen auf der Basis der Entwicklung und des Testens von Spielprototypen untersucht.

Herczeg, Michael Prof. Dr. ist Universitätsprofessor für Praktische Informatik und Direktor des Instituts für Multimediale und Interaktive Systeme an der Universität zu Lübeck. Seine Hauptarbeitsgebiete sind Mensch-Computer-Kommunikation, Software-Ergonomie, Interaktionsdesign, Interaktive und Multimediale Systeme, e-Learning sowie sicherheitskritische Mensch-Maschine-Systeme.

Herrlich, Marc ist Wissenschaftlicher Mitarbeiter in der Arbeitsgruppe Digitale Medien an der Universität Bremen. Er forscht und lehrt dort zu den Themenbereichen interaktive Systeme und Computergrafik. Besondere Schwerpunkte seiner Arbeit sind interaktive Oberflächen, 3D Modellierung und Serious Games.

Hurtienne, Jörn Dr. forscht zur Gestaltung intuitiver Benutzung, Inclusive Design und der Psychologie von Wissensarbeit. Er vertritt gegenwärtig an der Universität Würzburg die Professur Psychologische Ergonomie. Frühere Stationen beinhalten Forschungstätigkeiten an der Bundesanstalt für Arbeitsschutz und Arbeitsmedizin, der Technischen Universität Berlin, dem Büro für Arbeits- und Organisationspsychologie (bao), der Technischen Universität Berlin und der University of Cambridge (UK).

Israel, Johann Habakuk Dr. studierte Informatik an der TU Berlin und arbeitet seit 1996, zunächst am Heinrich-Hertz-Institut Berlin, auf dem Gebiet der

Mensch-Maschine-Interaktion. Er promovierte 2009 am Graduiertenkolleg ‚prometei' des Zentrums Mensch-Maschine-Systeme der Technischen Universität Berlin und des Fraunhofer-Institut für Produktionsanlagen und Konstruktionstechnik (IPK) zum Thema „Hybride Interaktionstechniken des immersiven Skizzierens". Seit 2008 ist er am Fraunhofer IPK beschäftigt und leitet dort das Labor für Virtuelle Realität. Seine Forschungsschwerpunkte liegen in den Feldern immersives Skizzieren, intuitive Interaktion, Tangible Interaction, Interaktion in virtuellen Umgebungen und Informationsvisualisierung.

Jüngst, Johannes ist Wissenschaftlicher Mitarbeiter am Fraunhofer-Institut für Arbeitswirtschaft und Organisation Stuttgart und Berater im Competence Team Web Application Engineering. Er hat einen Abschluss in Medieninformatik und Kommunikationswissenschaften der Ludwig-Maximilians-Universität München und ist auf die Bereiche Internet und Mensch-Maschine-Interaktion spezialisiert.

Katterfeldt, Eva-Sophie ist Wissenschaftliche Mitarbeiterin in der Arbeitsgruppe Digitale Medien in der Bildung in der Informatik an der Universität Bremen. Sie forscht dort mit den Schwerpunkten TechKreativ-Workshops und mobiles Lernen. Im Rahmen des EU-geförderten Projekts Children Designing Tangible and Wearable Computing for Playful Educational Purposes (EduWear) hat sie mehrere TechKreativ-Workshops mit Kindern und Jugendlichen durchgeführt und ist an der Entwicklung einer grafischen Programmierung beteiligt.

Krannich, Dennis Dr. ist Wissenschaftlicher Mitarbeiter in der Arbeitsgruppe Digitale Medien in der Bildung in der Informatik an der Universität Bremen. Nach seinem Studium der Digitalen Medien hat er Anfang 2010 seine Promotion zum Thema „Mobile Usability Testing" erfolgreich abgeschlossen. Er forscht auf dem Gebiet des Digital Experience Designs und Human Computer Interaction mit dem Schwerpunkt Web und Mobile Systeme.

Lawo, Michael Prof. Dr. ist seit 2004 Professor für Angewandte Informatik an der Universität Bremen und Geschäftsführer der neusta mobile solutions GmbH. Nach dem Abschluss seines Studiums des Konstruktiven Ingenieurbaus an der Ruhr-Universität Bochum folgten Promotion und Habilitation auf dem Gebiet der rechnergestützten Optimierung an der Universität Essen, eine wissenschaftliche Tätigkeit in der Robotik am Forschungszentrum Karlsruhe und über 15 Jahre Stabs- und Linienfunktionen in der Industrie in den Bereichen Informations- und Kommunikationstechnologie sowie Forschung und Entwicklung. Er ist Autor, Koautor und Mitherausgeber von acht Büchern und mehr als 120 Beiträgen zu

Numerischen Methoden und Rechneranwendungen, Optimierung, Robotik, IT-Sicherheit, Simulation und Wearable Computing.

Link, Jasmin ist Wissenschaftliche Mitarbeiterin am Institut für Arbeitswissenschaft und Technologiemanagement der Universität Stuttgart. Sie hat Medieninformatik studiert und erforscht im Interaktionslabor des Fraunhofer-Instituts für Arbeitswirtschaft und Organisation die Interaktion mit allen Sinnen.

Lübbecke, Henning ist Diplom-Informatiker. Er hat in den 1980iger Jahren Informatik an der Technischen Universität Darmstadt studiert und arbeitet seitdem in unterschiedlichen Positionen als Informatiker im öffentlichen Dienst.

Malaka, Rainer Prof. Dr. ist Professor für Digitale Medien an der Universität Bremen. Er ist Sprecher des Technologiezentrums Informatik und Informationstechnologie (TZI) und deutscher Vertreter für Entertainment Computing in der International Federation for Information Professionals (IFIP). Darüber hinaus ist er aktiv in den Gebieten der Mensch-Technik-Interaktion und der Künstlichen Intelligenz.

Oppl, Stefan ist Wissenschaftlicher Mitarbeiter am Institut für Wirtschaftsinformatik – Communications Engineering an der Johannes Kepler Universität Linz, Österreich. Seine Forschungsinteressen umfassen die Unterstützung von Kommunikation in sozio-technischen Systemen sowie die Untersuchung von kooperativem Lernen in organisationalen Umgebungen.

Reichel, Milena Dr. hat in der Arbeitsgruppe Digitale Medien in der Bildung in der Informatik an der Universität Bremen im Bereich Lernen für Kinder und Jugendliche mit Tangibles geforscht. Dabei war sie im EU-geförderten Projekt Children Designing Tangible and Wearable Computing for Playful Educational Purposes (EduWear) an der Entwicklung eines Smart Textiles Construction Kits mit einer grafischen Programmierumgebung beteiligt. Heute entwickelt sie bei *scoyo* an einer web-basierten E-Learning Plattform für Kinder mit.

Robben, Bernard Dr. ist Wissenschaftlicher Mitarbeiter in der Arbeitsgruppe Digitale Medien in der Bildung in der Informatik an der Universität Bremen. Er lehrt an der Universität Bremen in den Bereichen Informatik, Digitale Medien und Kulturwissenschaften. Seine Forschungsinteressen sind die Theorie des Digitalen Mediums, Tangible Embedded and Embodied Interaction und die Gestaltung be-greifbarer Computerspiele.

Schelhowe, Heidi Prof. Dr. ist Professorin in der Arbeitsgruppe Digitale Medien in der Bildung (dimeb) in der Informatik an der Universität Bremen und Mitglied im Technologiezentrum Informatik (TZI). Sie leitet die interdisziplinär zusammengesetzte Arbeitsgruppe dimeb mit den Arbeitsschwerpunkten Software- und Hardwareentwicklung für Bildungskontexte, pädagogisch-didaktische Gestaltung schulischer und außerschulischer Lernumgebungen, Medienbildung, Lehrerausbildung.

Schmidt, Albrecht Prof. Dr. ist Professor für Mensch-Computer-Interaktion an der Universität Stuttgart. Er studierte Informatik in Ulm und Manchester und promovierte im Jahr 2003 an der Lancaster University. Sein Forschungsinteresse gilt der Mensch-Computer-Interaktion jenseits des Desktop. Er beschäftigt sich insbesondere mit Benutzungsschnittstellen für mobile Endgeräte und Fahrzeuge. Albrecht Schmidt veröffentlichte weit über 100 referierte Publikationen. Er ist Mitbegründer der ACM-Konferenz Tangible and Embedded Interaction (TEI) und Mitglied im Editorial Board des Institute of Electrical and Electronics Engineers (IEEE) Pervasive Computing Magazine und veröffentlicht regelmäßig eine Kolumne über Invisible Computing im IEEE Computer Magazine.

Sick, Andrea Prof. Dr. Kultur- und Medienwissenschaftlerin, Kuratorin, Professorin für Kultur- und Mediengeschichte/-theorie seit November 2009 an der Hochschule für Künste Bremen. Seit 1993 Künstlerische Leiterin des Projektes Frauen.Kultur.Labor thealit zusammen mit Claudia Reiche.

Stary, Christian Prof. Dr. leitet das Institut für Wirtschaftsinformatik – Communications Engineering – sowie das Kompetenzzentrum Wissensmanagement an der Johannes Kepler Universität in Linz. Seine Forschungsinteressen betreffen Methoden und Werkzeuge zur Gestaltung und Bewertung interaktiver verteilter Systeme unter Berücksichtigung wissensintensiver Prozesse.

Sylvester, Axel hat Wirtschaftsinformatik an der Universität Hamburg sowie Technologie- und Innovationsmanagement an der Universität Bremen studiert. Von 2004 bis 2007 unterrichtete er als Dozent für Internettechniken an der Design Factory International Hamburg (College of Communication Arts and Interactive Media) und ist seit 2007 als selbständiger IT Berater und unabhängiger Forscher tätig. Er arbeitet und forscht an den Themen Internet, Tangible Interaction und Physcial Computing. Seit 2009 Veranstaltung von Workshops zu den Themen Zukunft, Smart Materials Game Prototyping und Aufbau lokaler Ökonomien durch Fab Labs.

Wajda, Kamila ist Wissenschaftliche Mitarbeiterin in der Arbeitsgruppe Digitale Medien in der Bildung in der Informatik an der Universität Bremen. In ihrer Forschung beschäftigt sie sich mit der Ausrichtung und Fachkultur der Informatik, be-greifbarer Interaktion sowie Formen kreativen Handeln und Lernens mit Technologie.

Walther-Franks, Benjamin ist Wissenschaftlicher Mitarbeiter in der Arbeitsgruppe Digitale Medien an der Universität Bremen. Er forscht und lehrt in den Bereichen Mensch-Maschine Interaktion und Entertainment Computing. Seine Schwerpunkte sind interaktive Oberflächen, neuartige Verfahren für Computeranimation und digitale Medien in den Darstellenden Künsten.

Weber, Karsten Prof. Dr. hat den Lehrstuhl für Allgemeine Technikwissenschaften an der Brandenburgischen Technischen Universität Cottbus inne, ist außerdem Professor für Philosophie an der Universität Opole, Polen; Arbeitsbereiche sind Technikfolgenforschung, Angewandte Ethik, insbesondere Informations- und Technikethik, Sozialphilosophie in der Informationsgesellschaft und Wissenschaftstheorie.

Weber, Katharina hat 2007 am Graduiertenkolleg prometei ihre Diplomarbeit „Benutzer-orientierte Gestaltung interaktiver Systeme mit Image Schemata" geschrieben. Im Anschluss arbeitete Sie knapp drei Jahre als Interaktionsdesignerin bei der USEEDS° GmbH in Berlin. Im Sommer 2011 hat sie sich als Beraterin im Bereich User Experience und User Centred Design selbstständig gemacht. Zu ihren Themenschwerpunkten gehört die Gestaltung nutzergerechter Business-Anwendungen. Sie forscht an aktuellen Fragestellungen zum Thema Tangible Interaction.

Winkler, Thomas Dr. Wissenschaftlicher Mitarbeiter und Projektleiter am Institut für Multimediale und Interaktive Systeme der Universität zu Lübeck. Die Hauptarbeitsgebiete sind Computerunterstütztes Lehren und Lernen, Interaktionsdesign, Design von Systemen mit körper- und raumbezogenen Schnittstellen, Schul- und Erwachsenenpädagogik, Medienpädagogik, Medien-, Design- und Kunsttheorie, Mediensemiotik, Ästhetik sowie neuere Kunst- und Kulturgeschichte.

Witt, Hendrik Dr. ist seit 2011 geschäftsführender Partner bei der Management Beratung xCon Partners GmbH und dort Experte für das Thema Business-IT Alignment sowie Leiter der Kompetenzzentren Smartization und Mobile and Wearable Computing. Nach der Promotion auf dem Gebiet der Benutzerinteraktion für Wearable Computer an der Universität Bremen war er als Wissenschaftlicher Mitarbeiter am Technologie-Zentrum Informatik in Bremen tätig, wechselte dann in die internationale Strategie- und Management Beratung zu Arthur D. Little in Frankfurt. Dr. Hendrik Witt ist Autor, Koautor und Herausgeber von mehreren Büchern und mehr als 30 Beiträgen zu den Themen Information Management, User Interfaces, Mobile Interaction sowie Wearable Computing.

Zeisig, Anja ist Wissenschaftliche Mitarbeiterin in der Arbeitsgruppe Digitale Medien in der Bildung in der Informatik an der Universität Bremen. Sie hat Informatik studiert und promoviert im Bereich der be-greifbaren Interaktion und immersiver Technologien. Ihr Forschungsinteresse liegt im Schnittfeld Experience Design und Tangible Interaction mit einem besonderen Fokus auf dem Feld der Mensch-Computer-Interaktion mit ganzkörperlicher Bewegung.